Play IT! 스파이크, 에센셜

with 노벨 엔지니어링™

독서톡톡 생각쑥쑥
STEAM & MAKER

**창의융합 수업에
날개를 달다**

글 홍기천 심재국 송민규
　　심지현 온영범 유은겸
　　이미영 이우진 이혜인

저자 서문

많은 교사들은 '잘 융합된 수업은 어떤 수업일까?'라는 고민을 하곤 합니다. 그러나 아직 딱히 떠오르지 않습니다. 저의 생각은 '이 수업이 어떤 교과에 해당하는 수업인지 잘 모르는 수업' 이라고 생각합니다. 이제 교과라는 틀을 벗어나서 교사가 자유롭게 상상할 수 있는 수업과 아이들이 창의적으로 생각할 수 있는 수업이 필요합니다. 노벨 엔지니어링이 그 역할을 할 수 있을 것입니다. 전국에 있는 모든 교사들도 한번 도전해 보세요. 정말 교사와 아이들이 행복한 수업이 될 수 있을 것입니다.

홍기천(전주교육대학교 컴퓨터교육과 교수)

요즘 학생들의 문해력이나 공감능력이 부족하다는 이야기를 많이 듣습니다. 〈Play IT! 스파이크 에센셜〉과 함께하면 이러한 문제를 해결할 수가 있습니다. 이 책은 학생들이 독서와 공학적 사고를 통해 문제를 찾아 해결책을 제시하고, 이야기를 새롭게 꾸미고 공유하는 과정으로 구성되어 있습니다. 동화 속 주인공의 문제를 나의 문제로 인식하고 다양한 방법으로 해결해 보는 경험을 하게 될 것입니다.

〈Play IT! 스파이크 에센셜〉이 미래를 살아갈 학생들에게 빠른 변화에 적응하고 앞으로 다가올 미래를 준비하며 새로운 문제 상황 속에서 문제해결에 몰입하고 탐구의 힘든과정을 겪으면서 실패를 두려워하지 않고 끝없이 도전하게 하는 배움의 길잡이가 되기를 기대합니다.

심재국(전북특별자치도교육청미래교육연구원 교육연구사)

요즘 학생들은 스마트폰을 활용해 유튜브를 보거나 게임을 하는 등 디지털 이용능력이 높아지고 있습니다. 디지털 콘텐츠를 소비하는 시간은 점점 늘어나지만 이를 활용해 정보를 검색하여 사실 여부를 판별하는 능력은 점점 떨어지고 있습니다. 최근 온라인 포털사이트에서 '사흘'이라는 말이 실시간 검색어 1위에 오른 적이 있습니다. '사흘'은 순수한 우리말 '3일'을 뜻합니다. 디지털 기기를 활용한 디지털 콘텐츠의 소비량은 늘었지만 독서량이 부족하여 단어의 의미를 이해하지 못하는 학생들이 늘고 있습니다. 이런 문해력은 다양한 책이나 콘텐츠를 소비하면서 비판적으로 사고하고 다른 사람과 충분한 의사소통을 하면서 길러줄 수 있습니다.

『Play IT! 스파이크 에센셜』은 다양한 종류의 책을 학생들이 읽고 자신의 생각을 단순히 그림이나 글로 표현하는 것을 넘어서 학생들의 창의적인 아이디어를 레고로 코딩할 수 있도록 만들었습니다. 학생들이 책을 통해 비판적인 사고력을 가지고 문제점을 해결하여 자신만의 창의적인 사고로 다른 친구들과 의사소통을 함으로써 미래사회를 대비하는 다양한 컴퓨팅 사고능력과 문해력을 기르길 바라겠습니다.

송민규(삼례초등학교 교사)

레고® 에듀케이션 스파이크™ 에센셜은 STEAM을 통한 범교과적 융합으로 아이들이 재미있게 SW에 접근할 수 있는 유용한 교구입니다. 교재를 집필하면서 우리 아이들이 쉽게 만들고 코딩하며 재미있는 결과물들이 만들어질 수 있도록 고민했습니다. 각 주제별로 제시된 관련 도서와 함께 레고® 에듀케이션 스파이크™ 에센셜에 도전한다면 책에서 주인공이 겪고 있는 문제점을 더 심층적으로 이해할 수 있으며, 이를 해결하는 과정에서 매우 즐겁고 신기한 경험과 재미를 찾을 수 있을 것입니다. 부담없이 도전해보세요!.

심지현(전주교육대학교 전주부설초등학교 교사)

저는 기존 레고 에듀케이션 로봇의 사용자로서, 스파이크 프라임의 출시가 매우 반가웠습니다. 조립이 간편해지고 코딩프로그램은 더 쉬워져서 사용자 연령대가 낮아졌기 때문입니다. 한가지 아쉬웠던 점은 스파이크 프라임보다 더 쉽게 접근할 수 있는 로봇이었던 WEDO 2.0의 역할이었습니다. 그런데 이번에 출시된 스파이크 에센셜이 WEDO 2.0의 역할을 완벽하게 메꾸었다고 생각합니다. WEDO 2.0과 같이 어린 사용자들도 쉽게 접근할 수 있고 스파이크 프라임과 완벽하게 호환을 이루기 때문에 확장성은 더 넓어졌습니다. 그래서 스파이크 에센셜을 활용한 이 책을 작성할 때에도 어떻게 하면 책을 읽고 스파이크 에센셜을 활용할 독자들이 더 많은 흥미를 가질지, 어떻게 해야 어렵지 않게 접근할 수 있을지 참 고민이 많았습니다. 고민을 거듭하면서 조립과 코딩은 최대한 쉽게 할 수 있도록 많이 노력했습니다. 책에 등장하는 4명의 귀여운 친구들과 함께 책을 읽어나가다 보면 어느새 스파이크 에센셜을 쉽게 다루고 있는 자신의 모습을 볼 수 있을 것입니다. 이 책을 읽는 모두가 스파이크 에센셜과 함께 더욱 더 성장하기를 기원하겠습니다.

온영범(청완초등학교 교사)

아이들에게 '놀이(Play)'는 건강하고 행복하게 자라기 위한 원동력입니다. 그렇다면 아이들이 잘 놀게 하기 위해서는 어떻게 해야 할까요?

터프츠 대학교의 마리나 버스 교수는 '놀이울(Playpen)'과 '놀이터(Playground)'를 구분하면서 아이들이 탐색할 기회가 제한적인 '놀이울'이 아니라 아이들이 움직이고 탐구하고 협력할 수 있는 '놀이터'를 만들어줘야 한다고 말한 바 있습니다. 〈Play IT! 스파이크™ 에센셜〉에는 아이들에게 좋은 놀이 환경(놀이터)을 제공해주고 싶은 여러 선생님의 마음이 담겨 있습니다.

이 책을 따라가면서 아이들은 이야기를 읽은 후 등장인물이 처한 문제를 찾고, 그 문제를 해결할 방법을 고민하게 됩니다. 또 자신이 찾은 해결 방법을 적용·반성하며 친구들과 공유하는 경험을 하게 됩니다. 책에 나와 있는 문제 해결 방법은 예시일 뿐, 자신만의 아이디어를 가지고 발전 또는 창작하는 것에 더욱 중점을 두고 있습니다. 이러한 일련의 과정은 아이들에게 놀이가 창의적 학습 경험이 될 수 있도록 안내할 것입니다.

이제 〈Play IT! 스파이크™ 에센셜〉과 함께 놀면서 아이들이 상상력과 창의력을 맘껏 펼치도록 해주세요!

유은겸(봉서초등학교 교사)

〈Play IT!〉이란 이름으로 두 번째 책을 내게 되었습니다. 지난 첫 번째 책은 초등학교 고학년 학생부터 중학교 학생들이 함께 할 수 있도록 구성하였다면 이번 두 번째 책은 초등학교 저학년 학생들도 함께 할 수 있도록 계획하고 구성하였습니다. 어떻게 하면 저학년 학생들과 선생님들, 학부모님들께서 활동할 때 쉽고 재미있게 학습할 수 있을까를 많이 생각하여 여러 선생님들께서 많이 고민하고 연구하여 만드셨습니다.

특히 이번 교재의 경우 학생들이 다양한 독서활동을 통해 문제를 해결할 수 있도록 선생님들께서 열 다섯권의 책을 선정하여 학습 내용을 구성하여 주셨습니다. 또 교과서 학습내용을 바탕으로 학교에서 선생님과 함께 학습하는 데 도움이 되도록 책을 만들었습니다.

즐겁고 신나게 스파이크™ 에센셜과 이 책을 가지고 함께 활동하며 학생들의 창의력과 문제해결력이 자라나기를 기대하겠습니다.

이미영(장계초등학교 교사)

아이들이 유치원부터 초등학교까지 부모님께 가장 많이 받는 선물은? 레고와 책! 왜 부모님은 레고와 책을 사주는 것일까요? 아이의 창의력과 문제해결력을 길러주기 위해서일까요? 아이들이 가장 좋아하고 재미있어하니까? 아이들이 몇 시간이고 혼자서 스스로 해내서? 몰입도가 높아서?

그래서 이 책과 레고를 동시에 해보면 어떨까?하는 생각을 하게 되었습니다. 그리고 책 읽기에서 끝나는 것이 아니라, 나만의 이야기를 상상해서 써보는 활동까지 같이 할 수 있다면 어떨까요? 이 책을 따라 활동을 하다 보면 아이들이 무한의 상상력을 발휘하여 이야기를 만들어 낼 테니 창의력과 문제해결력을 신장시킬 수 있을 것입니다.

책 읽고, 상상하고, 스파이크 에센셜로 만들고, 글쓰기를 한 번에!

이 책을 따라 활동들을 다 마치고 나면, 아이는 새로운 책을 읽고 싶어 하며, 스스로 만들고 싶어 하며, 자기의 생각을 표현하고 싶어 할 것입니다.

지금부터 스파이크 에센셜과 함께 놀아봅시다. Play it.

이우진(청완초등학교 교사)

아직 경험해보지 않았나요?
내 머리 속 상상을 현실로 만드는 그 특별한 순간의 즐거움!
이번 〈Play IT! 스파이크™ 에센셜〉은 초등학교 저학년 학생들도 여러가지 아이디어를 생각하고, 이를 스스로 만들어보고 즐길 수 있도록 구성되었습니다.
또한 교육과정에서 제시된 여러 핵심 역량을 학교와 가정에서 키워나갈수 있도록 여러 선생님의 생각을 모아 준비하였습니다. 이 책을 통해 블럭을 조립하고, 프로그래밍 능력을 배우는 특별한 즐거움 뿐만 아니라 미래 사회를 더욱 가치 있게 만드는 생각이 뻗어나가는데 단단한 뿌리로 보탬이 될 수 있기를 바랍니다.

이혜인(전주조촌초등학교 교사)

목차

이렇게 활용해요　8
안녕? 스파이크 에센셜!　12
노벨 엔지니어링으로 공부해요　39

1. 민주시민　43

빙글빙글 신나는 놀이기구를 만들어요 44
위아래로 움직이는 멋진 무대를 만들어요 60
물이 부족한 지역의 문제를 해결해요 78

2. 심미적감성　97

다양한 모양과 색의 우산을 만들어요 98
부릉부릉, 자동차를 만들어 움직여요 124
알록달록, 예쁜 집을 만들어요 146
살기 좋은 곳은 어떤 곳일까? 162

3. 창의적 사고, 인공지능　185

지진에 안전한 집! 지진 알림 로봇을 만들어요 …………… 186
누구나 함께 탈 수 있는 놀이기구를 만들어요 …………… 206
야생동물 구조 차량을 만들어 보아요 …………………… 226
로봇은 어떻게 의사소통 할까요? ………………………… 250

4. 환경, 에너지　287

동물원 동물들은 어떤 환경에서 살고 싶을까요? ………… 288
빛공해, 생태계 친구들이 위험해요! ……………………… 302
산이와 친구들이 모은 쓰레기를 어떻게 할까? …………… 318
우주에도 쓰레기가 있다고요? …………………………… 336

이렇게 활용해요!

POINT!
배워야 할 주제를 알 수 있고 관련 교과와 역량, 학습목표를 알 수 있어요.

POINT!
만화를 통해서 이번 시간에 배울 내용에 대해 생각해 보아요.

POINT!
제시한 책을 학생들과 함께 읽으면 만화 내용에 대한 이해와 문제 찾기에 도움이 되어요.

POINT!
만화와 책을 읽은 후 해결해야 할 문제를 찾아보아요.

03 방법을 생각해요

레오는 물이 부족한 지역의 문제를 해결해주고 싶어 해요.
어떻게 도와줄 수 있을까요?

• 문제를 해결할 수 있는 방법을 생각하여 정리해보아요.

POINT!

문제 해결 방법을 정리해 보아요.

04 이렇게 해결해요

• 레오는 어떻게 문제를 해결하려고 할까요?

POINT!

문제를 해결할 수 있는 Tip을 제공해요.

05 함께 만들어요

＊ 블록으로 만들어요

조립하기 - 어느 지형이든 갈 수 있는 로봇을 만들어요

POINT!

조립도를 따라 로봇을 만들 수 있어요.

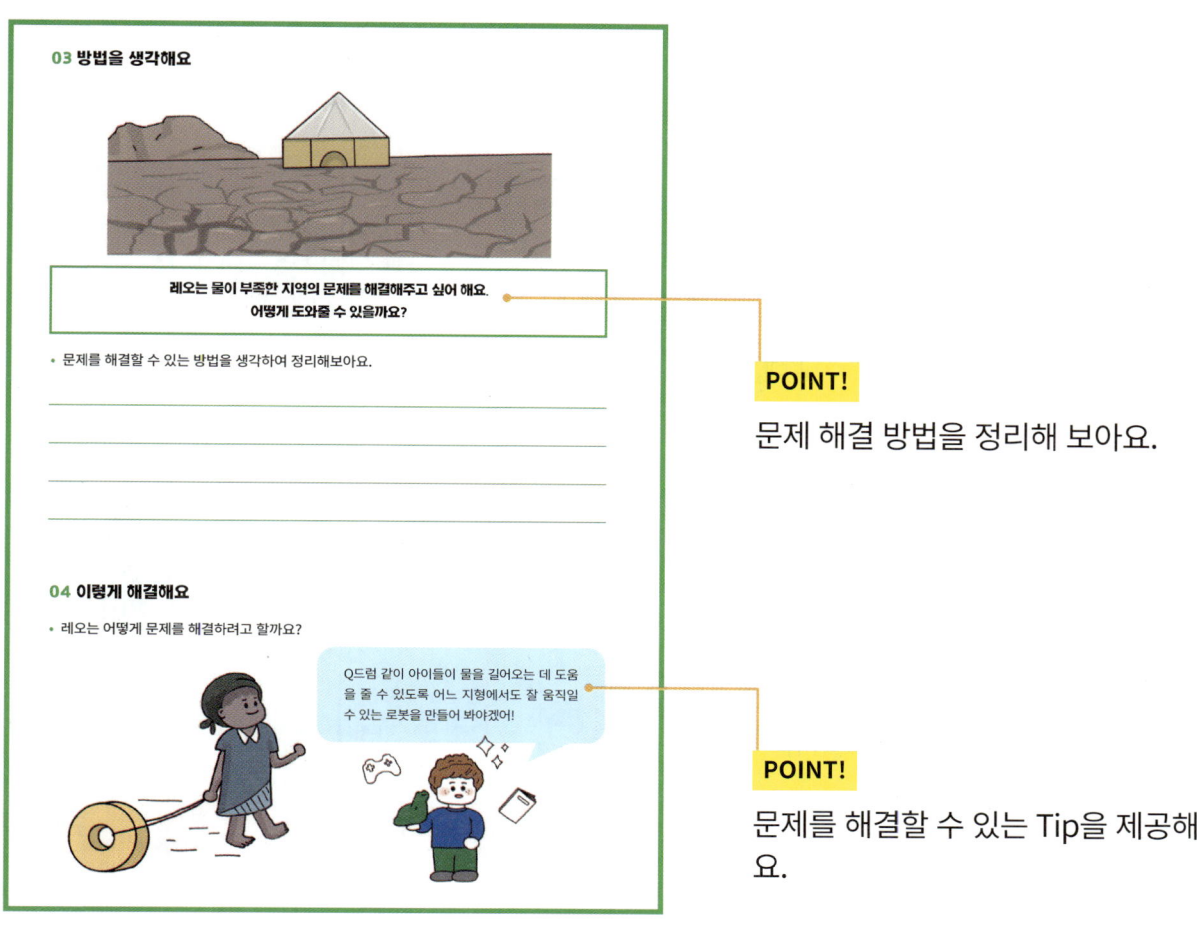

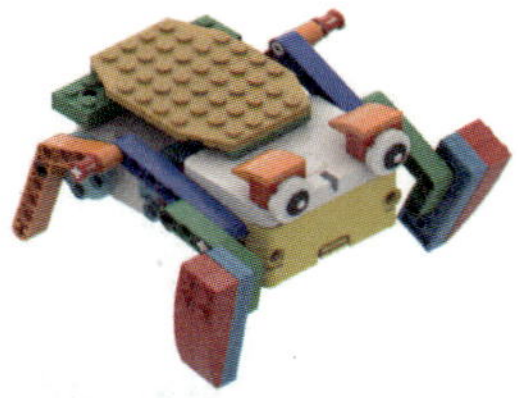

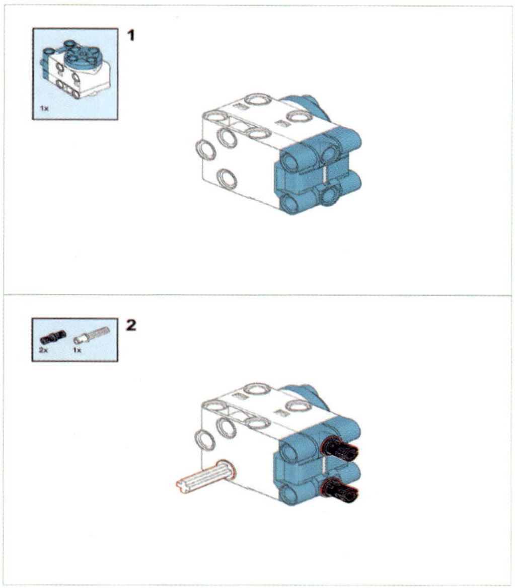

이렇게 활용해요!

POINT!

조립한 로봇을 움직이려면 어떻게 해야 할지 생각해 보아요.

POINT!

조립한 로봇을 움직이기 위한 프로그램을 어떻게 만들어 볼 것인지 자유롭게 적어 보아요.

POINT!

아이콘 블록과 단어 블록을 활용해 프로그램을 작성해요.

POINT!

조립과 프로그램이 잘 되었는지 확인해요.

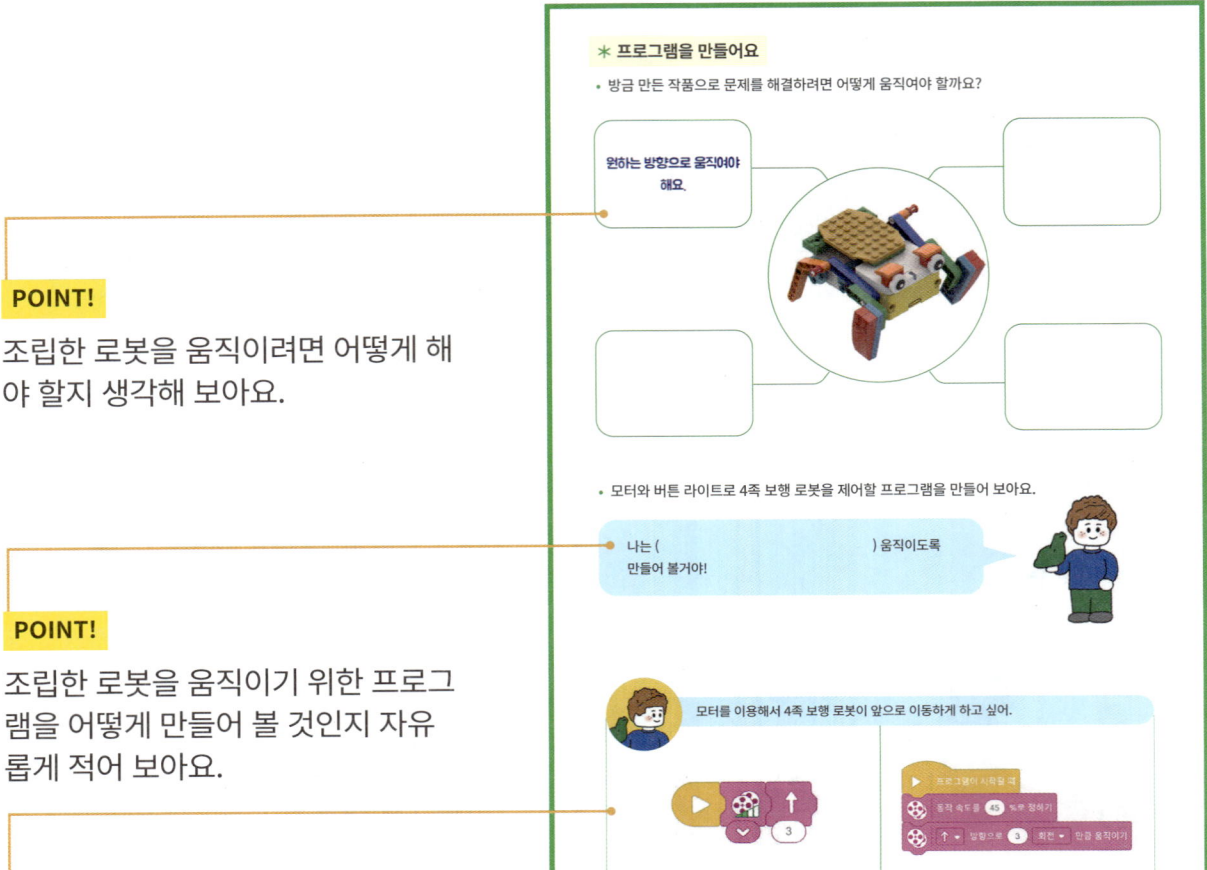

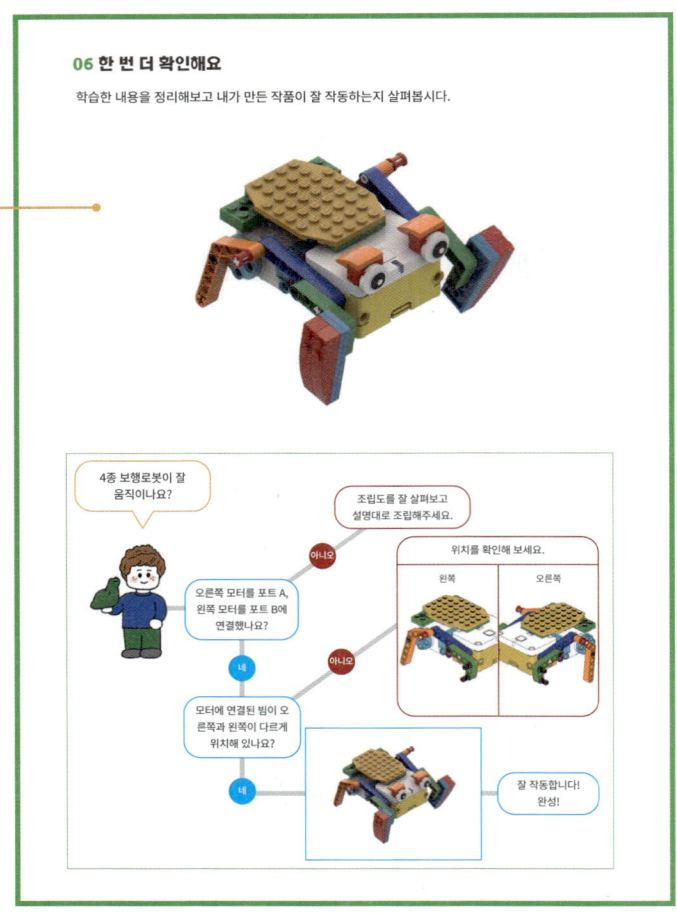

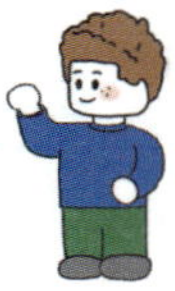

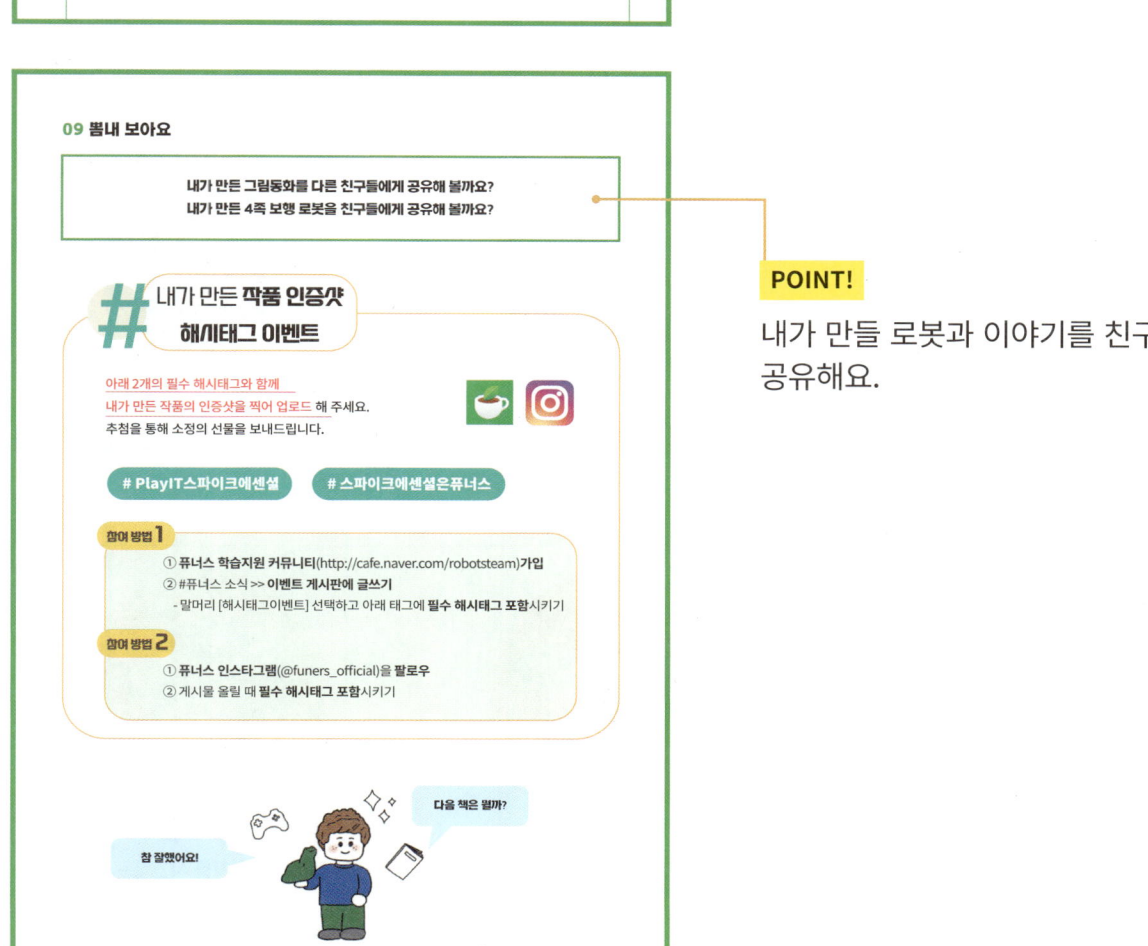

POINT!

제시되어 있는 것 외에 추가하고 싶은 부분을 생각해 보아요.

POINT!

처음 제시된 이야기가 문제 해결을 통해 어떻게 바뀔지 써보아요.

POINT!

내가 만들 로봇과 이야기를 친구들과 공유해요.

안녕?
스파이크 에센셜!

"스파이크 에센셜"이 무엇일까요?

레고® 에듀케이션 스파이크™ 에센셜은 초등학생을 위한 범교과적 STEAM 솔루션입니다. 스파이크 에센셜은 학생들에게 STEAM 학습 개념을 탐구할 것을 장려하는 동시에 국어, 수학, 사회성-감성 능력 발달을 도와줍니다. 또한 모든 학습단원이 교육과정 표준에 기반을 두고 있으며, 학습과 관련이 있고 다양한 개성을 지닌 미니피겨, 친근한 레고® 조립 요소 등을 이용한 일상적 테마의 이야기 만들기를 통해 문제를 해결하는 과정을 직접 체험해볼 수 있습니다.

스파이크 에센셜을 살펴봐요

스파이크 에센셜의 대표적인 구성품은 다음과 같습니다.

미니피겨
맥락이 통하는 STEAM 학습을 위해 정체성과 개성이 뚜렷한 미니피겨들이 등장합니다.

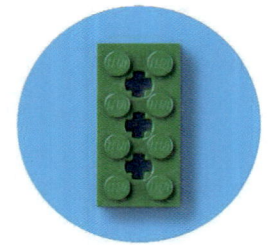

겹쳐 쌓기식 레고® 브릭
조립이 용이하고 곧바로 체험 학습에 활용할 수 있습니다.

브리지 핀
조립이 끝난 시스템 브릭 창작품을 하드웨어와 레고® 테크닉 구성품에 쉽게 연결할 수 있습니다.

16X16 흰색 조립판
학생들이 창의적인 아이디어, 모델, 상상력을 펼칠 수 있는 "빈 캔버스"를 제공합니다.

레고 테크닉® 스몰 허브
허브를 모터, 센서, 기타 레고® 요소, 블루투스 등에 연결하여 재미있는 인터랙티브 모델을 만들 수 있습니다.

스몰 휠
모델의 기동성을 높여주며, 스몰 모터에 딱 들어맞습니다.

레고® 테크닉 3x3 컬러 라이트 매트릭스
아홉 개의 픽셀을 개별적으로 프로그래밍하여 10가지 색의 패턴과 애니메이션을 만들 수 있습니다.

레고® 테크닉 컬러 센서
색상을 감지하며, 창작품이 환경에 반응하도록 만들어줍니다.

레고® 테크닉 스몰 앵글 모터
크기가 작고 절대 위치를 지원하는 회전 센서가 통합되어 있어 레고® 창작품을 살아 움직이게 할 수 있습니다.

함께 공부할 친구를 소개해요

이름 : **마리아**

좋아하는 것 : 수학, 피아노 연주, 퍼즐, 치즈, 벌레 찾기(특히 사마귀), 컴퓨터 갖고 놀기
싫어하는 것 : 오트밀, 천둥, 번개
가장 당황스러운 상황 : 수업 중 이름 불렸는데 답 모를 때
장래희망 : 의사
바라는 것 : 코딩을 더 잘할 수 있었으면 좋겠어~!

이름 : **다니엘**

좋아하는 것 : 새로운 것 만들기, 미술, 개, 물건 고치기
싫어하는 것 : 시금치, 뱀
비밀 재능 : 30회 연속 맴맴 돌기
장래희망 : 건축가
바라는 것 : 수학을 좀 더 잘하고 싶어!

이름 : **소피**

좋아하는 것 : 수영, 테니스, 글쓰기, 거북이, 바다
싫어하는 것 : 동생이 묻지도 않고 내 물건 쓸 때, 방울 양배추
특기 : 물고기 종류 이름 100가지 대기
장래희망 : 기자
바라는 것 : 올림픽 금메달 따기

이름 : **레오**

좋아하는 것 : 책읽기(특히 외계인과 좀비), 개구리, 달리기
싫어하는 것 : 거미
비밀 재능 : 3가지 언어로 알파벳 거꾸로 말하기
장래희망 : 비디오 게임 디자이너
바라는 것 : 키가 크면 좋겠어! 애완 개구리가 갖고 싶어!

어떻게 시작해요?

다음의 순서대로 프로그램을 설치합니다.

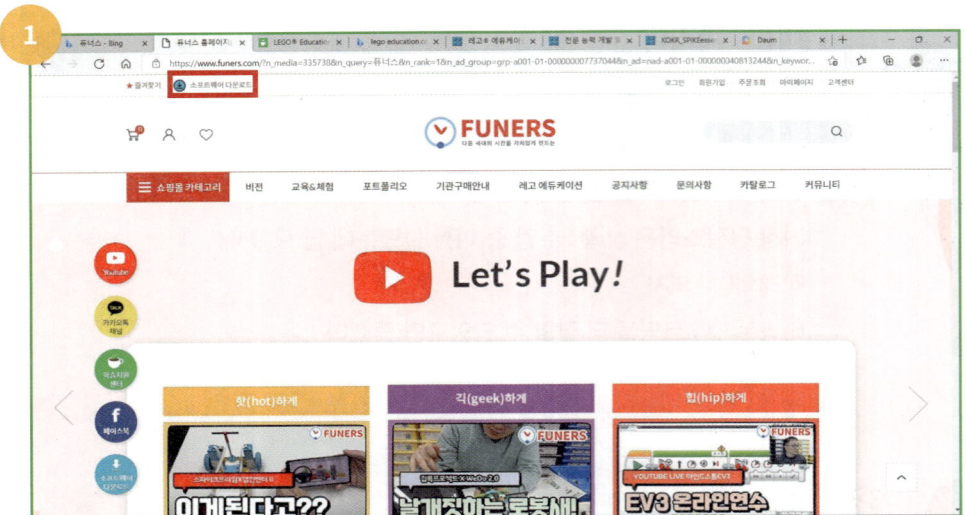

www.funers.com
에 접속해 소프트웨어 다운로드를 클릭합니다.

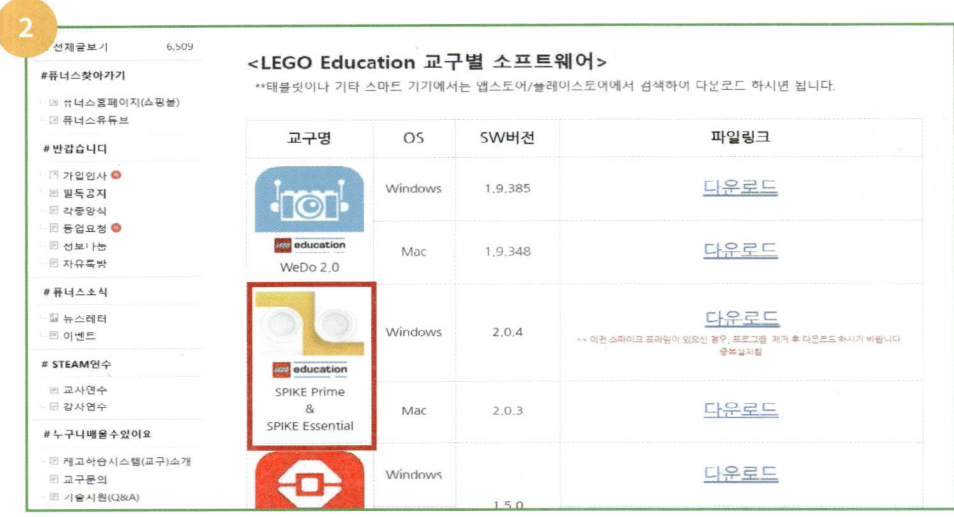

SPIKE Prime & SPIKE Essential을 클릭해 다운로드 후 설치합니다.

프로그램을 실행해 살펴봅시다

<홈> 화면에서는 새롭게 프로젝트를 만들거나 최근에 만든 프로젝트 등을 볼 수 있어요.

<시작>에서는 자습서 활동을 할 수 있어요.

<학습단원>에서는 LEGO에서 제공하는 학습활동을 할 수 있어요.

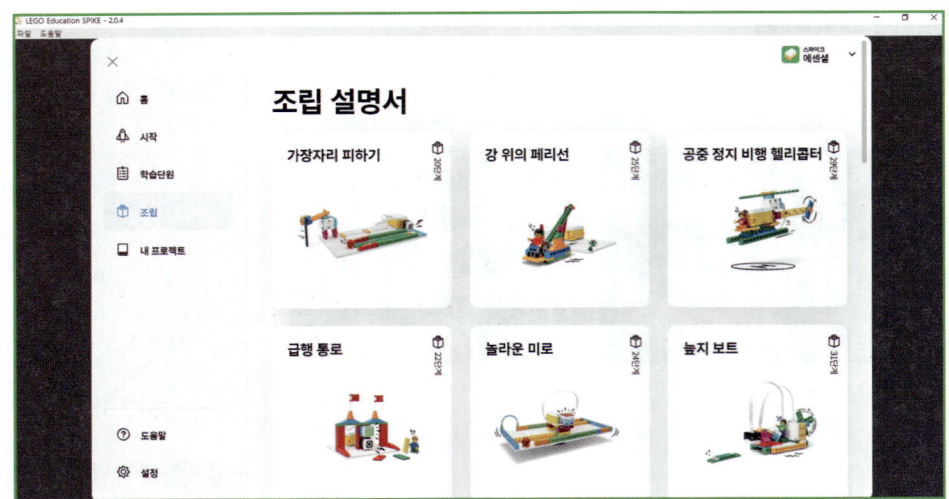

<조립>에서는 다양한 작품의 조립 설명서가 제공됩니다.

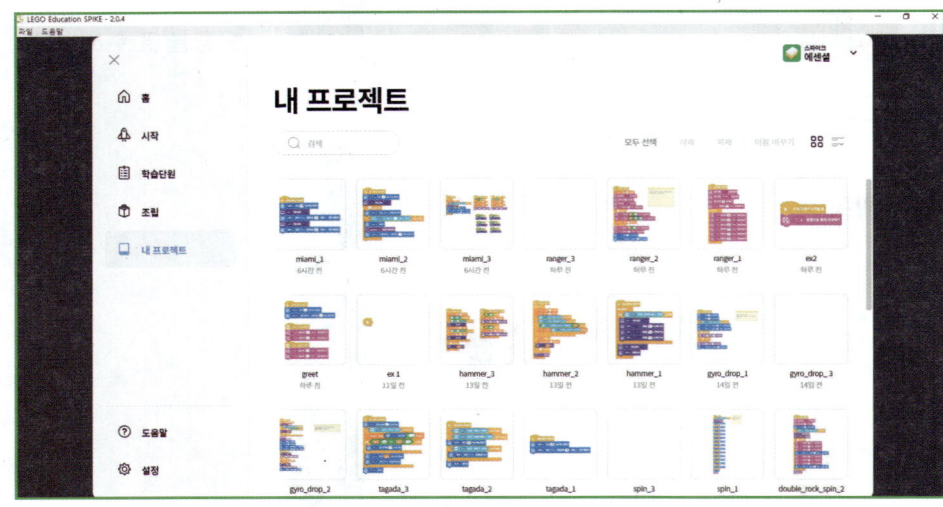

<내 프로젝트>에서는 내가 지금까지 만든 프로젝트를 한 눈에 볼 수 있어요.

이제 나만의 작품을 만들기 위한 준비를 해 볼까요?

<홈> 화면에서 <새 프로젝트>를 클릭합니다.

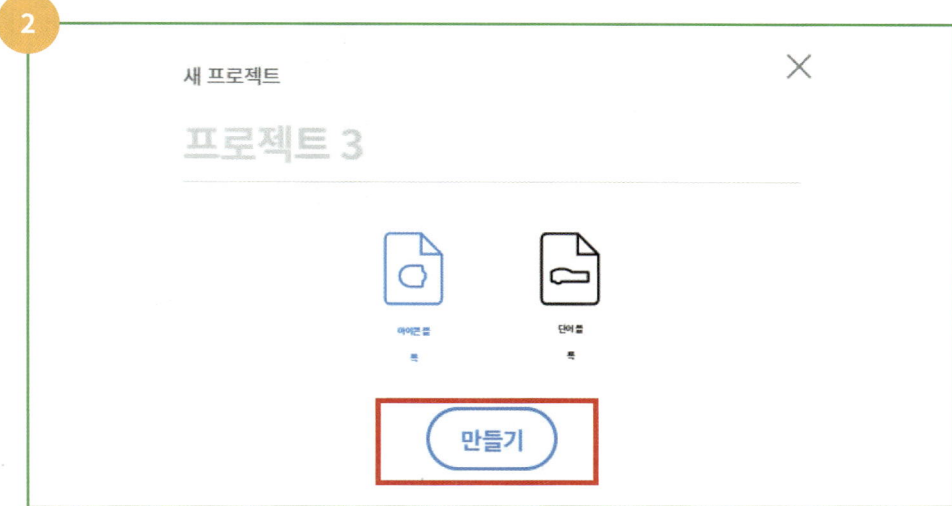

프로젝트를 만들 블록을 선택해 **만들기**를 클릭합니다.

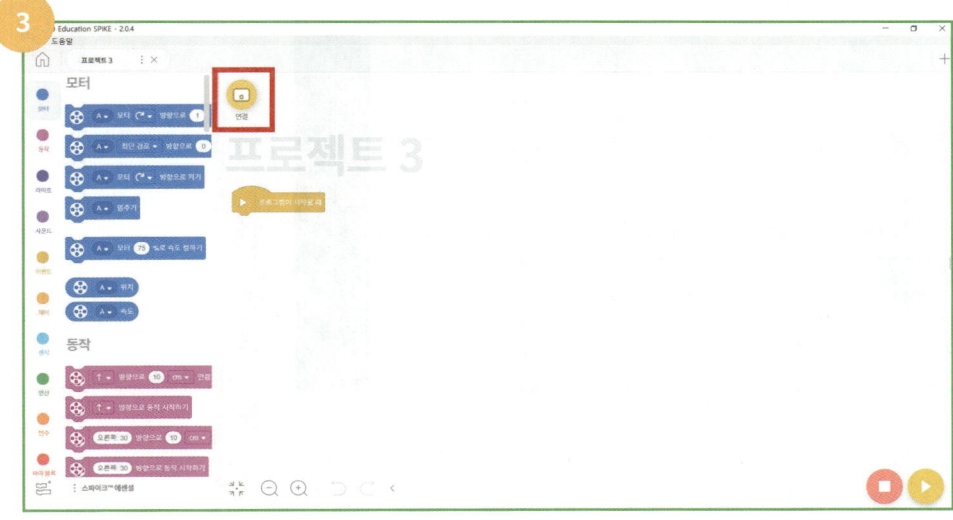

허브 연결을 클릭합니다.

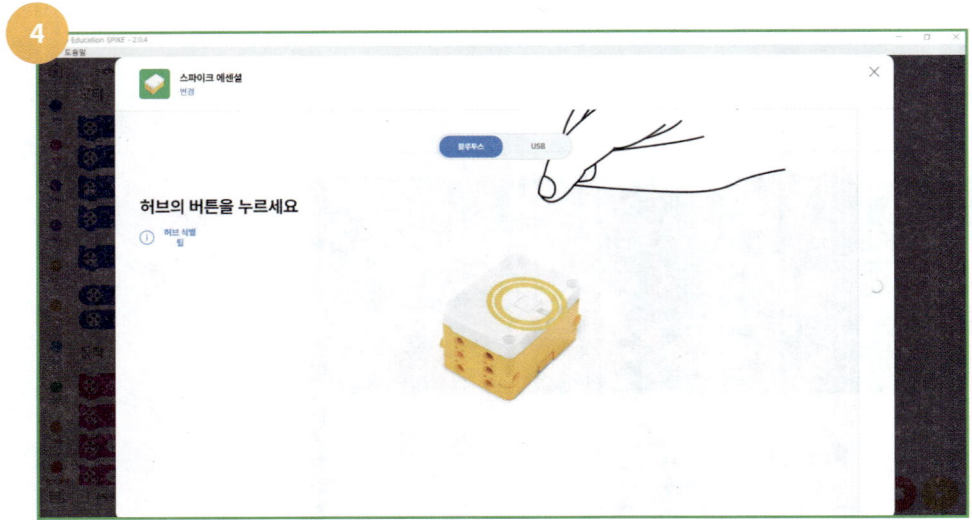

블루투스로 연결하기 위해 **블루투스**를 선택한 뒤 화면에서 안내하는 대로 합니다.

화면 오른쪽에 허브가 뜨면 **연결**을 클릭합니다.

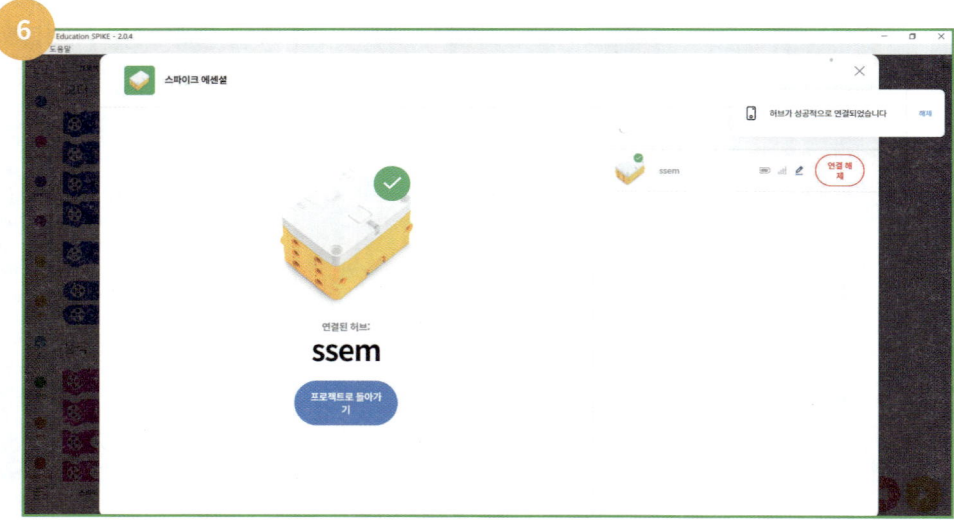

다음과 같은 화면이 뜨면 앱과 허브가 연결이 된 겁니다.

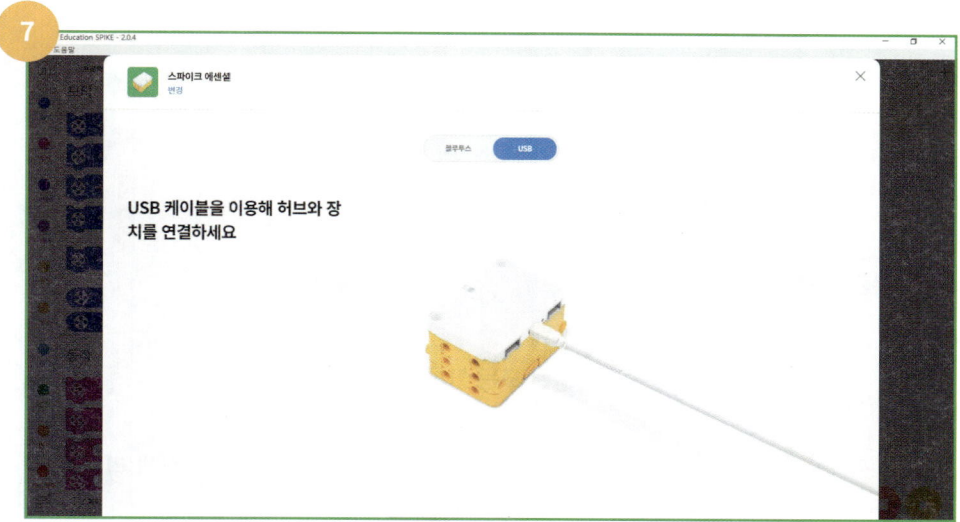

USB로 연결하기 위해서는 **USB**를 선택한 뒤 USB 케이블을 허브에 연결합니다.

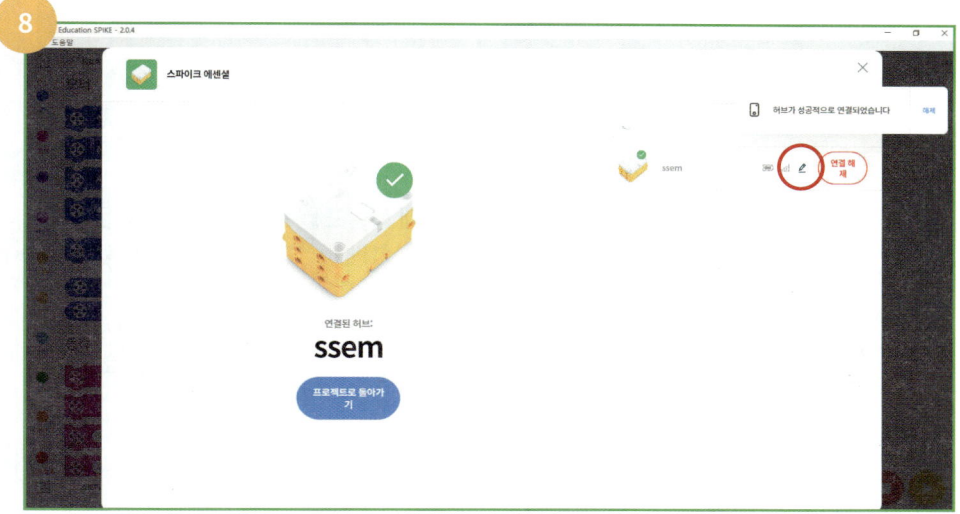

허브 이름을 바꾸기 위해서는 연결 완료 화면에서 **이름 바꾸기** 아이콘을 클릭합니다.

허브 이름을 입력하고 완료 버튼을 클릭하면 연결됩니다.

> **아이콘 블록과 단어 블록을 알아보아요**

1. 아이콘 블록

- **이벤트 블록**

블록 종류	블록 종류	설명
실행 블록		• 연결된 모든 블록을 실행 예) 시작되면 노란색 라이트 켜기
컬러 센서 블록		• 앞에 어느 색상의 블록이 있는지 감지 • 컬러 센서가 선택된 색상을 감지할 때 연결된 모든 블록을 실행 • 색을 바꾸려면 아래 화살표를 누르고 바꾸고 싶은 색깔 선택 예) 컬러 센서가 "파란색"을 볼 때마다 사운드 효과 1 재생
기울기 센서 블록		• 허브에 내장된 자이로 센서를 이용해 허브가 어느 방향으로 기울어지는지 또는 평평한 상태인지 감지 • 기울기 방향을 바꾸려면 아래 화살표를 누르고 방향 선택 예) 허브가 앞쪽으로 기울어질 때마다 사운드 효과 1 재생
음량 블록		• 마이크의 음량 레벨이 지정된 숫자나 경곗값보다 크면 연결된 모든 블록 실행 • 경곗값을 바꾸려면 아래 화살표를 누르고 슬라이더를 위아래로 드래그 예) 감지된 음량 레벨이 마이크가 수신가능한 최대 음량의 75%를 넘길 때마다 사운드 효과 1 재생

블록 종류		설명
수신된 메시지 블록		• 여러 프로그래밍 스택을 동시에 실행하고 싶을 때 사용 • 같은 색깔의 수신된 메시지 블록과 메시지 전송 블록을 함께 사용해야 함 • 메시지 색깔을 바꾸려면 아래 화살표를 누르고 바꾸고 싶은 색깔 선택 예)
메시지 전송 블록		• 실행 블록을 누르면 위쪽 스택 시작 (사운드 효과 1이 재생되고 파란색 메시지 전송) • 노란색 라이트가 켜질 때 아래쪽 스택의 사운드 효과 2 재생

- **모터 블록**

블록 종류		설명
모터 속도 블록		• 모터 작동 블록 앞에 놓아주면 모터 속도를 바꿈 • 속도 레벨은 초록색 막대 개수로 표시되며 각각 15%, 40%, 70%, 100%로 설정 (기본 속도는 40%) • 모터 속도 블록은 모터를 작동하게 하거나 작동 중인 모터의 속도를 바꾸지 않음 • 속도를 바꾸려면 아래 화살표를 누르고 속도 레벨 선택 예) 기본 속도(40%)로 모터를 시계 방향으로 한 바퀴 돌린 후 속도를 100%로 바꿔서 반시계 방향으로 한 바퀴 돌림

블록 종류		설명
반시계 방향으로 모터 작동 블록		• 모터를 반시계 방향/시계방향으로 돌림 • 모터의 회전수를 바꾸려면 숫자 부분을 누르고 플러스(+)와 마이너스(-) 버튼을 이용해 회전수를 높이거나 낮춤 • 회전수는 0.25회전 단위로 바꿀 수 있음 예) 모터를 반시계 방향으로 2.5바퀴 돌림
시계 방향으로 모터 작동 블록		모터를 시계방향으로 2.5바퀴 돌림
모터 멈춤 블록		• 작동 중인 모든 모터를 멈추게 함 예) - 위쪽 스택은 시작하면 모터를 시계방향으로 99바퀴 돌림 - 아래쪽 스택은 컬러 센서가 "빨간색" 블록을 감지하면 모터를 멈추게 함

- **라이트 블록**

블록 종류	설명
3×3 라이트 블록	• 3×3 컬러 라이트 매트릭스를 프로그래밍할 때 사용 • 패턴을 그리려면 아래 화살표를 누르고 색깔을 선택한 후 3X3 그리드 위에 픽셀을 그리면 됨 • 블록 메뉴의 ▨ 는 패턴을 지워주고, ▦ 는 모든 픽셀을 선택된 색으로 바꿈 예) 3×3 컬러 라이트 매트릭스의 세 가지 패턴을 빠르게 바꿔줌

블록 종류		설명
무작위 3×3 라이트 블록		• 3×3 컬러 라이트 매트릭스를 무작위 색깔로 켬 예)  3×3 컬러 라이트 매트릭스를 새로운 무작위 색으로 무한 반복되게 켬

• ## 사운드 블록

	블록 종류	설명
동물 사운드 블록	(블록 이미지)	• 동물 소리를 재생함 • 총 8가지 동물 소리가 있으며, 소리를 선택하려면 아래 화살표를 누르고 숫자 선택 • 주사위를 선택하면 블록이 실행될 때마다 무작위로 새로운 동물 소리가 재생됨 예) 동물 사운드 5를 재생
사운드 효과	(블록 이미지)	• 사운드 효과를 실행함 • 총 8가지 효과가 있으며, 사운드 효과를 선택하려면 아래 화살표를 누르고 숫자 선택 • 주사위를 선택하면 블록이 실행될 때마다 무작위 사운드 효과가 재생됨 예) 사운드 효과 5를 재생
음악 블록	(블록 이미지)	• 장치를 통해 음악 트랙을 재생함 • 총 8가지 음악 트랙이 있으며, 트랙을 선택하려면 아래 화살표를 누르고, 메뉴에서 숫자 선택 • 주사위를 선택하면 블록이 실행될 때마다 새로운 무작위 음악이 재생 예) 음악 트랙 5를 재생

	블록 종류	설명
사운드 녹음		• 사운드를 녹음할 때 사용하며, 자신만의 사운드를 녹음하고 프로그램에 사용할 새 블록으로 저장할 수 있음 • 새 녹음을 하려면 버튼을 눌러 사운드 녹음 메뉴를 연 후, ● 를 누르면 녹음이 시작됨(최대 9초까지 녹음 가능) • 녹음이 끝나면 멈춤 버튼을 누르고 체크 표시 버튼을 눌러 저장 • 녹음된 사운드를 삭제/편집하려면 프로그래밍 팔레트에서 블록을 오른쪽 버튼으로 클릭(단, 프로그래밍 캔버스에 녹음된 사운드 블록이 있을 경우 삭제할 수 없음) 예) 사운드 녹음 1을 재생한 후에 사운드 녹음 2를 재생

• 제어 블록

	블록 종류	설명
대기 블록	(모래시계 1)	• 프로그램 스택을 지정된 시간만큼 기다리게 하며, 대기 시간은 숫자를 입력해 바꿀 수 있음 예) 사운드 효과 3을 재생한 후 1초 기다렸다가 사운드 효과 1 재생
반복 루프	(반복 4)	• 블록 안에 들어 있는 모든 블록을 반복함 • 반복 횟수는 숫자를 입력해 바꿀 수 있음 예) 라이트를 노란색으로 3번 깜빡임
무한 반복	(무한 반복)	• 블록 안에 들어 있는 모든 블록을 무한 반복해서 실행함 예) 3번 음악 트랙을 무한 반복 재생함

블록 종류		설명
멈춤 블록		• 실행 중인 모든 프로그래밍 스택을 멈춤 예) - 위쪽 스택은 프로그램을 시작할 때마다 모터를 한 바퀴 돌리는 작업을 무한 반복함 - 아래쪽 스택은 컬러 센서가 빨간색 블록을 감지하는 순간에 무한 반복을 멈추게 함

• **동작 블록**

블록 종류		설명
이동 속도 블록		• 다른 이동 블록 앞에 놓아주면 드라이빙 베이스의 속도를 바꿈 (※ 드라이빙 베이스: 두 개의 동일한 모터를 이용해 구동되는 로봇의 일종) • 속도 레벨은 초록색 막대 개수로 표시되며 각각 15%, 40%, 70%, 100%로 설정 • 이동 속도 블록은 모터를 작동하게 하거나 작동 중인 모터의 속도를 바꾸지 않음 • 속도를 바꾸려면 아래 화살표를 누르고 속도 레벨 선택 예) 드라이빙 베이스를 기본 속도(40%)를 이용해 반시계 방향으로 90도 돌린 후 100% 속도로 한 바퀴 회전한 거리만큼 앞으로 움직임
전진 이동 블록		• 드라이빙 베이스를 지정된 바퀴 회전수만큼 앞으로 이동시킴 • 바퀴 회전수는 숫자를 입력해 바꿀 수 있음 예) 드라이빙 베이스가 바퀴가 2번 회전한 거리만큼 앞으로 이동

안녕? 스파이크 에센셜!

블록	아이콘	설명
후진 이동 블록	(아래 화살표, 1)	• 드라이빙 베이스를 지정된 바퀴 회전수만큼 뒤로 이동시킴 • 바퀴 회전수는 숫자를 입력해 바꿀 수 있음 예) 드라이빙 베이스가 바퀴가 2번 회전한 거리만큼 뒤로 이동
반시계 방향 회전 블록	(반시계 화살표, 1)	• 드라이빙 베이스를 반시계 방향으로 돌림 • 회전수는 숫자를 입력해 바꿀 수 있고, "1"을 입력하면 드라이빙 베이스가 90도 회전함 예) 드라이빙 베이스를 반시계 방향으로 360도 돌림
시계 방향 회전 블록	(시계 화살표, 1)	• 드라이빙 베이스를 시계방향으로 돌림 • 회전수는 숫자를 입력해 바꿀 수 있고, "1"을 입력하면 드라이빙 베이스가 90도 회전함 예) 드라이빙 베이스를 시계방향으로 360도 돌림
이동 멈춤 블록	(멈춤 아이콘)	• 드라이빙 베이스의 모터를 모두 멈춤 예) - 위쪽 스택은 드라이빙 베이스를 99바퀴 회전한 거리만큼 앞으로 이동시킴 - 아래쪽 스택은 허브가 어느쪽으로든 기울어지면 드라이빙 베이스를 멈춤

- **디스플레이 블록**

블록 종류		설명
텍스트 표시 블록	(텍스트 표시 블록 이미지)	• 디스플레이 창에 텍스트를 표시함 • 전체 화면 모드로 바꾸려면 디스플레이 창 왼쪽 위의 전체 화면 버튼을 누름 • 텍스트를 바꾸려면 블록의 텍스트를 누르고, 새 텍스트를 입력 예) 디스플레이 창에 2부터 1까지 카운트다운 표시
이미지 표시 블록	(이미지 표시 블록 이미지)	• 디스플레이 창에 이미지를 표시함 • 전체 화면 모드로 바꾸려면 디스플레이 창 왼쪽 위의 전체화면 버튼을 누름 • 이미지를 바꾸려면 아래 화살표를 누르고 이미지 선택 • 주사위를 선택하면 블록이 실행될 때마다 새로운 무작위 이미지가 표시됨 예) 북극곰 이미지를 표시하고 1초를 기다렸다가 무작위 이미지를 표시함
전체 화면 표시 블록	(전체 화면 표시 블록 이미지)	• 이미지/텍스트가 표시되는 방식을 변경함 • 표시 형식을 바꾸려면 아래 화살표를 누르고 전체화면 또는 작은 창 보기를 선택 예) 1초간 우주 모습이 전체 화면으로 보였다가 작은 창으로 바뀜

- **막대그래프 블록**

블록 종류		설명
막대 그래프에 1 더하기 블록		• 막대그래프의 막대에 지정된 값을 추가함 • 블록의 아래 화살표를 눌러 색상을 바꿀 수 있음 예) - 위쪽 스택은 컬러 센서가 녹색 브릭을 감지할 때마다 녹색 막대에 +1 - 아래쪽 스택은 컬러 센서가 파란색 브릭을 감지할 때마다 파란색 막대를 +1
막대 그래프 지우기 블록		• 막대그래프를 지우고 모든 값을 "0"으로 초기화 예) - 위쪽 스택은 프로그램이 시작될 때 막대그래프를 지움 - 아래쪽 스택은 컬러 센서가 빨간색 브릭을 감지할 때마다 빨간색 막대 +1
전체 화면 막대 그래프 블록		• 막대그래프가 표시되는 방식을 바꿔줌 • 표시 형식을 바꾸려면 아래 화살표를 누르고 전체 화면 보기(녹색 화살표 2개) 또는 작은 창 보기(녹색 화살표 1개)를 선택 예) - 위쪽 스택은 막대그래프를 전체화면으로 표시 - 아래쪽 스택은 허브가 오른쪽으로 기울어질 때마다 마젠타색 막대를 +1

2. 단어 블록

- **모터 블록**

블록 종류	설명
지정된 시간만큼 모터 작동 [A▼ 모터 ↻▼ 방향으로 1 회전▼ 만큼 작동하기]	• 하나 이상의 모터를 지정된 회전수/초/각도만큼 시계방향 또는 반시계 방향으로 작동
모터를 위치로 이동 [A▼ 최단 경로▼ 방향으로 0 까지 이동하기]	• 모터를 시계방향/반시계 방향으로 작동하거나 지정된 위치까지의 최단 경로를 따르도록 설정할 수 있음 • 위치 범위는 0~359도임
모터 시동 [A▼ 모터 ↻▼ 방향으로 켜기]	• 하나 이상의 모터를 시계방향 또는 반시계 방향으로 계속 작동시킴
모터 멈추기 [A▼ 멈추기]	• 하나 이상의 모터가 작동을 멈춤
모터 속도 설정 [A▼ 모터 75 %로 속도 정하기]	• 하나 이상의 모터의 속도를 설정함 • 속도 범위: -100 ~ 100 • 음수 값은 모터의 방향을 반전시키고, 속도가 지정되지 않을 경우 기본값은 75%
모터 위치 [A▼ 위치]	• 모터의 현재 위치를 알려줌(0 ~ 359도)
모터 속도 [A▼ 속도]	• 모터의 실제 속도를 알려줌

- **동작 블록**

블록 종류	설명
지정된 값만큼 이동 ↑ 방향으로 10 cm 만큼 움직이기	• 드라이빙 베이스를 지정된 센티미터/인치/초/도/회전수 값만큼 앞/뒤로 이동하거나 시계방향/반시계 방향으로 회전함
이동 시작 ↑ 방향으로 동작 시작하기	• 드라이빙 베이스를 앞이나 뒤로 이동하거나 시계방향 또는 반시계 방향으로 회전함
지정된 값만큼 조향 이동 오른쪽: 30 방향으로 10 cm 만큼 움직이기	• 드라이빙 베이스를 지정된 값만큼 이동시키며, 방향 조종이 가능함 • 조향 값 0 : 직선으로 이동 • 조향 값 100 및 -100 : 제자리에서 회전 • 조향 값을 높일수록 드라이빙 베이스가 그리는 원호가 급격해짐
조향을 맞추고 이동 시작하기 오른쪽: 30 방향으로 동작 시작하기	• 드라이빙 베이스가 계속 앞으로 가게 하며, 방향 조종이 가능함 • 조향 값 0 : 직선으로 이동 • 조향 값 100 및 -100 : 제자리에서 회전 • 조향 값을 높일수록 드라이빙 베이스가 그리는 원호가 급격해짐
이동 멈추기 이동 멈추기	• 모터를 꺼서 드라이빙 베이스의 모든 동작을 중지함
동작 속도 설정 동작 속도를 50 %로 정하기	• 드라이빙 베이스의 동작 속도를 설정함 • 속도 범위: -100 ~ 100 • 음수 값은 움직이는 방향을 반전시키고, 속도 기본값은 75%
모터 1회전을 이동된 거리로 설정 모터 1회전을 13.5 cm 이동 거리로 정하기	• 드라이빙 베이스의 거리를 보정하여 동작 블록에 지정된 거리 단위(즉, 센티미터/인치)의 정확성을 높여줌

- **라이트 블록**

블록 종류	설명
라이트 매트릭스를 지정된 초 단위만큼 켜기	• 하나의 패턴을 만들어 라이트 매트릭스에 지정된 시간 동안 켬 • 시간이 지나면 블록이 픽셀을 끔
라이트 매트릭스 켜기	• 하나의 패턴을 만들어 라이트 매트릭스에 지정된 시간 동안 켬 • 라이트 매트릭스에 다른 명령이 전달되거나 프로그램이 중지될 때까지 패턴이 켜져 있음
픽셀 끄기	• 라이트 매트릭스의 모든 라이트를 끔
매트릭스 밝기 설정	• 라이트 매트릭스를 사용하는 프로그래밍 스택의 다음 블록에 해당하는 라이트 매트릭스의 밝기를 설정함(기본값은 100%)
픽셀 색상 설정	• 라이트 매트릭스의 개별 픽셀의 색상을 설정함 • 지정된 픽셀만 바뀌고 나머지 라이트 매트릭스는 똑같이 유지됨
회전 방향(시계방향)	• 라이트 매트릭스에 표시되는 모양의 방향을 시계방향/반시계 방향으로 회전시킴
가운데 버튼 라이트 설정	• 가운데 버튼 라이트의 색상을 설정함

- **사운드 블록**

블록 종류	설명
끝까지 재생하기 `Cat Meow 1 ▼ 끝까지 재생하기`	• 선택된 사운드를 재생하고 재생이 끝날 때까지 프로그래밍 스택을 멈춤 • 사운드는 사운드 추가 버튼을 이용해 프로젝트에 추가할 수 있음
재생하기 `Cat Meow 1 ▼ 재생하기`	• 선택된 사운드를 재생하기 시작하고, 바로 프로그래밍 스택의 다음 블록을 재생함 • 사운드는 사운드 추가 버튼을 이용해 프로젝트에 추가할 수 있음
모든 소리 끄기 `모든 사운드 끄기`	• 현재 재생 중인 모든 소리(예: 비프음 및 사운드 파일)를 끔

피치 효과를 지정된 값만큼 변경
`음 높이 ▼ 효과를 10 만큼 바꾸기`
피치 효과를 지정된 값으로 설정
`음 높이 ▼ 효과를 100 로 정하기`
	• 재생 중인 사운드의 피치 또는 좌/우 팬 효과를 변경함
	※ 팬 효과 "-100": 왼쪽 스피커에서만 재생
	　팬 효과 "0": 양쪽 스피커에서 재생
	　팬 효과 "100": 오른쪽 스피커에서만 재생

음향 효과 없음 `소리 효과 지우기`	• 피치와 좌우 팬 사운드 효과를 모두 정상으로 되돌림
음량 바꾸기 `음량을 -10 만큼 바꾸기`	• 현재 재생 중인 소리의 음량을 지정된 값만큼 변경함 (기본 음량은 100%)
음량 정하기 `음량을 100 % 로 정하기`	• 소리의 음량을 설정함(기본 음량은 100%)
음량 `음량`	• 현재의 소리 음량을 알려줌

- **이벤트 블록**

블록 종류	설명
프로그램을 시작할 때 ▶ 프로그램이 시작될 때	• 프로그램이 시작될 때 연결된 모든 블록을 위에서 아래로 순서대로 실행함 • 프로그램을 시작하려면 실행 버튼을 클릭하면 되며, 스트리밍 모드가 아닐 경우 허브의 가운데 버튼을 누름
색상 지정 ○ A ▼ 색상이 ● ▼ 일 때	• 컬러 센서가 특정 색상을 감지할 경우 연결된 모든 블록을 실행함 • 감지 가능한 색깔: 검정, 보라, 파랑, 하늘, 초록, 노랑, 빨강, 흰색, 색상 없음
기울어질 때 □ ↑ ▼ 을(를) 기울일 때	• 허브가 평평한 방향(버튼이 위로 향한 위치)에서 시작하여 지정된 방향으로 기울어질 경우 연결된 모든 블록을 실행함
허브 방향이 위쪽일 때 □ 앞 ▼ 이(가) 위일 때	• 허브가 특정한 위치에 놓일 때 연결된 모든 블록을 실행함 • 허브 방향: 앞/뒤/맨 위/맨 아래/왼쪽/오른쪽
허브가 흔들릴 때 □ 흔들림 ▼ 일 때	• 허브가 특정한 상태일 때 연결된 모든 블록을 실행함 (흔들림, 두드림, 떨어짐)
음량 조건 음량 ▼ > 10 일 때	• 음량이나 타이머가 지정된 값보다 클 때 연결된 모든 블록을 실행함 ※ 음량: 내부 마이크로 측정된 음량(0 ~ 100) ※ 타이머: 일정하게 작동하는 시계(0부터 시작, 초기화해서 재설정 가능)
조건 지정 ◇ 일 때	• 특정한 조건이 참일 때 연결된 모든 블록을 실행함
메시지를 받을 때 메시지1 ▼ 신호를 받았을 때	• 메시지 신호 보내기 또는 메시지 신호 보내고 기다리기 블록이 지정된 메시지를 보낼 때 연결된 모든 블록을 실행함
메시지 신호 보내기 메시지1 ▼ 신호 보내기	• 지정된 메시지를 보냄
메시지 신호 보내고 기다리기 메시지1 ▼ 신호 보내고 기다리기	• 지정된 메세지를 보냄 • 지정된 메시지가 있는 프로그래밍 스택의 실행이 완료될 때까지 대기 상태를 유지하며, 그 후에 스택의 다음 블록으로 진행됨

- **제어 블록**

블록 종류	설명
초 단위로 기다리기 `1 초 기다리기`	• 프로그래밍 스택의 실행을 지정된 초 동안 일시 중지함(소수도 가능)
루프 반복하기 `10 번 반복하기`	• 이 블록 안에 들어 있는 모든 블록은 지정된 횟수만큼 반복 실행됨
무한 반복하기 `무한 반복하기`	• 이 블록 안에 있는 모든 블록이 영원히 반복 실행됨 • 반복을 중지하는 방법은 중지 버튼을 눌러 중단시키거나 모두 중지 블록을 사용하는 것 뿐임
만약 ~라면 `만약 (이)라면`	• 지정된 참/거짓 조건이 참인지 여부를 확인함 • 조건이 참이면 그 안에 들어 있는 모든 블록이 실행되고, 조건이 거짓이면 실행되지 않음
만약 ~라면 아니면 `만약 (이)라면 아니면`	• 지정된 참/거짓 조건이 참인지 여부를 확인함 • 조건이 참이면 첫 번째 공간에 들어 있는 블록이 실행되고 스택이 계속됨 • 조건이 거짓이면 두 번째 공간에 들어 있는 블록이 실행됨
조건 기다리기 `까지 기다리기`	• 지정된 참/거짓 조건이 참일 때까지 프로그래밍 꾸러미의 실행을 일시 중지함
지정된 위치까지 루프 반복하기 `까지 반복하기`	• 이 블록 안에 들어 있는 모든 블록이 지정된 조건이 참일 때까지 반복 실행됨 • 지정된 조건이 참으로 바뀌면 그 아래에 있는 블록이 실행됨
다른 스택 멈추기 `다른 스택 멈추기`	• 자기 자신을 제외한 모든 프로그래밍 스택을 멈춤
멈추기 `멈추기 모두 ▼`	• 실행 중인 모든 프로그래밍 스택이나 선택한 스택 또는 프로그램을 종료함

- **이벤트 블록**

블록 종류	설명
색상?	• 컬러 센서가 지정된 색상을 감지하면 '참'을 출력함 • 감지 가능한 색깔: 검정, 보라, 파랑, 하늘, 초록, 노랑, 빨강, 흰색, 색상 없음
색상	• 컬러 센서가 감지한 현재 색상을 알려줌 • 감지 가능한 색깔: 검정, 보라, 파랑, 하늘, 초록, 노랑, 빨강, 흰색, 색상 없음
반사광?	• 컬러 센서로 반사되어 되돌아오는 빛이 지정된 백분율보다 크거나 같거나 작을 때 "참"을 출력함
반사광	• 컬러 센서로 반사되어 되돌아오는 빛의 현재 값을 알려줌
기울어짐?	• 허브가 평평한 방향(버튼이 위로 향한 위치)에서 시작하여 지정된 방향으로 기울어질 경우 "참"을 출력함
허브의 방향?	• 허브가 지정된 방향으로 놓일 경우에 "참"을 출력함 • 허브 방향: 앞, 뒤, 맨 위, 맨 아래, 왼쪽, 오른쪽
흔들렸나요?	• 허브의 힘 센서 상태가 흔들림/두드림/떨어짐일 때 "참"을 출력함
허브 피치 롤 요 각도	• 허브의 피치, 롤, 요 각도를 알려줌 - 피치, 롤, 요는 비행기의 움직임을 설명할 때 사용되는 용어이지만, 3차원 공간에서 회전하는 모든 물체에 적용 가능 • 피치: 비행기의 앞머리가 위아래로 움직이는 것을 나타냄 • 롤: 비행기의 날개가 위아래로 움직이는 것을 나타냄 • 요: 지면에 대비한 비행기의 방향을 나타냄
허브 요 각도를 0으로 설정	• 허브의 요 각도를 "0"으로 설정함

블록 종류	설명
음량	• 내부 마이크에 의해 측정된 음량을 알려줌
타이머	• 프로그램이 시작된 후 얼마나 시간이 지났는지 알려줌 • 프로그램이 다시 시작될 때마다 타이머도 다시 시작됨
타이머 초기화	• 타이머를 수동으로 초기화함

- **연산 블록**

블록 종류	설명
난수 1 부터 10 사이의 난수	• 지정된 범위 내의 난수를 하나 선택함 • 소수도 가능하며, 숫자 중 하나가 소수일 경우 소수를 출력함
더하기 +	• 두 개의 값을 더하고 그 결과를 출력함
빼기 -	• 첫 번째 값에서 두 번째 값을 빼고 그 결과를 출력함
곱하기 ×	• 두 값을 곱하고 그 결과를 출력함
나누기 ÷	• 첫 번째 값을 두 번째 값으로 나누고 그 결과를 출력함
비교(<) < 100	• 첫 번째 값이 두 번째 값보다 작으면 "참", 그렇지 않으면 "거짓"
비교(=) = 100	• 첫 번째 값과 두 번째 값이 같으면 "참", 그렇지 않으면 "거짓"

블록	설명
비교(>) ◯ > 100	• 첫 번째 값이 두 번째 값보다 크면 "참", 그렇지 않으면 "거짓"
그리고 ◆ 그리고 ◆	• 두 개의 참/거짓 블록을 "AND"조건(두 개의 조건이 모두 만족)으로 합침
또는 ◆ 또는 ◆	• 두 개의 참/거짓 블록을 "OR"조건(두 개의 조건 중 하나만 만족)으로 합침
아니다 ◆ 이(가) 아니다	• 자신이 포함하고 있는 조건의 참/거짓 값을 반전시킴
사이 -10 와(과) 10 사이에 0 이(가) 있나?	• 지정된 첫 번째 값이 지정된 두 번째와 세 번째 값 사이(양쪽 끝단 숫자 포함)에 들어 있는지 아닌지 확인함
문자열 결합하기 apple 와(과) banana 결합하기	• 두 개의 텍스트를 연결하고 그 결과를 출력함 (예: "hello"와 "world"를 이 블록에 입력하면 "helloworld"를 출력함)
문자열의 글자 apple 의 1 번째 글자	• 주어진 문자열 내의 지정된 위치에 놓여 있는 문자를 출력함 • "LEGO의 2번째 글자": "E"를 출력함
문자열의 길이 apple 의 길이	• 주어진 문자열에 포함된 문자의 개수를 출력함 • "LEGO": "4"를 출력
문자열의 포함 apple 이(가) a 을(를) 포함하는가?	• 지정된 문자가 지정된 문자열에 포함되어 있을 경우 "참"을 출력함
나누기의 나머지 ◯ 나누기 ◯ 의 나머지	• 첫 번째 값을 두 번째 값으로 나누고 그 나머지를 출력함
반올림 ◯ 의 반올림	• 주어진 숫자를 가장 가까운 정수에 맞춰 올림/내림함
수학 함수 절댓값 ▼ (◯)	• 주어진 숫자에 대해 지정된 수학 함수를 수행하고 그 결과를 알려줌

- **디스플레이 블록**

블록 종류	설명
몇 초 동안 디스플레이에 쓰기	• 디스플레이 창에 텍스트 문자열을 표시하고, 지정된 초 단위 동안 프로그래밍 스택을 중지함
디스플레이에 쓰기	• 디스플레이 창에 텍스트 문자열을 표시함
디스플레이의 이미지를 초 단위로 설정	• 디스플레이 창에 이미지를 표시하고, 지정된 초 단위 동안 프로그래밍 스택을 중지함
디스플레이의 이미지 설정	• 디스플레이 창에 이미지를 표시함
다음 이미지	• 프로젝트의 다음 이미지를 보여줌
디스플레이 전체 화면/창 표시	• 디스플레이의 내용을 전체 화면 또는 팝업창 형태로 표시함
디스플레이 숨기기	• 디스플레이 창을 숨김

위 표에 포함되지 않은 추가 블록에 대한 설명은 **스파이크 앱의 '도움말'**에서 확인하실 수 있습니다.

노벨 엔지니어링으로 공부해요

노벨 엔지니어링(Novel Engineering, NE)

　우리나라 국가 교육과정에서는 초·중등교육이 추구해 나가야 할 교육 비전으로서 교육적 인간상을 제시해왔다[1]. 2015 개정 교육과정에서 제시한 인간상은 자주적인 사람, 창의적인 사람, 교양 있는 사람, 더불어사는 사람의 4가지이며, 핵심 역량으로는 자기 관리 역량, 지식정보처리 역량, 창의적 사고 역량, 심미적 감성역량, 의사소통 역량, 공동체 역량의 6가지이다[1]. 이러한 인간상과 역량을 포함하는 사람을 '창의융합형 인재'라고 정의하고 있다.

　더불어 21세기 4차 산업혁명시대에는 문제해결력, 비판적 사고력, 논리적 사고력, 인간 관리 등의 능력을 요구한다. 이러한 능력은 한두 가지의 활동으로 달성할 수 없다. 현재의 사회는 매우 다양하고 복잡하기 때문에 현 시대의 문제를 해결하기 위해서는 창의성과 문제해결력을 최우선으로 생각해야한다. 세계 경제 포럼(World Economy Forum)의 발표에 따르면 인간이 갖추어야하는 역량의 최상위는 바로 비판적 사고력과 복잡한 문제해결능력이라고 하였다[2]. 그래서 현 시대의 복잡 다양한 특징과 창의적 문제해결력 향상을 위한 수업 방법이 매우 절실하다. 이러한 현실을 감안하여 융합적 사고를 통한 창의적 문제해결력 향상에 대한 많은 고민과 연구가 필요하다.

　박승억은 통상적으로 창의성은 발산적 사고로 보고 비판적 사고력은 올바른 판단을 이끌어내는 수렴적 사고로 보는 경향이 있다고 하였다. 이 연구에서 이러한 경향이 자칫 창의성과 비판적 사고력을 서로 다른 영역이라는 오개념을 낳을 수 있다고 하였다. 그 이유는 창의성이 발현되기 위한 조건은 비판적 사고와 무관하지 않기 때문이며, 일반적인 문제해결 과정에서 비판적 사고력과 창의성이 동시에 요구되기 때문이다[2].

　서정혁은 창의적 문제해결력의 조건을 나열하였다. 문제는 잘 정의된 문제와 잘 정의되지 않은 문제로 나눌 수 있다. 잘 정의된 문제는 시초 상태, 목표 상태, 조작인, 제한점등이 분명하게 진술되어 있고, 문제해결을 위한 표준화된 절차나 방법이 알려져 있다. 그러나 잘 정의되지 않은 문제는 이러한 정보가 부족하거나 문제해결과정에서 비로소 이러한 정보를 추출해야하기 때문에 처음에 무엇이 문제인지 그리고 어떤 원리나 규칙을 따라야하는지 어떤 수단과 방법으로 문제를 해결할 수 있는지도 명확하지 않다. 이러한 경우가 일반적으로 '창의적 문제해결'에 부합한다고 기술하였다. 또한 이 연구에서는 책 읽기가 단순히 문식성의 차원을 넘어서 문제해결과정으로 이해될 수 있다고 하였다. 그 이유는 책 읽기는 삶의 이해와 맥락과 연관을 맺고 있으며 삶은 문제의 연속이자 부단히 문제를 해결하는 과정으로 이해해야하기 때문이다[3].

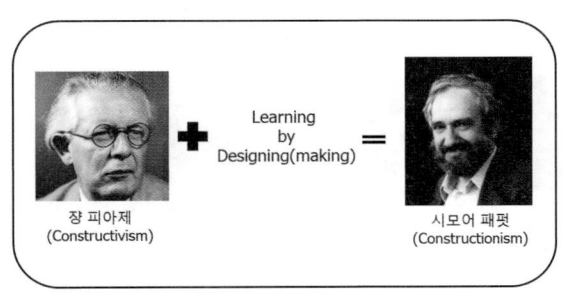

[그림 1] 피아제와 시모어 패펏의 구성주의

-인물 사진 출처: http://biography.com, http://media.mit.edu

[그림 2] 미첼 레스닉의 창의적 학습 과정

쟝 피아제(Jean Piaget)의 제자이면서 MIT교수인 시모어 패펏(Seymour Papert)과 스크래치(Scratch) 언어 개발자인 MIT교수 미첼 레스닉(Mitchel Resnick)은 아이들이 지식을 효과적으로 구성하는 방법으로서 의미있는 무언가를 만들어보는 과정이 매우 중요하다고 하였다[4]. 시모어 패펏은 스승인 쟝 피아제의 구성주의(Constructivism)과 Learning by making 개념을 융합한 새로운 구성주의(Constructionism)을 제시하였다[4]. 이를 바탕으로 미첼 레스닉은 창의적 학습 과정을 제시하였다[5].

문제는 학교 현장에서 교사들이 '잘 융합된 수업을 어떻게 개발하고 진행할 것인가?'이다. 이를 위해서 독서교육, 소프트웨어교육, 인공지능교육, STEM/STEAM교육, 메이커교육, 인문학 교육등의 많은 교육 패러다임들이 등장하였다. 이러한 패러다임들도 나름의 융합적 사고를 위해서 노력해왔다. 그러나 이러한 패러다임들도 그 본연의 방법을 넘어서서 다른 패러다임들과의 융합이 되어야만 진정한 융합적 사고가 가능하다. 그래서 본 교재에서는 노벨 엔지니어링이라는 융합 수업 모형을 제시하고 이를 수업에 적용한 사례를 소개하고자 한다.

노벨 엔지니어링(NE)은 미국 메사추세츠주 보스턴 근교 텁스 대학교(Tufts Univ.)의 CEEO(Center for Engineering Education and Outreach)에서 세계 최초로 연구가 시작되었다[6,7]. 우라나라에서는 전라북도 소재 전주교육대학교 컴퓨터교육과와 초등학교 현직 교사로 구성된 노벨 엔지니어링 교육연구회의 연구를 통해서 알려지기 시작하였다[8,9,10,11,12]

노벨 엔지니어링(Novel Engineering)은 책 속에서 등장인물이 처한 문제를 찾아내고 이를 공학적인 방법으로 해결해보는 '독서와 공학의 만남'이라고 정의할 수 있다. 독서는 '책 읽기'를 말하며, 공학은 '현재의 것을 좀 더 좋은 것으로 변화'하는 것을 의미한다. 노벨 엔지니어링은 [그림 1]과 같이 책 읽기, 문제 인식, 해결책 설계, 해결책 구현, 피드백, 업그레이드, 이야기 재구성과 같이 7가지의 단계로 구성된다[8]. 아이들은 독서를 통하여 책의 등장인물이 겪는 문제를 스스로 이끌어낸다. 아이들은 이 문제에 대한 해결책을 설계하고 창작물을 만들어본다. 이제까지의 과정을 발표를 통해서 피드백을 받고 창작물을 업그레이드 한 후, 내가 만든 창작물을 등장인물이 사용했다면 이야기가 어떻게 바뀔 것인지를 글로 써본다.

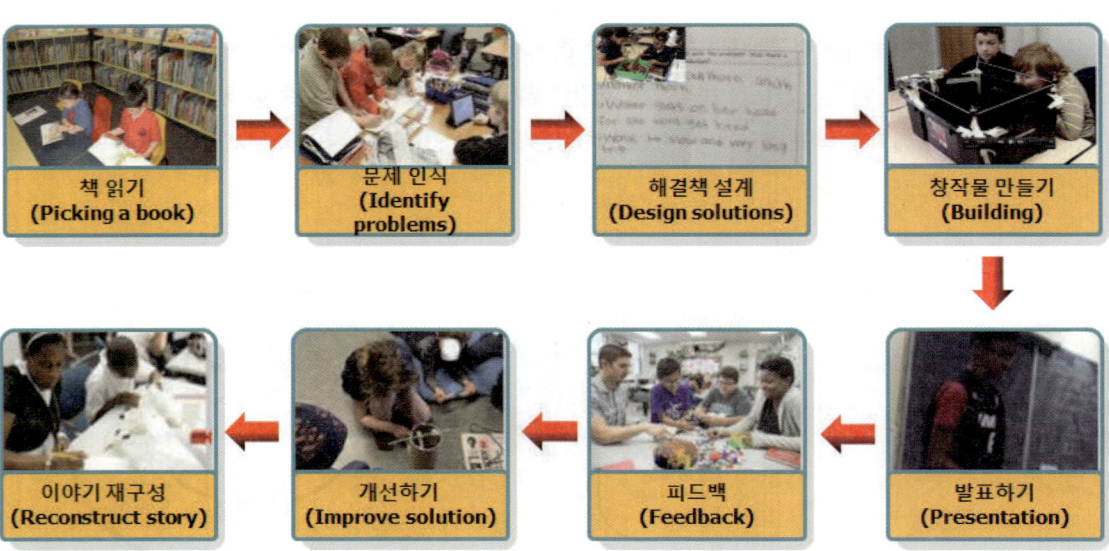

[그림 1] 노벨 엔지니어링 수업 단계

노벨 엔지니어링 수업의 모든 과정에서 아이들은 등장인물이 겪는 문제를 공감함으로써 타인을 도와주고 배려하는 마음을 기르게 된다. 등장인물이 사람일 수도 있고, 동물, 사물 등이 될 수 있다. 노벨 엔지니어링의 목적은 공감과 배려가 가미된 창작물 만들기를 통한 아이들의 상상력을 높이는 것이다. 이 수업의 장점은 공감을 통한 문제해결, 타인에 대한 배려 등의 도덕적이고 인성적인 부분, 글쓰기를 통한 비판적 사고력, 만들기를 통한 논리적 사고력을 향상시키는 것이다.

이제까지의 다수의 노벨 엔지니어링 연구에서 밝혀진 바를 간략하게 정리하면, 노벨 엔지니어링은 창의적 문제해결력에 매우 큰 효과가 있다고 하였다[10]. 또한 아이들의 문제해결력, 비판적 사고력, 창의력을 비롯하여 수업 몰입감에 높은 효과가 있었다. 아이들은 교사가 제시하는 문제보다 자신이 직접 찾아낸 문제를 해결하기 원한다. 그래서 노벨 엔지니어링은 아이들이 책에서 직접 문제를 이끌어내기 때문에 문제해결에 대한 집중력과 자신감이 높아지는 것이다. 더불어 책의 등장인물을 도와주려는 마음이 창작물을 통해 실현되는 모습을 체험하는 과정이 아이들의 윤리적 인성 함양에 매우 큰 효과가 있는 것이다.

현재 노벨 엔지니어링은 우리나라에 많이 확산되고 있는 추세이다. 이는 교사의 입장에서 노벨 엔지니어링은 진정한 융합수업을 위한 좋은 방법이 될 수 있다는 것을 의미한다. 최근의 노벨 엔지니어링에 대한 질적 연구에서는 노벨 엔지니어링의 타 교과와의 높은 융합 가능성을 알 수 있었으며, 단편적이며 일회성 수업에서 벗어나서 지속발전가능한 수업에도 적용이 가능함을 알 수 있었다[13]. 앞으로도 노벨 엔지니어링은 교사 교육과정을 위한 기초가 될 것이며 미래 교육을 시작이 될 것으로 기대한다.

전주교육대학교 컴퓨터교육과 홍기천 교수

참고문헌

[1] 교육부(2015), 2015 개정 교육과정.
[2] 박승억(2021), 공학교육에서 비판적 사고와 창의적 문제해결력의 관계, 공학교육, 24(2), pp.61-67.
[3] 서정혁(2012), 창의적 문제해결과 읽기 교육, 사고와 표현, 5(2), pp.67-91.
[4] Seymour Papert(1984), MINDSTORMS, BASIC BOOKS.
[5] Mitchel Resnick(2017), Lifelong Kindergarten, MIT Press.
[6] CEEO at Tufts University, Official website http://novelengineering.org.
[7] Milto, E., et al(2016), Elementary School Engineering for Fictional Clients in Children's Literature, Springer International Publishing.
[8] 홍기천(2016), 노벨 엔지니어링과 컴퓨팅 사고력, 한국정보교육학회 논문지, 제7권 2호, pp.11-16.
[9] Ki-Cheon Hong(2018), An Introduction of Novel Engineering Integrating Literature, STEAM and Robotics in Elementary School, An International Interdisciplinary Journal INFORMATION, Vol.21, No.1, pp.75-82.
[10] 홍기천, 이우진, 유준희(2020), 노벨 엔지니어링이 창의적 문제해결력 향상에 미치는 효과, 산업융합연구, 제18권 3호, pp.83-89.
[11] 홍기천외 7인(2019), 독서와 공학의 만남, 노벨 엔지니어링, 퓨너스.
[12] 조민석, 홍기천(2018), Novel Engineering을 적용한 5학년 과학 및 국어교과 융합수업 방안, 한국정보교육학회 학술논문집, 제9권, 제2호, pp.223-230.
[13] 홍기천, 김희숙, 한소망(2022), 초등교사의 노벨 엔지니어링 기반 융합 수업 경험에 대한 현상학적 질적 연구, 산업융합연구, 제20권, 제2호, 출판 예정

1. 민주시민

1. 빙글빙글 신나는 놀이기구를 만들어요
2. 위아래로 움직이는 멋진 무대를 만들어요
3. 물이 부족한 지역의 문제를 해결해요

빙글빙글 신나는 놀이기구를 만들어요

친구들에게 화해의 놀이기구를 만들어주어요

관련역량	공동체 역량	AI핵심역량	문제해결력
관련교과	통합(가을), 국어		공익적 사고력
학습목표	모터와 구조물을 통해 위아래로 움직이는 회전 시소를 만들 수 있다.		

01 함께 읽어요

이 책을 읽으면 더 좋아요!

<놀이터는 내 거야>

글, 그림 조세프 퀘플러 / 번역 권이진
불광출판사

02 문제를 찾아봐요

레오, 내가 만약에 놀이터에서 놀고 있었는데, 이 놀이터가 자기 것이라며 놀지 못하게 하는 친구가 있다면 속상했을 거야.

맞아~ 그래서 조나와 레녹스는 친구들이 놀이터를 다 떠나고 나서야 친구들의 소중함을 느끼게 된 것 같아.

조나와 레녹스가 친구들의 마음을 돌리기 위해서 무엇을 할 수 있을까?

친구들이 좋아할 만한 놀이기구를 만들어서 선물한다면 친구들이 좋아하지 않을까?

03 방법을 생각해요

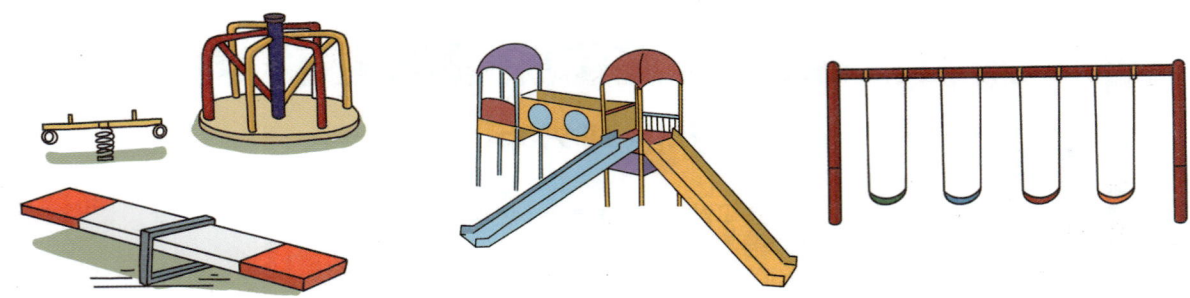

> 레오는 친구들이 좋아할 만한 놀이기구를 만들고 싶어 해요.
> 어떤 놀이기구를 만들어 볼까요?
> 놀이터에 있는 놀이기구들을 살펴보아요.

- 문제를 해결할 수 있는 방법을 생각하여 정리해보아요.

_____
_____
_____
_____

04 이렇게 해결해요

- 레오는 어떻게 문제를 해결하려고 할까요?

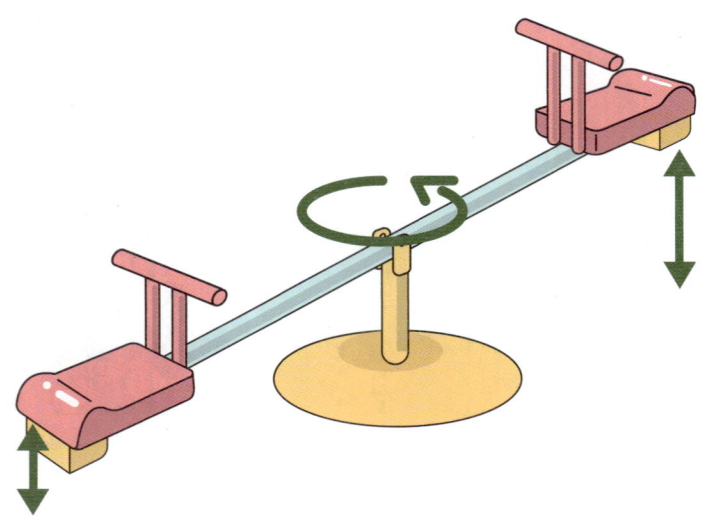

나는 모터의 힘으로 돌아가는 회전 시소를 만들고 싶어. 그런데 그냥 빙글빙글 돌아가기만 하면 재미없으니까, 위아래로 움직일 수 있는 구조를 통해 더 재미있는 회전 시소를 만들어 볼래.

05 함께 만들어요

＊ 블록으로 만들어요

조립하기 - 빙글빙글 신나는 놀이기구를 만들어요

1

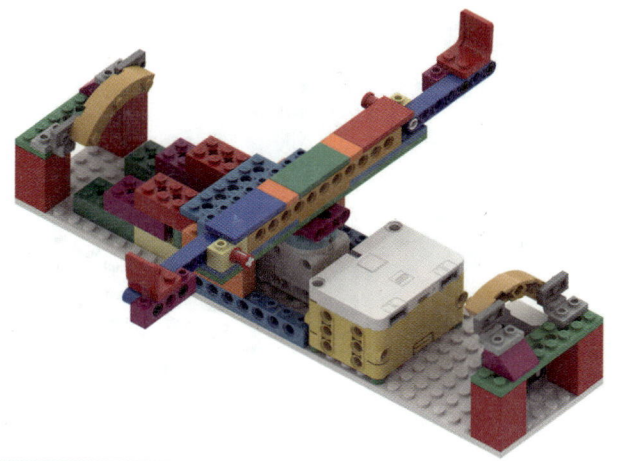

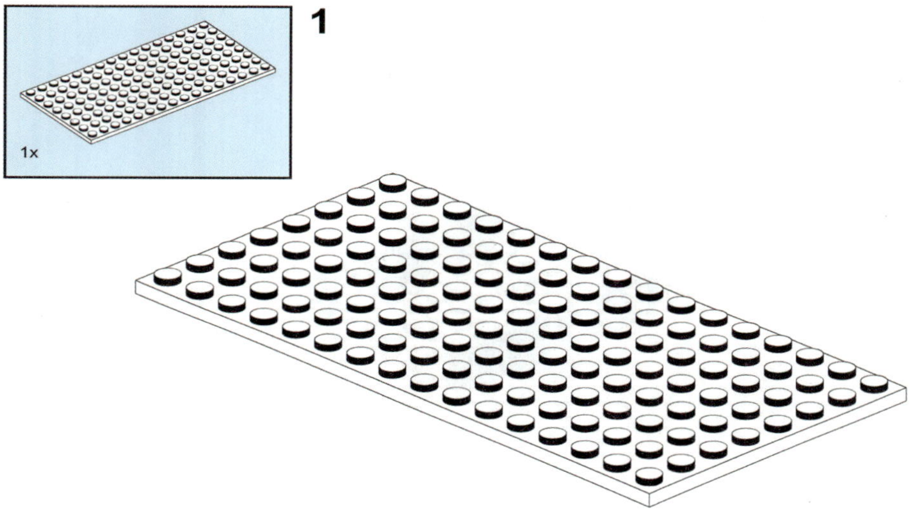

2

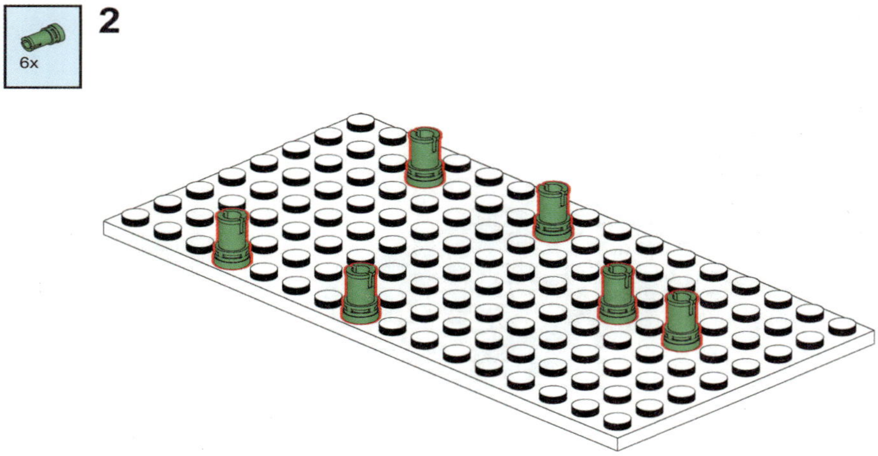

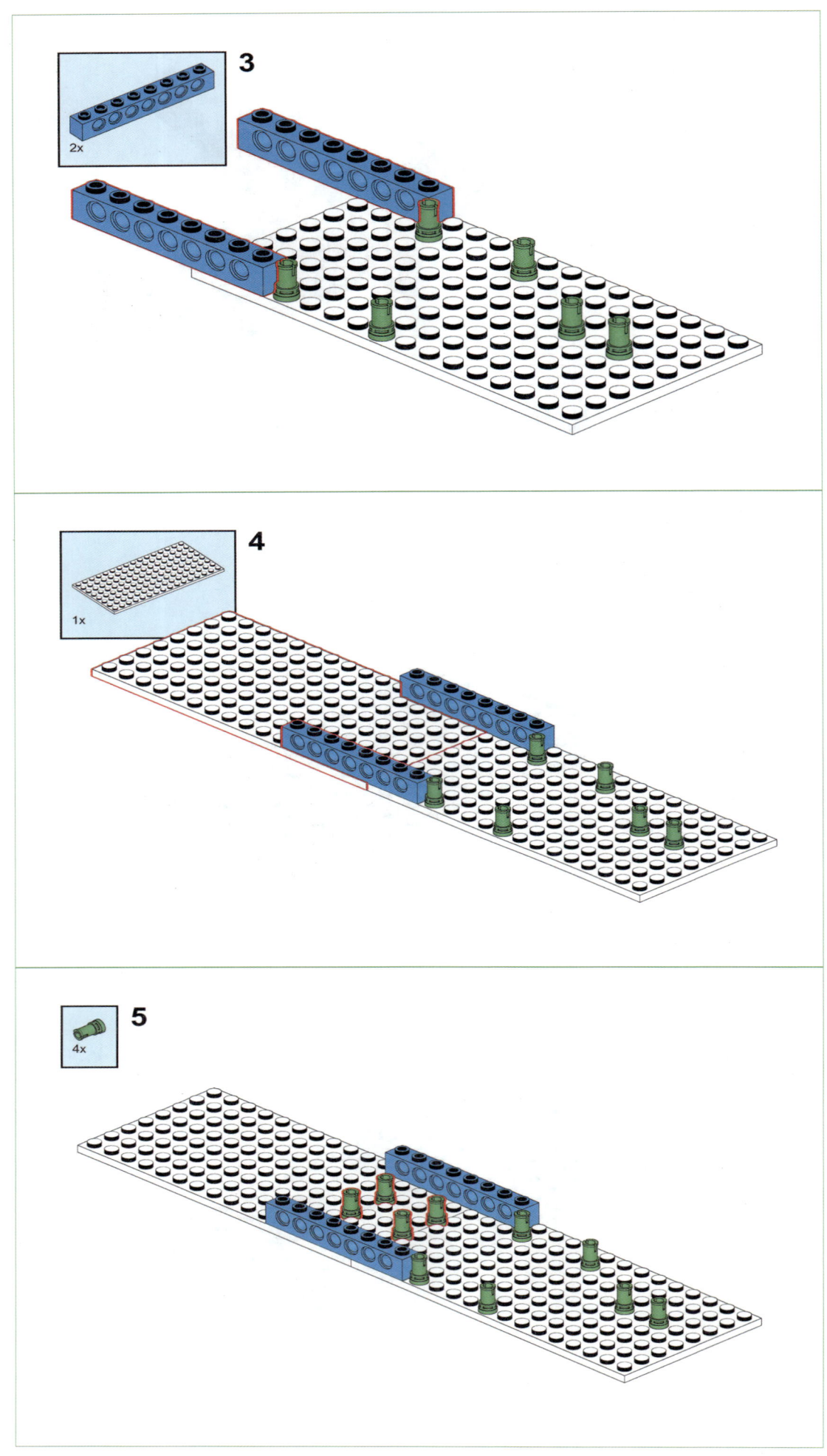

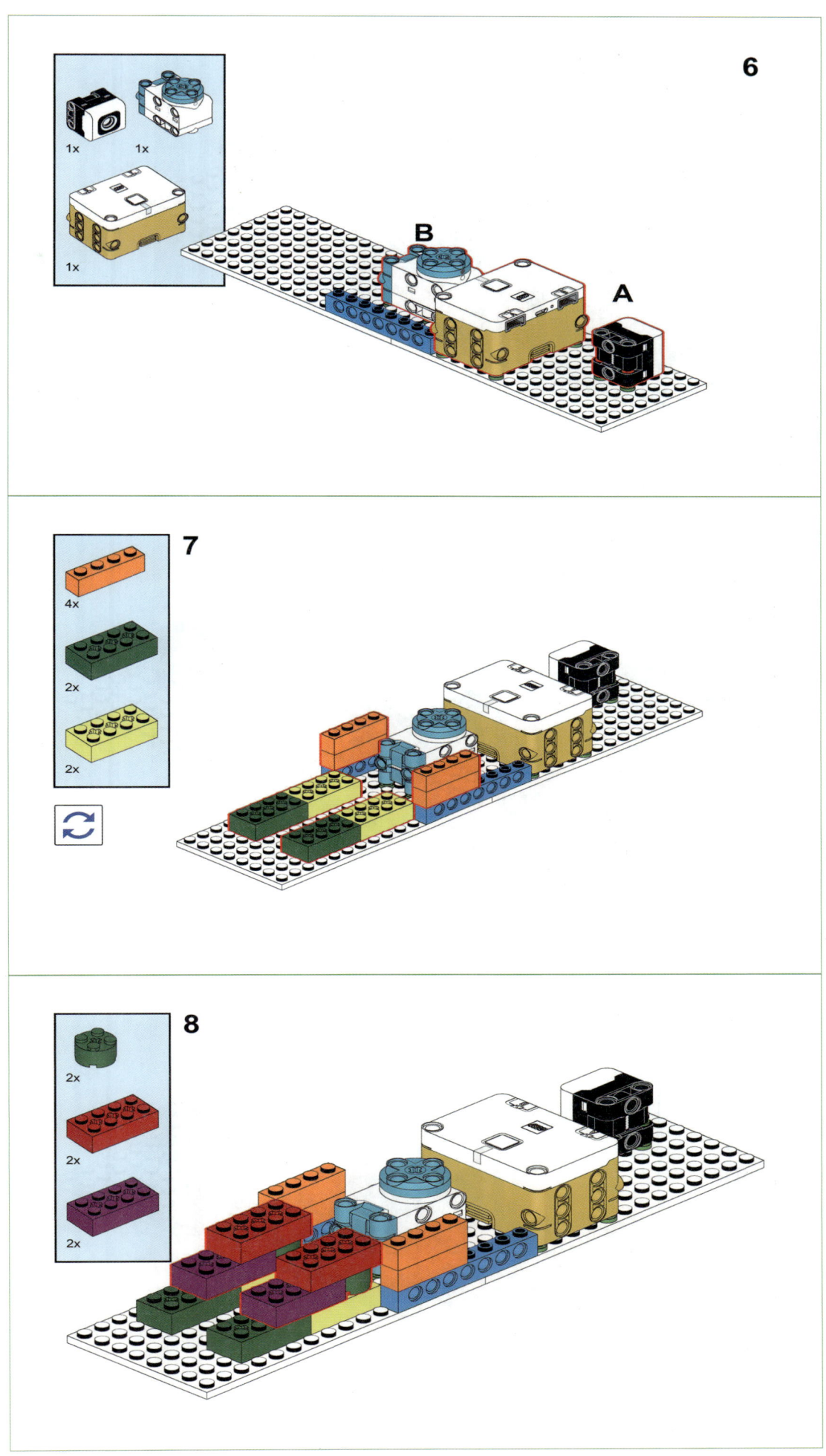

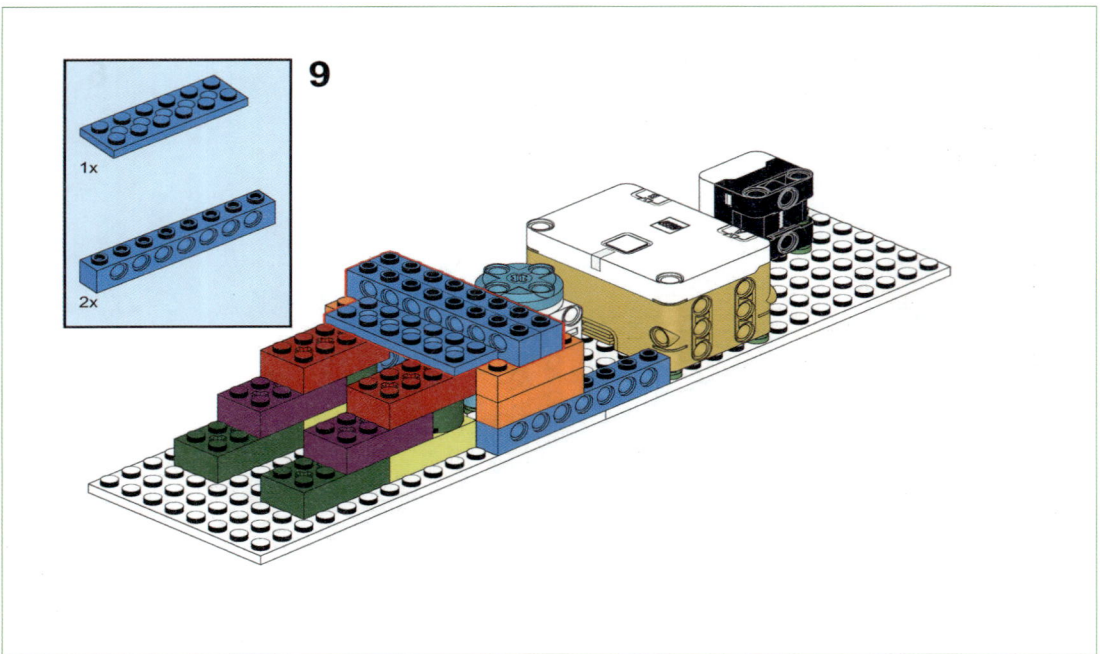

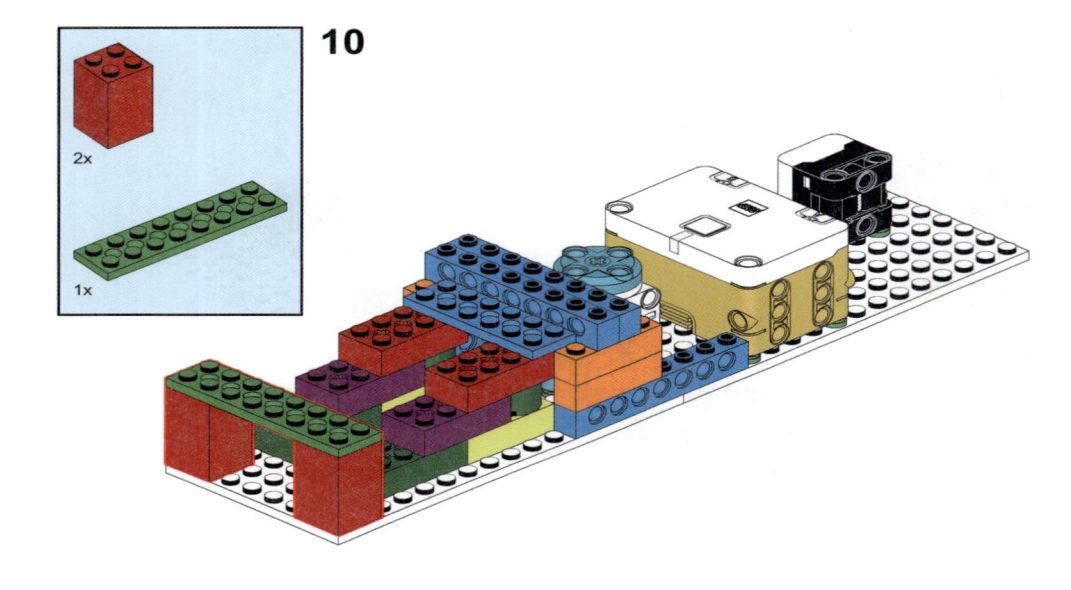

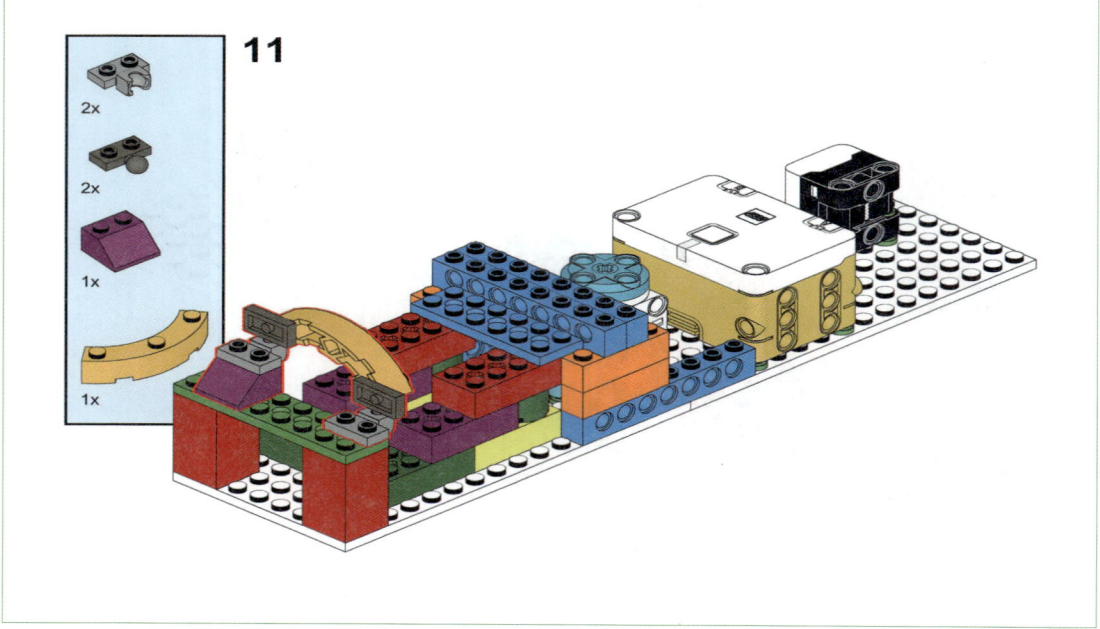

50 1.민주시민 - 빙글빙글 신나는 놀이기구를 만들어요

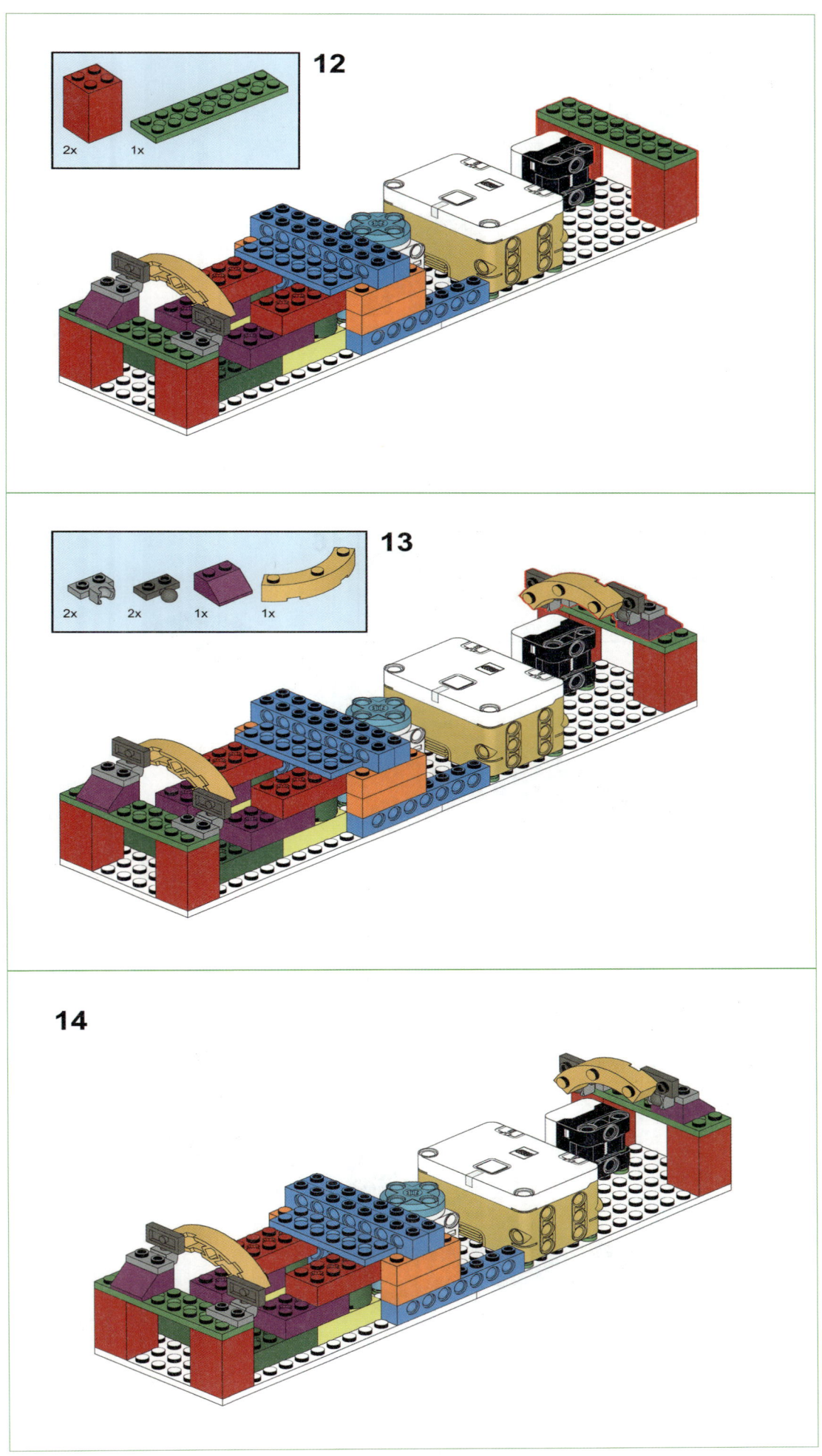

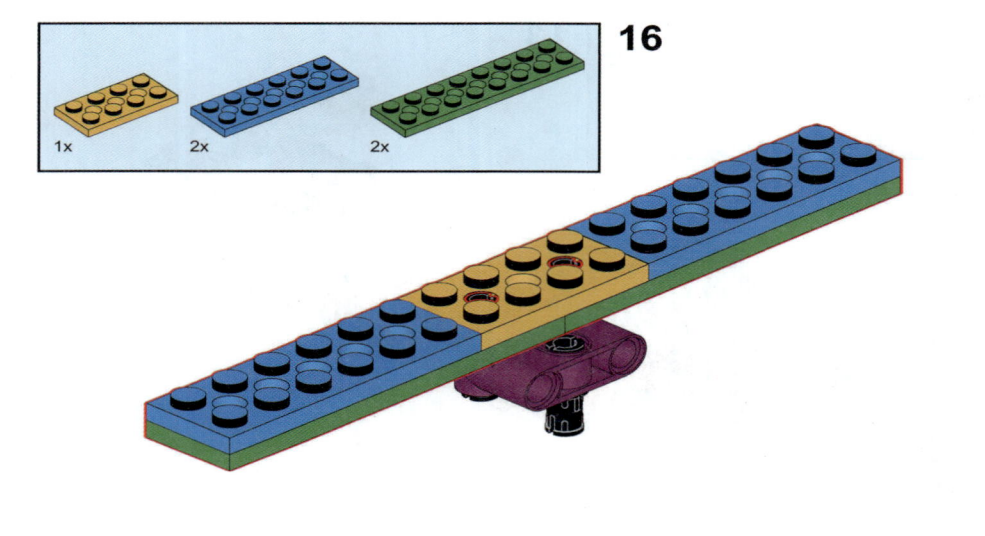

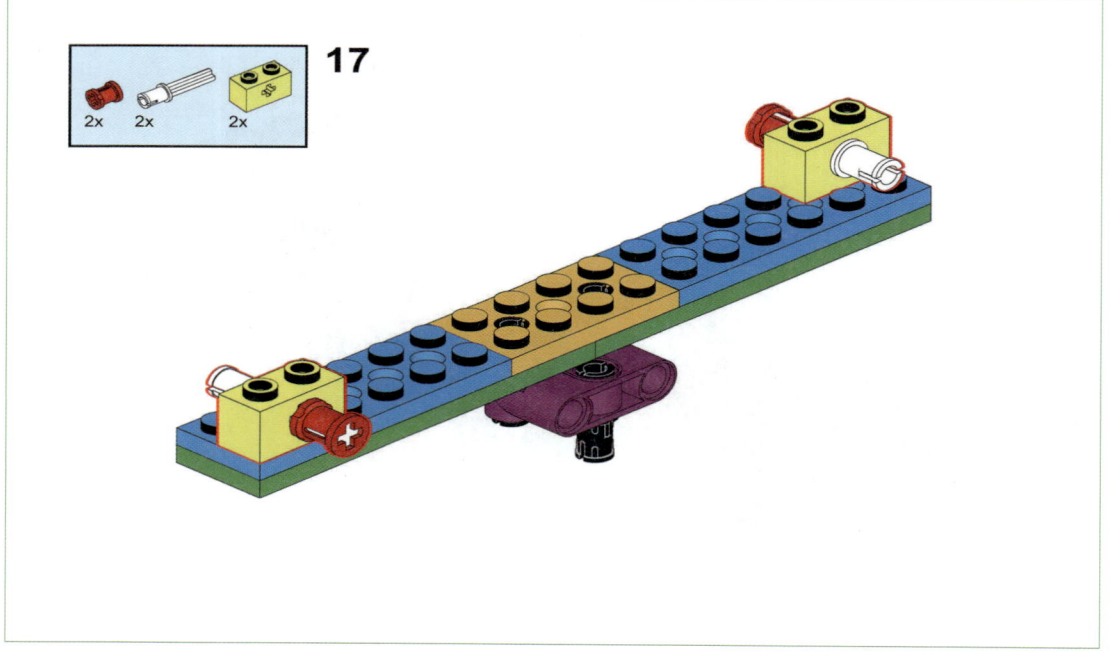

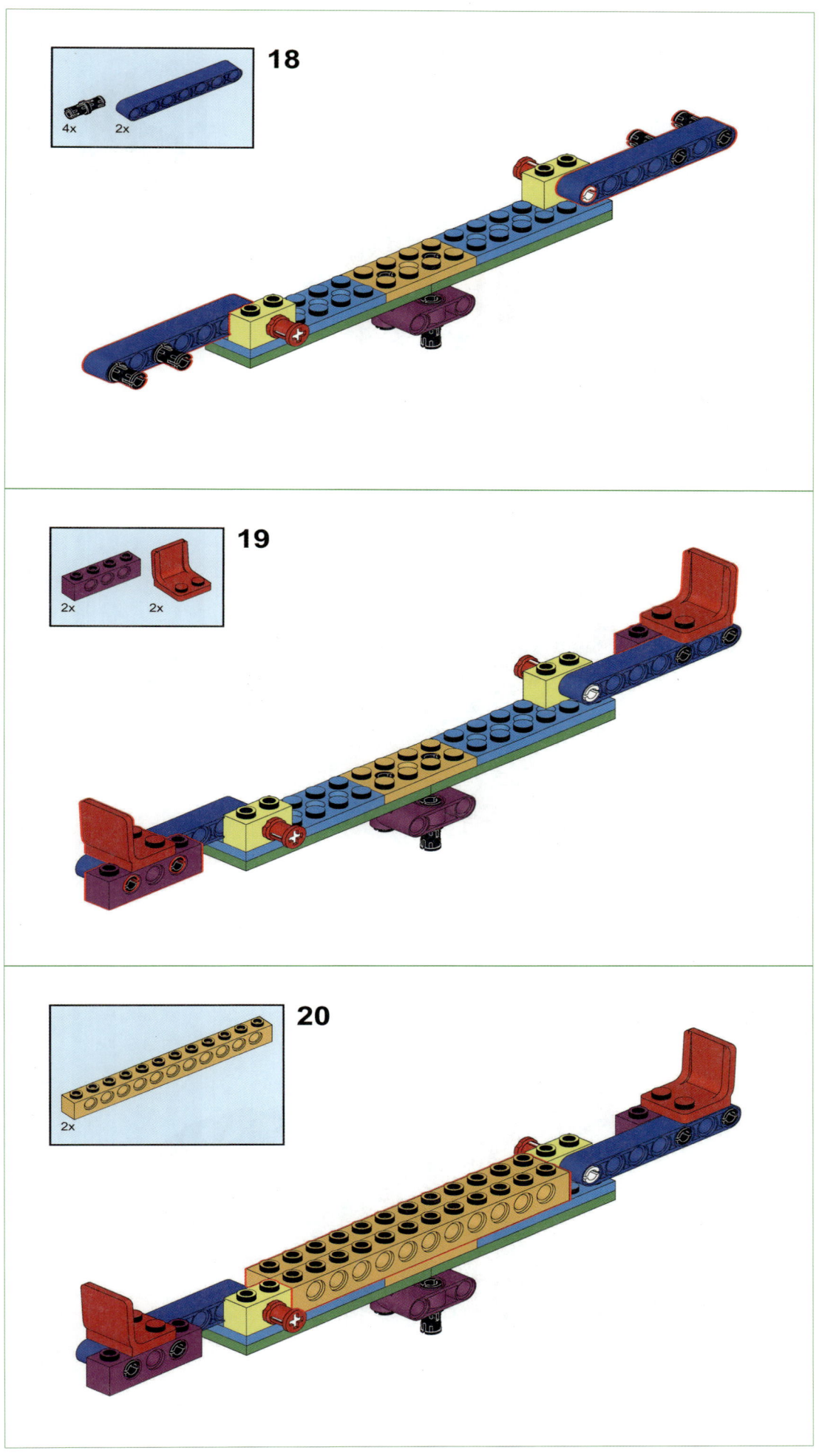

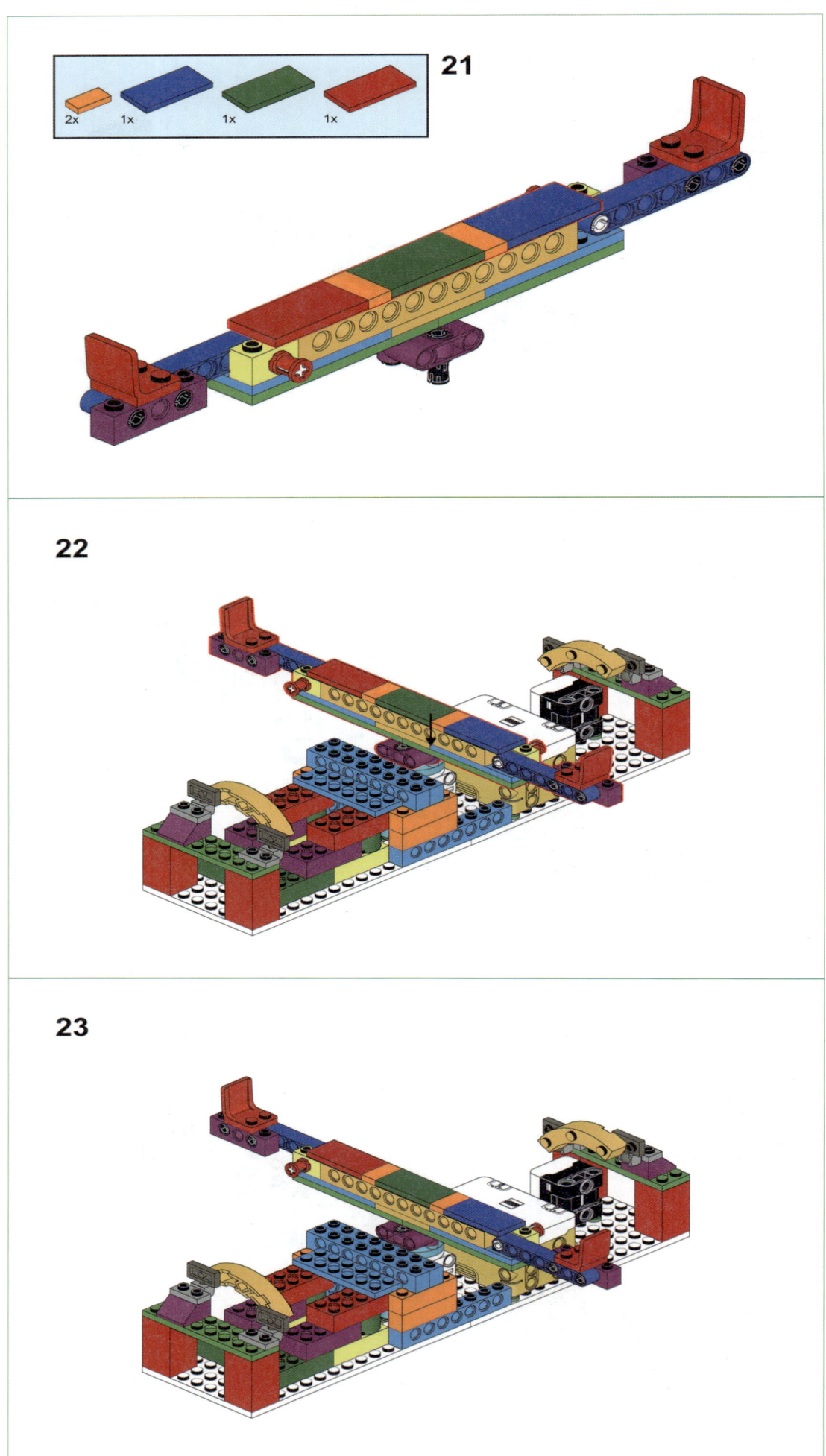

✱ 프로그램을 만들어요

• 방금 만든 작품으로 문제를 해결하려면 어떻게 움직여야 할까요?

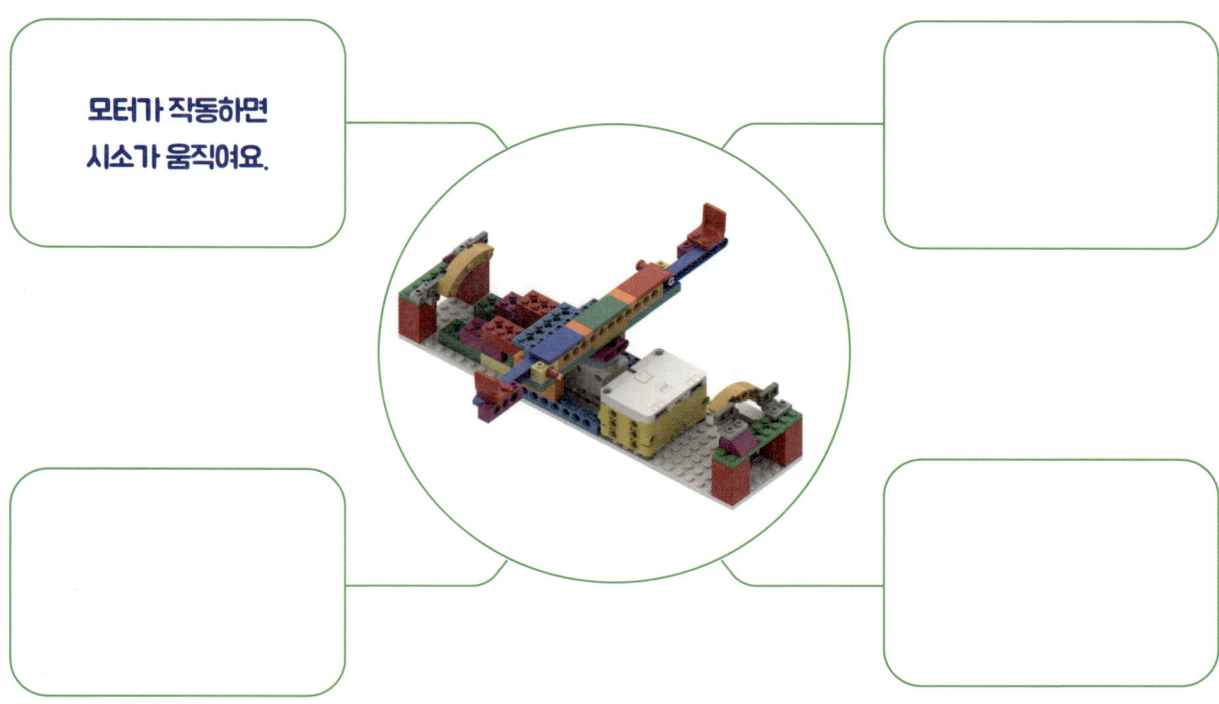

모터가 작동하면 시소가 움직여요.

• 컬러 센서와 모터로 회전 시소를 작동시킬 수 있는 프로그램을 만들어 보아요.

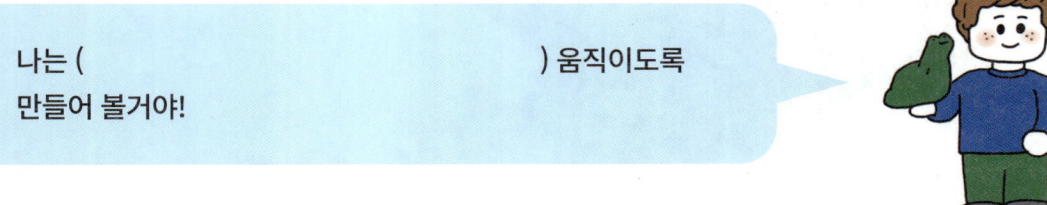

나는 (   ) 움직이도록 만들어 볼거야!

컬러 센서에 초록색 브릭을 가져다 대면 작동하게 할 거야. 위험하니까 속도는 제일 천천히, 그리고 신나는 노래가 나오게 할래!

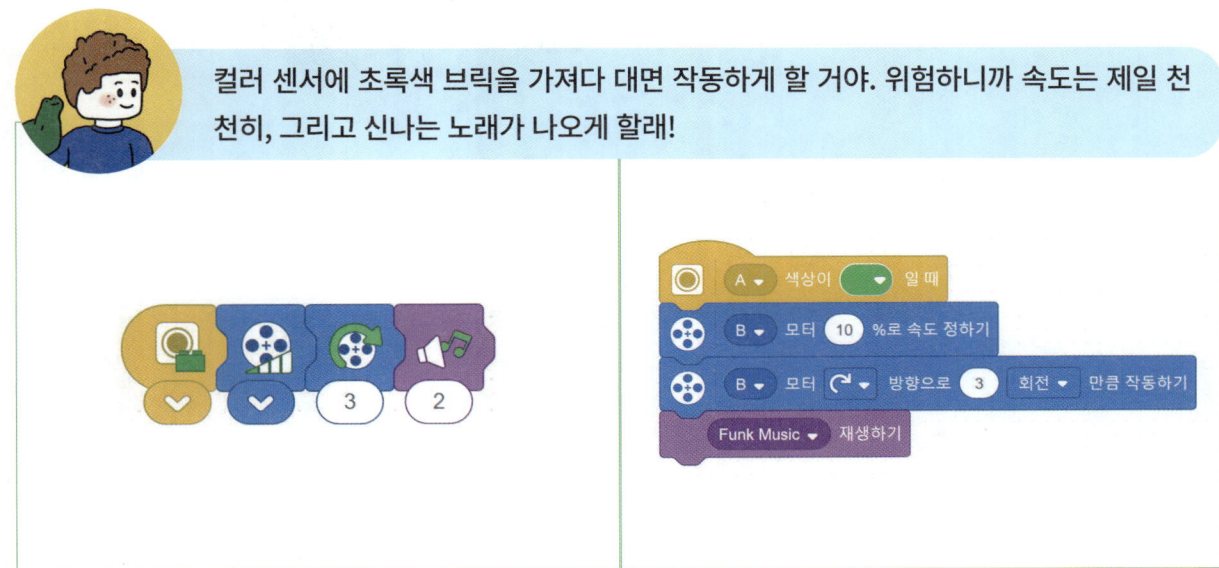

06 한 번 더 확인해요

학습한 내용을 정리해보고 내가 만든 작품이 잘 작동하는지 살펴봅시다.

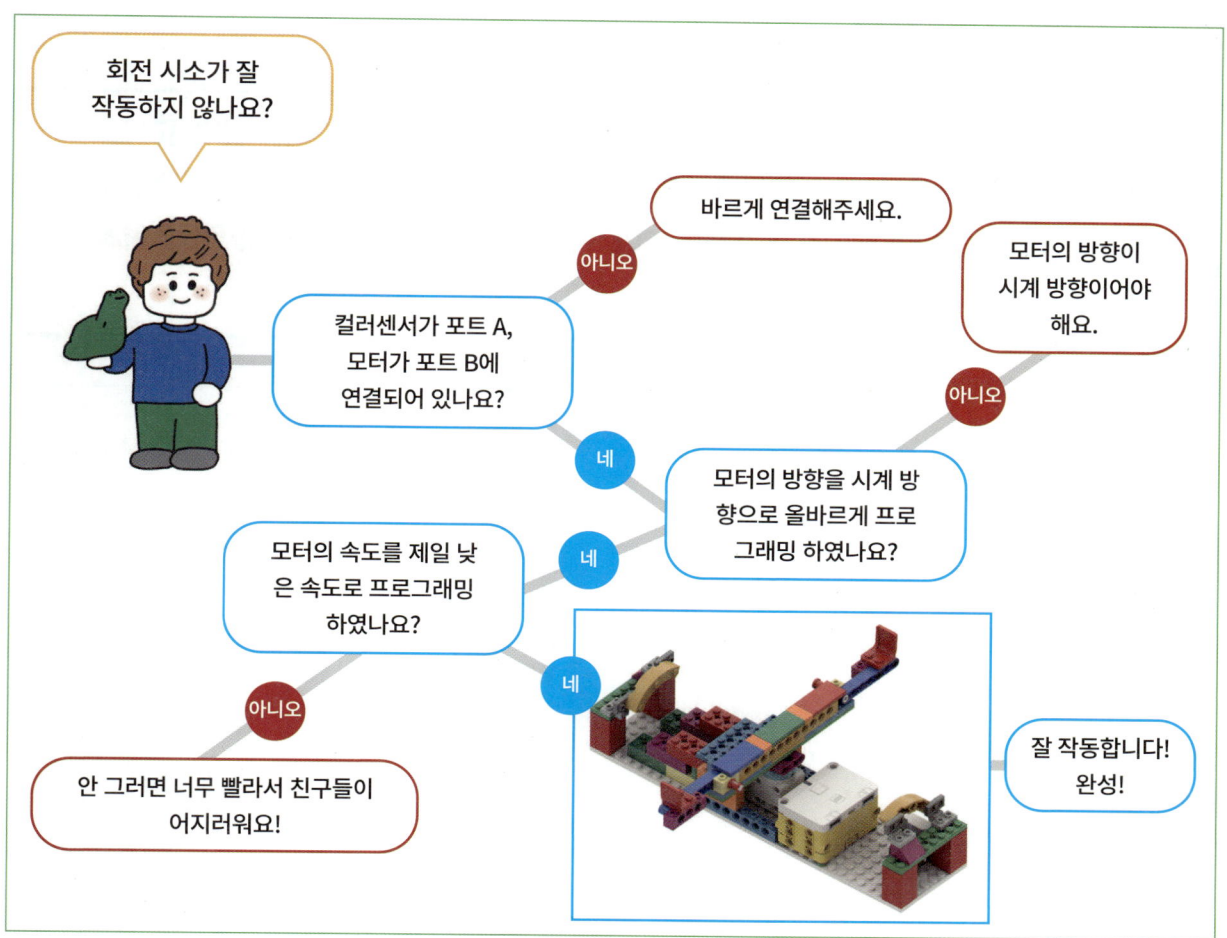

07 생각을 더해 보아요

• 여러분이 만들고 싶은 놀이기구가 있나요? 여러분만의 놀이기구의 동작과 기능을 디자인한 후 제작하고 프로그래밍해 보세요.

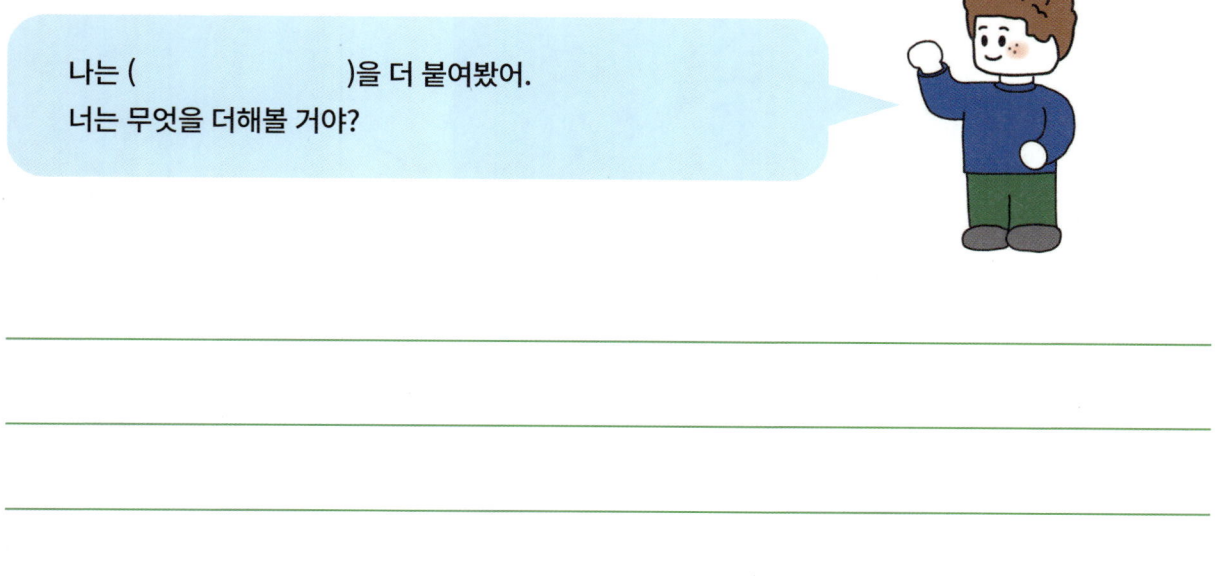

08 이야기를 더해 보아요

조나와 레녹스는 레오가 만들어준 놀이기구를 보고 너무 신이 났어요. 얼른 친구들과 그 놀이기구를 타고 싶었거든요. 그리고 떨리는 마음으로 친구들에게 놀이기구를 가져갔답니다. 친구들은 조나와 레녹스가 가져온 놀이기구를 보고 어떤 반응을 보였을까요? 여러분이 작가가 되어 이야기를 상상해볼까요?

09 뽐내 보아요

> 내가 만든 놀이기구를 친구들에게 공유해 볼까요?
> 내가 만든 이야기를 친구들에게 공유해 볼까요?

 **내가 만든 작품 인증샷 해시태그 이벤트**

아래 2개의 필수 해시태그와 함께
내가 만든 작품의 인증샷을 찍어 업로드 해 주세요.
추첨을 통해 소정의 선물을 보내드립니다.

 # PlayIT스파이크에센셜   **# 스파이크에센셜은퓨너스**

참여 방법 1
① 퓨너스 학습지원 커뮤니티(http://cafe.naver.com/robotsteam)가입
② #퓨너스 소식 >> **이벤트 게시판에 글쓰기**
 - 말머리 [해시태그이벤트] 선택하고 아래 태그에 **필수 해시태그 포함**시키기

참여 방법 2
① 퓨너스 인스타그램(@funers_official)을 팔로우
② 게시물 올릴 때 **필수 해시태그 포함**시키기

1.민주시민 - 빙글빙글 신나는 놀이기구를 만들어요

위아래로 움직이는 멋진 무대를 만들어요

사람들이 노래할 용기를 되찾을 무대를 만들어요

관련역량	공동체 역량	**AI핵심역량**	문제해결력
관련교과	통합(가을), 국어		공익적 사고력
학습목표	무대를 받쳐주는 구조물을 모터에 연결하여 무대를 높이 올리고, 아래로 내릴 수 있다.		

01 함께 읽어요

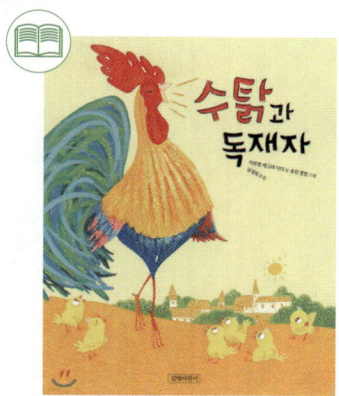

이 책을 읽으면 더 좋아요!

<수탉과 독재자>

글 카르멘 애그라 디디 / 그림 유진 옐친 / 번역 김경희
길벗어린이

02 문제를 찾아봐요

도시가 너무 시끄럽다는 이유로 노래를 부르지 못하고 무조건 조용히 살아야 한다는 건 너무 힘들 것 같아, 너는 어떻게 생각해 레오?

너무 시끄러워서 힘들어하는 사람들도 있겠지만 노래할 자유가 없어서 힘든 사람도 있을 것 같아.

노래할 자유를 되찾기 위해서 노력하고 있는 수탉을 도울 방법이 없을까?

사람들이 노래할 수 있는 무대를 만들어서 그곳에서 노래를 부르게 하면 어떨까?

03 방법을 생각해요

> 레오는 사람들이 올라가서 노래를 부를 수 있는 무대가 있다면
> 노랫소리 때문에 시끄러워하는 사람이 적어질 것으로 생각해요.
> 레오와 함께 어떤 무대를 만들어 볼까요?

- 문제를 해결할 수 있는 방법을 생각하여 정리해보아요.

_____

_____

_____

_____

04 이렇게 해결해요

- 레오는 어떻게 문제를 해결하려고 할까요?

나는 사람들이 올라가서 노래할 수 있는 무대를 만들고 싶어. 다니엘과 같이 휠체어를 타고 있는 사람도 쉽게 올라갈 수 있으면 좋겠어. 그리고 노래를 같이 즐길 수 있도록 무대가 위아래로 움직이면 좋을 것 같아.

05 함께 만들어요

＊ 블록으로 만들어요

조립하기 - 위아래로 움직이는 멋진 무대를 만들어요

1

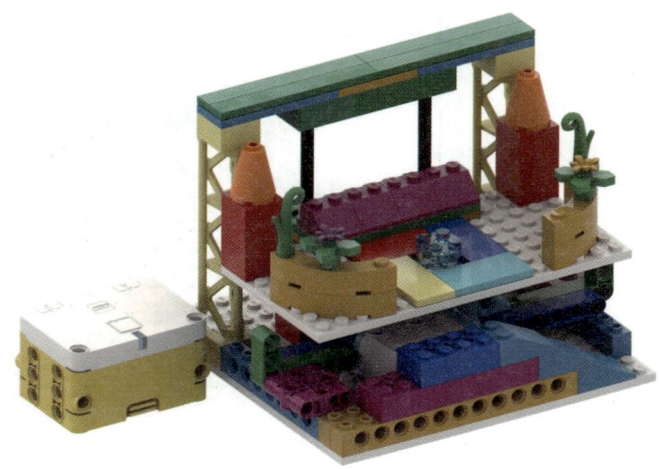

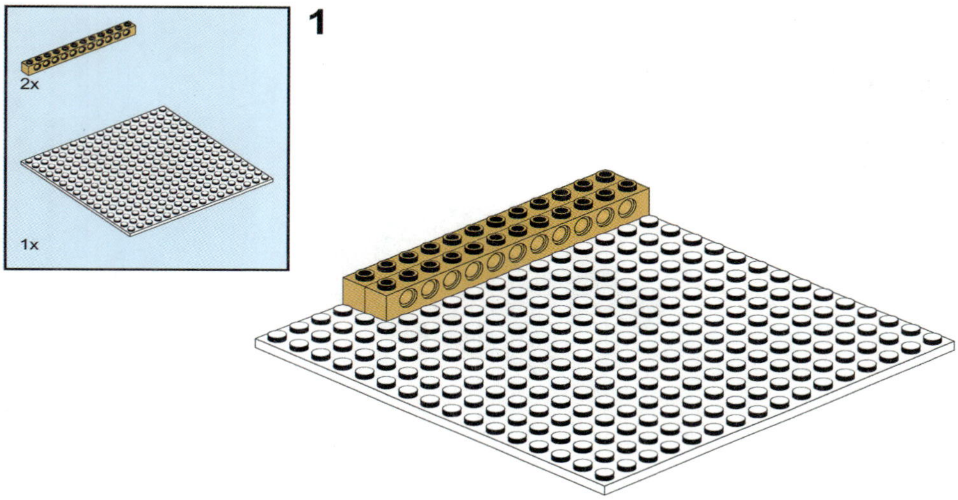

2

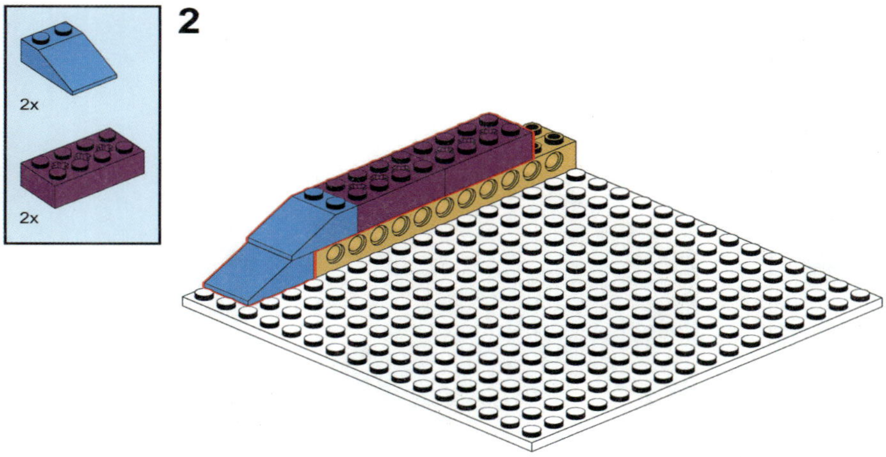

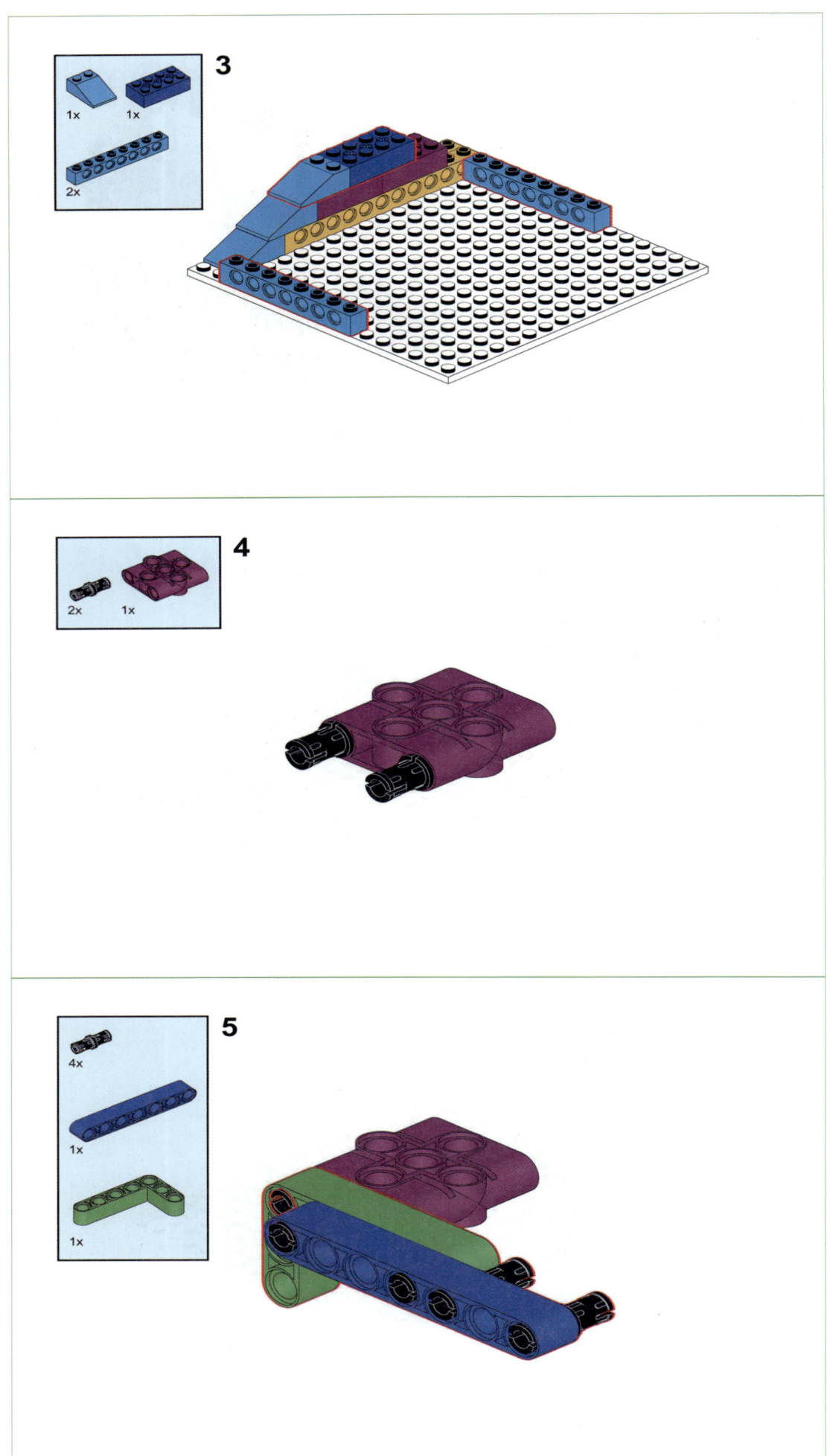

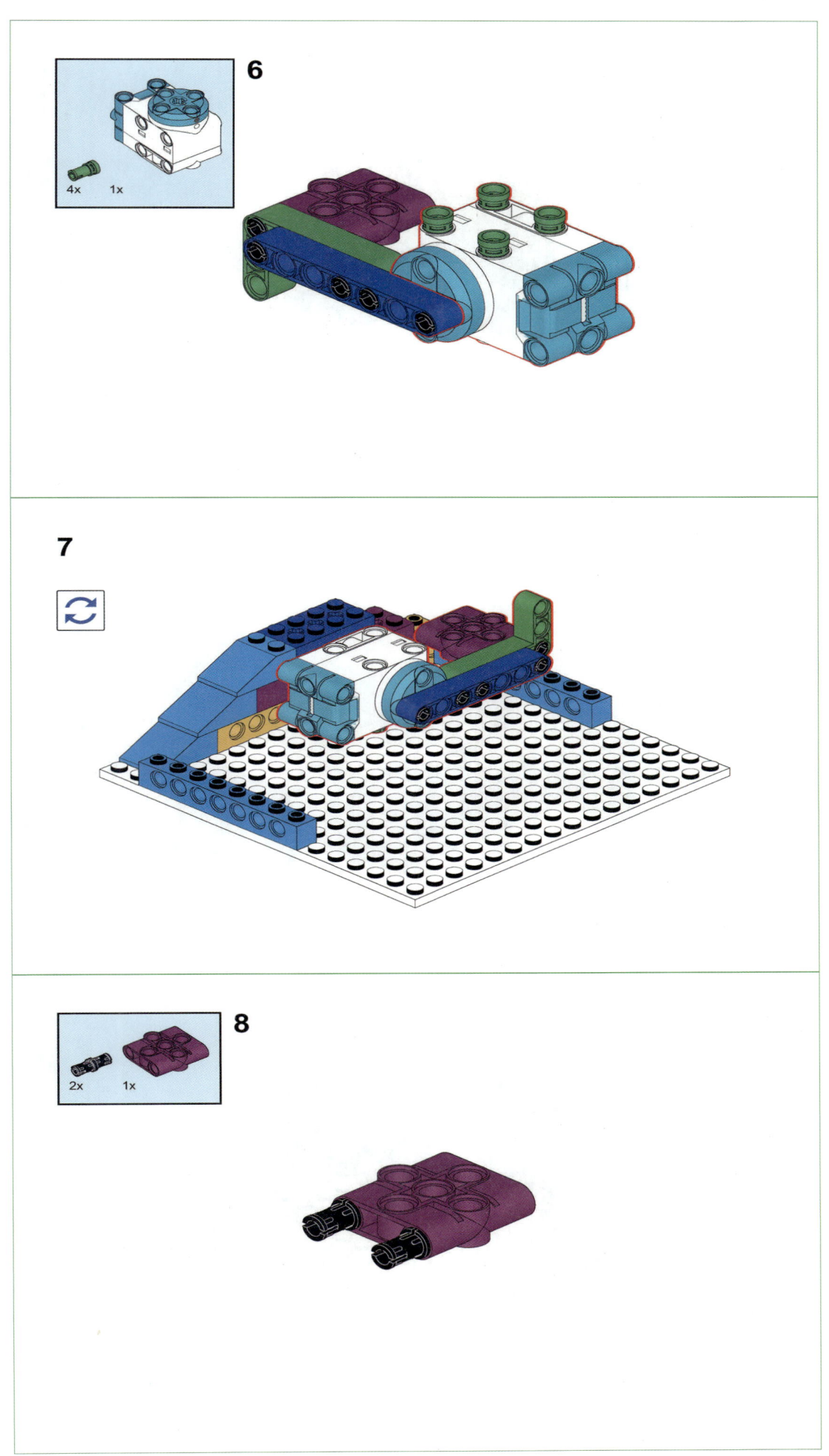

1.민주시민 - 위아래로 움직이는 멋진 무대를 만들어요

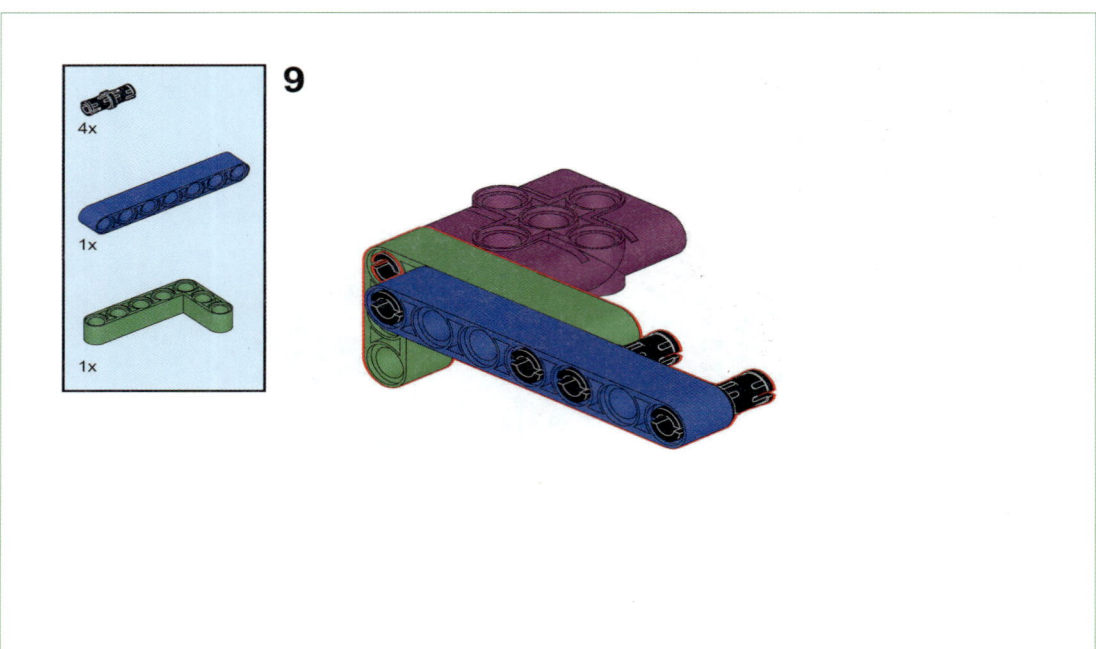
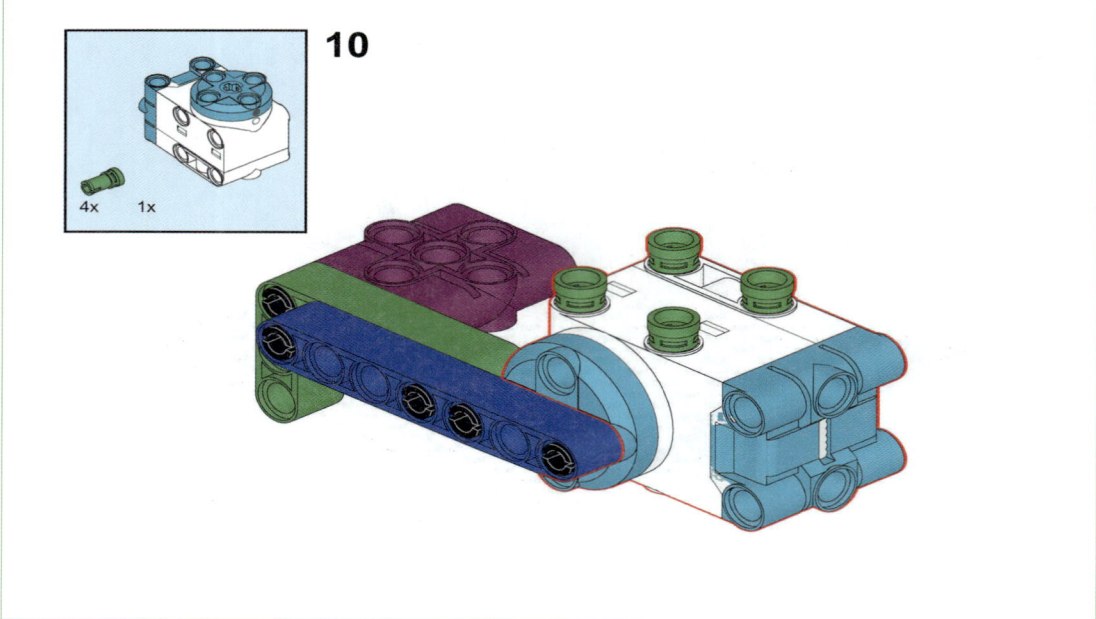
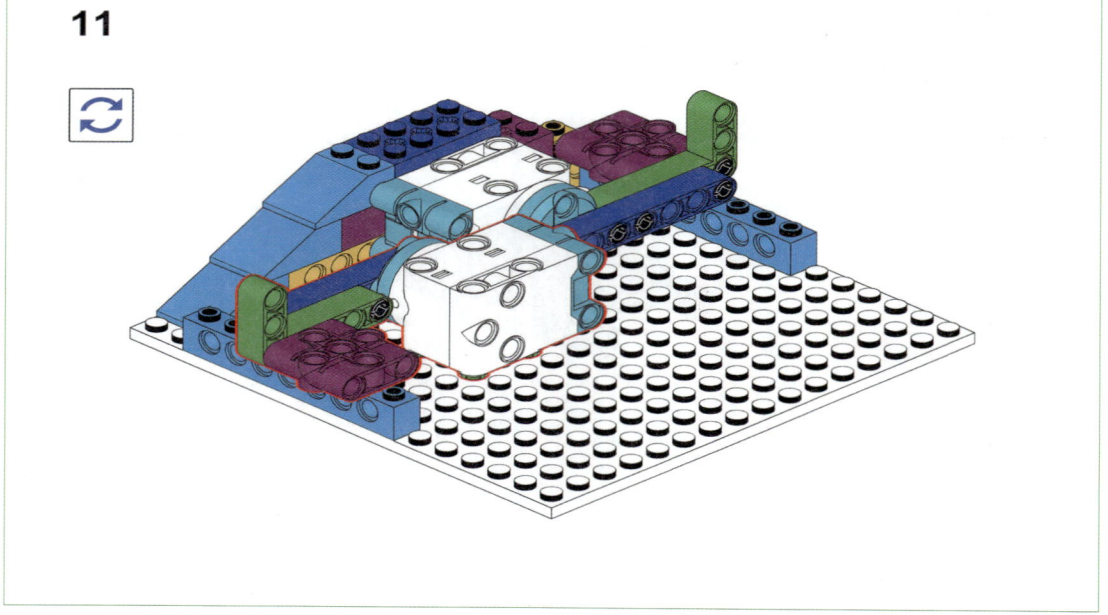

66 1.민주시민 - 위아래로 움직이는 멋진 무대를 만들어요

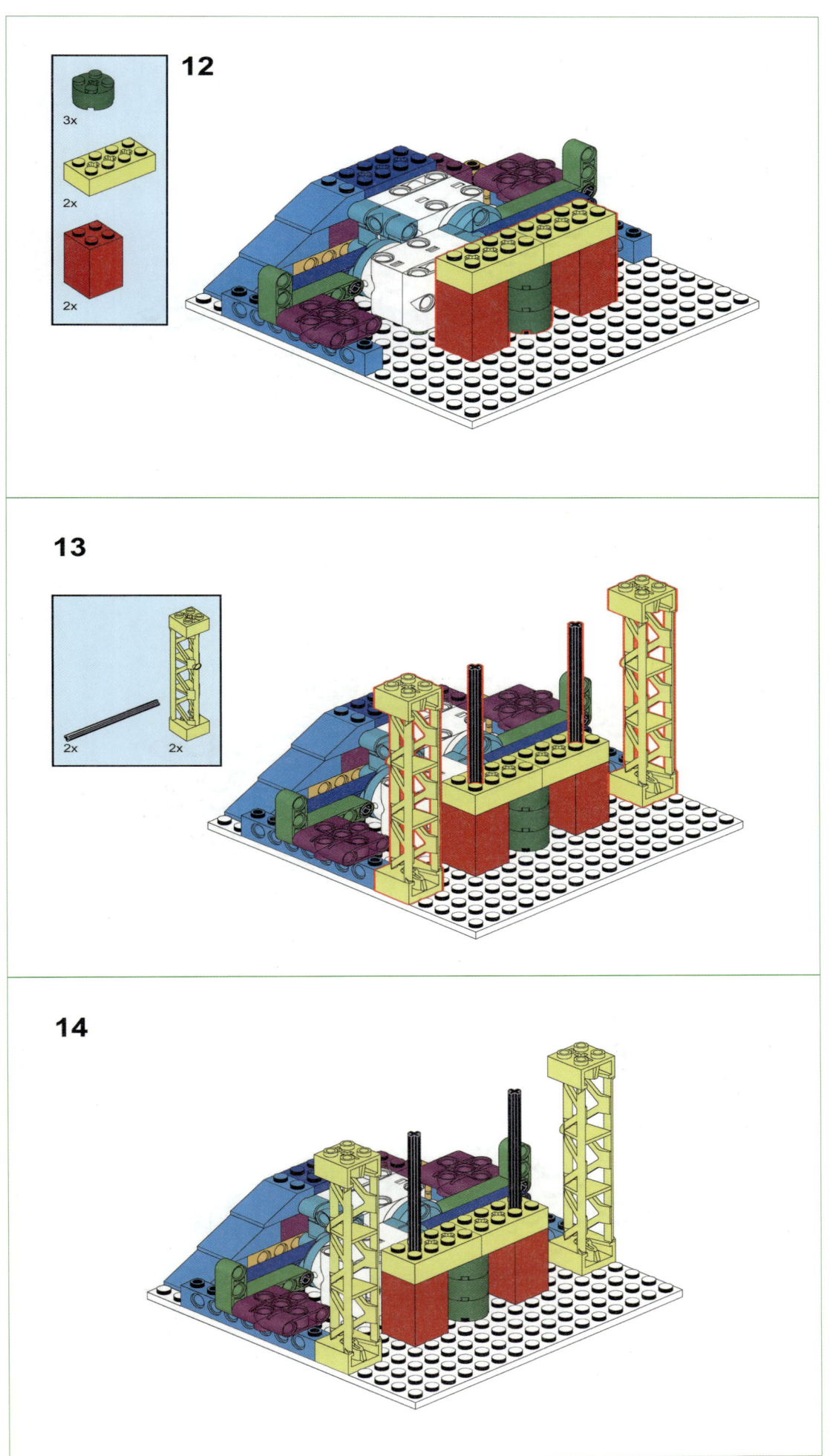

1.민주시민 - 위아래로 움직이는 멋진 무대를 만들어요

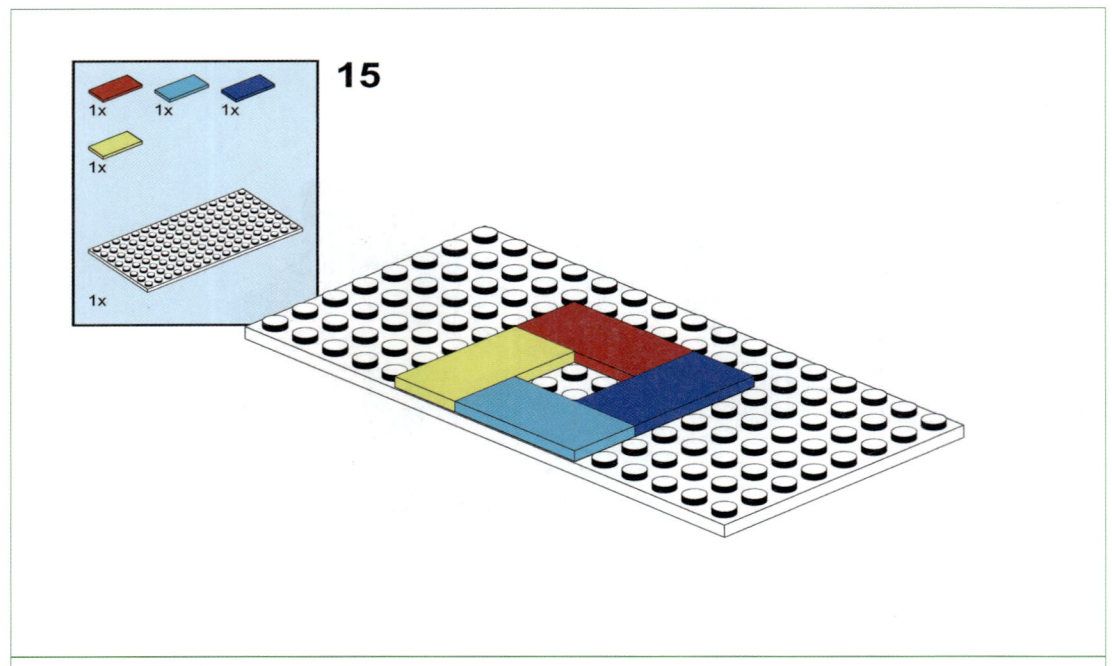

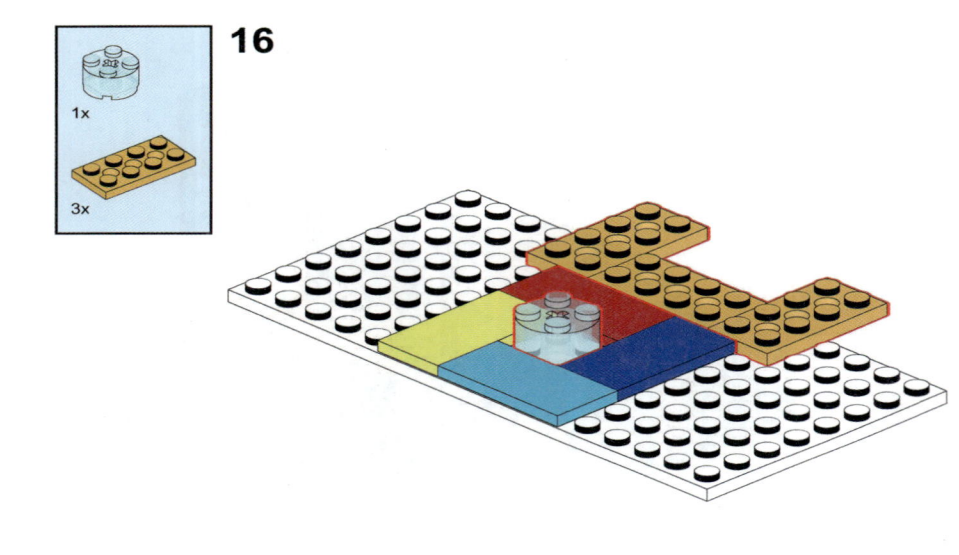

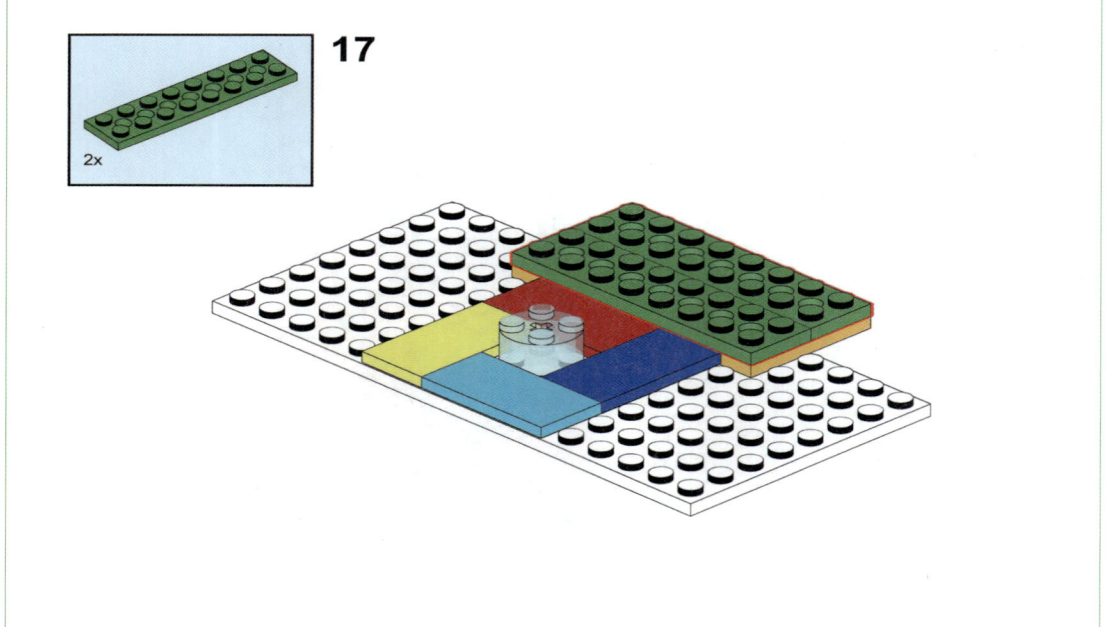

68　1.민주시민 - 위아래로 움직이는 멋진 무대를 만들어요

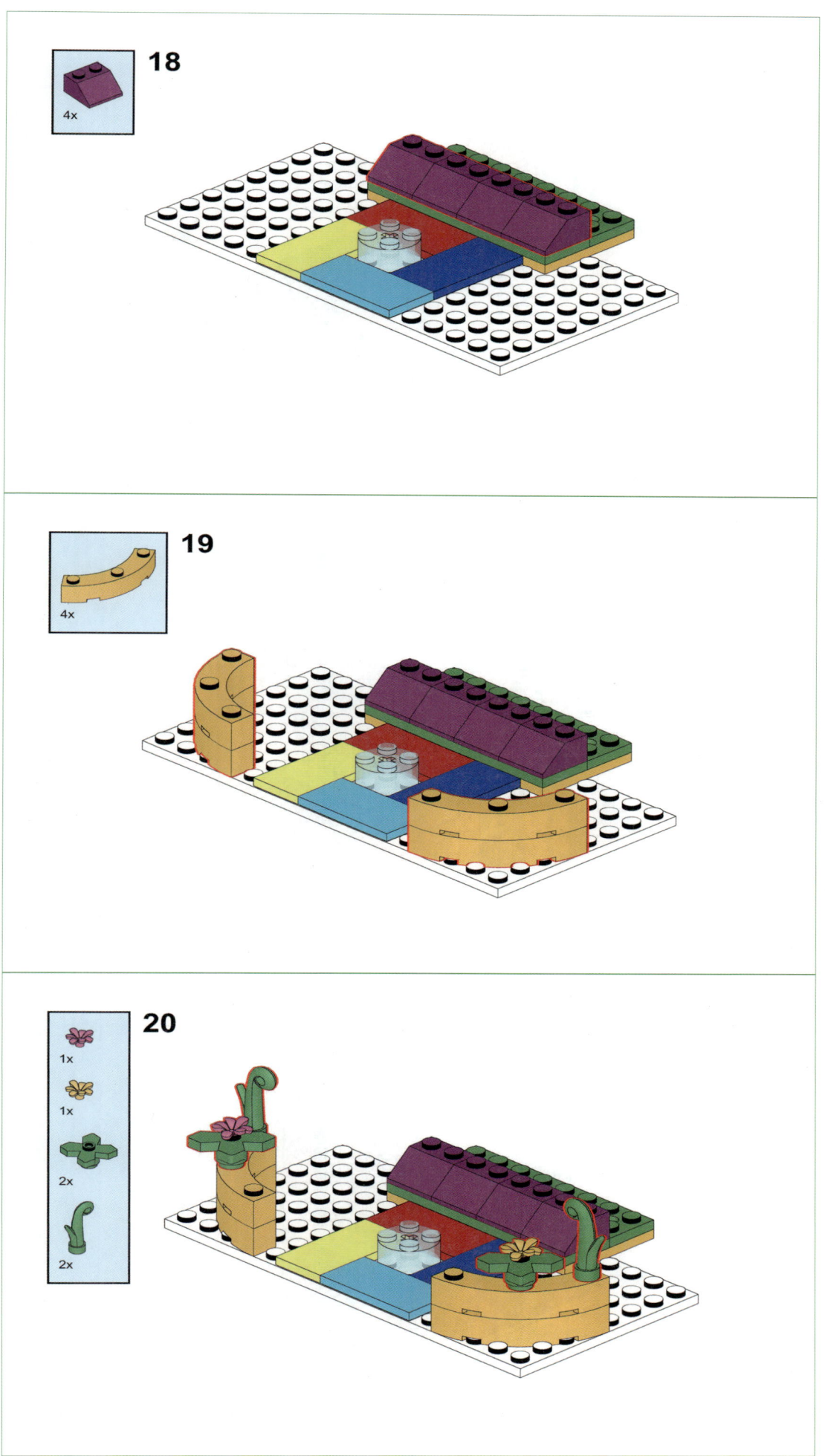

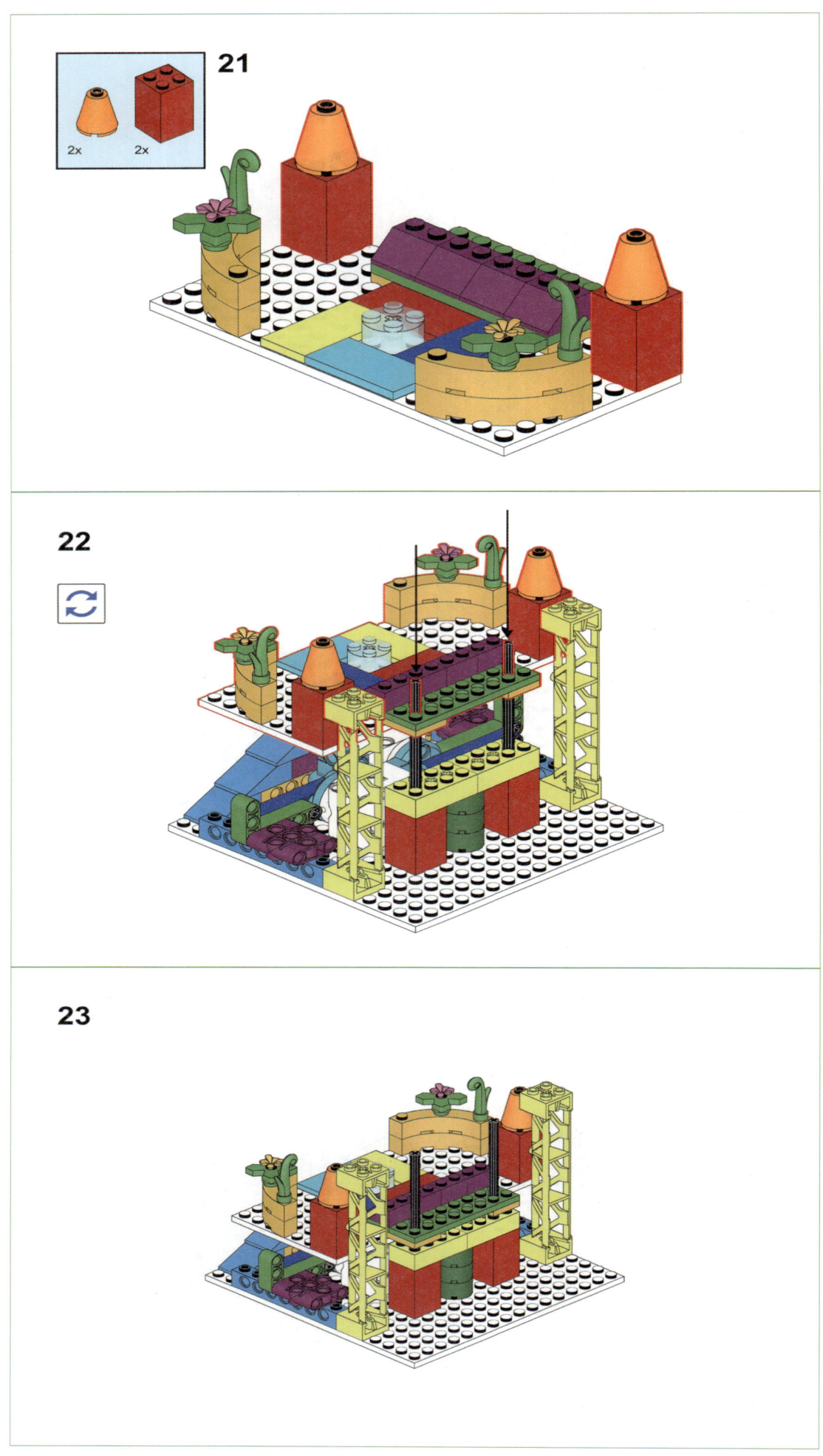

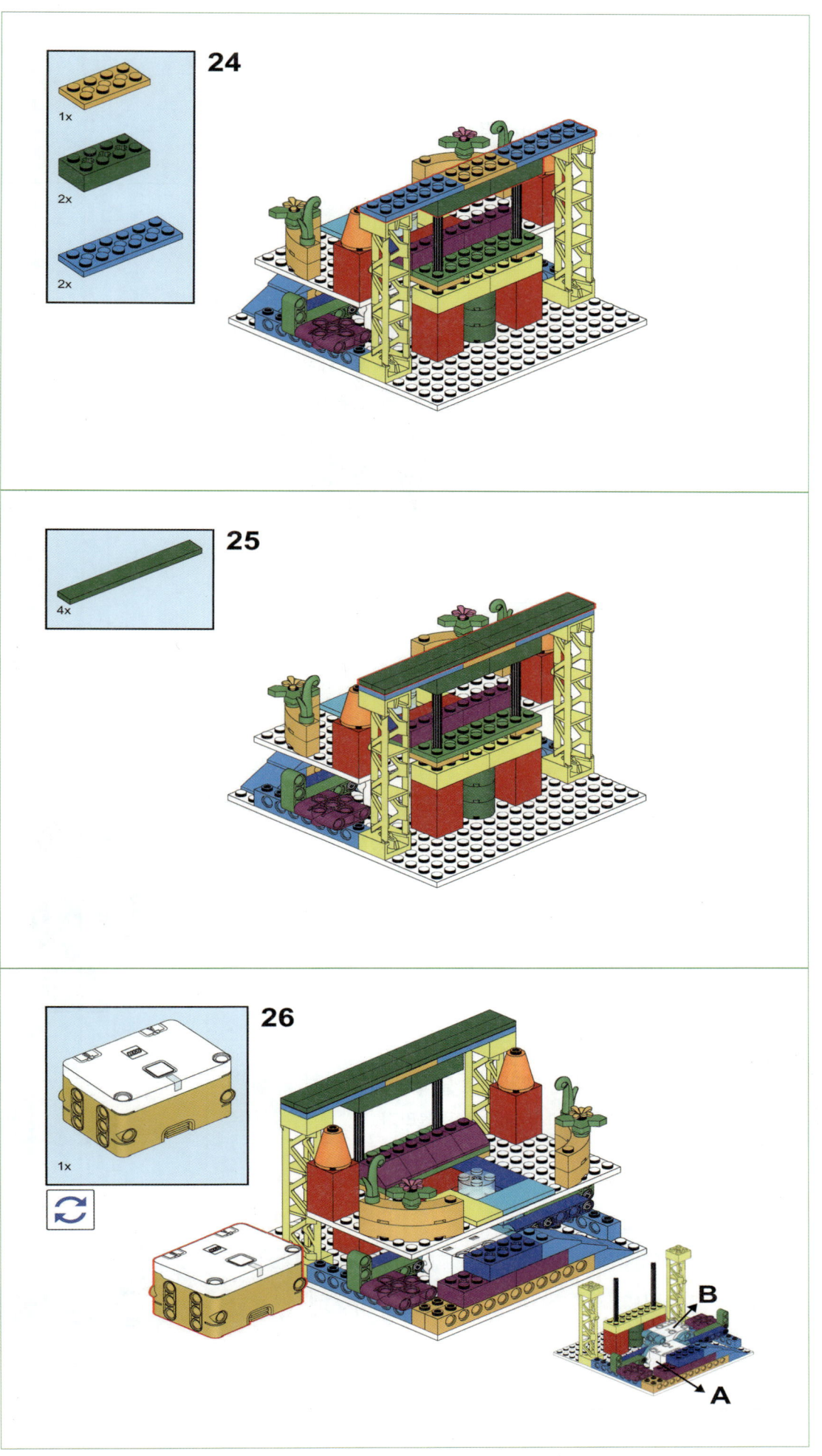

✲ 프로그램을 만들어요

- 방금 만든 작품으로 문제를 해결하려면 어떻게 움직여야 할까요?

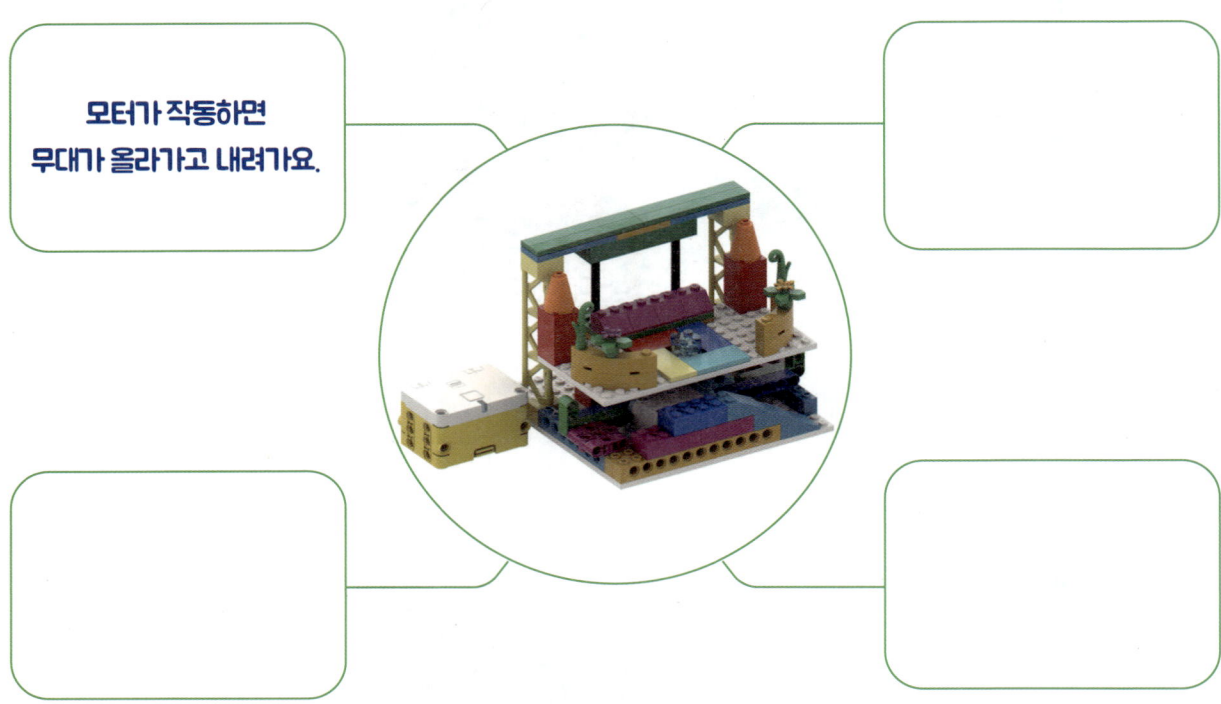

모터가 작동하면
무대가 올라가고 내려가요.

- 허브를 활용해서 무대를 작동시킬 수 있는 프로그램을 만들어 보아요.

나는 (   ) 움직이도록
만들어 볼거야!

허브를 기울여서 무대를 위로 들어 올릴 거야.
왼쪽으로 기울이면 무대가 위로 올라가.

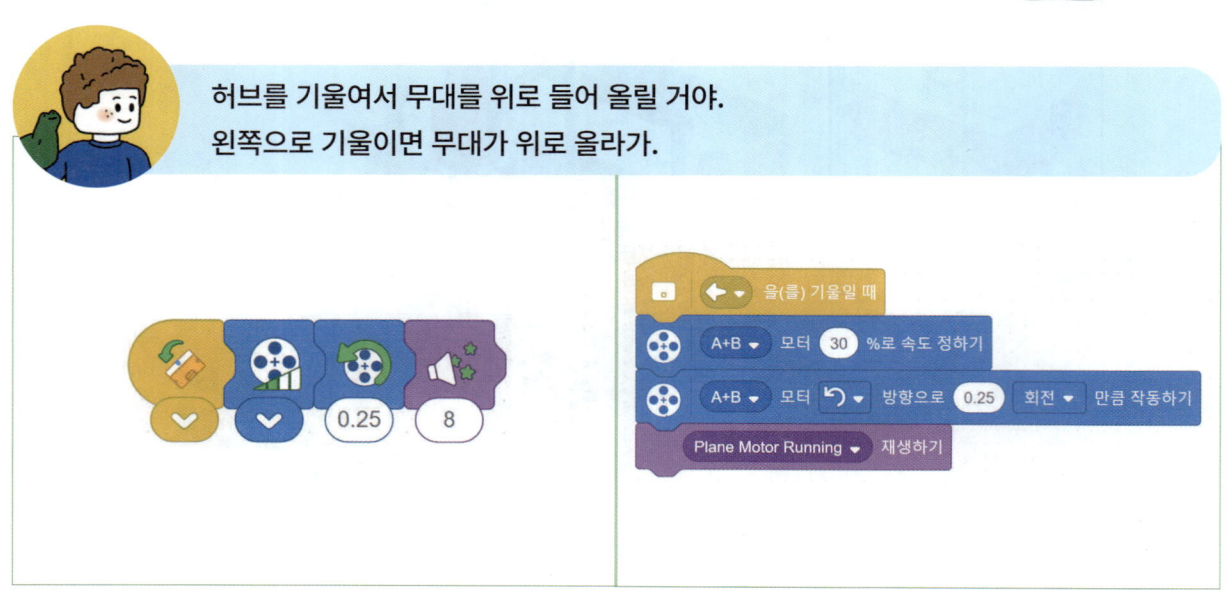

72   1.민주시민 - 위아래로 움직이는 멋진 무대를 만들어요

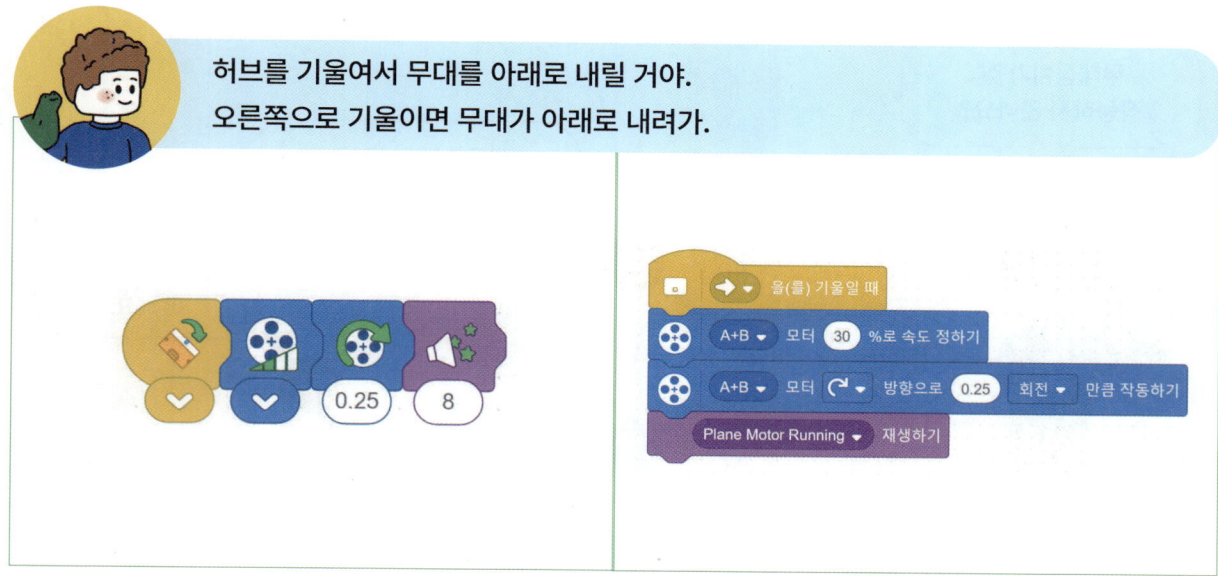

06 한 번 더 확인해요

학습한 내용을 정리해보고 내가 만든 작품이 잘 작동하는지 살펴봅시다.

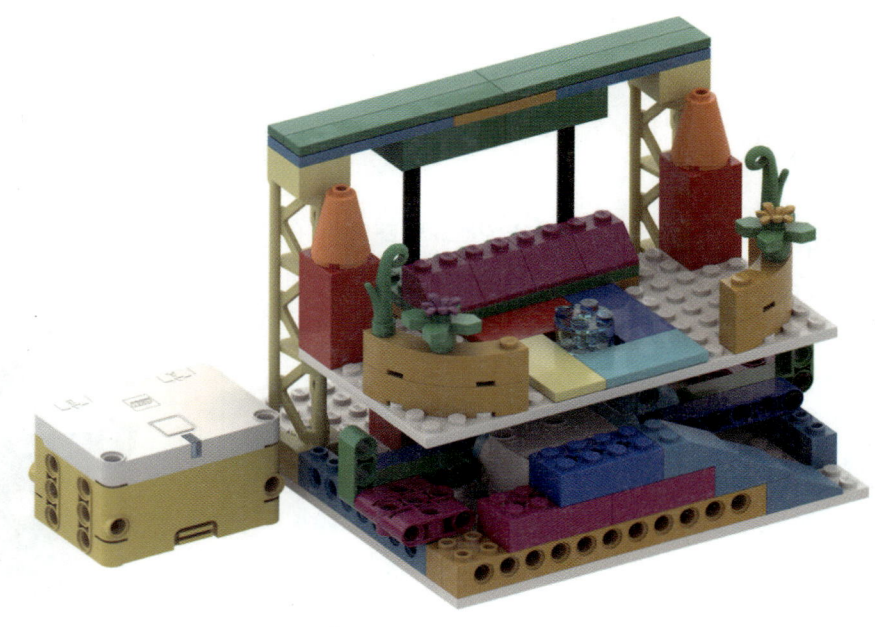

1.민주시민 - 위아래로 움직이는 멋진 무대를 만들어요

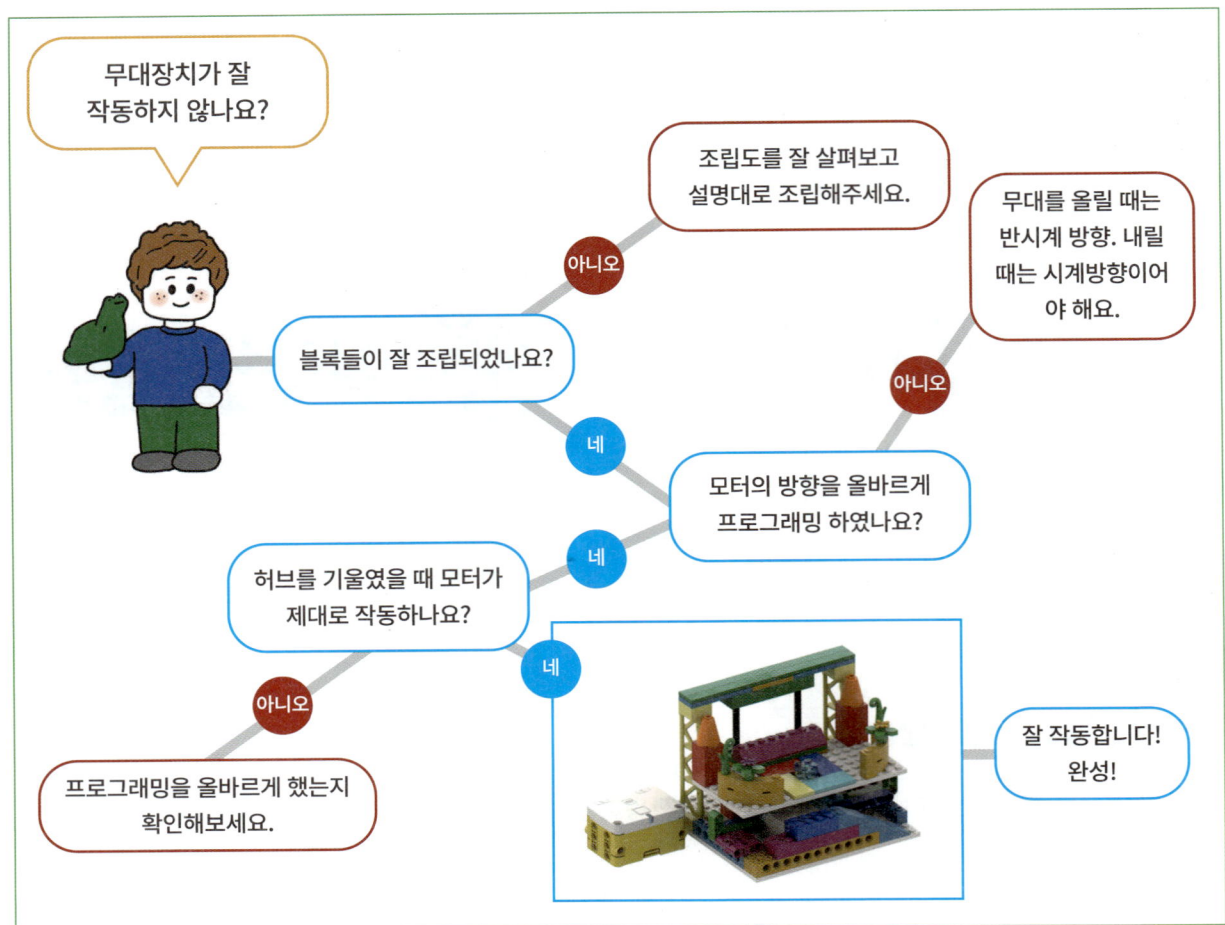

07 생각을 더해 보아요

- 여러분이 만들고 싶은 무대가 있나요? 여러분만의 무대에는 어떤 기능을 추가하고 싶은가요? 여러분의 무대를 디자인한 후 제작하고 프로그래밍해 보세요.

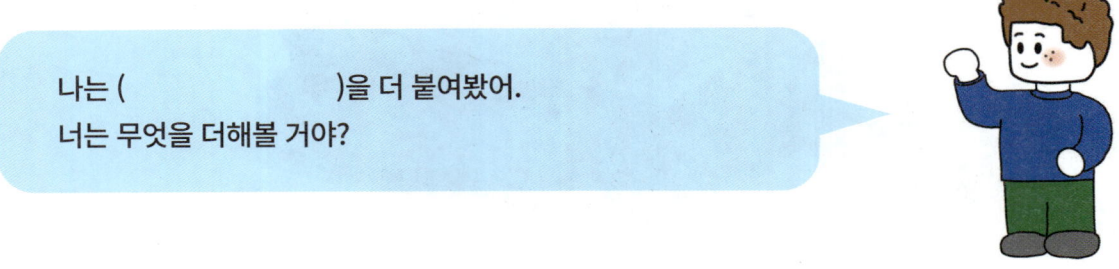

08 이야기를 더해 보아요

수탉은 레오가 만든 멋진 무대를 시장에게 보여주었어요.

"자, 시장님 이런 멋진 무대가 있다면 사람들은 이곳에서 마음껏 노래할 수 있을 것입니다. 꼭 사람들이 노래를 못하도록 막지 않아도 됩니다!"

그때, 시장님의 반응은 과연 어떠했을까요? 여러분이 시장님이었다면 어떻게 말하고 싶은가요? 여러분의 이야기를 만들어 보세요.

09 뽐내 보아요

내가 만든 무대를 친구들에게 공유해 볼까요?
내가 만든 이야기를 친구들에게 공유해 볼까요?

내가 만든 **작품 인증샷**
해시태그 이벤트

아래 2개의 필수 해시태그와 함께
내가 만든 작품의 인증샷을 찍어 업로드 해 주세요.
추첨을 통해 소정의 선물을 보내드립니다.

 # PlayIT스파이크에센셜   **# 스파이크에센셜은퓨너스**

참여 방법 1
① 퓨너스 학습지원 커뮤니티(http://cafe.naver.com/robotsteam)가입
② #퓨너스 소식 >> 이벤트 게시판에 글쓰기
  - 말머리 [해시태그이벤트] 선택하고 아래 태그에 **필수 해시태그 포함**시키기

참여 방법 2
① 퓨너스 인스타그램(@funers_official)을 팔로우
② 게시물 올릴 때 **필수 해시태그 포함**시키기

참 잘했어요!   다음 책은 뭘까?

물이 부족한 지역의 문제를 해결해요

어느 지형이든 갈 수 있는 로봇을 만들어 보아요

관련역량	공동체 역량	**AI핵심역량**	컴퓨팅 사고력
관련교과	사회, 과학, 국어		문제해결력
학습목표	물이 부족한 지역의 문제를 알고 이를 해결할 수 있다.		공익적 사고력

01 함께 읽어요

이 책을 읽으면 더 좋아요!

<우물 파는 아이들>

글 린다 수 박 / 번역 공경희
개암나무

02 문제를 찾아봐요

아프리카의 어린이들이 물이 부족해 연못이나 웅덩이에서 물을 길어 마시면 어떤 문제가 있을까?

오염된 물을 마시게 되기 때문에 배가 아프거나 여러 가지 질병에 걸리게 될 것 같아. 그리고 먼 곳까지 물을 구하러 다녀야 하는 문제도 있어.

물이 부족하면 물을 길어야 하기 때문에 학교에도 갈 수 없게 되는구나!

맞아! 먹을 물도 구할 수 없어서 아이들이 힘들어하고 있으니 마을에 우물을 만들거나 물을 얻을 수 있도록 같이 문제를 해결해 볼까?

03 방법을 생각해요

레오는 물이 부족한 지역의 문제를 해결해주고 싶어 해요.
어떻게 도와줄 수 있을까요?

- 문제를 해결할 수 있는 방법을 생각하여 정리해보아요.

_____

_____

_____

_____

04 이렇게 해결해요

- 레오는 어떻게 문제를 해결하려고 할까요?

Q드럼 같이 아이들이 물을 길어오는 데 도움을 줄 수 있도록 어느 지형에서도 잘 움직일 수 있는 로봇을 만들어 봐야겠어!

05 함께 만들어요

> ✱ 블록으로 만들어요

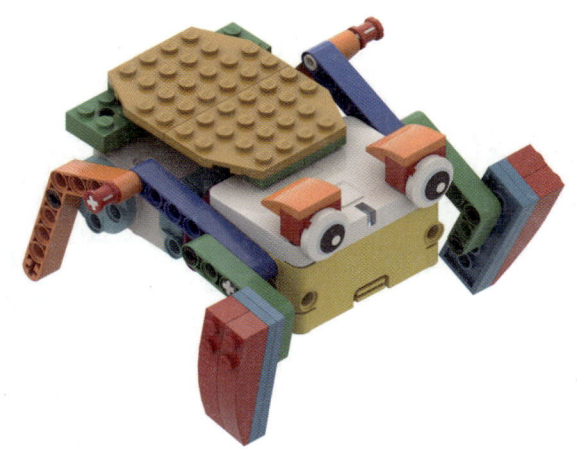

조립하기 - 어느 지형이든 갈 수 있는 로봇을 만들어요

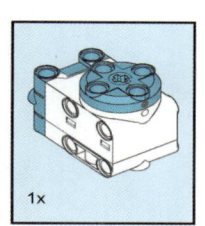

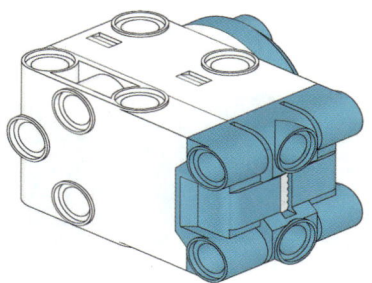

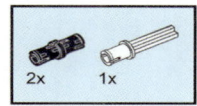

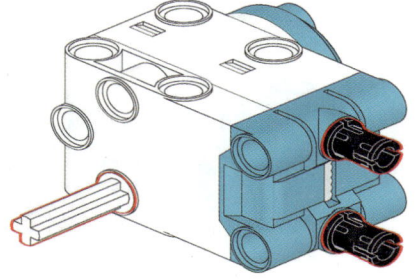

1.민주시민 - 물이 부족한 지역의 문제를 해결해요

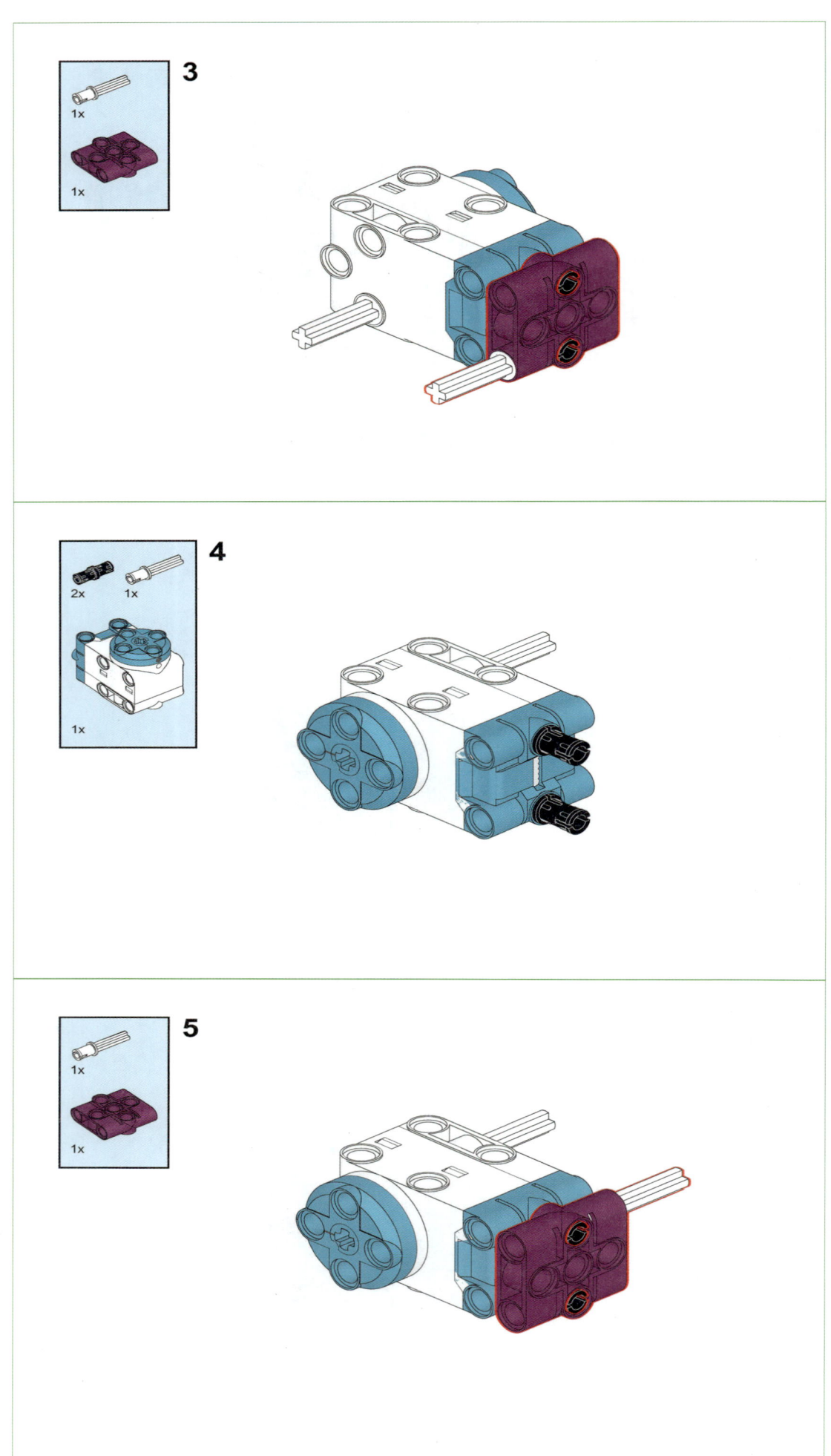

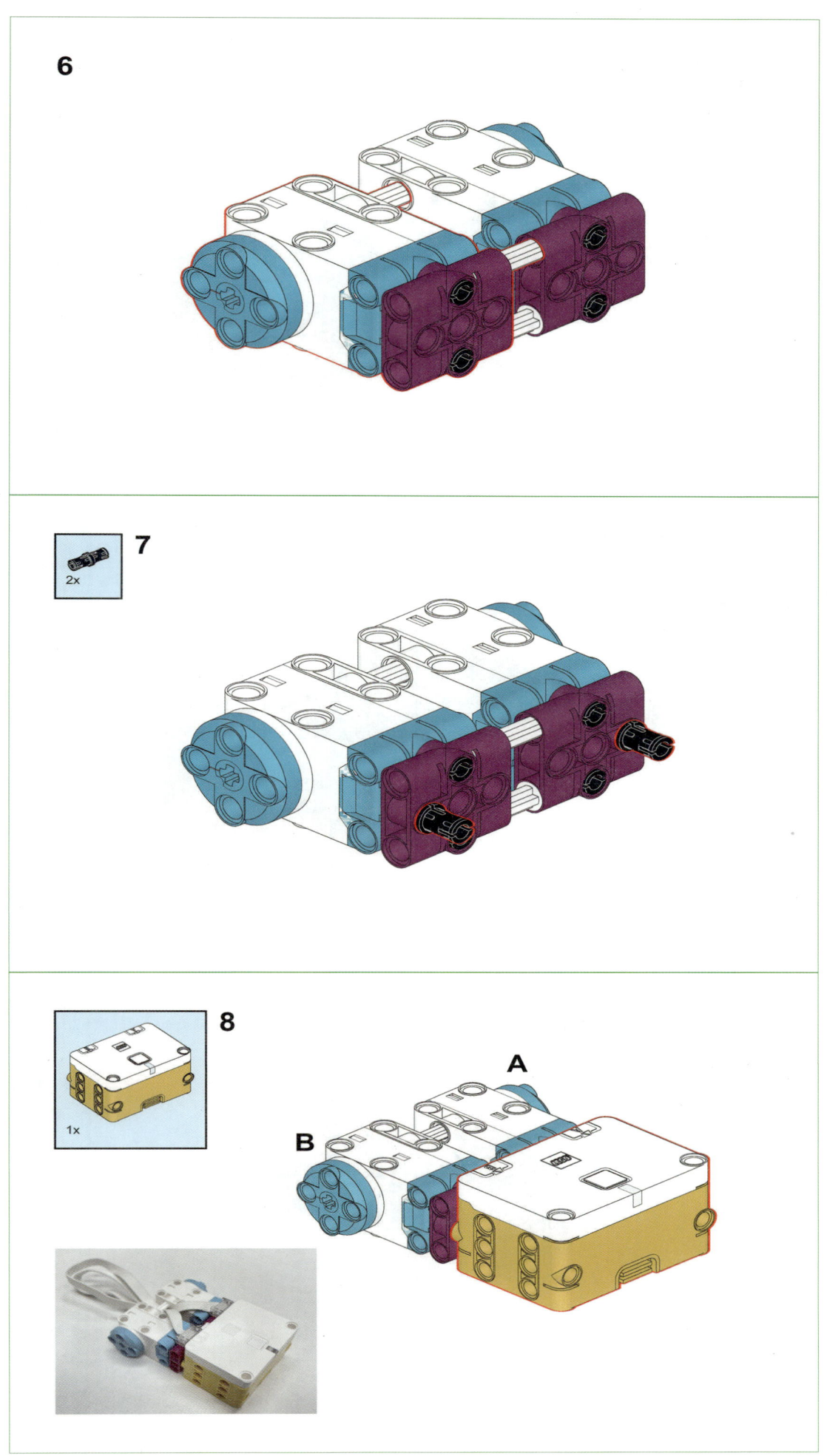

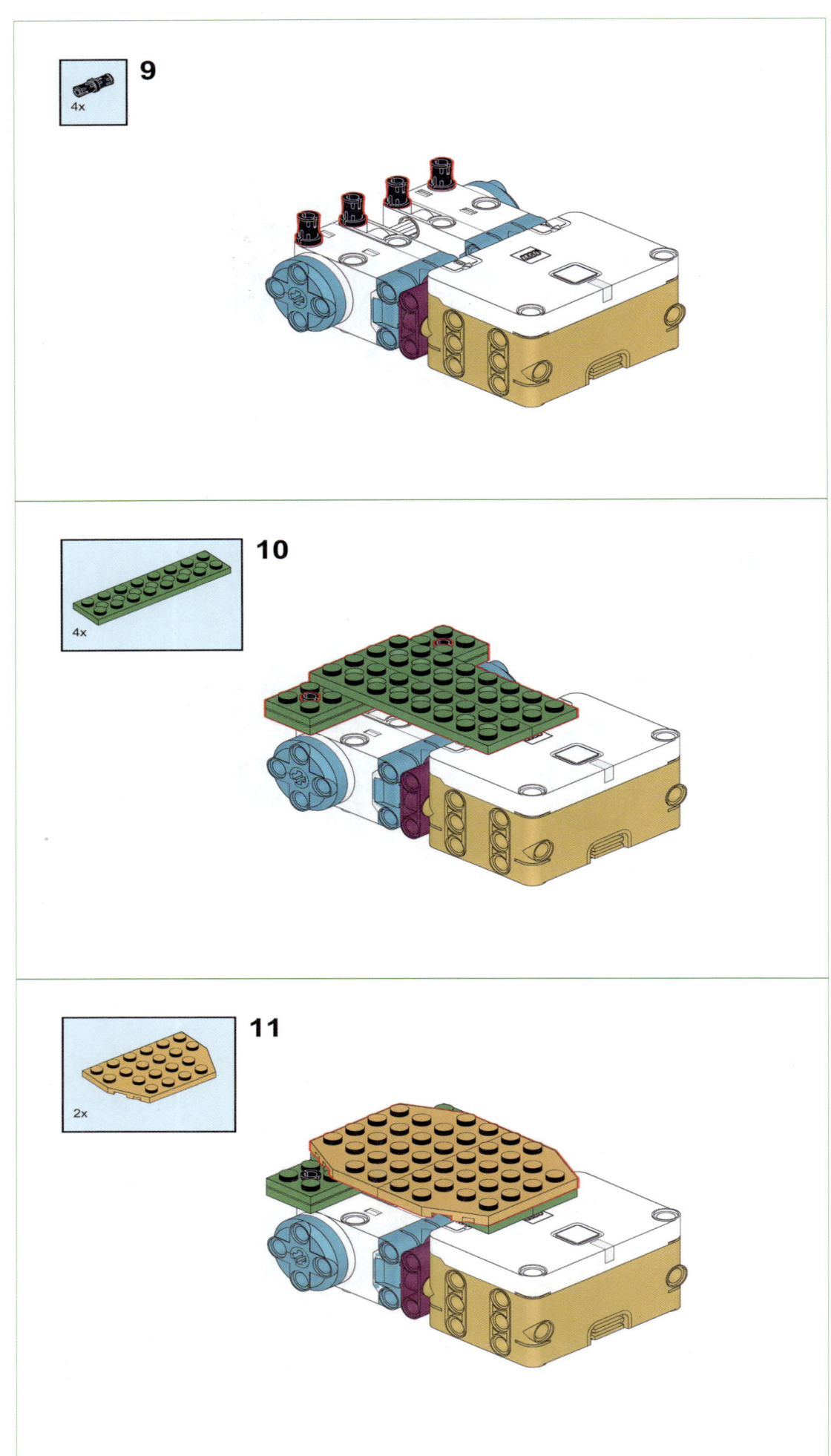

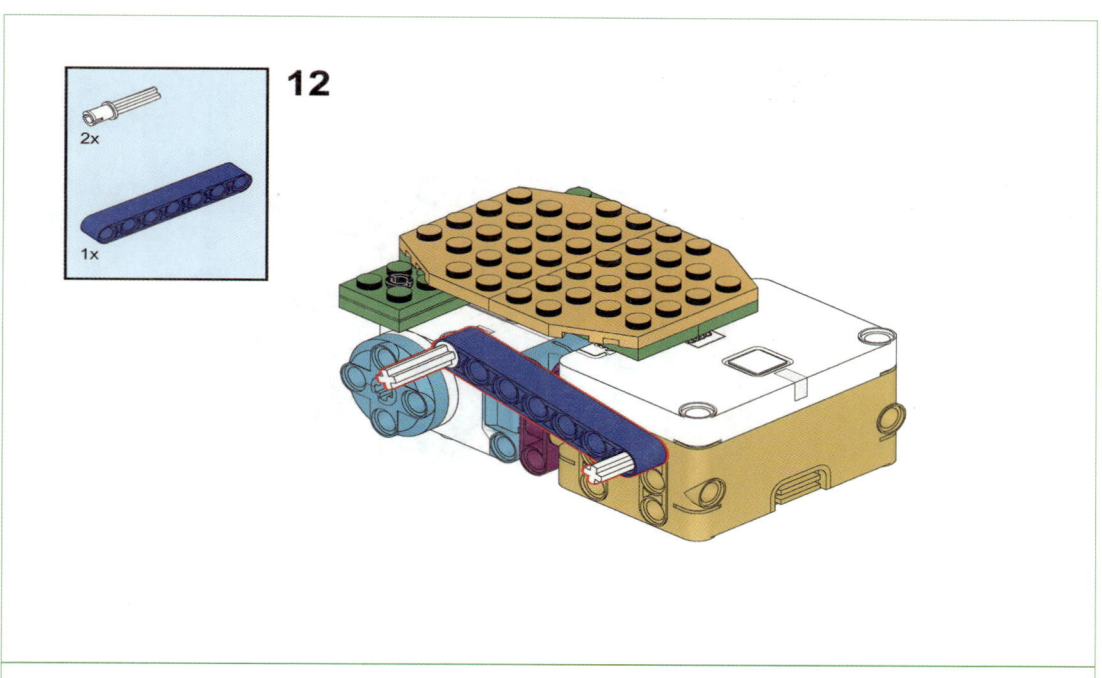
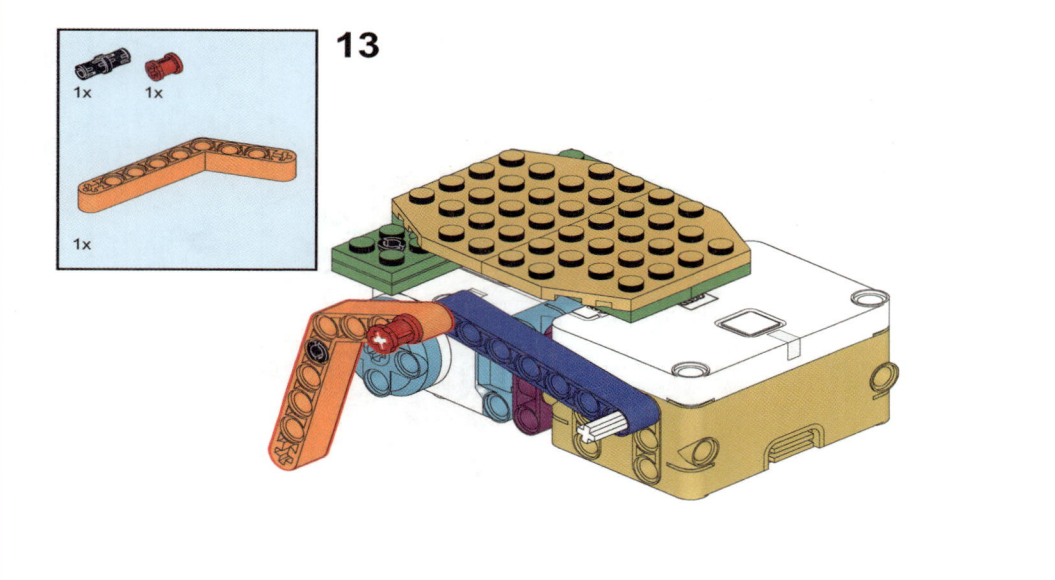
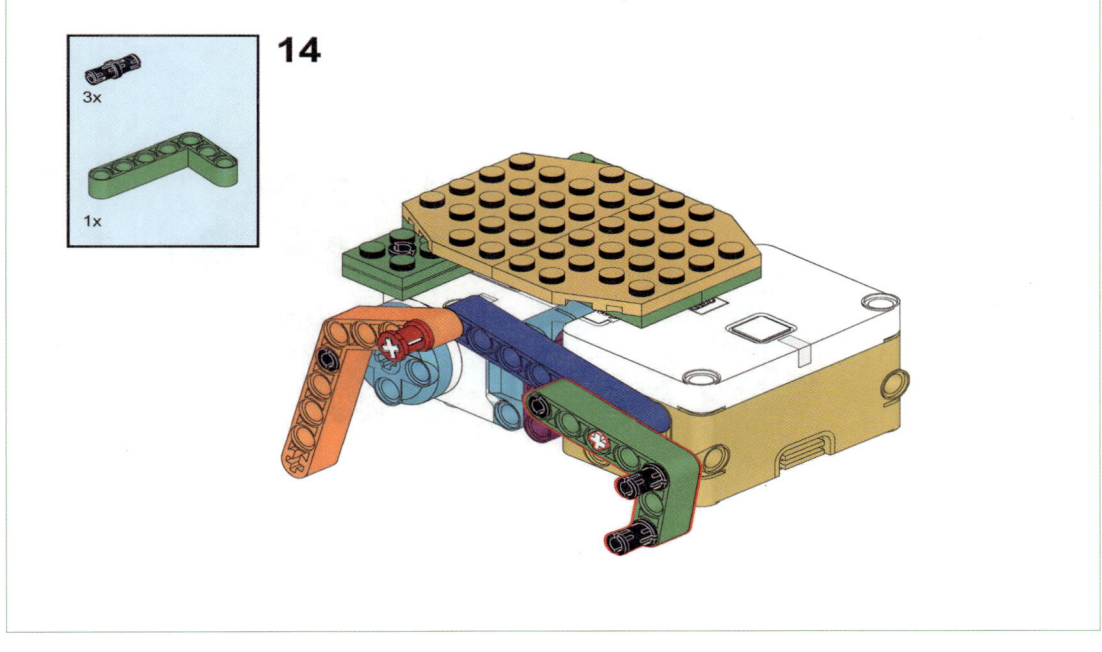

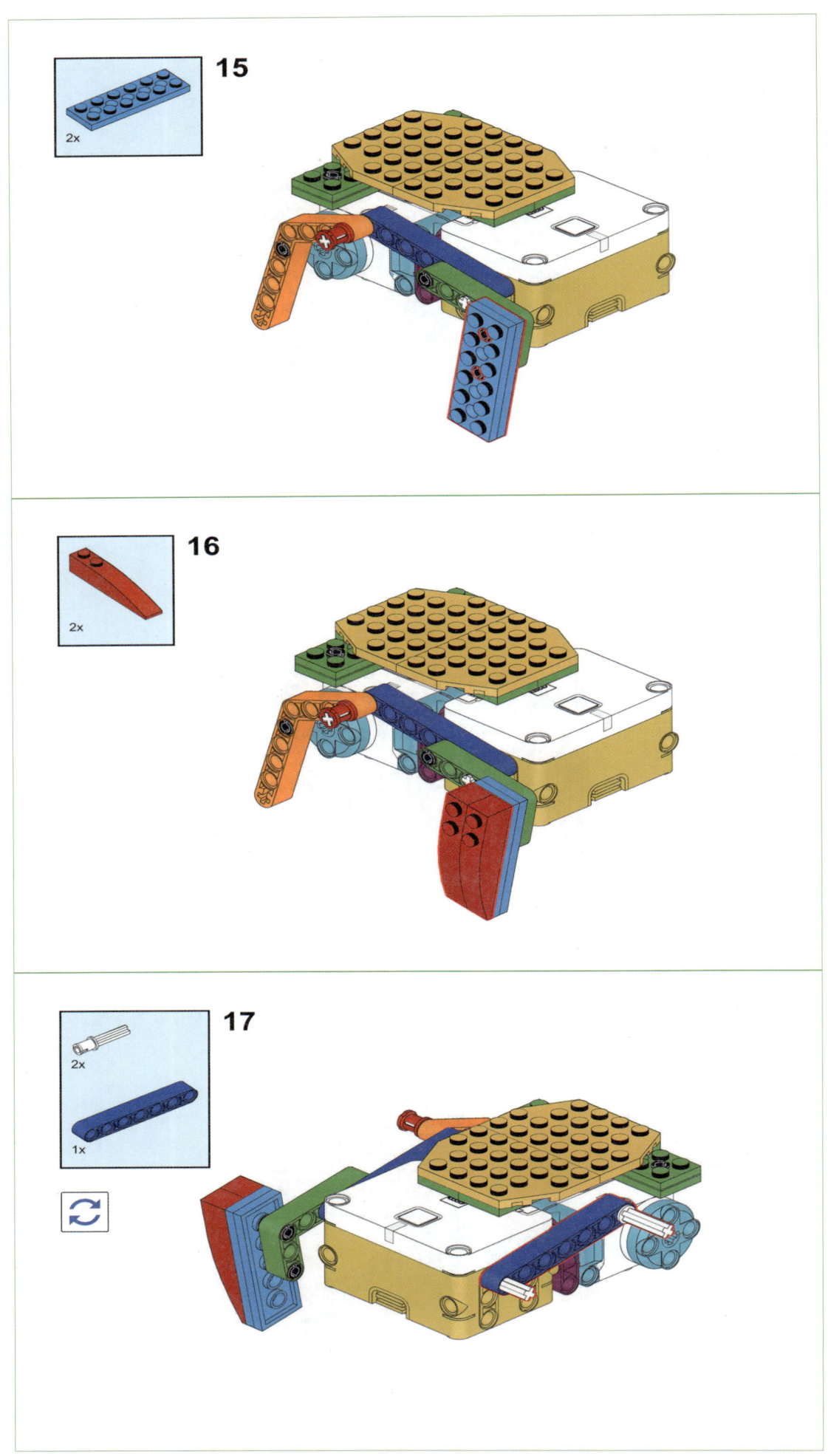

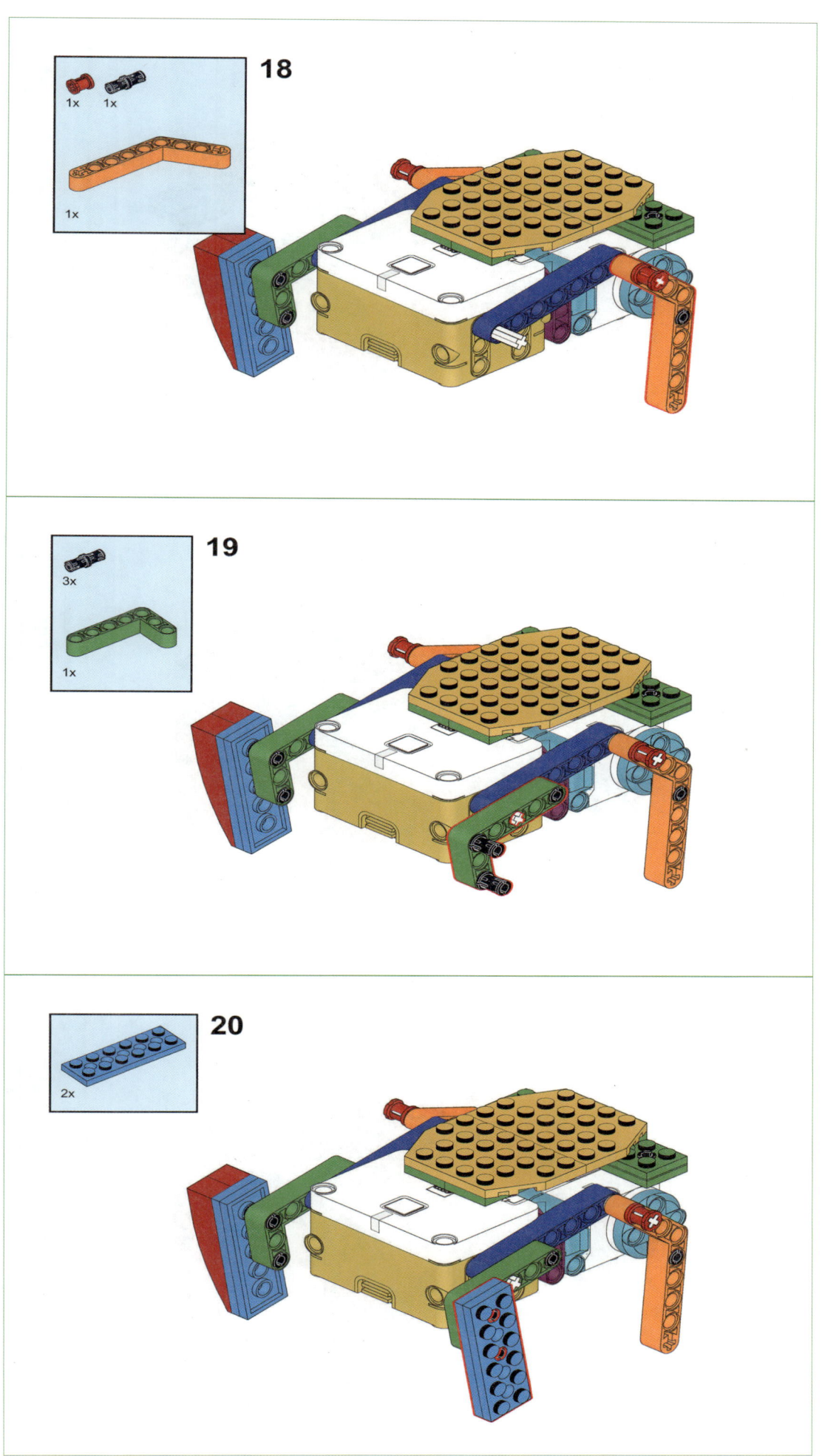

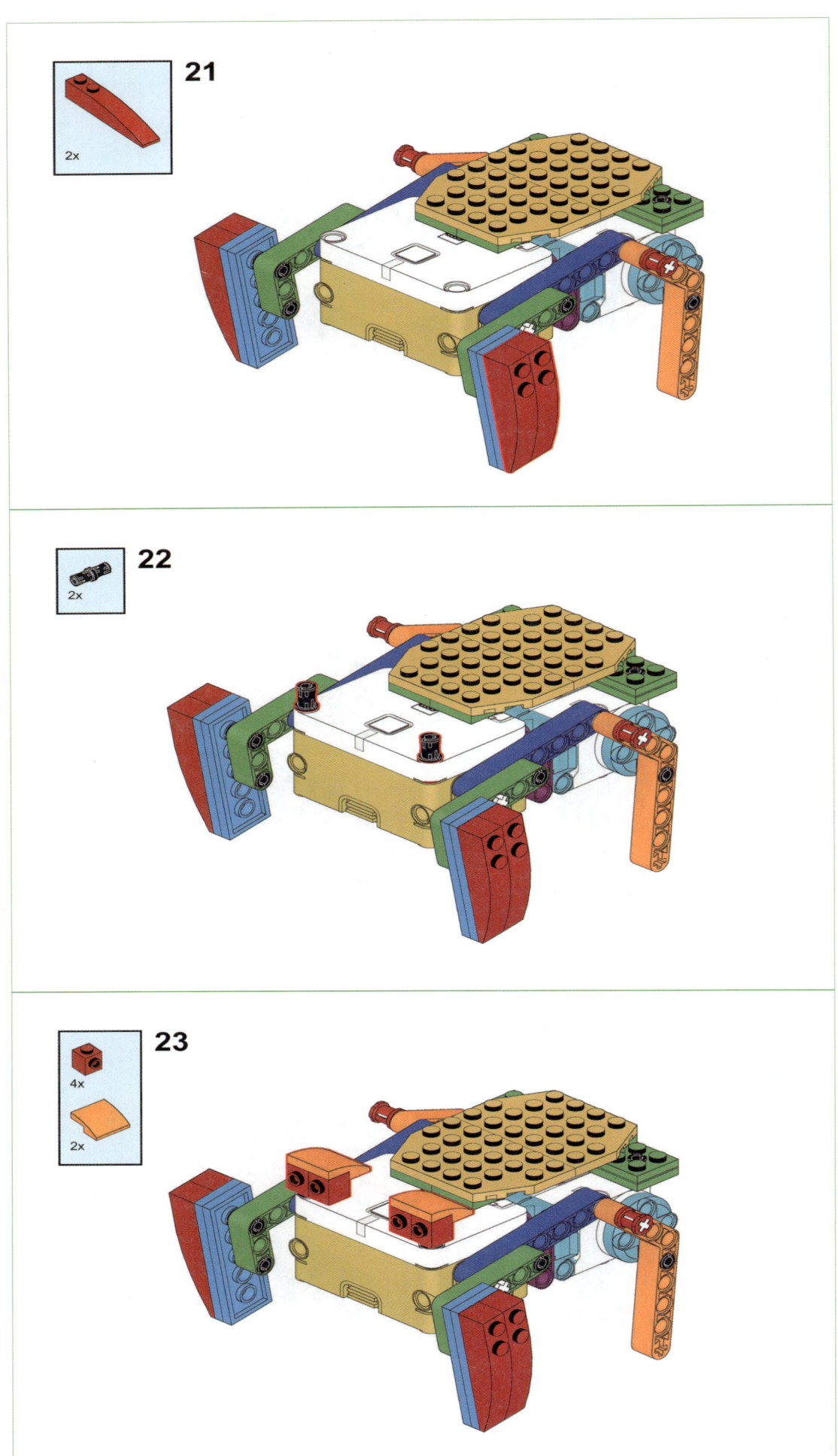

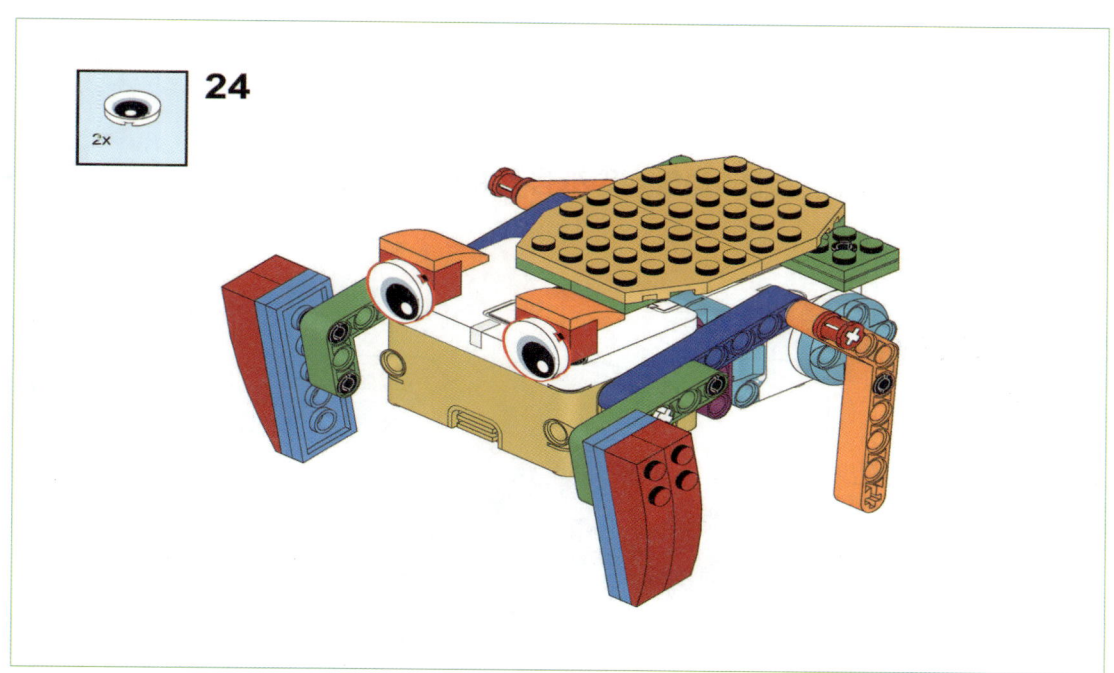

✱ 프로그램을 만들어요

- 방금 만든 작품으로 문제를 해결하려면 어떻게 움직여야 할까요?

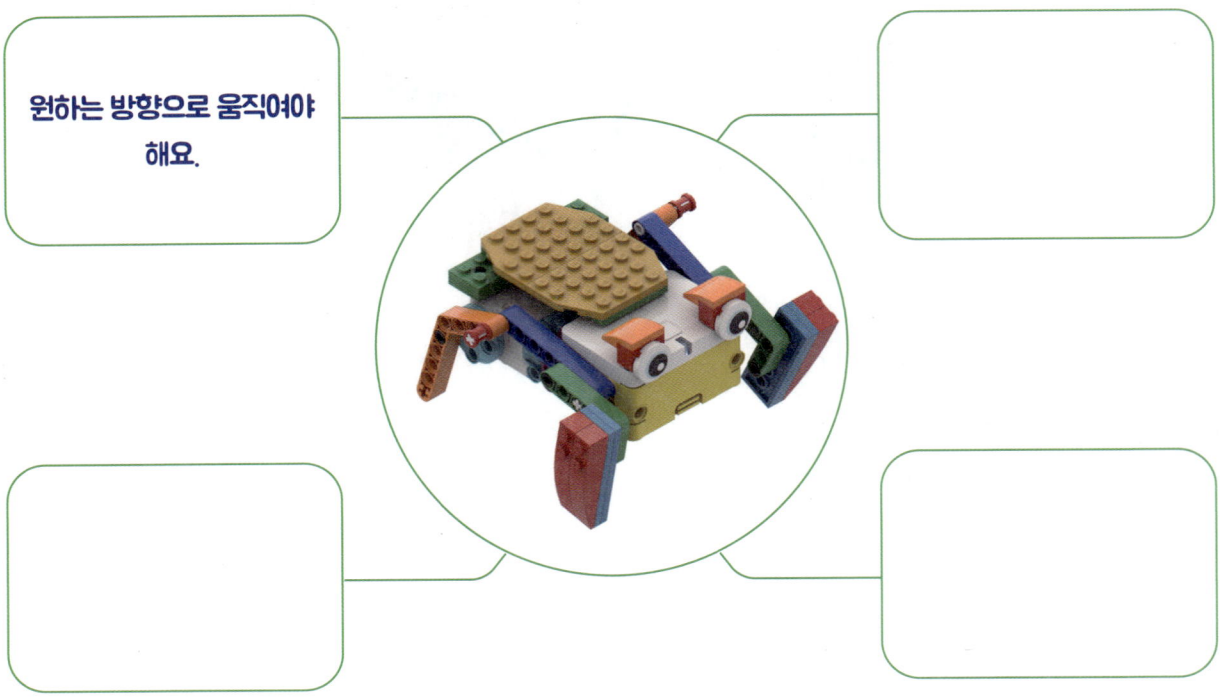

원하는 방향으로 움직여야 해요.

- 모터와 버튼 라이트로 4족 보행 로봇을 제어할 프로그램을 만들어 보아요.

나는 (　　　　　　　　　　) 움직이도록 만들어 볼거야!

프로그램을 만들기 전에 해야 하는 일이야. 블록 꾸러미를 추가해야 해. 아이콘 블록은 앱 화면 왼쪽 밑(), 단어 블록은 앱 화면 오른쪽 밑( )의 그림을 클릭하면 여러 가지 블록 꾸러미를 추가할 수 있어. 아이콘 블록에서는 <이동> 블록 꾸러미를 추가해 줘. 단어 블록에서는 블록 꾸러미를 추가할 필요가 없어.

이동

드라이빙 베이스의 모터 속도를 개별적으로 설정하거나 제 위치를 유지하게 하세요.

＞ 자세히 보기

1.민주시민 - 물이 부족한 지역의 문제를 해결해요

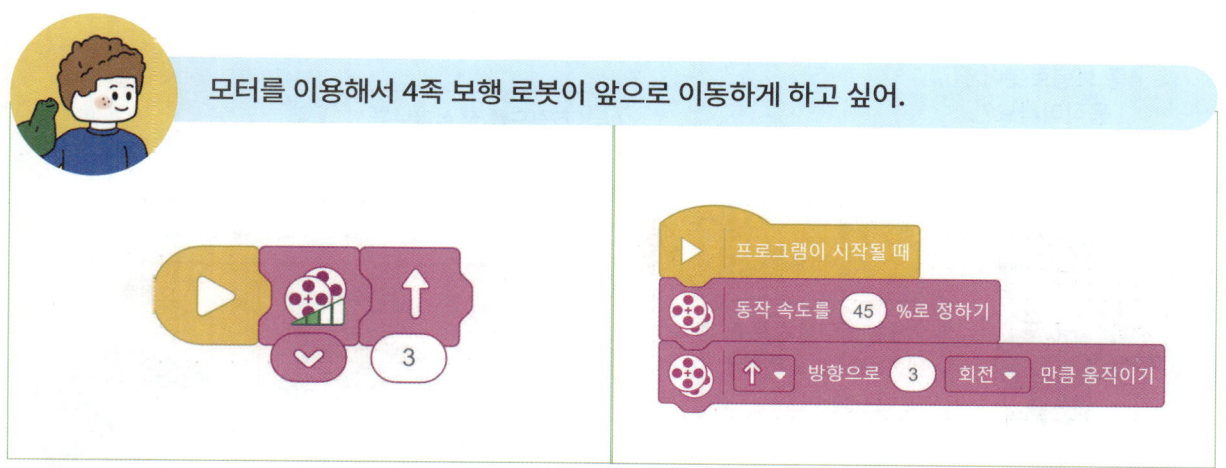

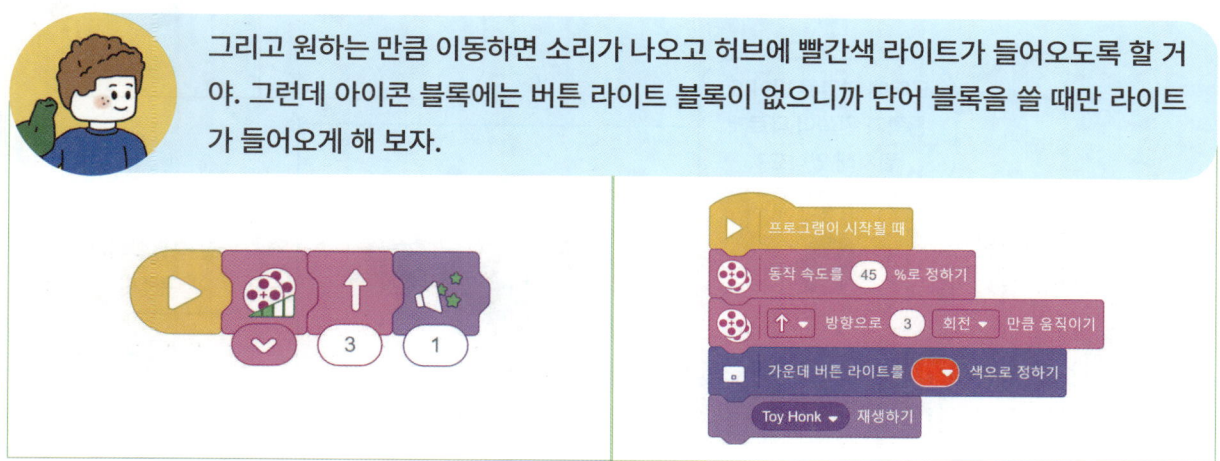

06 한 번 더 확인해요

학습한 내용을 정리해보고 내가 만든 작품이 잘 작동하는지 살펴봅시다.

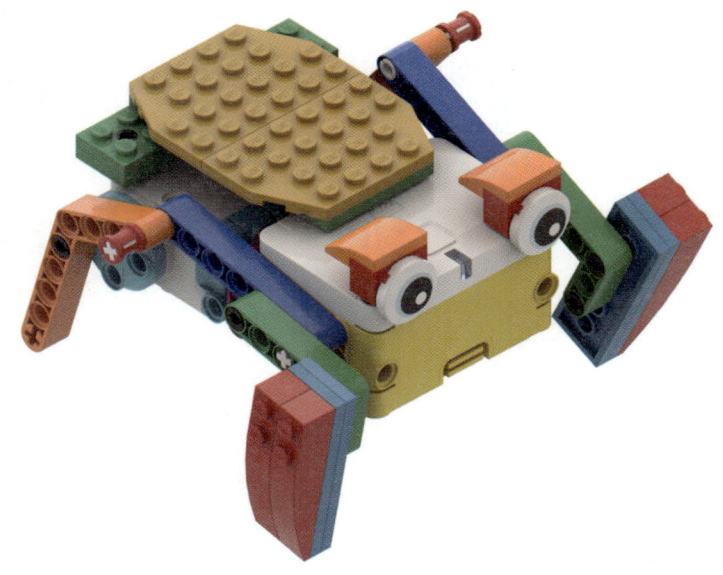

1.민주시민 - 물이 부족한 지역의 문제를 해결해요

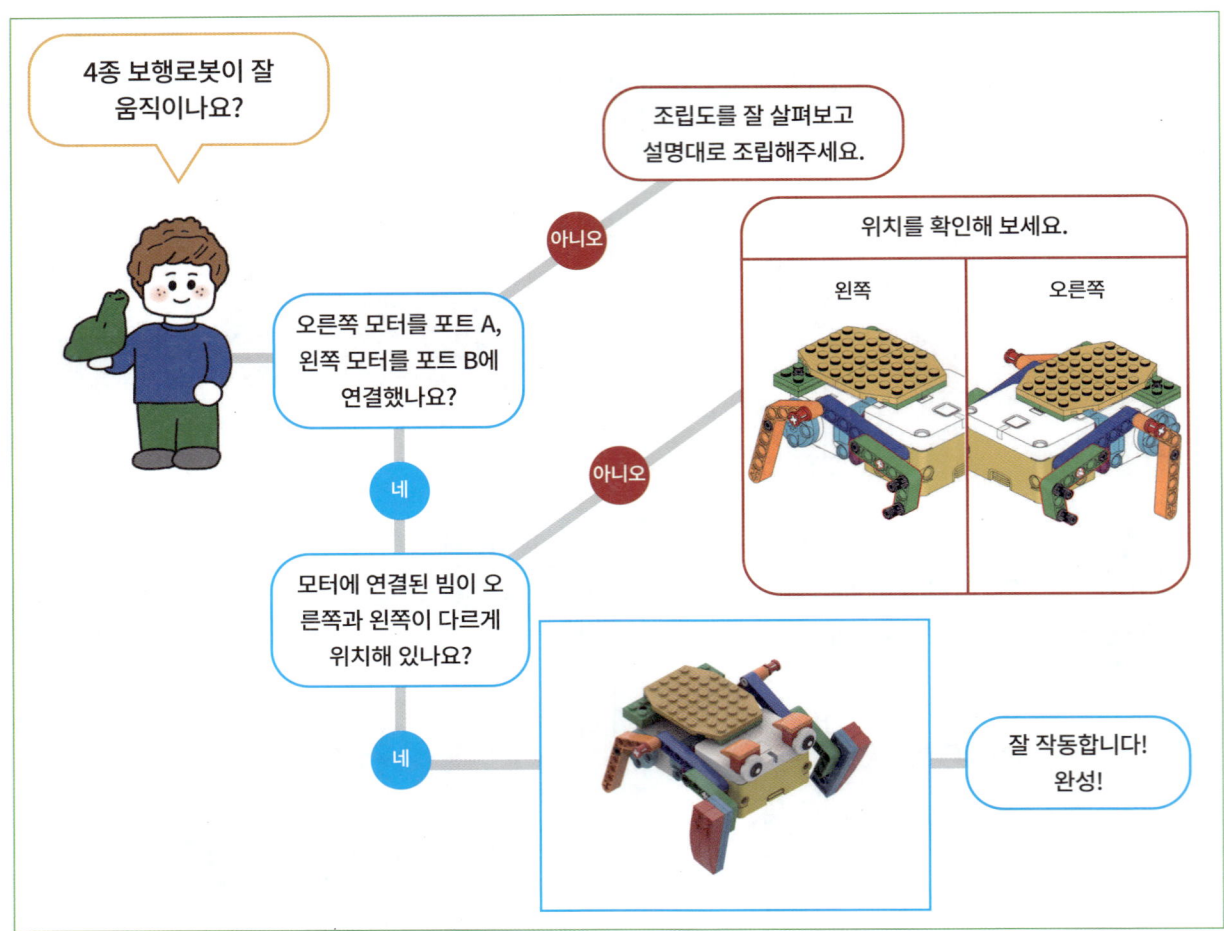

07 생각을 더해 보아요

- 자신만의 창의적인 4족 보행 로봇을 디자인하고 프로그래밍해 보세요.

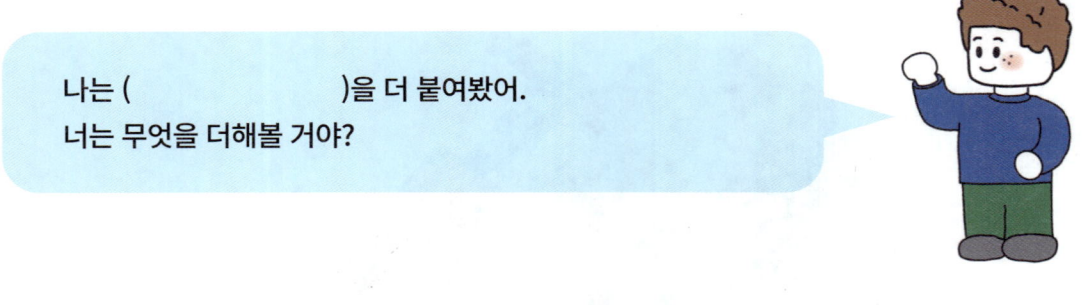

08 이야기를 더해 보아요

레오는 물이 부족한 곳의 문제를 해결할 수 있게 도움을 주었어요. 여러분이 그림동화 작가가 되어 레오가 물 부족 문제를 어떻게 해결했는지 상상하여 이야기를 만들어 볼까요?

09 뽐내 보아요

> 내가 만든 그림동화를 다른 친구들에게 공유해 볼까요?
> 내가 만든 4족 보행 로봇을 친구들에게 공유해 볼까요?

내가 만든 **작품 인증샷** 해시태그 이벤트

아래 2개의 필수 해시태그와 함께
내가 만든 작품의 인증샷을 찍어 업로드 해 주세요.
추첨을 통해 소정의 선물을 보내드립니다.

 # PlayIT스파이크에센셜   **# 스파이크에센셜은퓨너스**

참여 방법 1
① 퓨너스 학습지원 커뮤니티(http://cafe.naver.com/robotsteam)가입
② #퓨너스 소식 >> **이벤트 게시판에 글쓰기**
　- 말머리 [해시태그이벤트] 선택하고 아래 태그에 **필수 해시태그 포함**시키기

참여 방법 2
① 퓨너스 인스타그램(@funers_official)을 팔로우
② 게시물 올릴 때 **필수 해시태그 포함**시키기

참 잘했어요!   다음 책은 뭘까?

2. 심미적감성

1. 다양한 모양과 색의 우산을 만들어요
2. 부릉부릉, 자동차를 만들어 움직여요
3. 알록달록, 예쁜 집을 만들어요
4. 살기 좋은 곳은 어떤 곳일까?

다양한 모양과 색의 우산을 만들어요

신호등 색깔에 따라 다른 색의 빛을 내요

관련역량	심미적감성	AI핵심역량	컴퓨팅 사고력 문제해결력
관련교과	통합(여름), 미술		
학습목표	컬러 센서와 3x3 컬러 라이트 매트릭스를 이용하여 다양한 모양과 특징을 가진 우산을 만들 수 있다.		

01 함께 읽어요

이 책을 읽으면 더 좋아요!

<야, 비 온다>

글 이상교 / 그림 이성표
보림

02 문제를 찾아봐요

시원하게 비 내리는 날에 단이처럼 새 우산을 쓰고 밖에 나가면 기분이 정말 좋을 거야.

맞아~ 단이가 신이 나서 보이는 것마다 다 우산을 씌워주고 싶어 했던 게 이해돼. 이야기처럼 온 세상이 다 우산을 쓴다면 어떻게 될까?

만약 식물이나 동물, 물건에 다 똑같은 우산을 씌워준다면 불편해할 수도 있을 거야.

내가 우산을 씌워주고 싶은 식물이나 동물, 물건에 어울리도록 모양과 색깔, 기능을 정하면 좋을 것 같아. 누구에게 어떤 우산을 씌워줄까?

2.심미적 감성 - 다양한 모양과 색의 우산을 만들어요   99

03 방법을 생각해요

> 소피는 식물이나 동물, 물건에 어울리는 우산을 만들어
> 씌워주고 싶어 해요. 어떻게 도와줄 수 있을까요?

- 문제를 해결할 수 있는 방법을 생각하여 정리해보아요.

_____

_____

_____

_____

04 이렇게 해결해요

- 소피는 어떻게 문제를 해결하려고 할까요?

> 나는 언제나 우리를 목적지까지 빠르게 데려다 주는 자동차에게 우산을 씌워주고 싶어. 비가 많이 오면 자동차도 신호등이 잘 안 보일지 몰라. 컬러 센서로 신호등 색깔을 인식해서 3x3 컬러 라이트 매트릭스로 신호를 알려주는 우산을 씌워주면 어떨까?

05 함께 만들어요

* 블록으로 만들어요

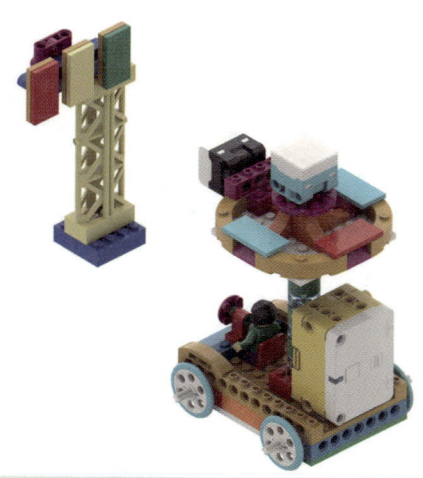

조립하기 - 다양한 모양과 색의 우산을 만들어요

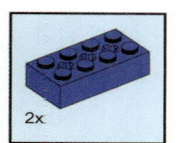

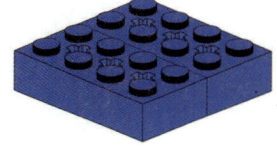

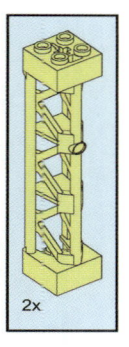

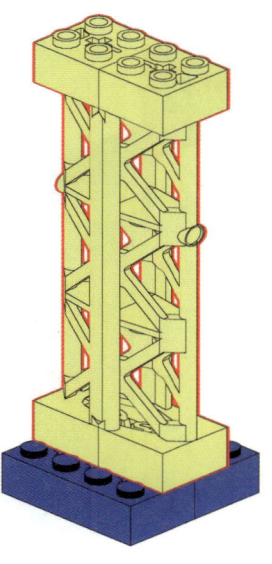

2.심미적 감성 - 다양한 모양과 색의 우산을 만들어요 101

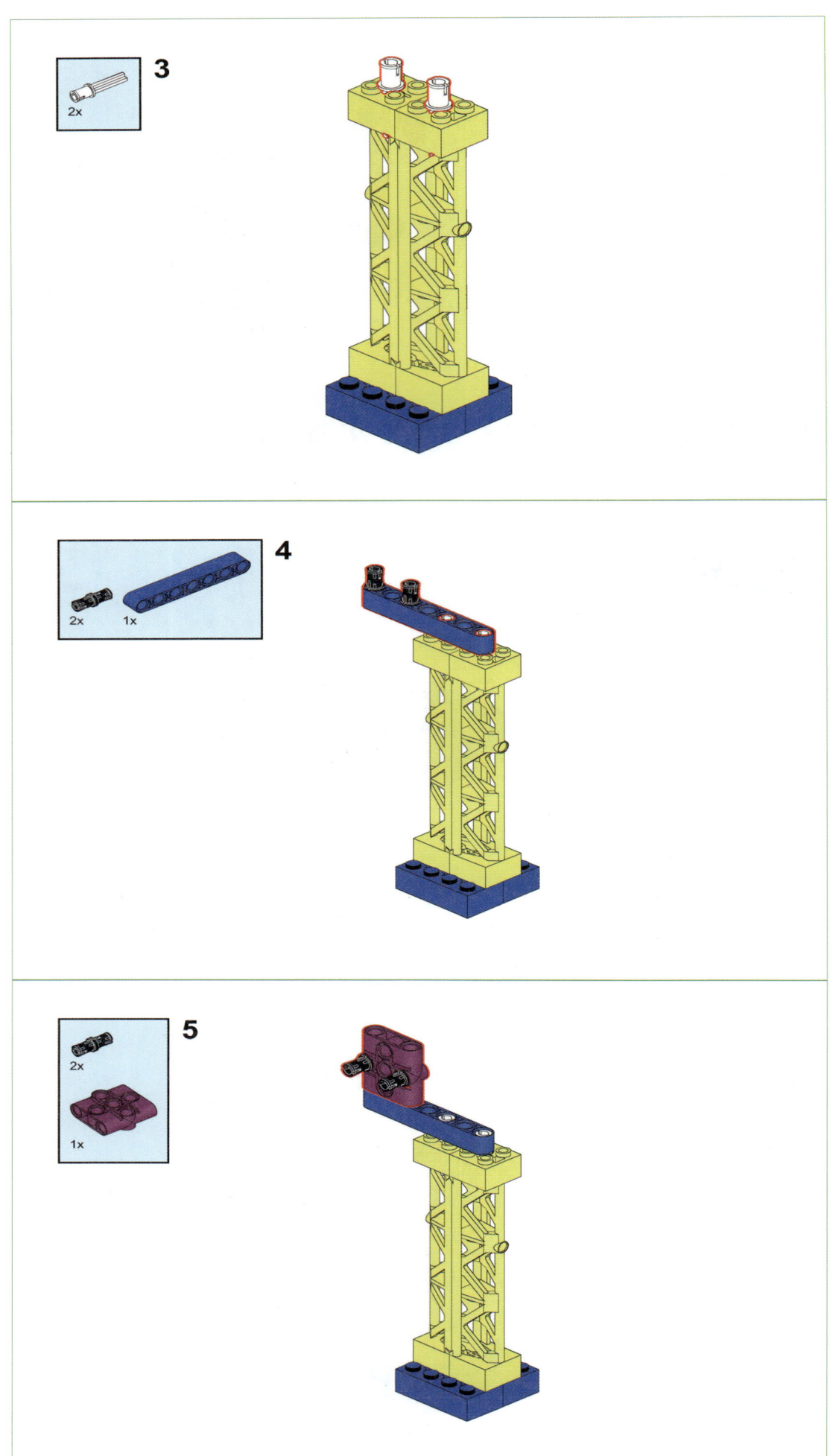

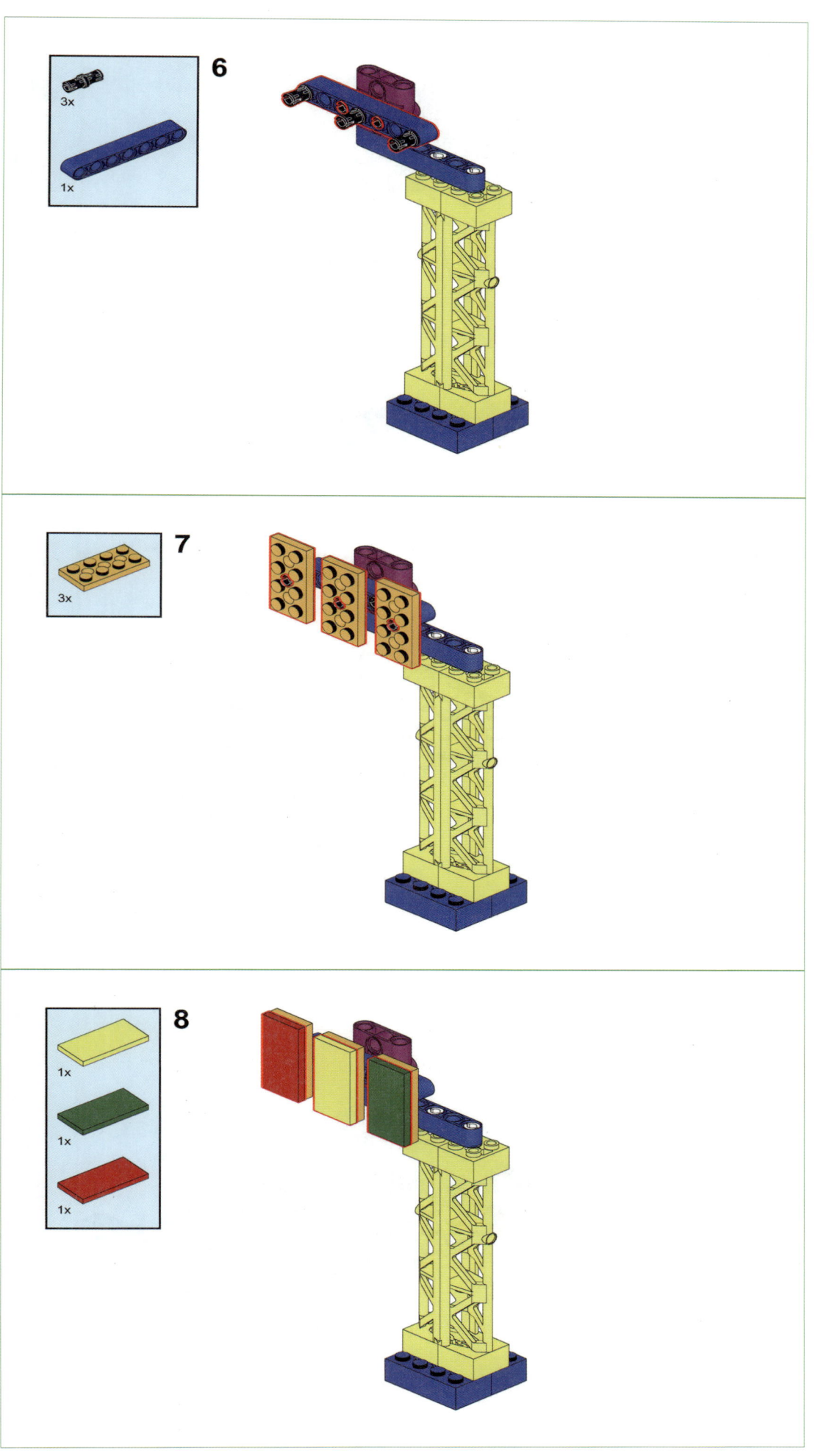

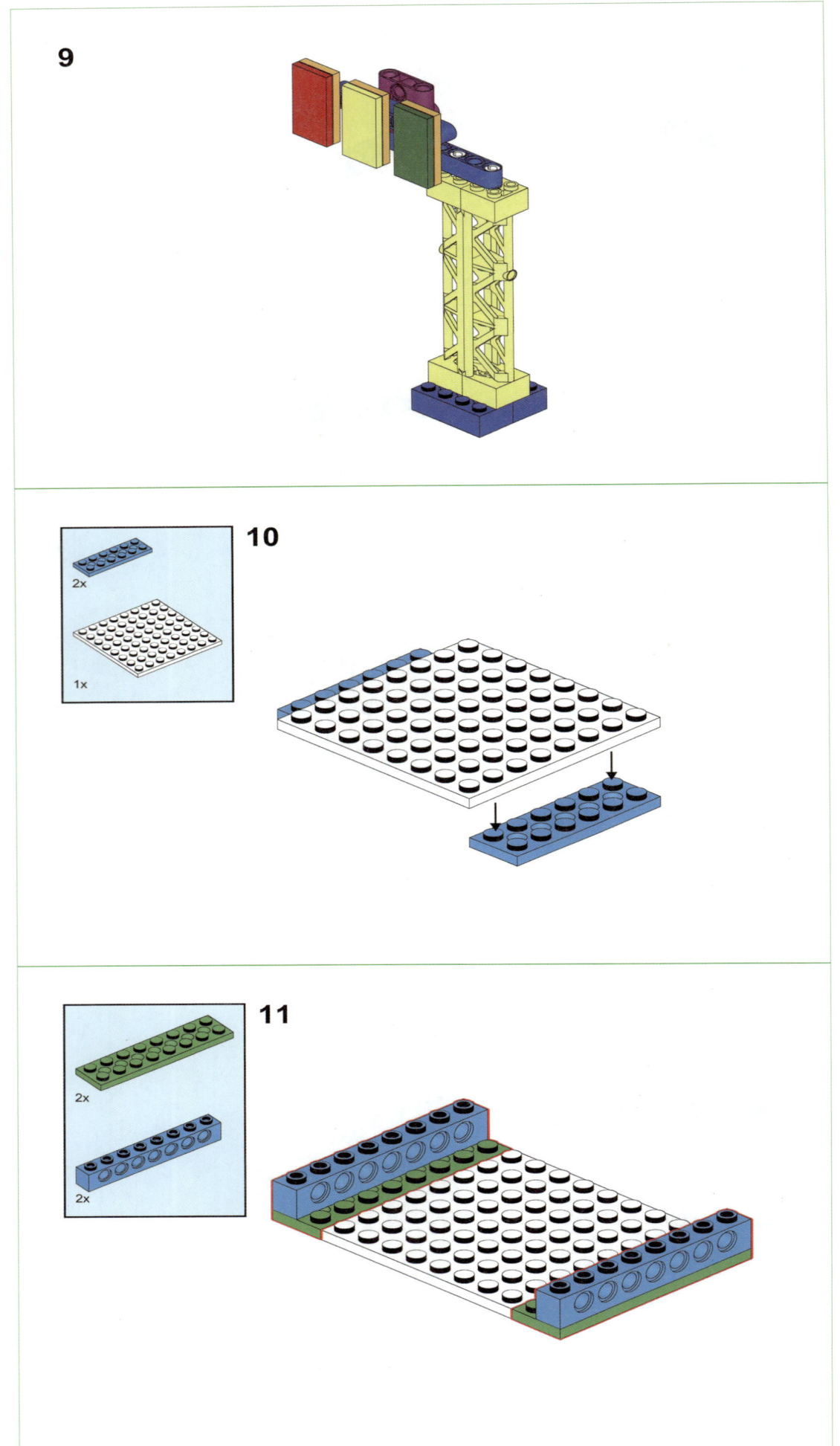

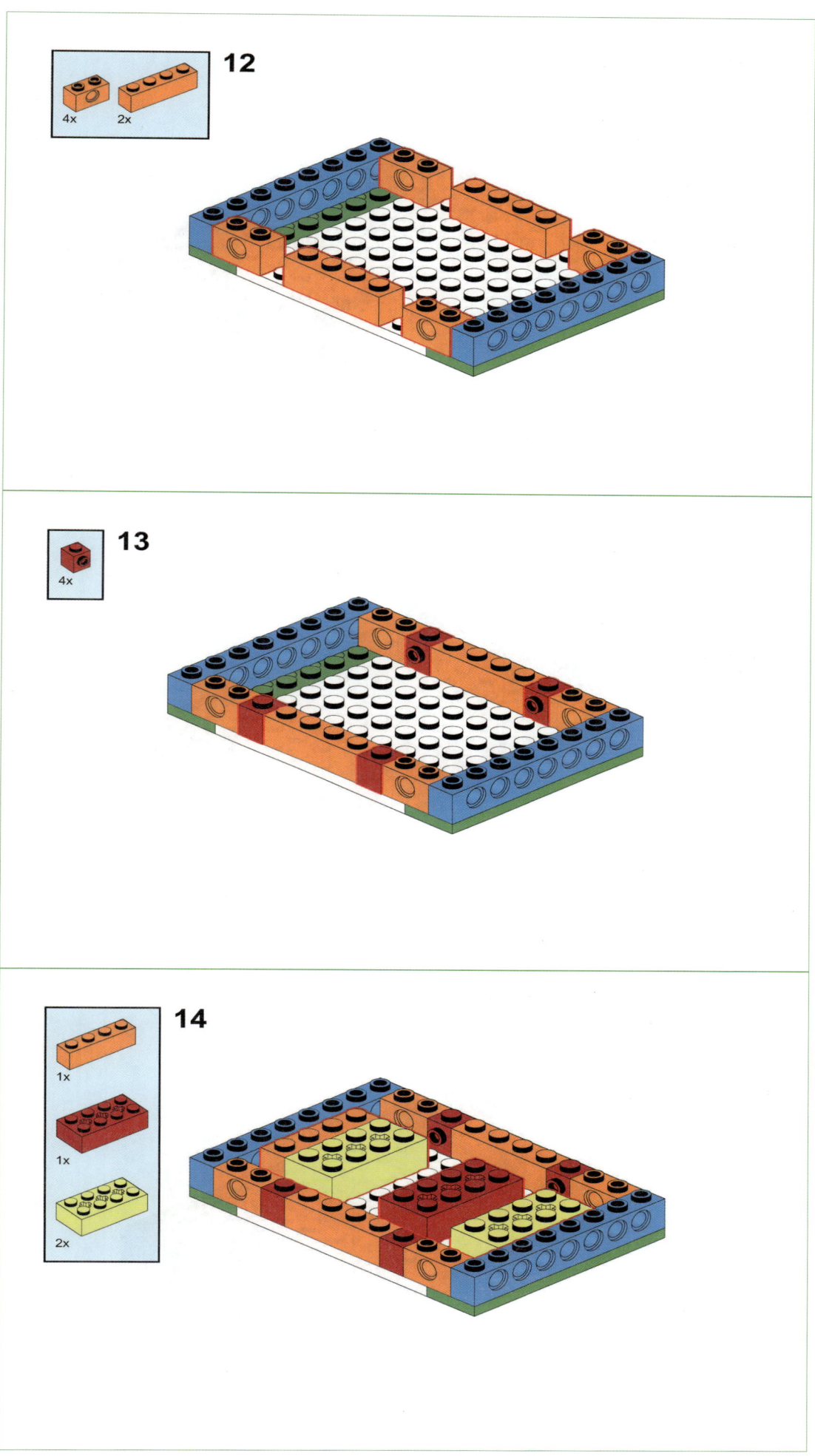

2.심미적 감성 - 다양한 모양과 색의 우산을 만들어요

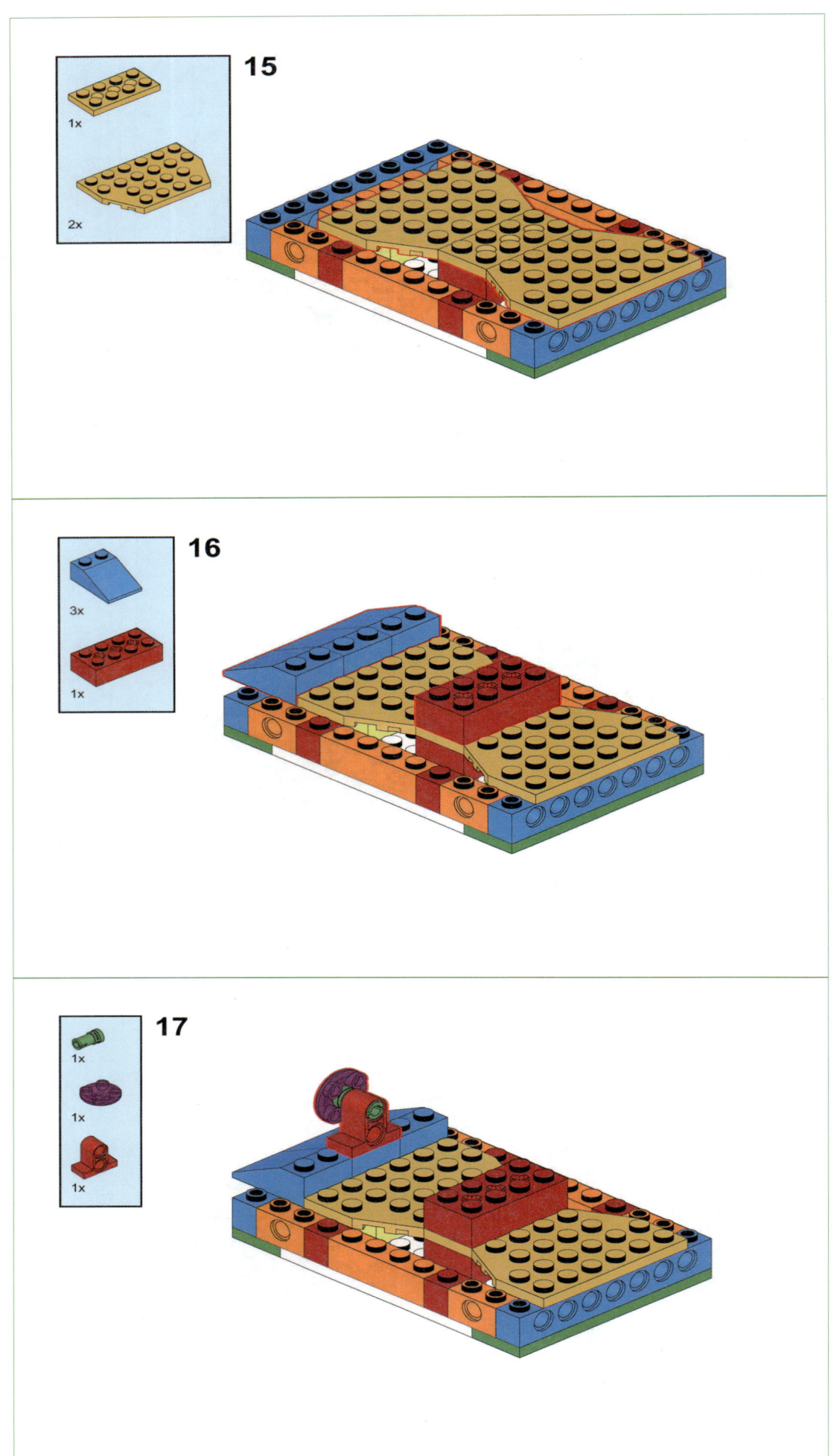

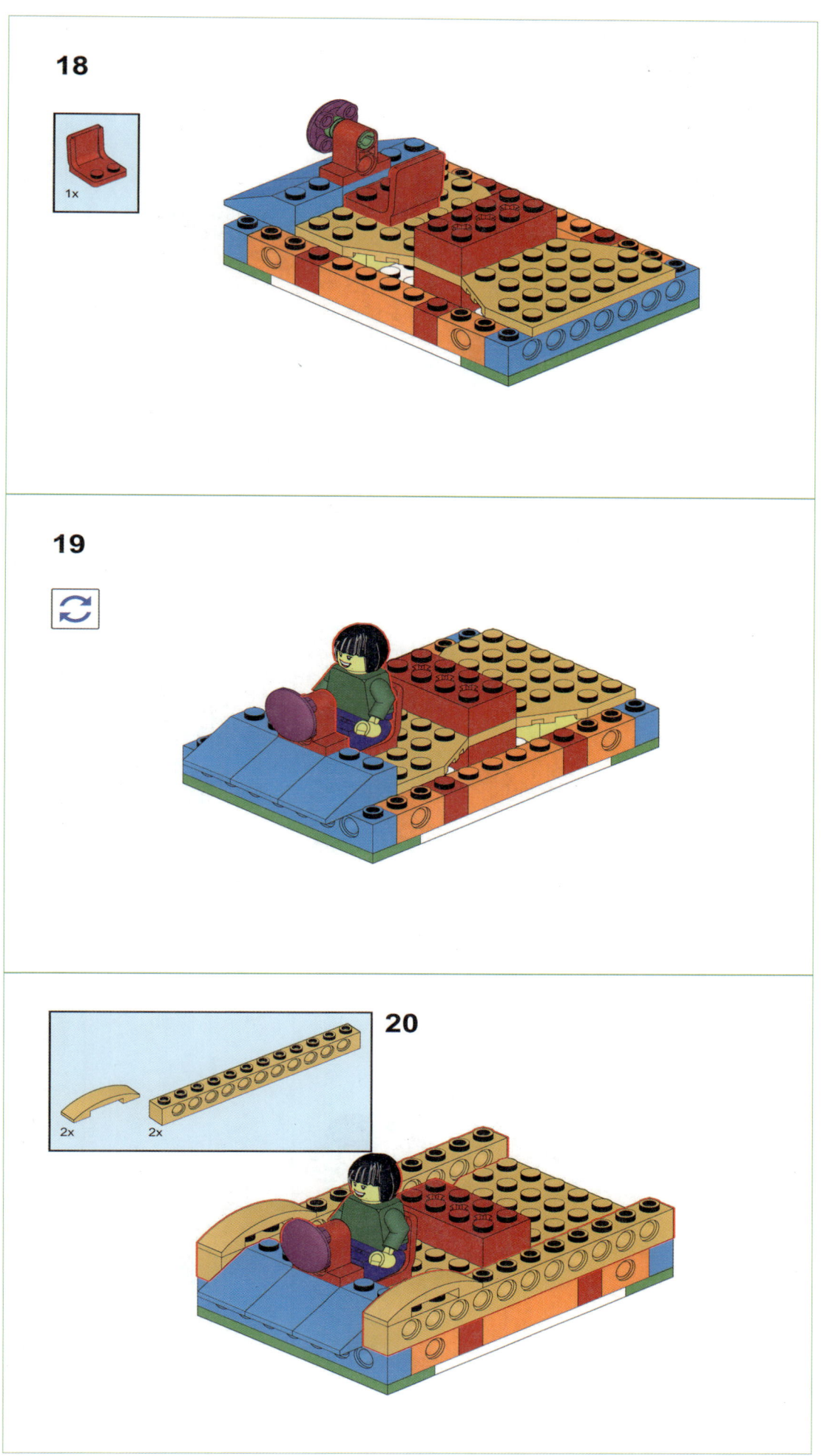

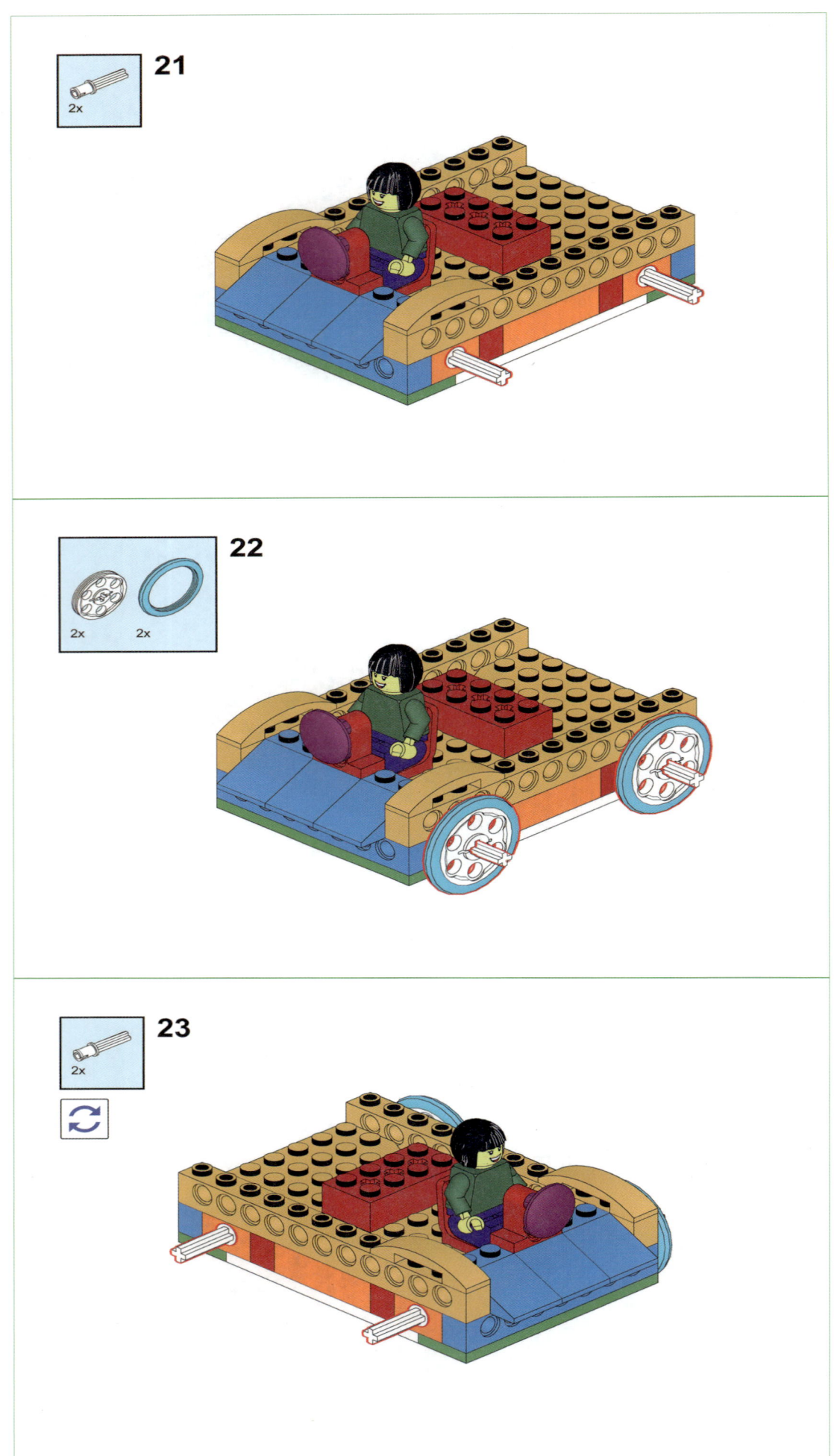

108 2.심미적 감성 - 다양한 모양과 색의 우산을 만들어요

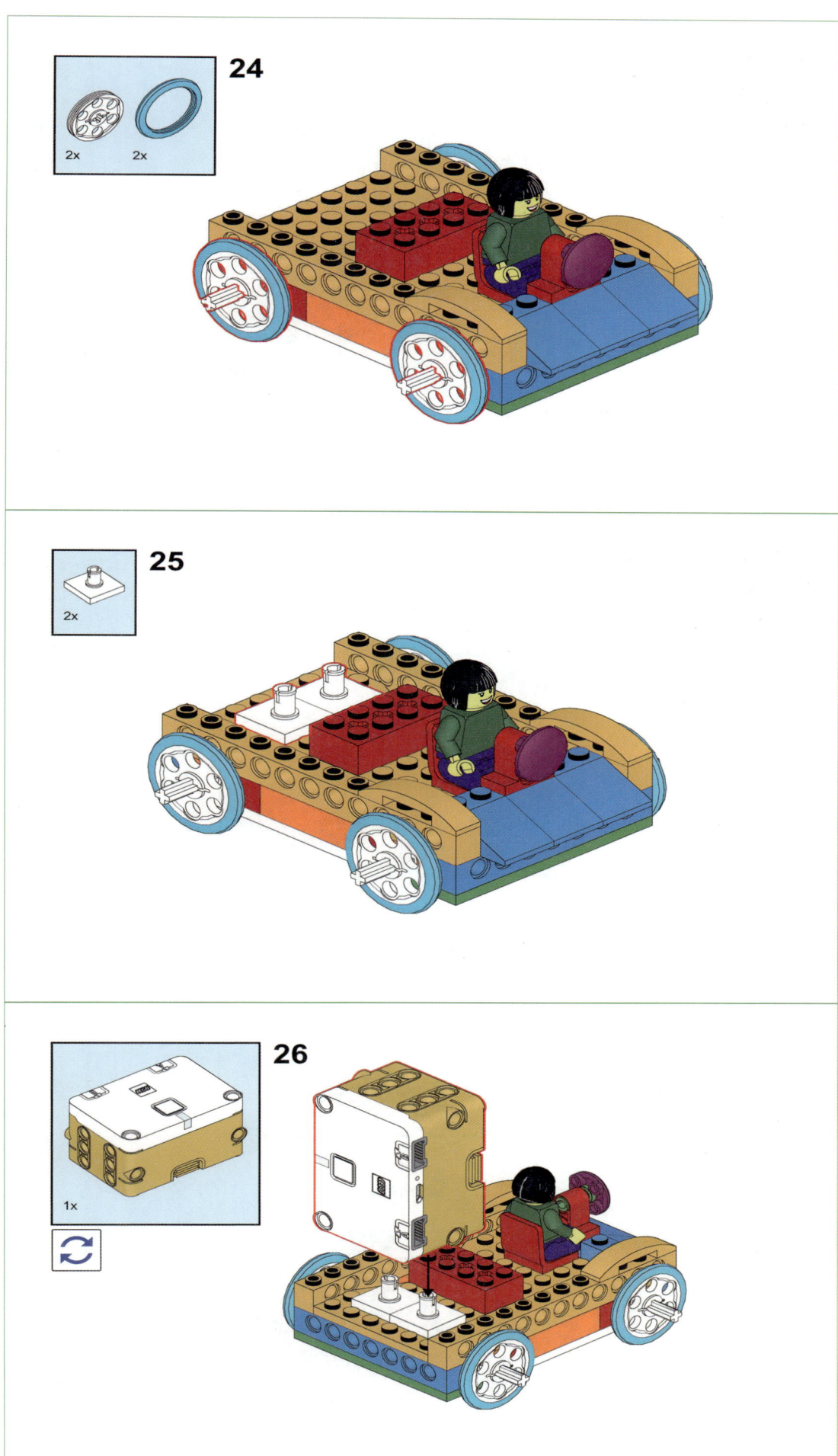

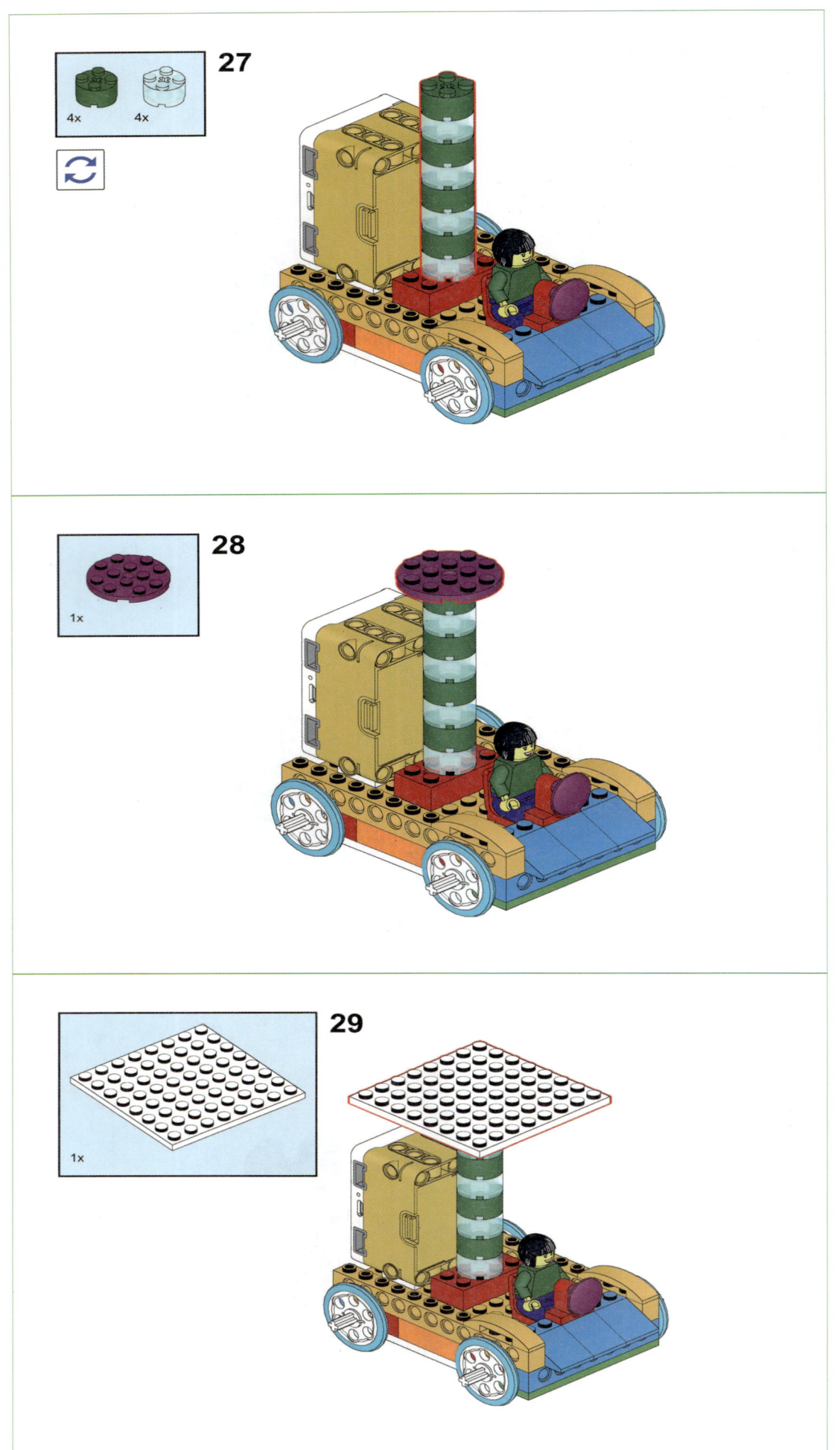

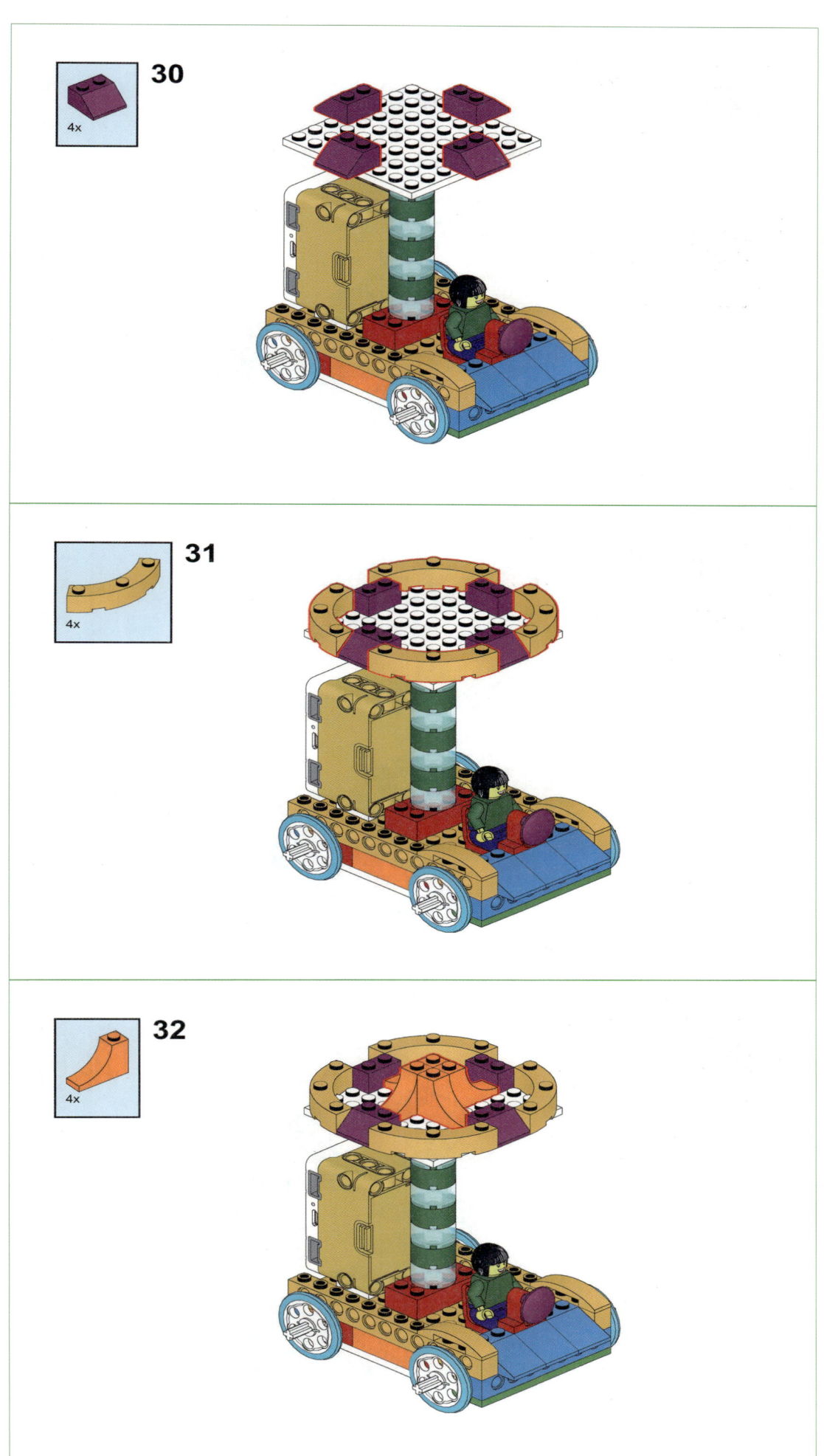

2.심미적 감성 - 다양한 모양과 색의 우산을 만들어요

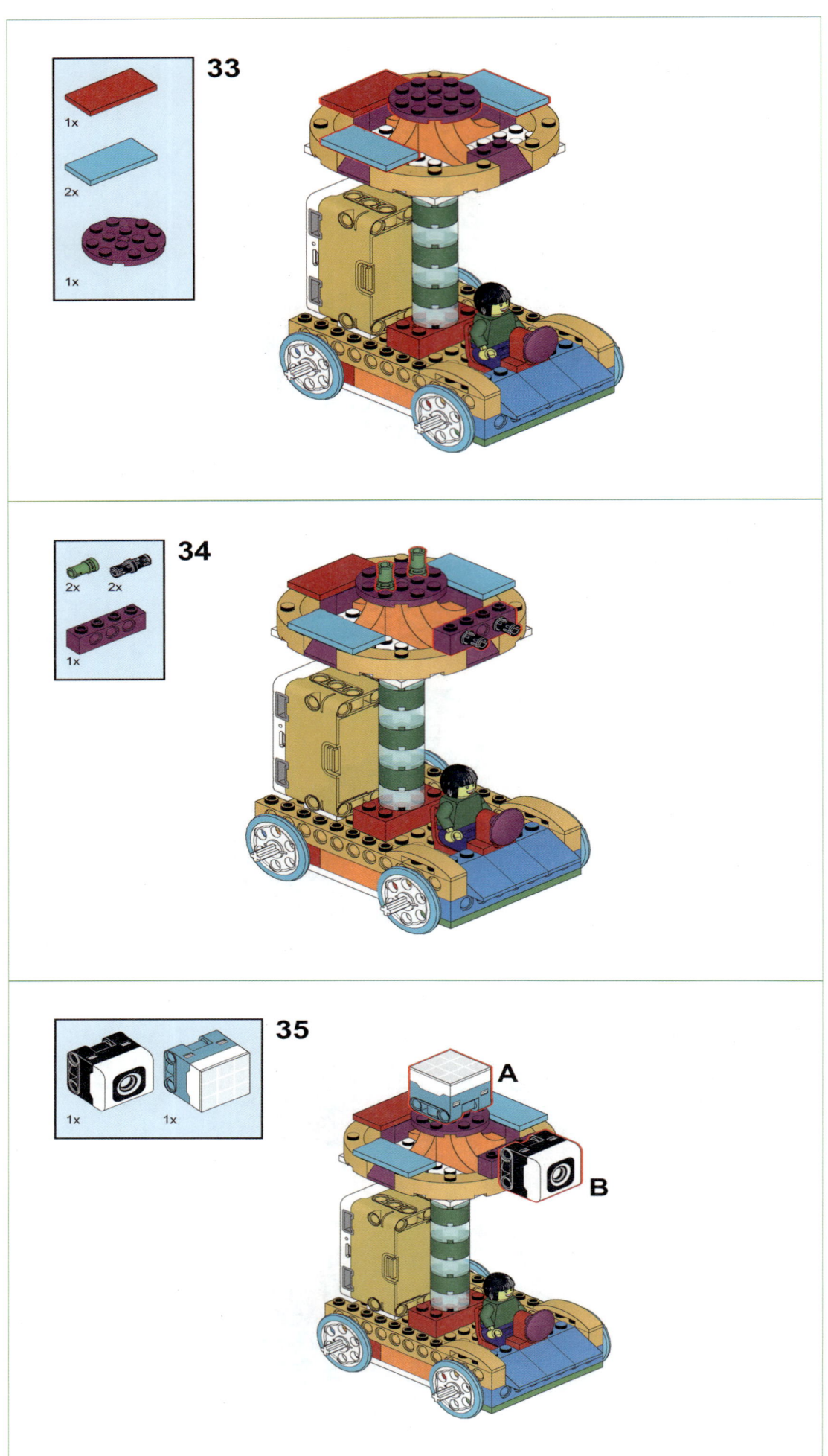

36

37

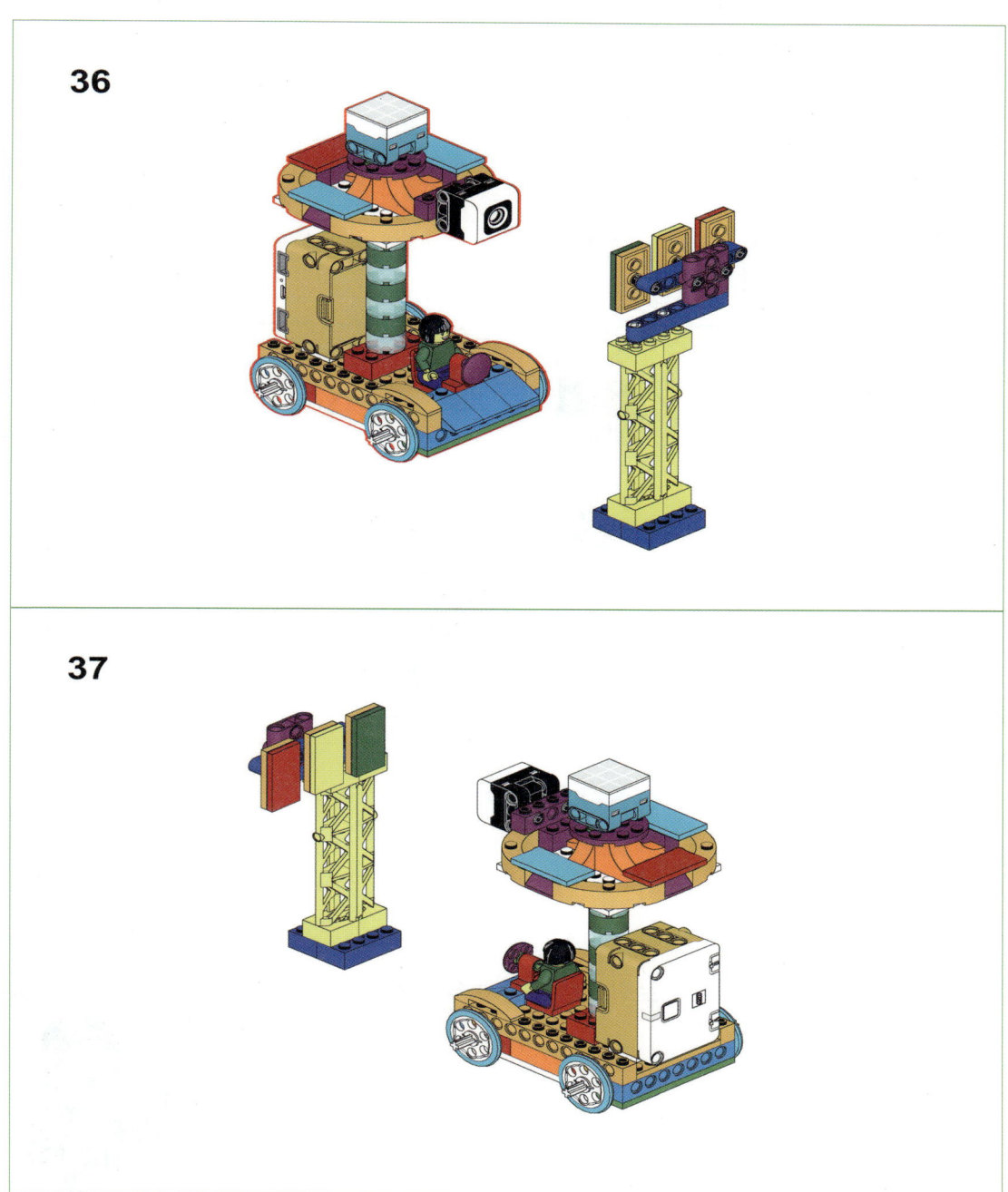

2.심미적 감성 - 다양한 모양과 색의 우산을 만들어요

✱ 프로그램을 만들어요

- 방금 만든 작품으로 문제를 해결하려면 어떻게 움직여야 할까요?

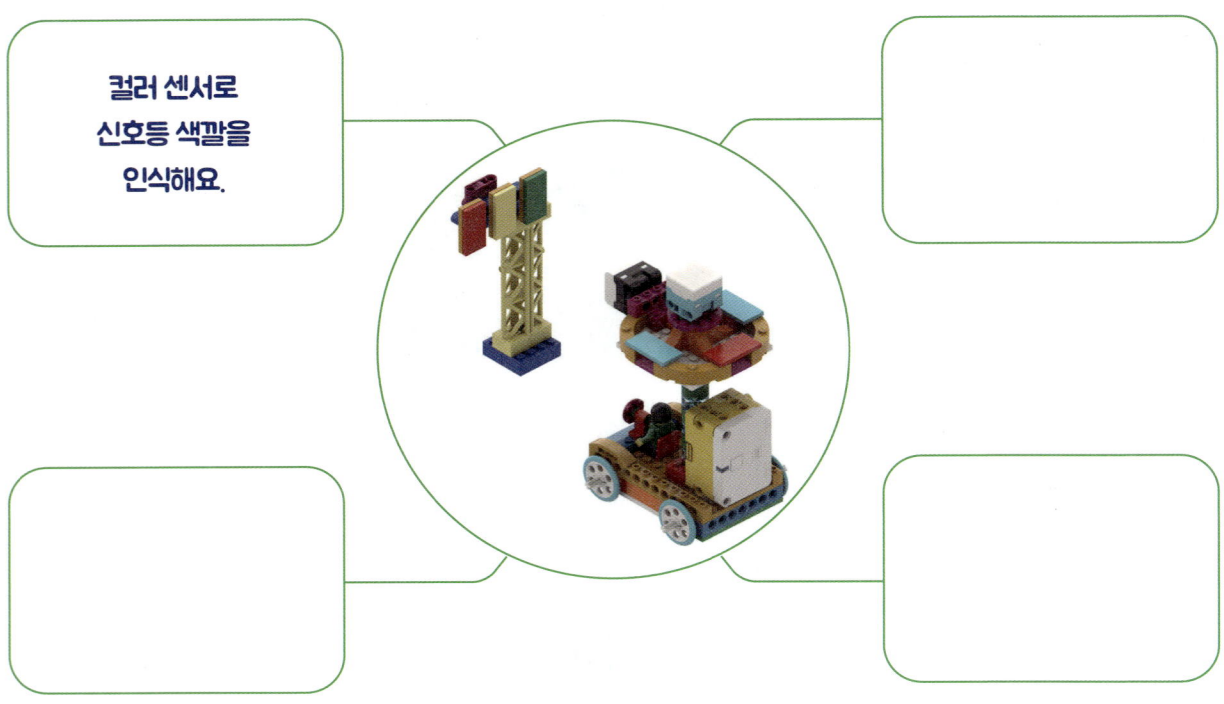

컬러 센서로 신호등 색깔을 인식해요.

- 컬러 센서와 3x3 컬러 라이트 매트릭스로 자동차 우산을 표현할 프로그램을 만들어 보아요.

나는 (　　　　　　　　　　) 하도록 만들어 볼거야!

비 오는 날은 흐리고 어두울 때가 많으니까 우선 3x3 컬러 라이트 매트릭스를 흰색으로 켜보자.

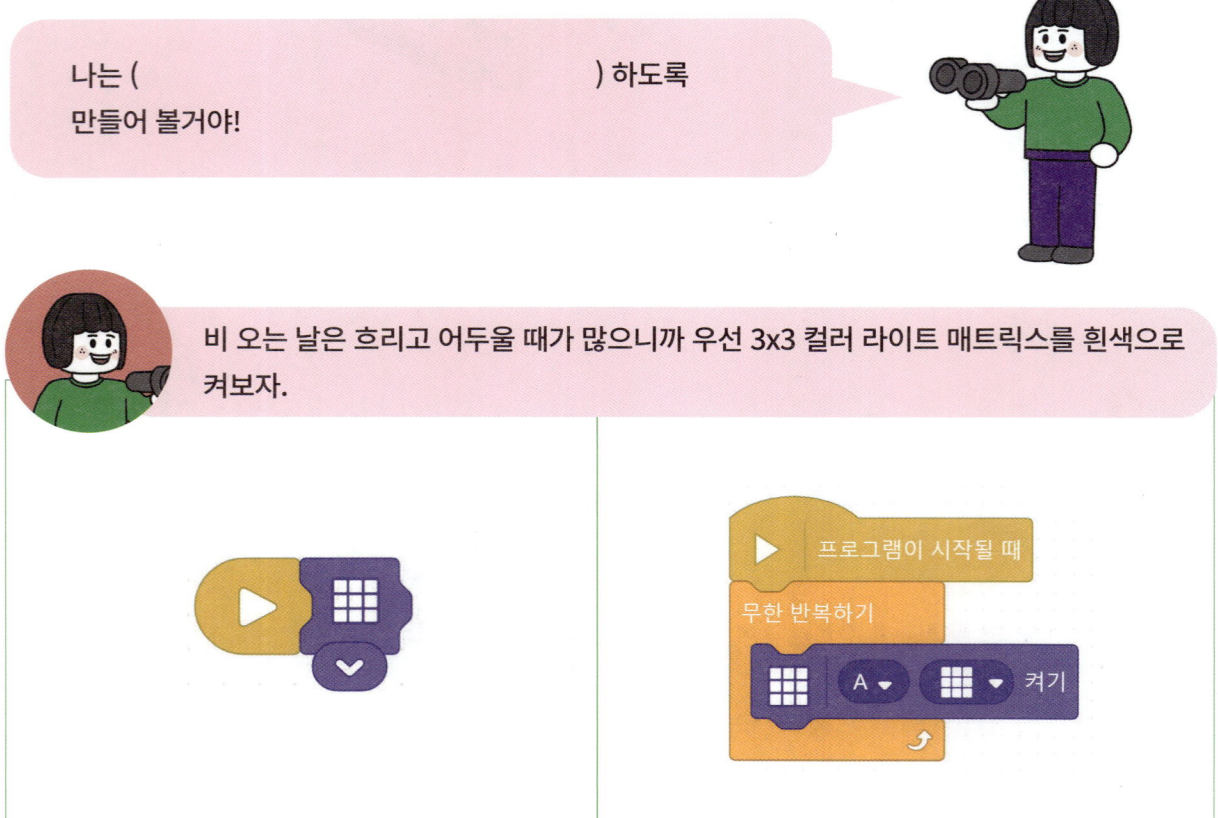

신호등 색깔을 인식하려면 컬러 센서 블록을 써야 해. 컬러 센서 앞에 빨간색, 노란색, 초록색이 보일 때 3x3 컬러 라이트 매트릭스가 각각 다른 색을 켜게 만들자.

단어 블록도 아이콘 블록을 쓸 때와 똑같이 코딩해주자.
단어 블록으로 만들 때는 조건에 따라 명령을 실행해주는 제어 블록 을 쓰면 돼. 또 센서 블록 을 쓰면 정해둔 색깔이 컬러 센서 앞에 있을 때 다음 명령을 실행하도록 할 수 있어.
컬러 센서는 포트 B, 3x3 컬러 라이트 매트릭스는 포트 A에 연결되어 있다는 것을 잊지 마.

3x3 컬러 라이트 매트릭스가 켜지는 것뿐만 아니라 신호등 색깔에 따라 디스플레이 창에 글씨가 나오면 더 좋을 것 같아.
먼저 화면 아래쪽에서 블록 추가를 선택해 디스플레이 블록을 추가해 보자.
아이콘 블록은 ⬭⁺, 단어 블록은 ▱⁺ 를 눌러줘.
디스플레이 블록이 블록 창에 생긴 것을 확인할 수 있지?

116 2.심미적 감성 - 다양한 모양과 색의 우산을 만들어요

디스플레이 창에 각각 이렇게 글씨가 나오게 해 보자.

빨간색 불 → "멈춤"
노란색 불 → "기다림"
초록색 불 → "출발"

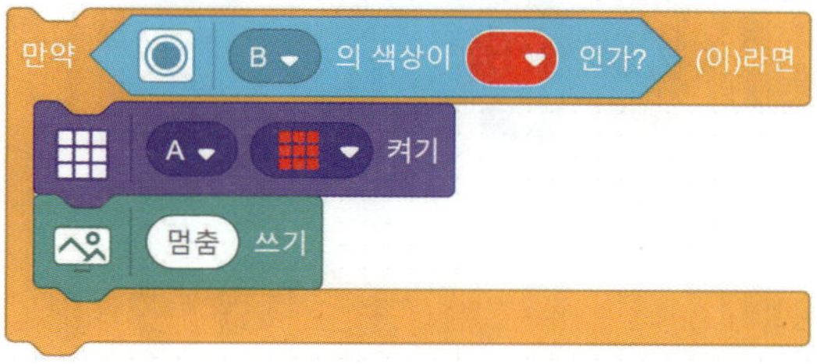

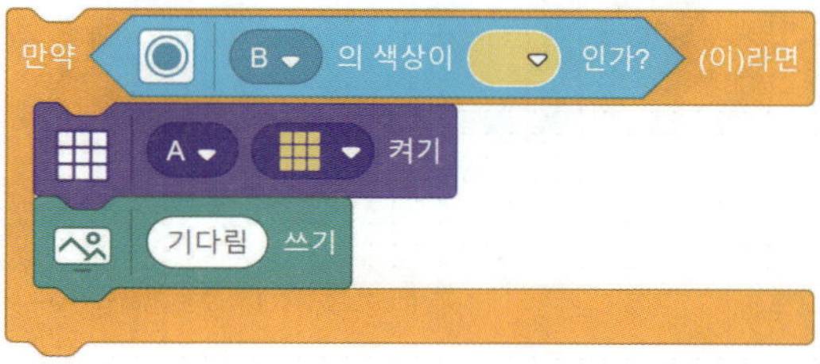

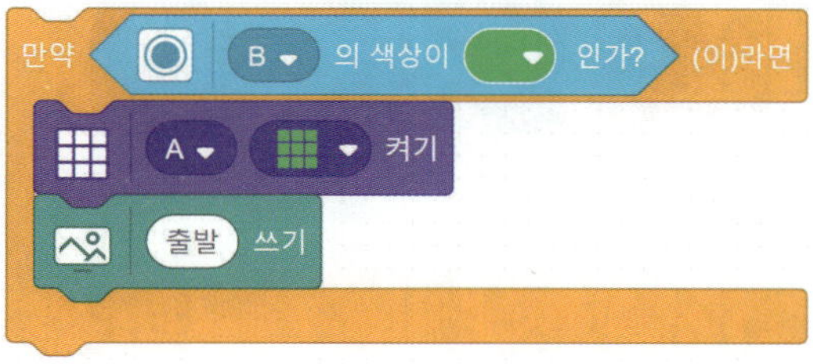

1초가 지나면 다시 원래대로 흰색 불을 켜도록 해 보자. 아이콘 블록 코딩에서는   와  을 색깔별로 코드 마지막에 모두 넣어주어야 해. 단어 블록 코딩에서는  블록을 넣어주자.

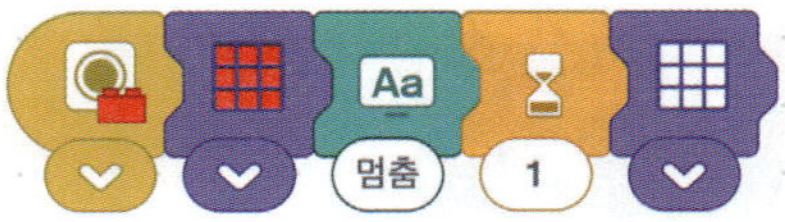

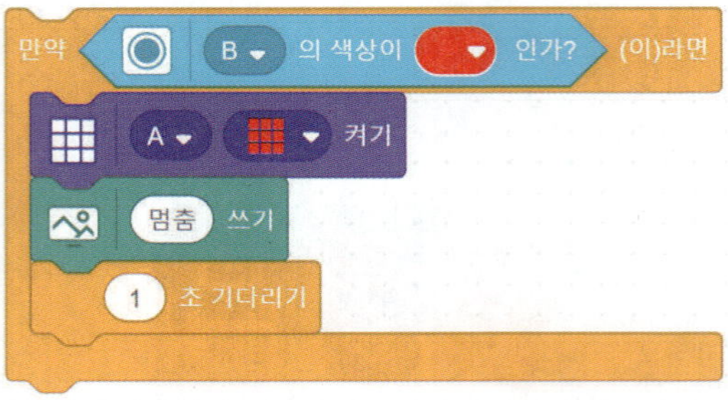

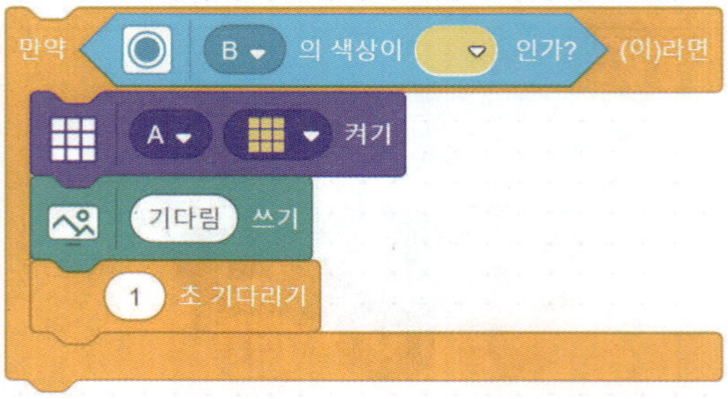

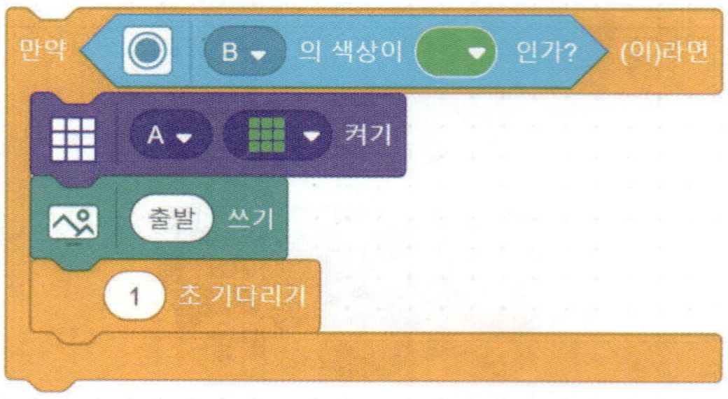

118 2.심미적 감성 - 다양한 모양과 색의 우산을 만들어요

이제 단어 블록을 합쳐볼까?

프로그램 완성! 멋진 우산이 만들어졌어!

2.심미적 감성 - 다양한 모양과 색의 우산을 만들어요

06 한 번 더 확인해요

학습한 내용을 정리해보고 내가 만든 작품이 잘 작동하는지 살펴봅시다.

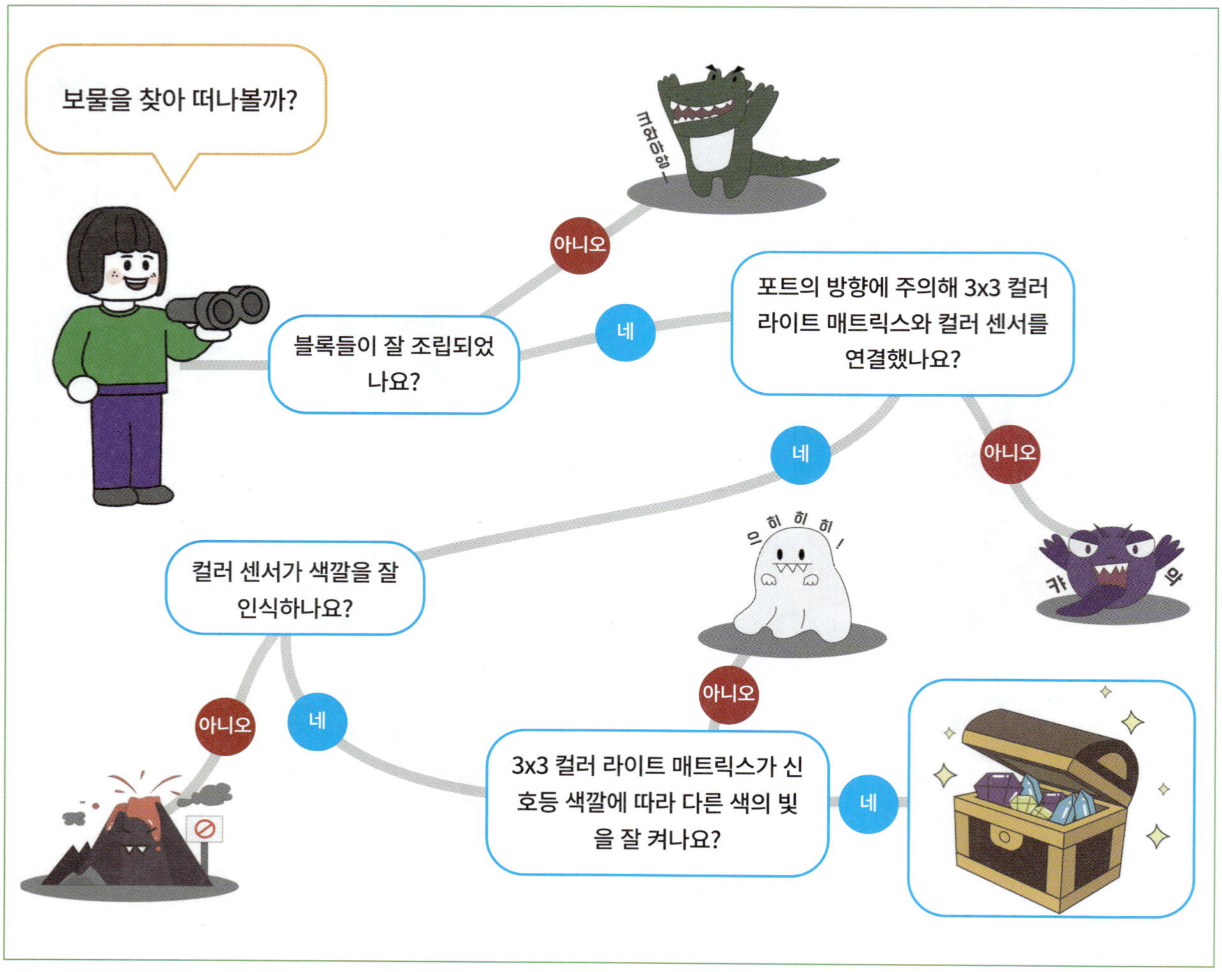

보물을 찾아 떠나볼까?

블록들이 잘 조립되었나요?
- 아니오
- 네 → 포트의 방향에 주의해 3x3 컬러 라이트 매트릭스와 컬러 센서를 연결했나요?
  - 아니오
  - 네 → 컬러 센서가 색깔을 잘 인식하나요?
    - 아니오
    - 네 → 3x3 컬러 라이트 매트릭스가 신호등 색깔에 따라 다른 색의 빛을 잘 켜나요?
      - 아니오
      - 네 → 🎁

07 생각을 더해 보아요

- 내가 우산을 씌워주고 싶은 식물이나 동물, 물건을 정하고 대상에 어울리는 모양과 기능을 가진 우산을 디자인한 후 프로그래밍해 보세요.

> 나는 (　　　　　　)을 더 붙여봤어.
> 너는 무엇을 더해볼 거야?

08 이야기를 더해 보아요

소피는 자동차에게 신호등의 색깔에 따라 다른 색 불빛을 켜는 우산을 씌워줘서 흐린 날에 더 안전하게 운전할 수 있게 해주었어요. 여러분이 자동차가 되어서 소피에게 고마운 마음을 전하는 편지를 써볼까요?

09 뽐내 보아요

> 내가 만든 우산을 친구들에게 공유해 볼까요?
> 어떤 내용의 편지를 썼는지 궁금해하는 친구들에게 편지 내용을 공유해 볼까요?

내가 만든 **작품 인증샷** 해시태그 이벤트

아래 2개의 필수 해시태그와 함께
내가 만든 작품의 인증샷을 찍어 업로드 해 주세요.
추첨을 통해 소정의 선물을 보내드립니다.

 # PlayIT스파이크에센셜   **# 스파이크에센셜은퓨너스**

참여 방법 1
① 퓨너스 학습지원 커뮤니티(http://cafe.naver.com/robotsteam) 가입
② #퓨너스 소식 >> **이벤트 게시판에 글쓰기**
  - 말머리 [해시태그이벤트] 선택하고 아래 태그에 **필수 해시태그 포함**시키기

참여 방법 2
① 퓨너스 인스타그램(@funers_official)을 팔로우
② 게시물 올릴 때 **필수 해시태그 포함**시키기

참 잘했어요!   다음 책은 뭘까?

2.심미적 감성 - 다양한 모양과 색의 우산을 만들어요

부릉부릉, 자동차를 만들어 움직여요

거리를 재고 원하는 거리만큼 움직여요

관련역량	심미적감성	AI핵심역량	컴퓨팅 사고력
관련교과	수학, 통합(여름)		문제해결력
학습목표	일정 거리를 어림하고 측정해 본 뒤 자동차를 만들어 거리만큼 이동하게 할 수 있다.		공익적 사고력

01 함께 읽어요

02 문제를 찾아봐요

금강산에 일만 이천 봉이 이렇게 해서 만들어졌구나. 바위들이 정말 열심히 움직여서 금강산으로 갔겠어.

 그런데, 일만 이천 봉이라면 자리가 정해진 거잖아. 늦게 가는 바위들에는 자리가 없겠네. 그런데 바위들이 금강산으로 어떻게 갔을까?

금강산으로 가는 다양한 길이 있었을 텐데, 그중 가장 빠르게 갈 수 있는 길을 선택해서 가야 일찍 도착할 수 있을 거야. 울산바위가 빠르게 도착하기 위해서는 그 길을 찾아서 이동해야겠지?

 그렇다면 울산바위를 태울 수 있는 자동차를 만들어서 빠르게 도착할 수 있는 길로 움직이도록 하면 어떨까?

정말 좋은 생각이야!
울산바위를 태울 수 있는 자동차와 금강산에 일찍 도착할 수 있는 길을 고민해보자!

03 방법을 생각해요

> 소피는 울산바위가 늦지 않게 금강산에 도착할 수 있도록 도와주고 싶어요. 어떻게 도와줄 수 있을까요?

- 문제를 해결할 수 있는 방법을 생각하여 정리해보아요.

_____

_____

_____

_____

04 이렇게 해결해요

- 소피는 어떻게 문제를 해결하려고 할까요?

바위를 싣고 가는 트럭이다! 울산바위를 싣고 움직이려면 트럭처럼 뒷부분이 넓고 커야겠구나. 뒷부분이 넓은 자동차를 만들고 가장 빨리 가는 길로 움직이면 울산바위가 금강산까지 쉽게 갈 수 있겠어!

05 함께 만들어요

* 블록으로 만들어요

조립하기 - 부릉부릉, 자동차를 만들어 움직여요

1

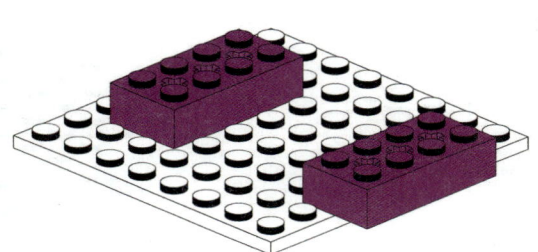

2

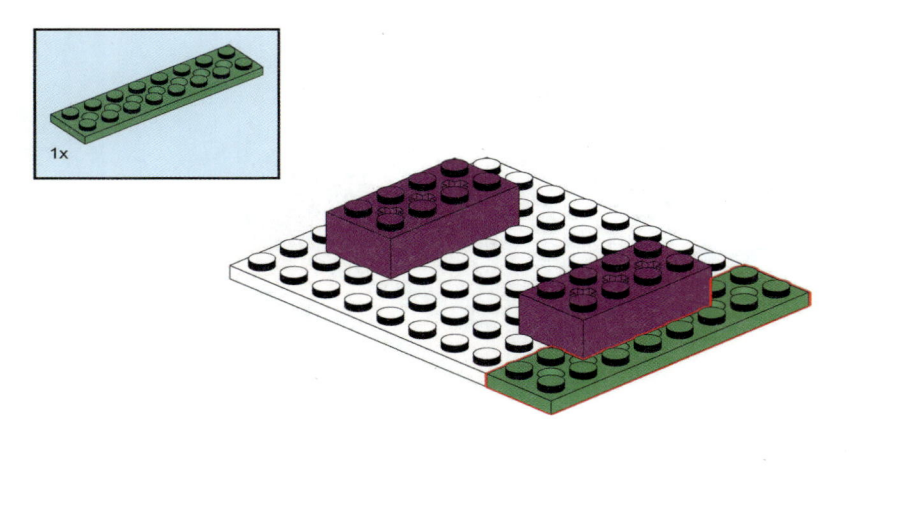

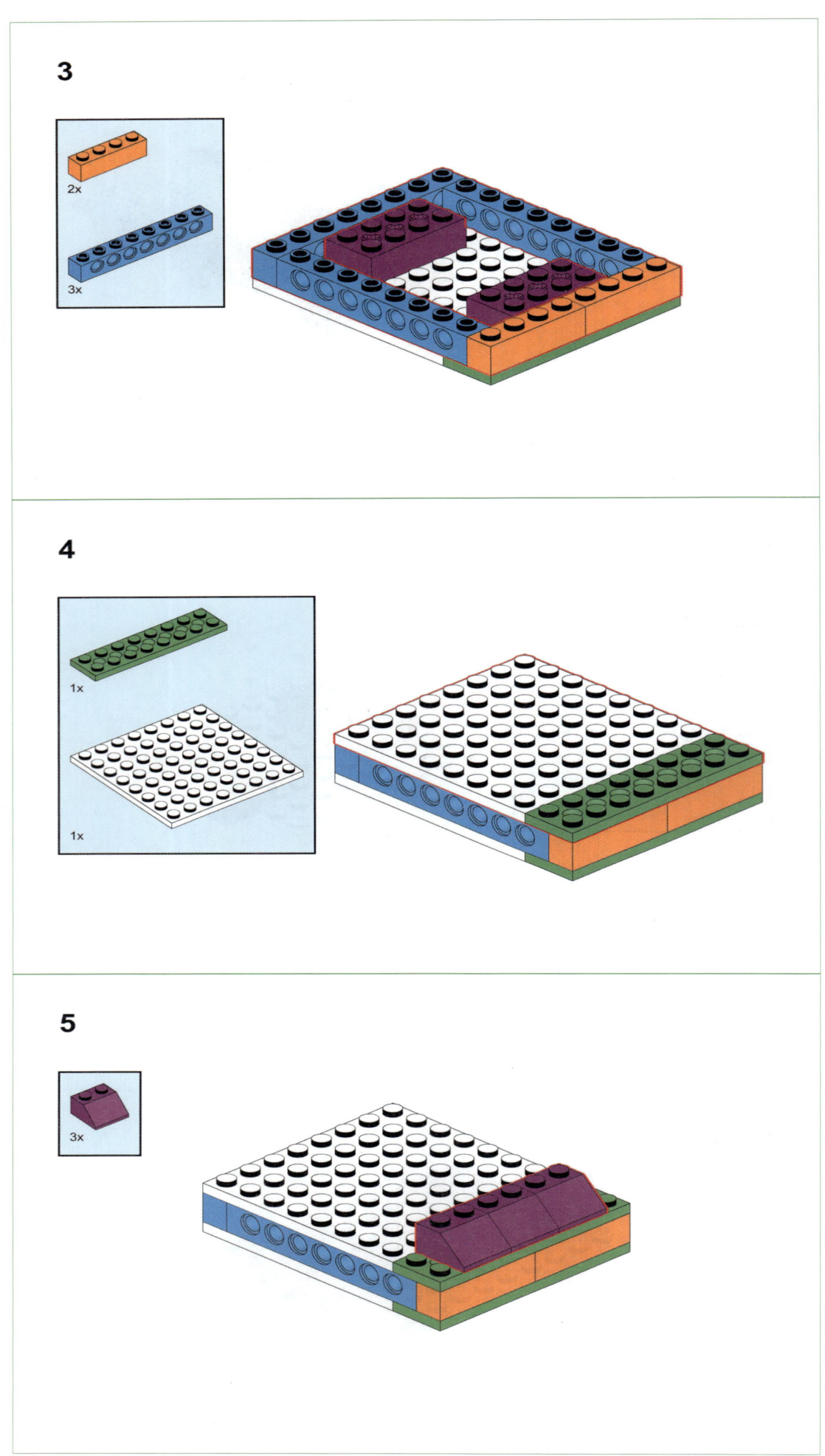

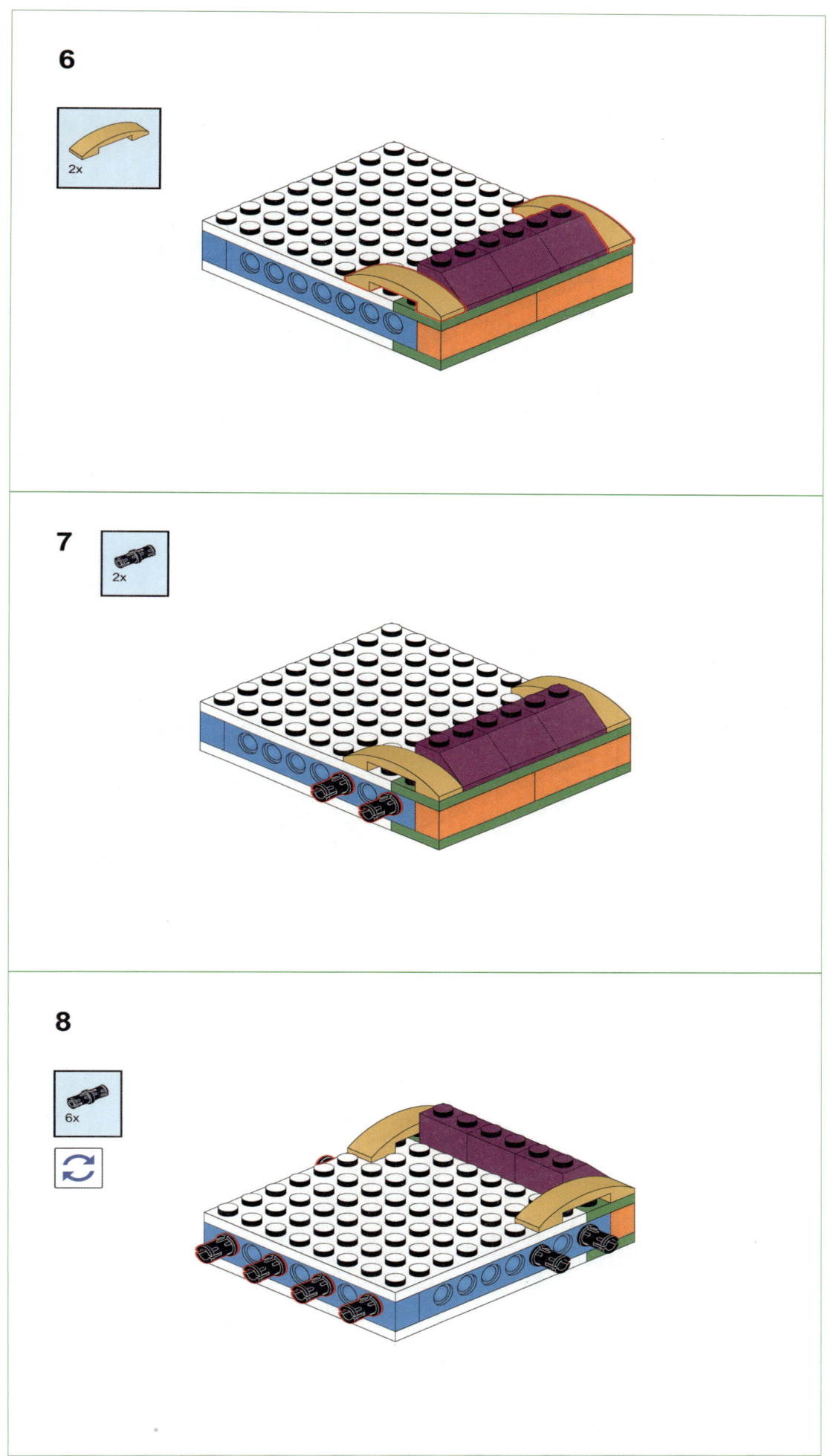

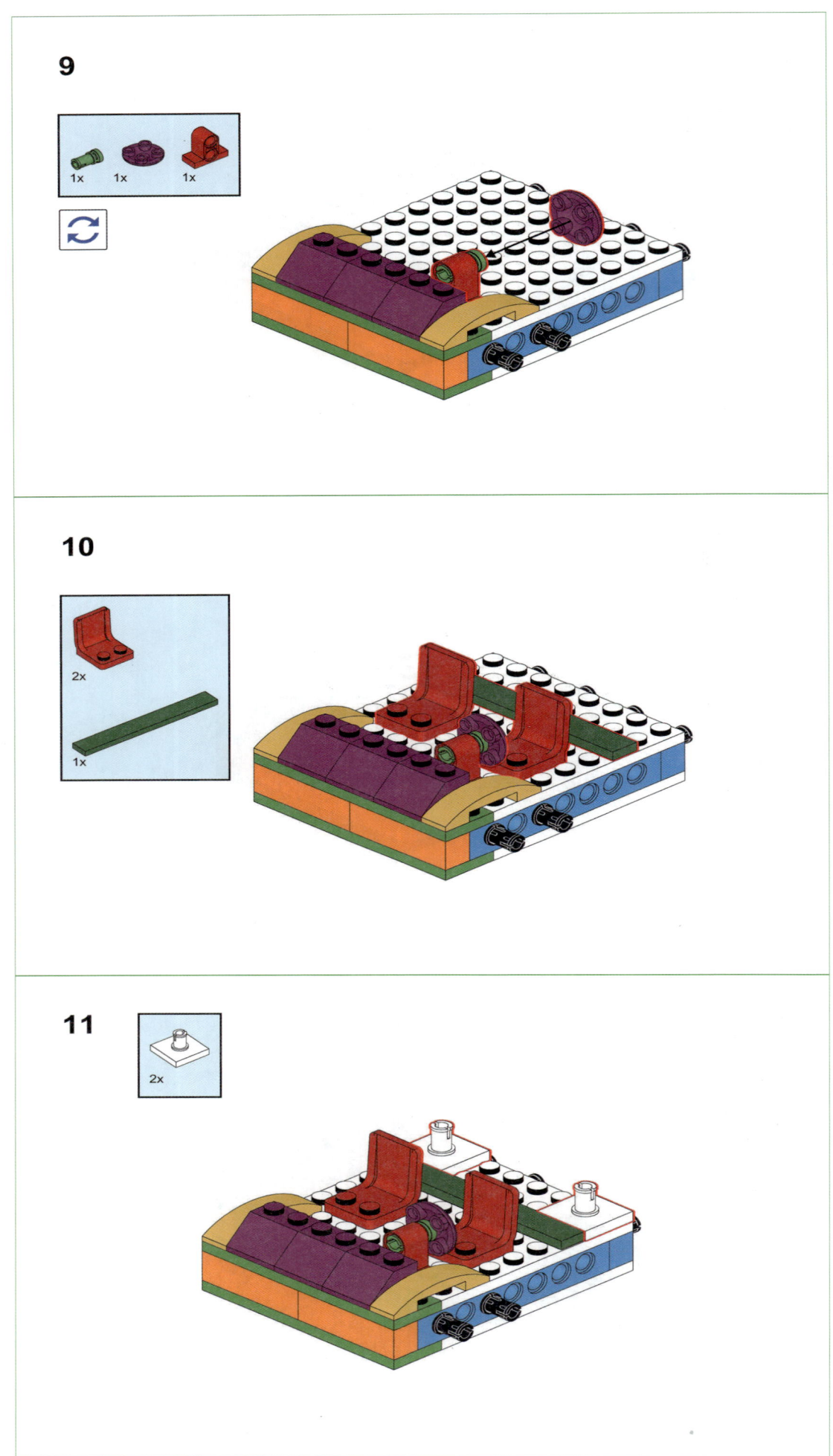

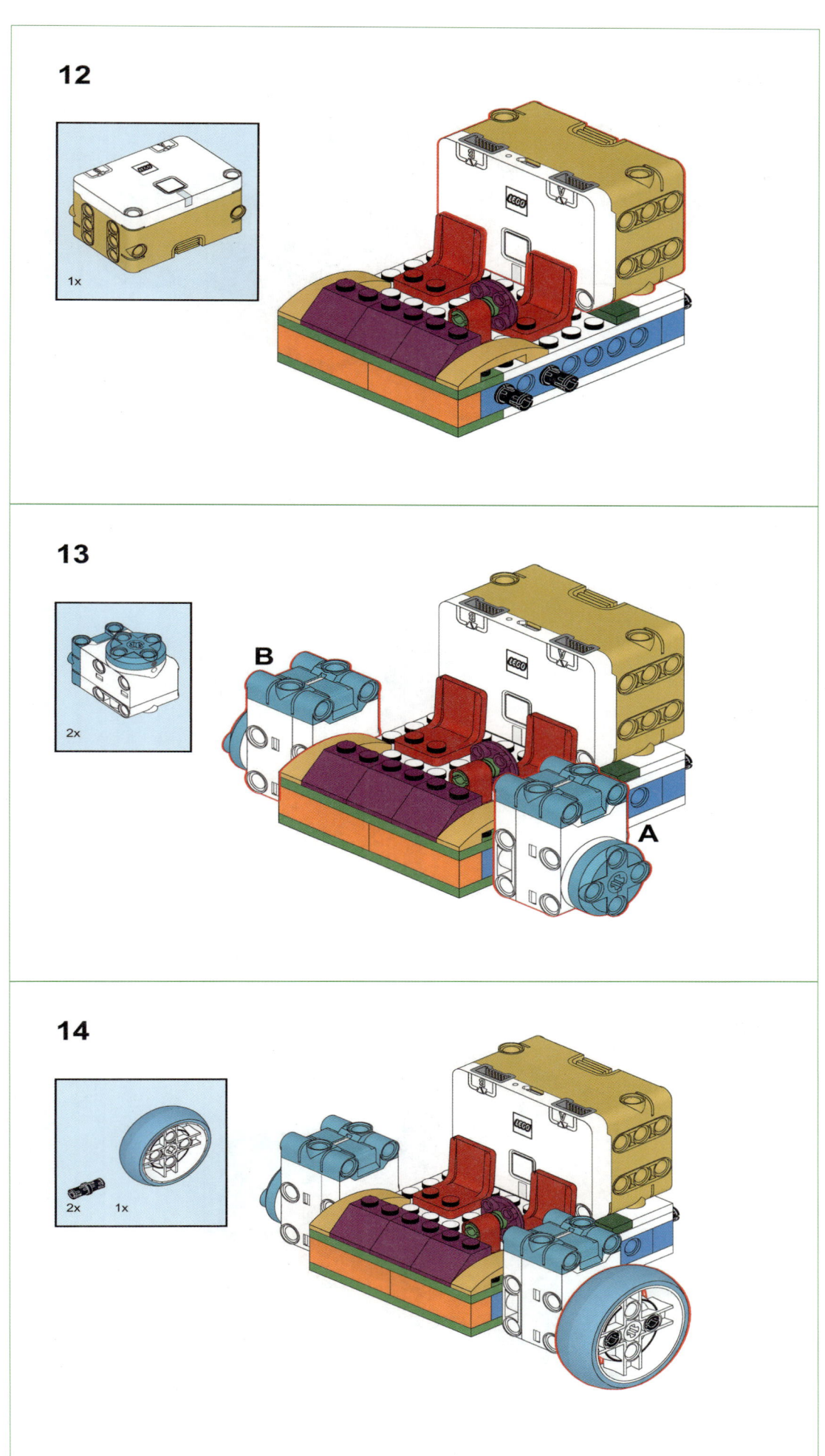

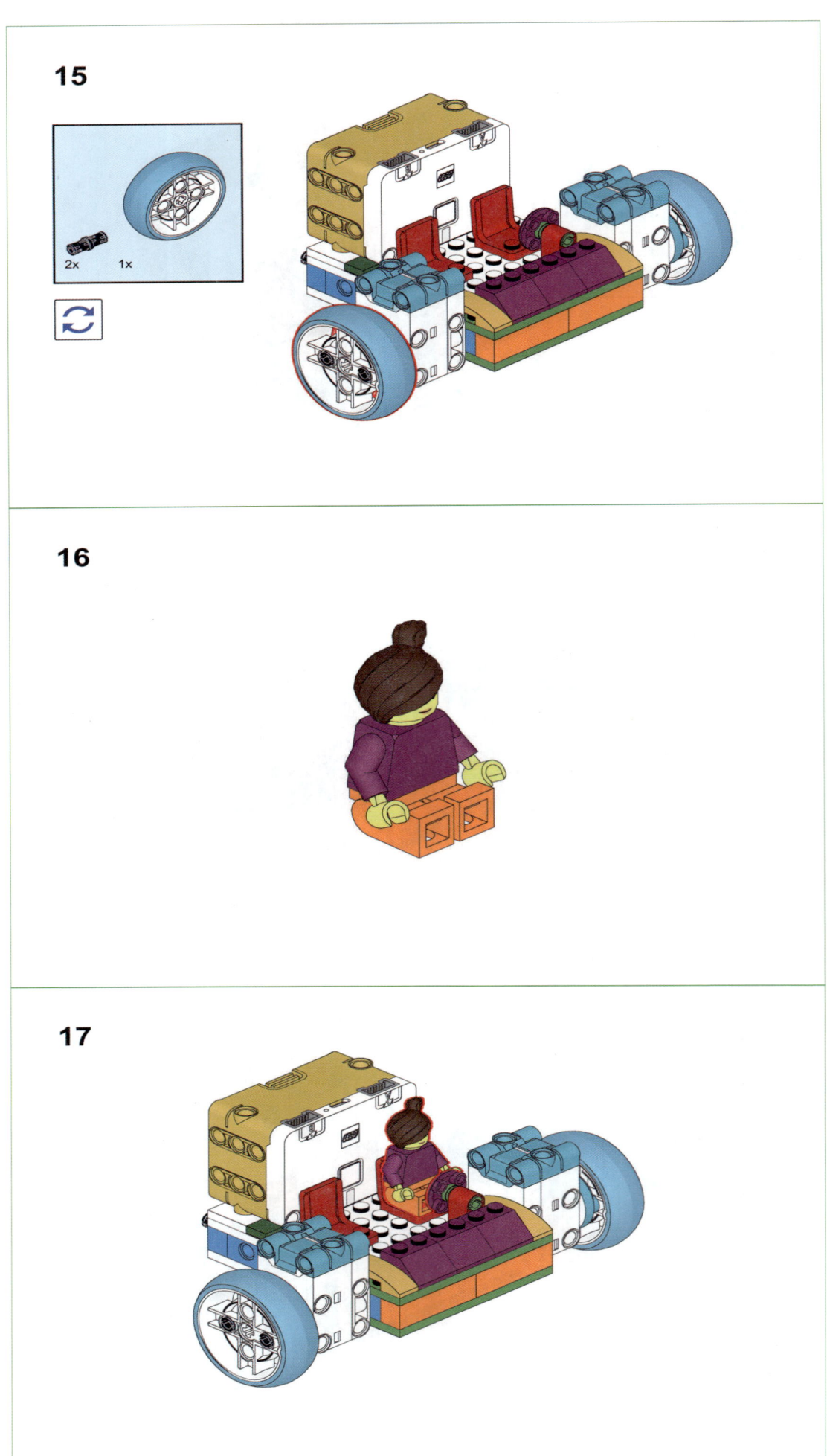

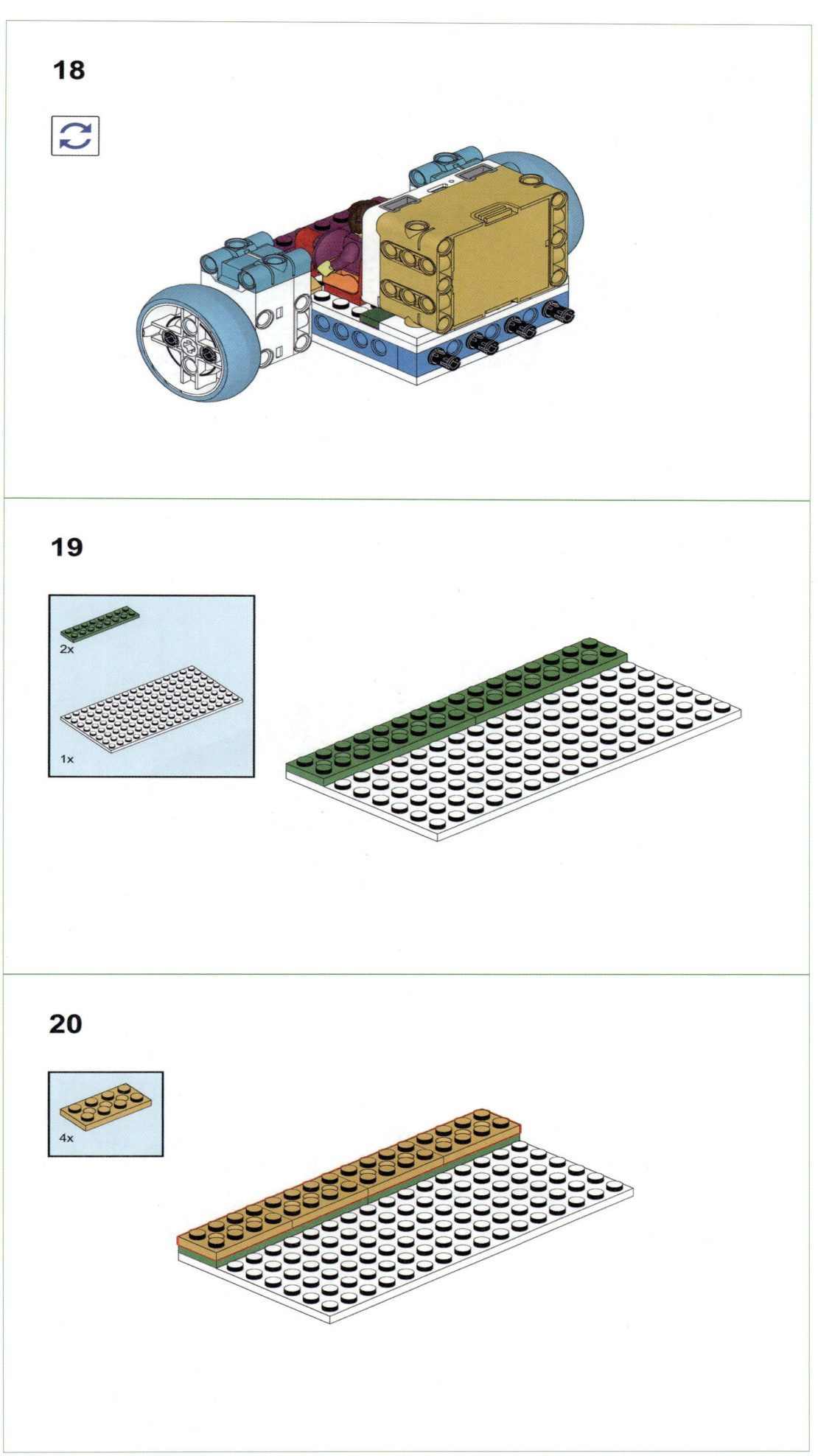

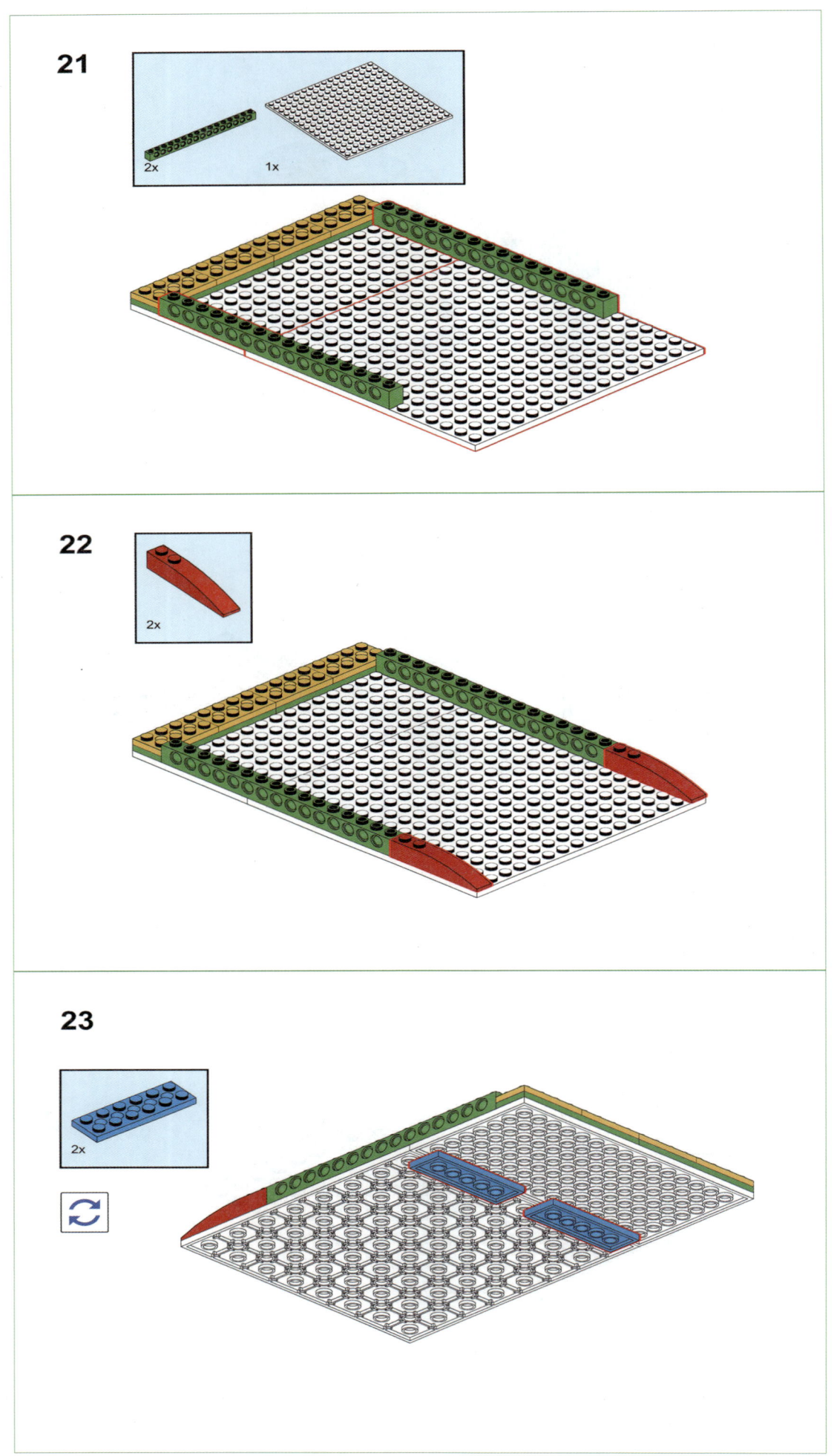

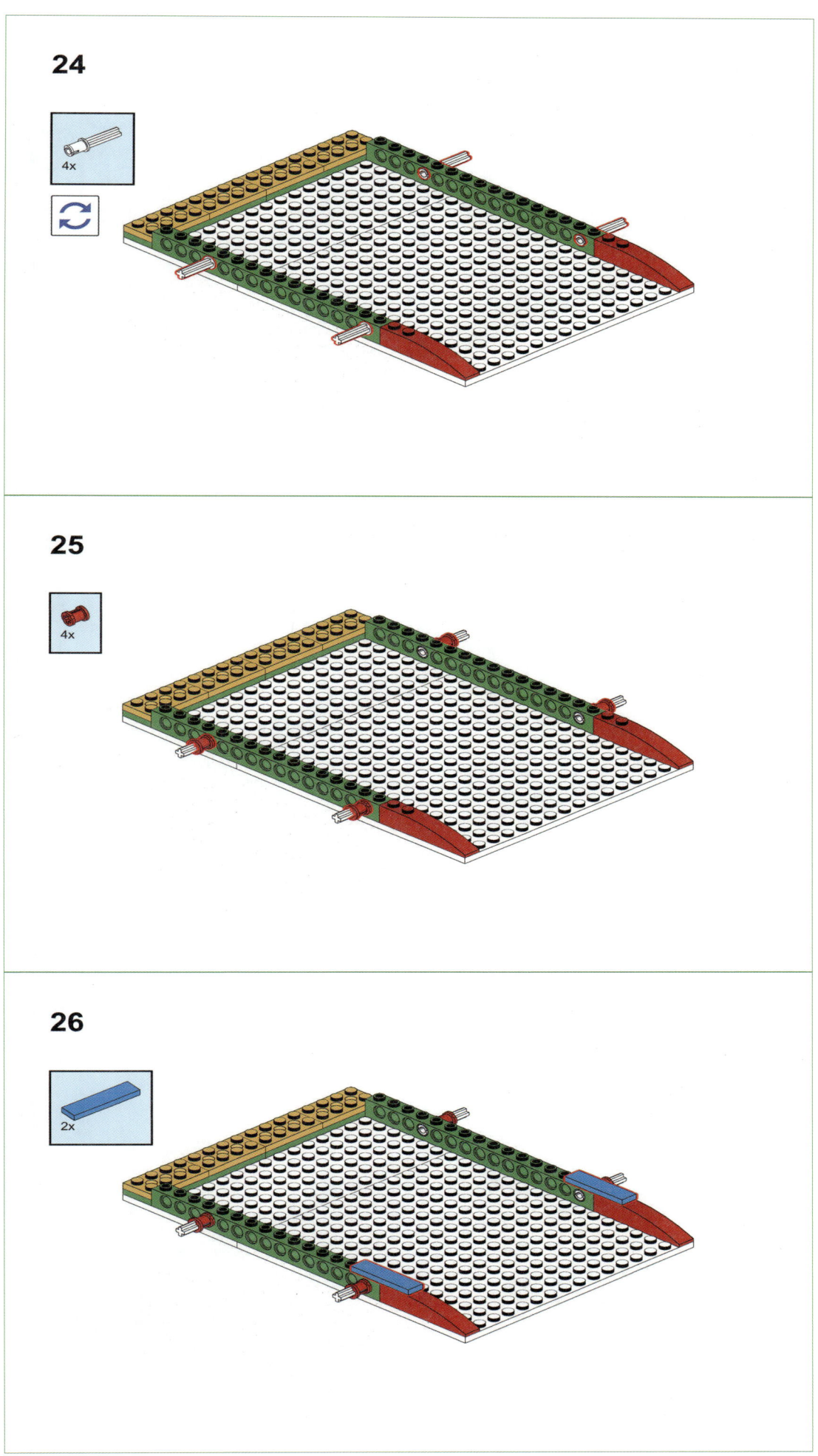

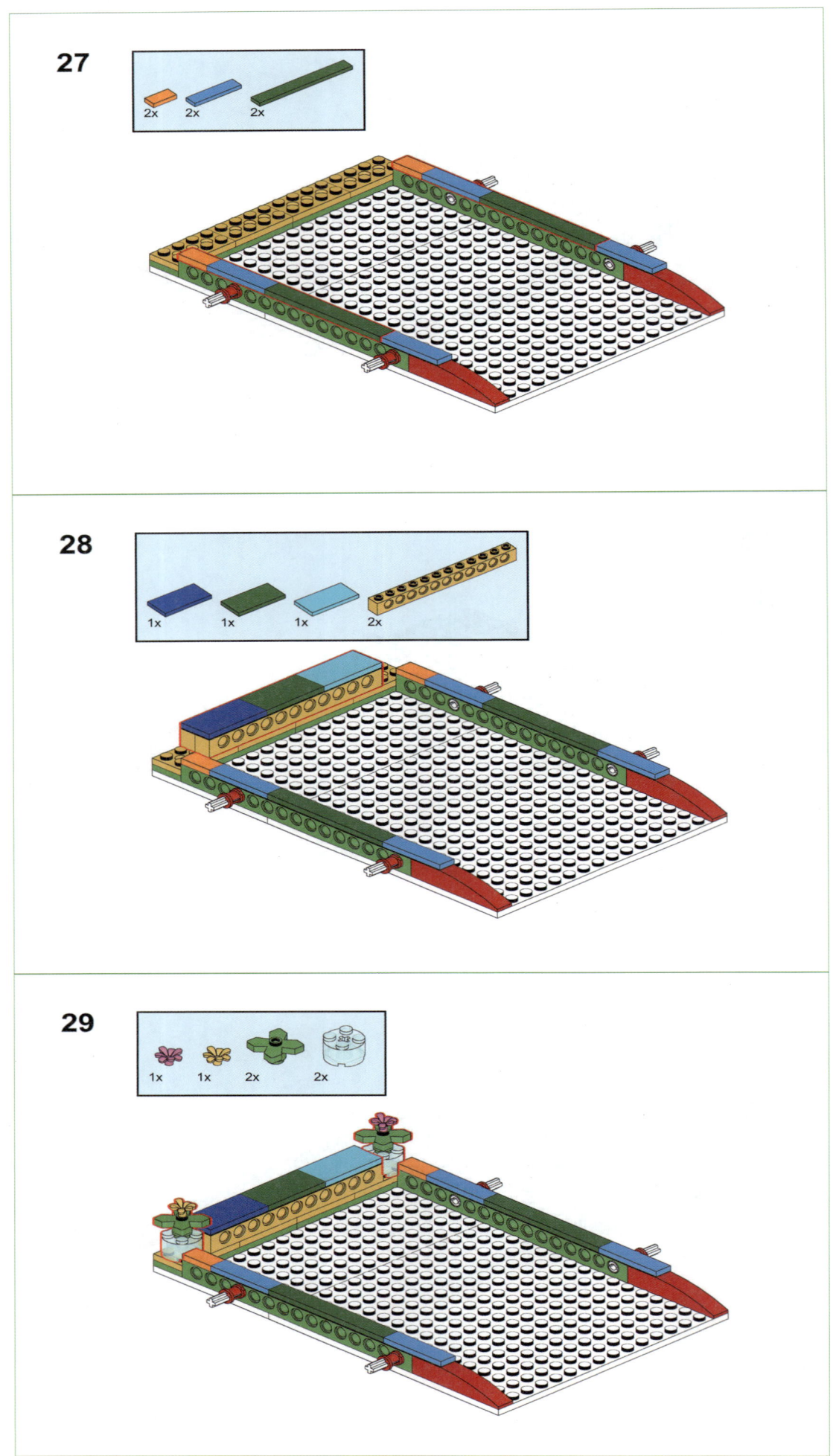

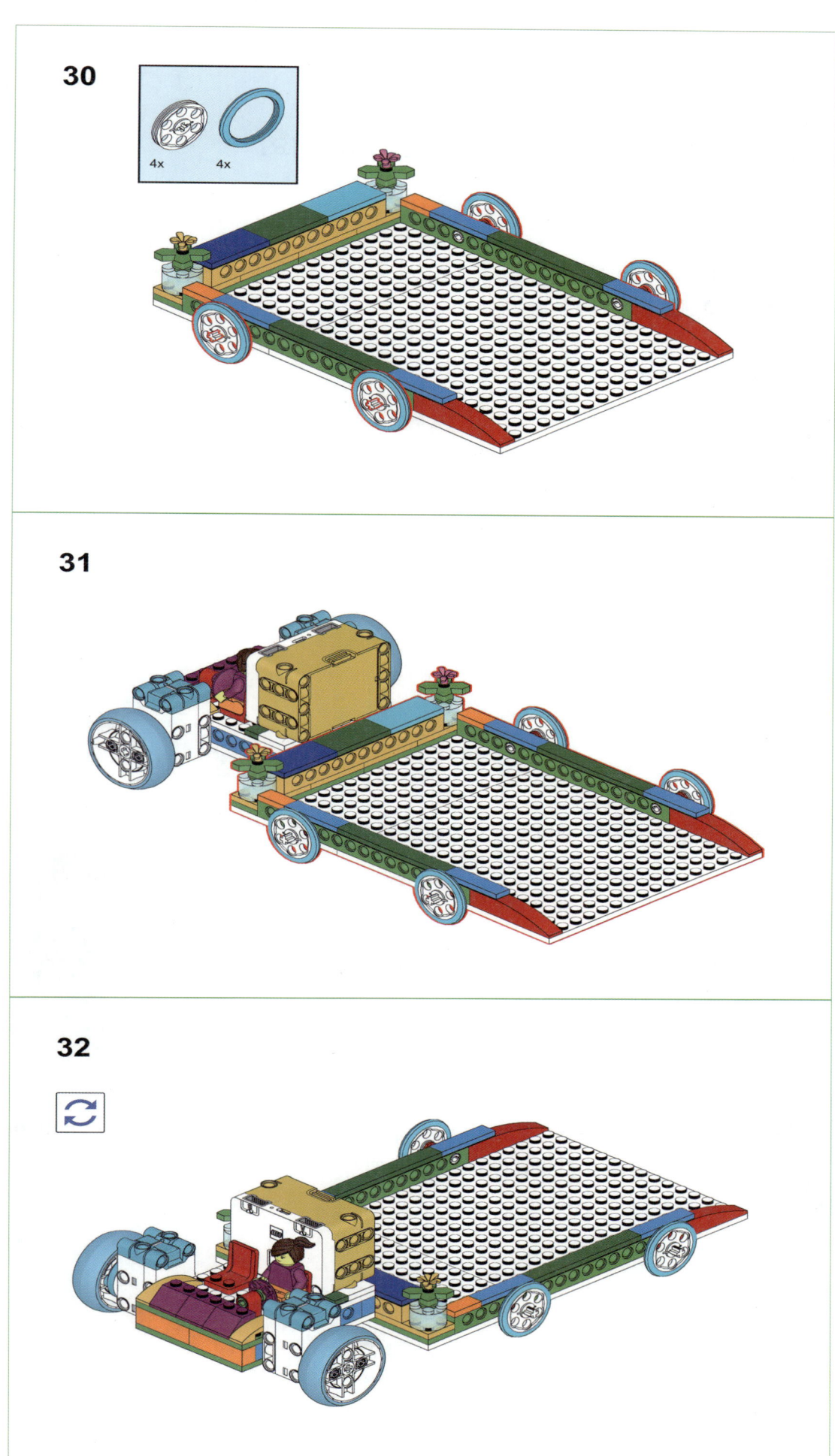

2.심미적 감성 - 부릉부릉, 자동차를 만들어 움직여요

✱ 프로그램을 만들어요

- 방금 만든 작품으로 문제를 해결하려면 어떻게 움직여야 할까요?

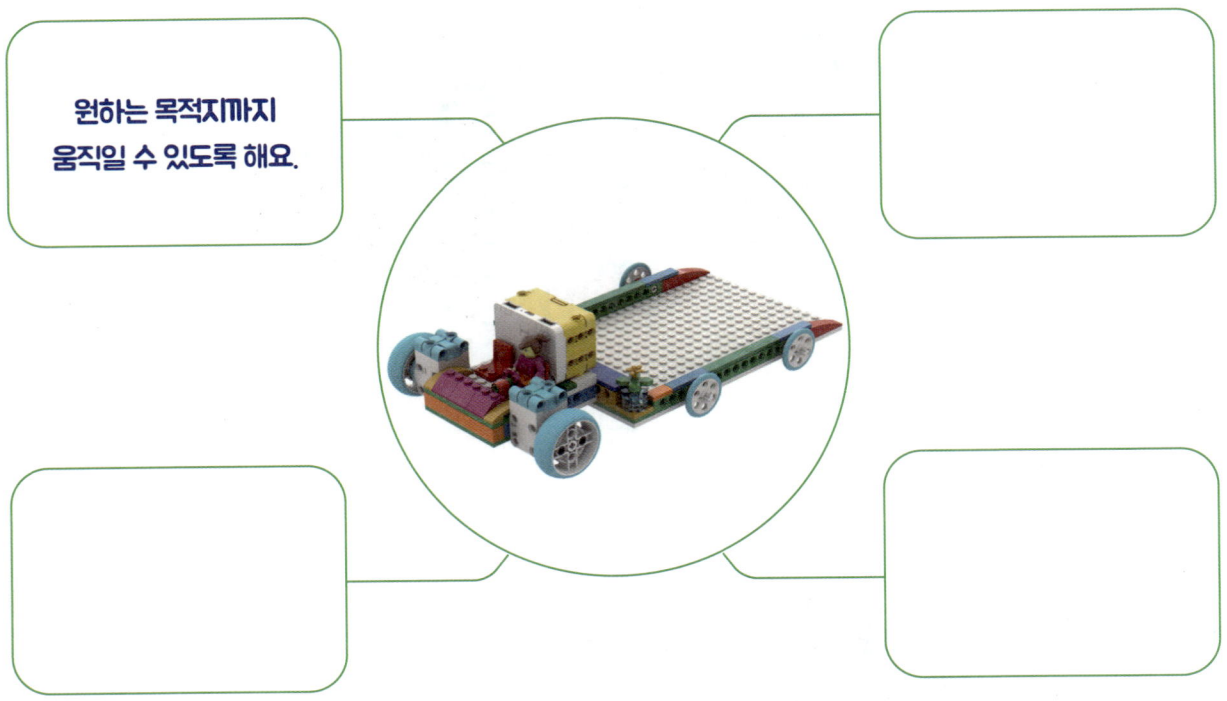

원하는 목적지까지 움직일 수 있도록 해요.

- 울산바위를 싣고 갈 자동차를 제어할 프로그램을 만들어 보아요.

나는 (　　　　　　　　　　) 움직이도록 만들어 볼거야!

 원하는 목적지까지 도착하려면 출발하는 곳에서 목적지까지의 가장 짧은 거리를 알아야 할 것 같아. 우선 밑에 있는 지도를 볼까?

울산에서부터 금강산까지 총 91cm이네.
우리가 만든 자동차로 금강산까지 가려면 어떻게 해야 할까?

우선 우리 자동차의 바퀴가 한 바퀴 돌 때 몇 cm 이동하는지 기록해 보자. 다섯 번 측정해서 가장 많이 나오는 길이를 대푯값으로 하면 되겠어. 그럼 한 바퀴 돌 수 있도록 프로그램을 만들어 볼까?

프로그램을 만들기 전에 해야 하는 일이야. 블록 꾸러미를 추가해야 해. 아이콘 블록은 앱 화면 왼쪽 밑 ( ), 단어 블록은 앱 화면 오른쪽 밑( )의 그림을 클릭하면 여러 가지 블록 꾸러미를 추가할 수 있어. 아이콘 블록에서는 <이동> 블록 꾸러미를 추가해 줘. 단어 블록에서는 블록 꾸러미를 추가할 필요가 없어.

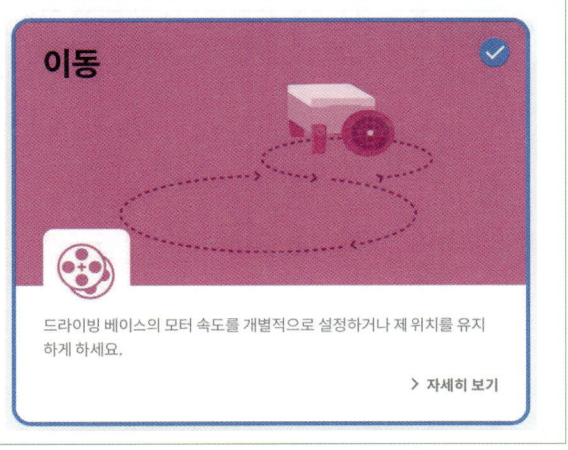

2. 심미적 감성 - 부릉부릉, 자동차를 만들어 움직여요 139

 이제 바퀴가 한 바퀴 굴러갈 때 얼마만큼 이동하는지 기록해 볼 차례야. 다섯 번 실행해서 표에 기록해 보자.

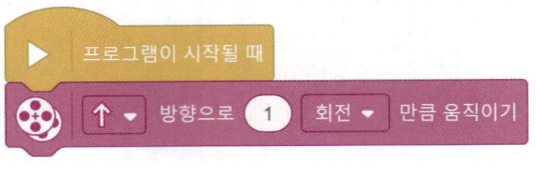

	1	2	3	4	5	대푯값
이동거리 (cm)						

 나는 다섯 번 해 본 결과 대푯값이 13cm가 나왔어. 금강산까지는 91cm이니까 몇 번 반복해야 하는지 같이 뛰어 세기 해 보자.

1	2	3	4	5	6	7	8
13	26		52		78		

 91cm를 가려면 몇 바퀴를 굴러야 하는지 알아봤어? 그럼 그 바퀴 수를 넣어서 프로그램을 만들어 보자! 한 바퀴 이동하기 프로그램에서 바퀴 수만 바꿔주면 되겠지?

 그럼 프로그램을 실행해서 91cm를 가는지 확인해보자. 넓은 장소에 91cm를 재서 자동차를 출발시켜 보는 거야!

 어때? 잘 움직이니?
움직이는 바닥이 평평하지 않으면 반듯하게 가지 않을 수도 있어.
그래도 괜찮아.
그리고 아이콘 블록에는 없지만, 단어 블록에는 거리를 직접 적어서 움직이게 하는 블록도 있어. 한 번 사용해 볼까?

 위의 프로그램에서 초록색 원 안의 부분을 클릭하면 거리 단위를 바꿀 수 있어!

06 한 번 더 확인해요

학습한 내용을 정리해보고 내가 만든 작품이 잘 작동하는지 살펴봅시다.

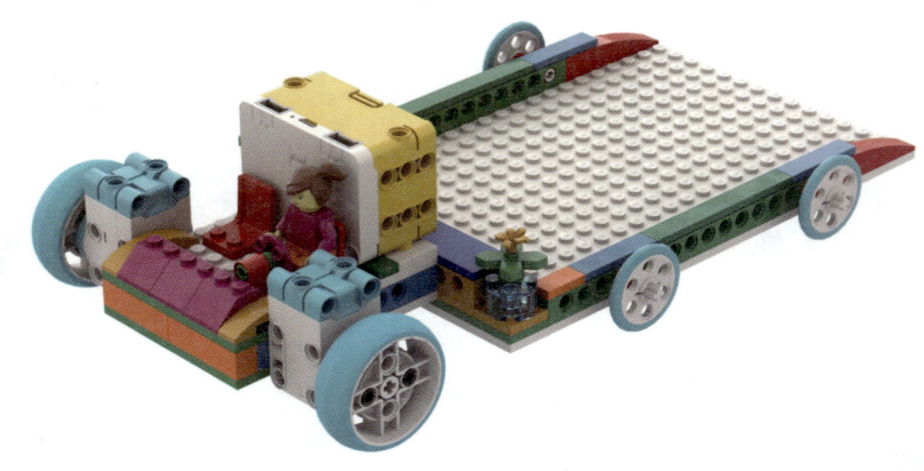

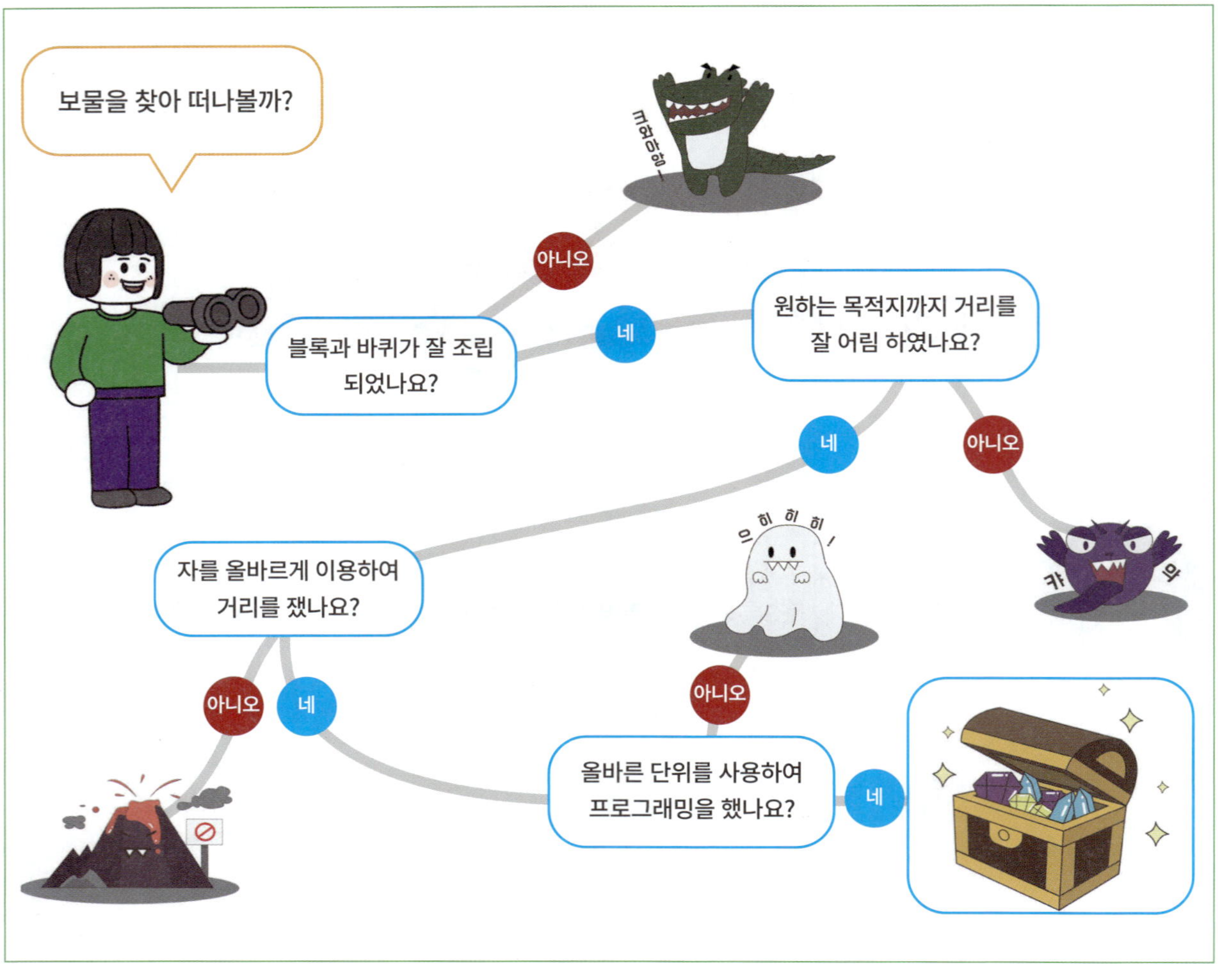

보물을 찾아 떠나볼까?

블록과 바퀴가 잘 조립 되었나요?
- 아니오 → 크와아앙
- 네 → 원하는 목적지까지 거리를 잘 어림 하였나요?
  - 아니오 → 캬악
  - 네 → 자를 올바르게 이용하여 거리를 쟀나요?
    - 아니오 → (화산)
    - 네 → 올바른 단위를 사용하여 프로그래밍을 했나요?
      - 아니오 → 으히히히
      - 네 → (보물상자)

07 생각을 더해 보아요

- 자신만의 창의적인 자동차를 디자인하고 프로그래밍해 보세요.

나는 (　　　　　　)을 더 붙여봤어.
너는 무엇을 더해볼 거야?

08 이야기를 더해 보아요

> 소피와 마리아는 울산바위에게 자동차를 선물하였어요. 울산바위는 매우 기뻐하며 자동차를 타고 금강산으로 출발하였답니다. 그런데 길을 잘못 가서 설악산으로 가게 되었어요. 울산바위가 금강산으로 다시 가려면 어떻게 해야 할지 지도를 다시 보고 프로그래밍해 보아요. 그리고 과연 울산바위는 어떻게 되었을지 뒷이야기를 상상해보아요.

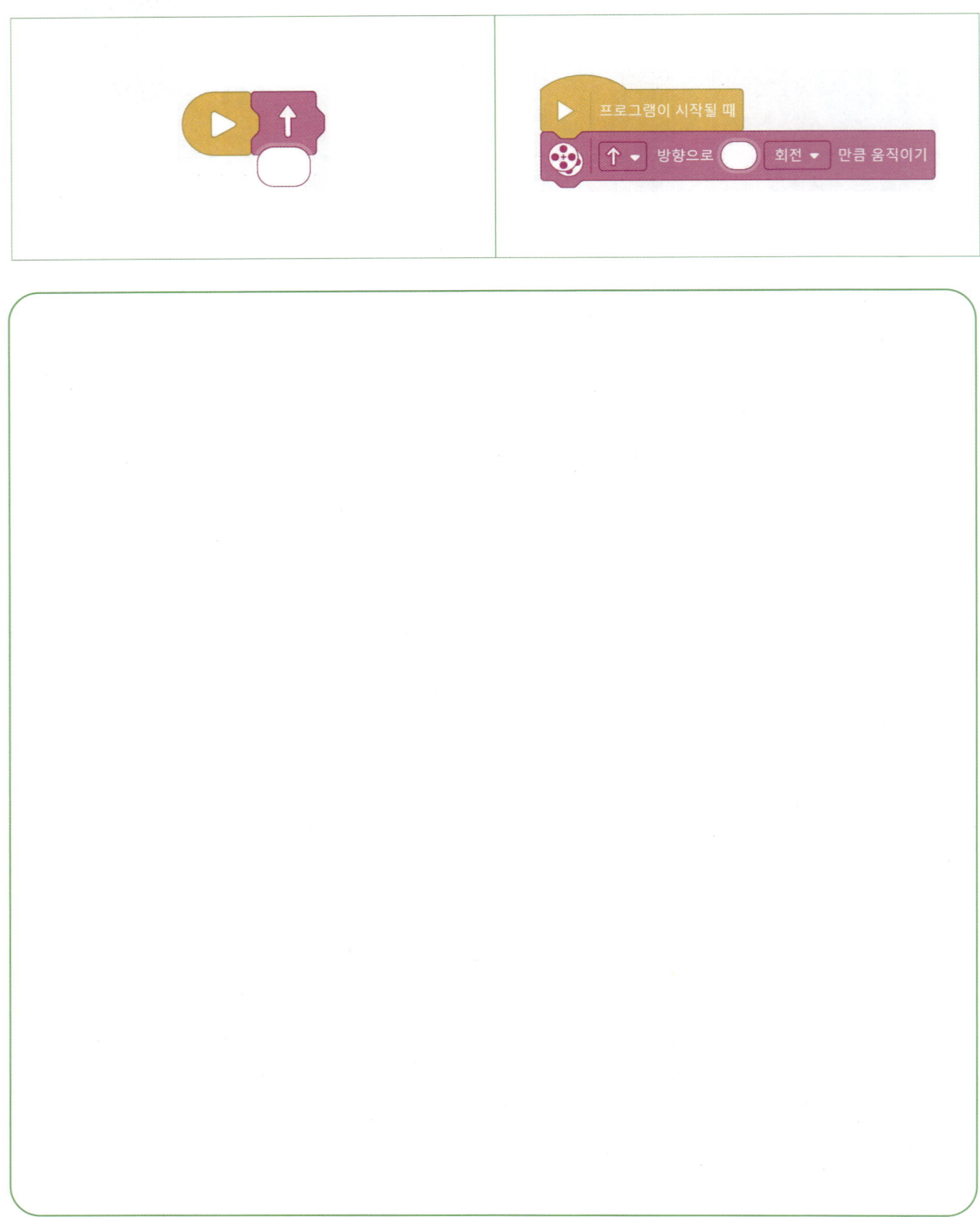

09 뽐내 보아요

> 내가 만든 이야기를 친구들에게 공유해 볼까요?
> 내가 만든 자동차를 친구들에게 공유해 볼까요?

내가 만든 **작품 인증샷**
해시태그 이벤트

아래 2개의 필수 해시태그와 함께
내가 만든 작품의 인증샷을 찍어 업로드 해 주세요.
추첨을 통해 소정의 선물을 보내드립니다.

 # PlayIT스파이크에센셜   **# 스파이크에센셜은퓨너스**

참여 방법 1
① 퓨너스 학습지원 커뮤니티(http://cafe.naver.com/robotsteam) 가입
② #퓨너스 소식 >> **이벤트 게시판에 글쓰기**
  • 말머리 [해시태그이벤트] 선택하고 아래 태그에 **필수 해시태그 포함**시키기

참여 방법 2
① 퓨너스 인스타그램(@funers_official)을 팔로우
② 게시물 올릴 때 **필수 해시태그 포함**시키기

2.심미적 감성 - 부릉부릉, 자동차를 만들어 움직여요

알록달록, 예쁜 집을 만들어요

우리나라의 전통 문양을 표현해요

관련역량	심미적감성
관련교과	통합(겨울), 미술
학습목표	우리나라의 전통 문양이 어디에 사용되었는지 알아보고 3x3 컬러 라이트 매트릭스를 이용하여 표현할 수 있다.

AI핵심역량	문제해결력
	변화 적응력
	공익적 사고력

01 함께 읽어요

이 책을 읽으면 더 좋아요!

<임금님 집에 예쁜 옷을 입혀요>

글, 그림 무돌
노란돼지

02 문제를 찾아봐요

궁궐 지붕에 그려진 전통 문양이 궁궐을 돋보이게 해. 나무로 만들어진 궁궐인데 망가지지 않고 자리를 지키고 있다는 것이 대단하지 않아?

맞아. 저기에 그려진 전통 문양을 단청이라고 해. 아름답기도 하지만 단지 아름답기만 해서 그려진 것은 아니야. 단청이 나무로 된 건축물을 비바람과 벌레로부터 지켜주거든.

우와! 그렇구나. 그런데, 단청은 한번 색을 칠하면 사라질 때까지 그려놓은 전통 문양을 바꿀 수 없을 것 같아. 내가 궁에 사는 임금님이라면 그려놓은 전통 문양을 자주 바꿔서 계속 새 집에서 사는 기분을 느끼고 싶을텐데..

그렇다면 날씨나 계절, 시간 등에 어울리도록 다양한 전통 문양이 지붕에 나타나게 하면 어떨까?

03 방법을 생각해요

> 소피는 지붕에 그려진 전통 문양을 다양하게 바꾸고 싶어 해요.
> 어떻게 도와줄 수 있을까요?

• 문제를 해결할 수 있는 방법을 생각하여 정리해보아요.

_____

_____

_____

_____

04 이렇게 해결해요

• 소피는 어떻게 문제를 해결하려고 할까요?

> 우와! 연꽃 문양 안에 조명을 넣어서 밝고 예쁘게 만든 작품이네. 이것처럼 전통 문양을 빛으로 표현하면 멋지겠어.
> 3x3 컬러 라이트 매트릭스는 다양한 색을 보여줄 수 있으니까 지붕에 붙여서 다양한 전통 문양을 나타내면 어떨까?

05 함께 만들어요

* 블록으로 만들어요

조립하기 - 알록달록, 예쁜 집을 만들어요

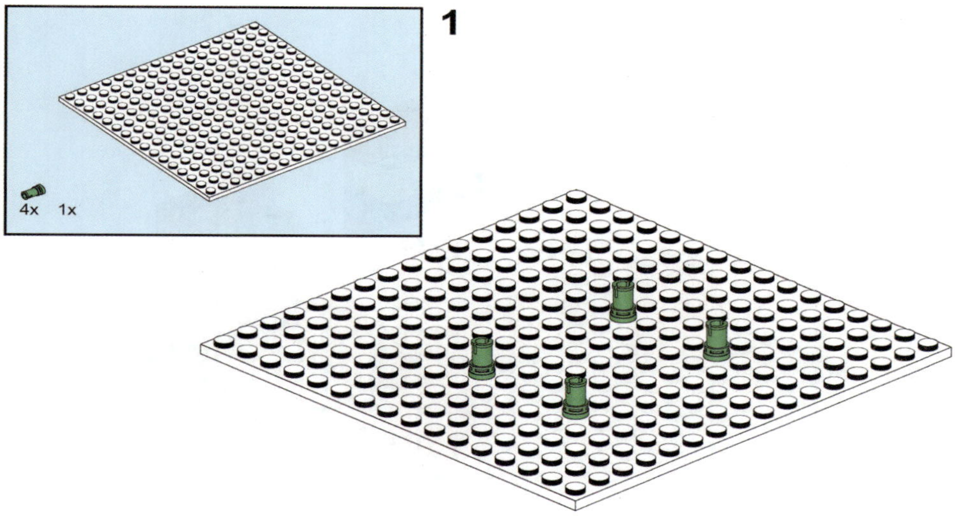

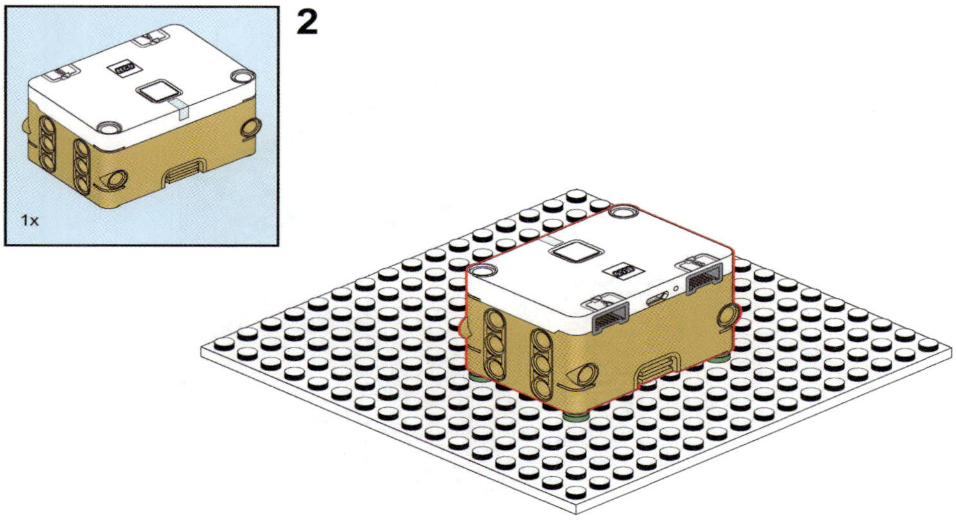

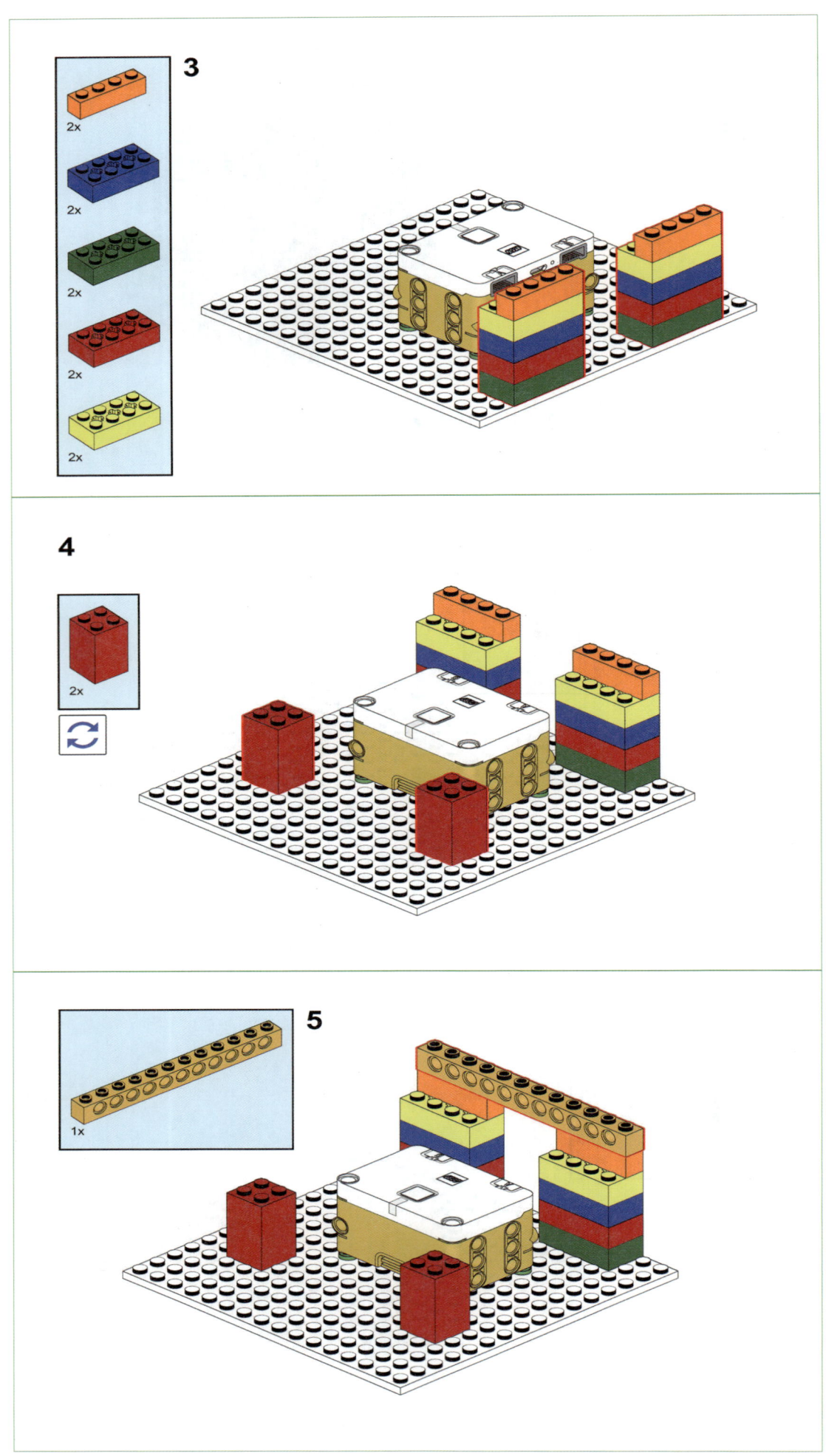

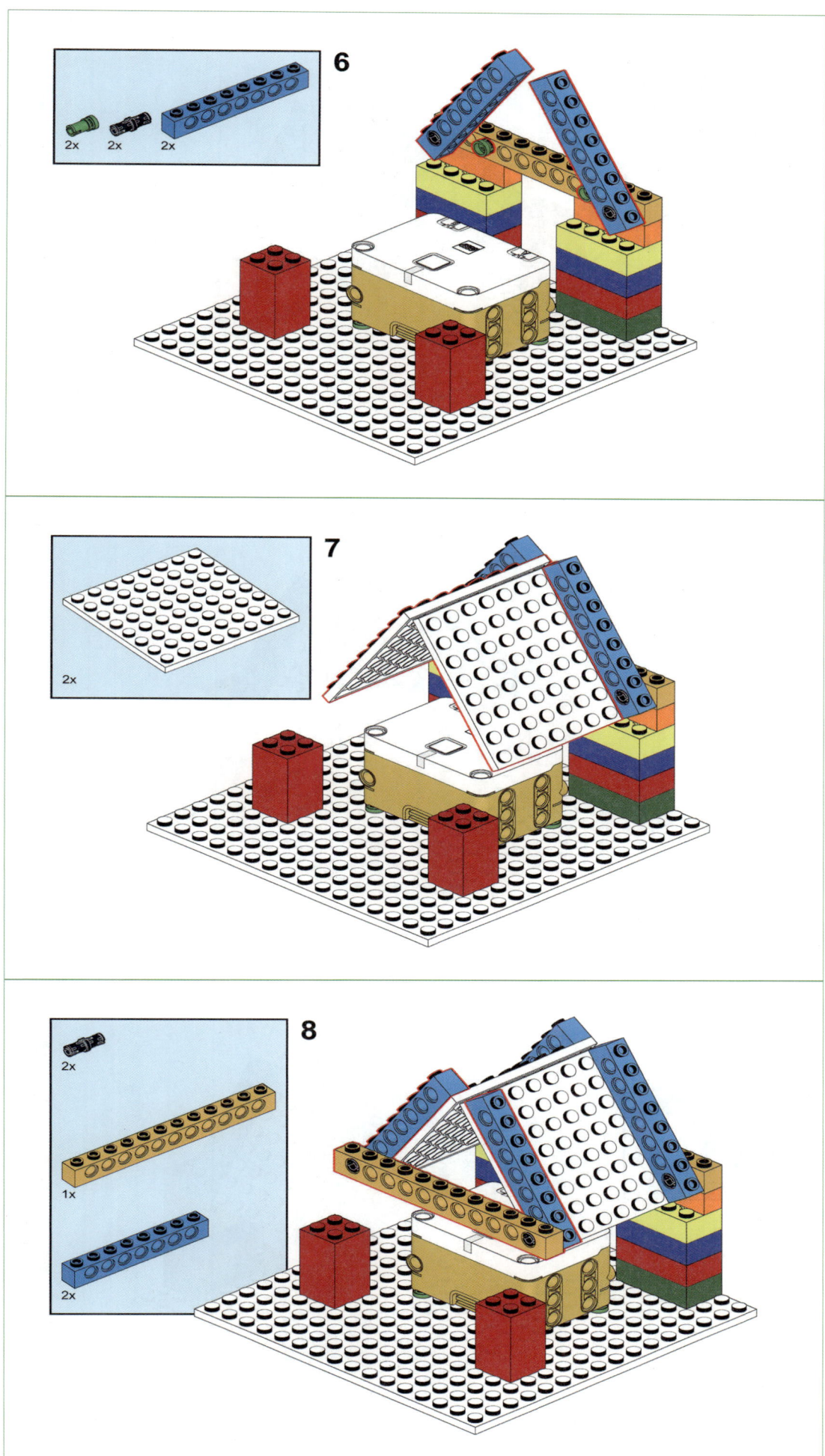

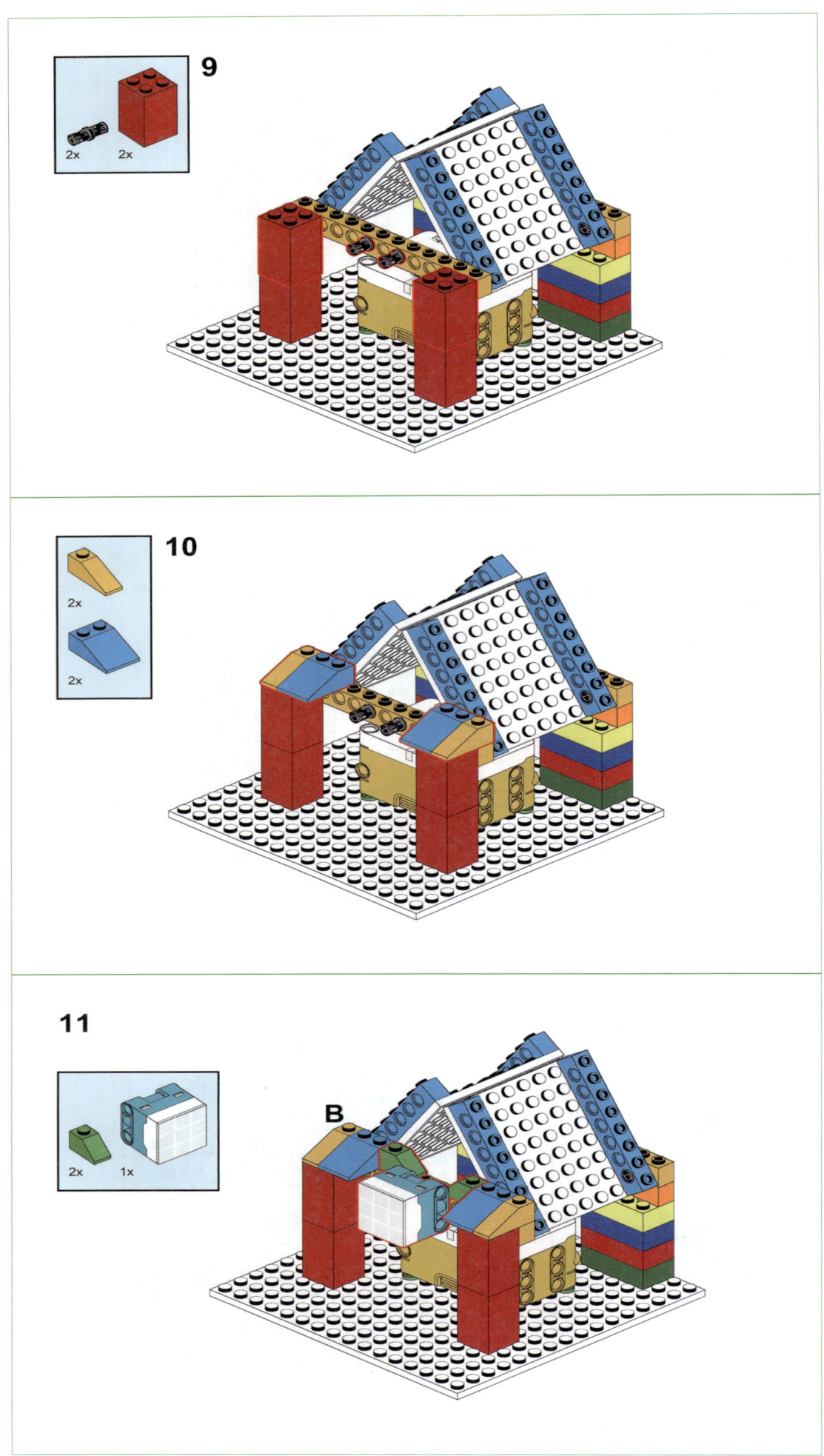

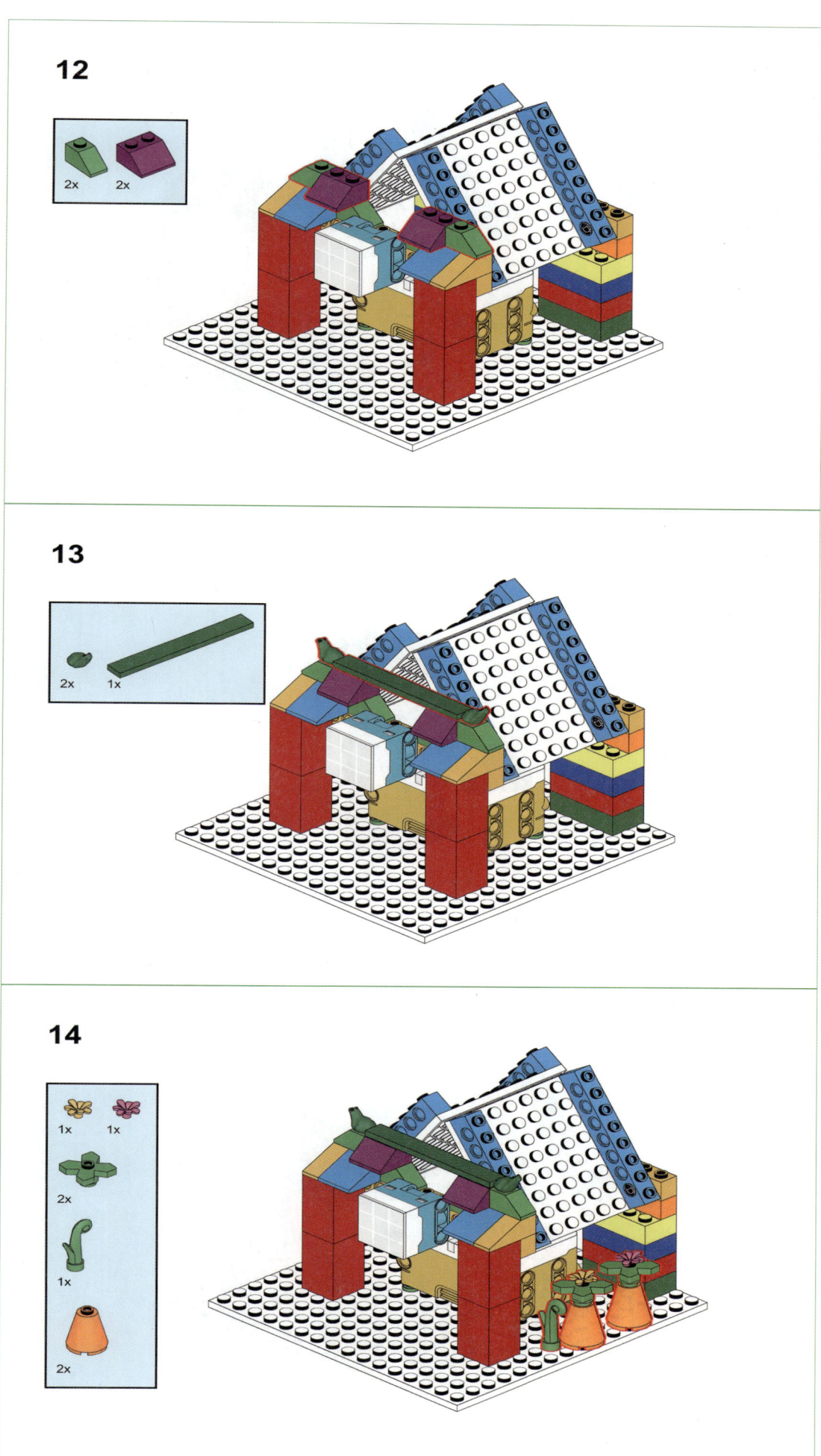

✱ 프로그램을 만들어요

- 방금 만든 작품으로 문제를 해결하려면 어떻게 움직여야 할까요?

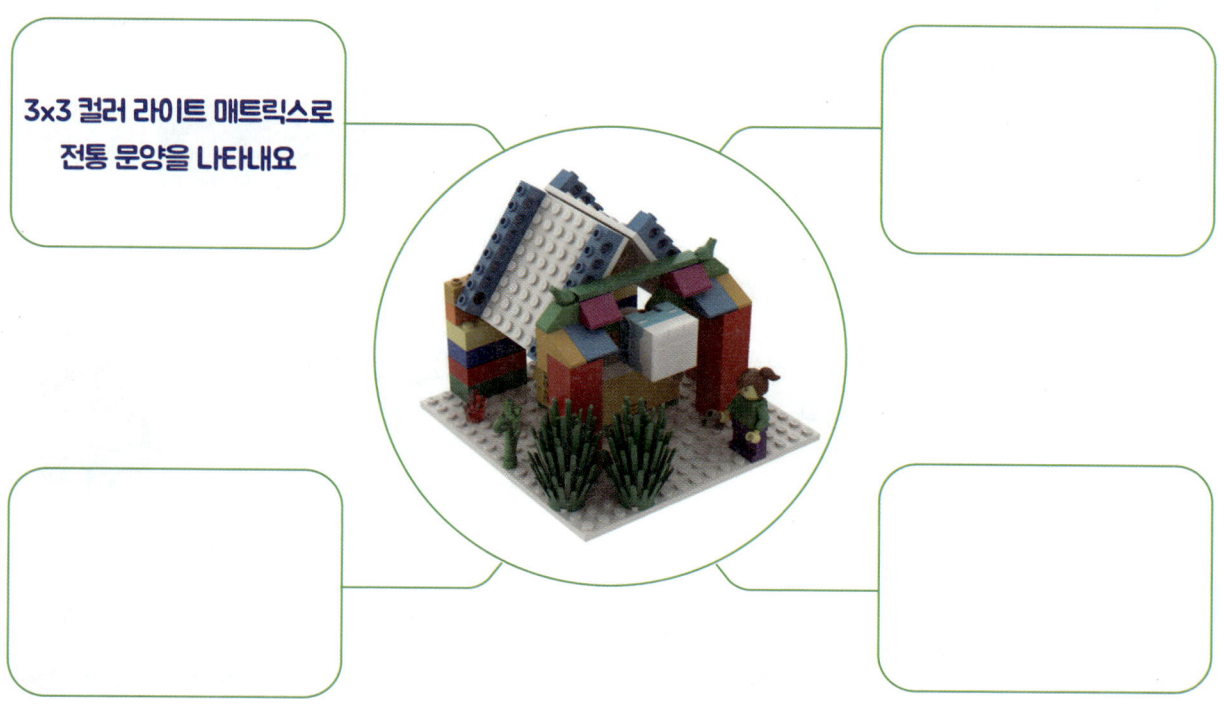

3x3 컬러 라이트 매트릭스로 전통 문양을 나타내요

- 3x3 컬러 라이트 매트릭스로 전통 문양을 표현할 프로그램을 만들어 보아요.

나는 (　　　　　　　　　　) 움직이도록 만들어 볼거야!

 우선 어떤 전통 문양을 표현할지 그림으로 표현해 보자! 아래 칸에 색을 채워서 표현해 볼까? 나는 태극 문양이랑 모란꽃을 표현해 봤어.

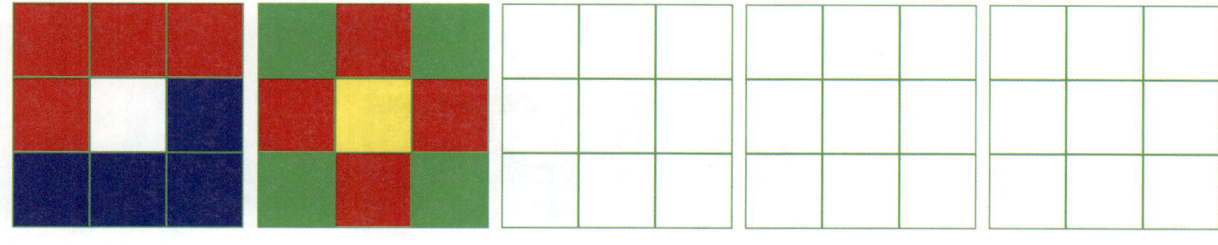

2.심미적 감성 - 알록달록, 예쁜 집을 만들어요   155

 우선 태극 문양을 표현할래. 시작하기 버튼을 누르면 문양이 나오도록 하는 거야.

단어 블록을 사용할 때 포트 A에 연결하였는지 포트 B에 연결하였는지 잘 살펴봐야 해. 스파이크 프라임 앱 화면의 윗부분을 살펴봐도 나와 있어. 이렇게!

 그리고 이 태극 문양을 한 바퀴 돌려보고 싶어. 한 칸씩 이동하는 것처럼 보이도록 해 보자! 불이 켜지는 블록 사이에 대기 블록을 넣어야 움직이는 것처럼 보여!

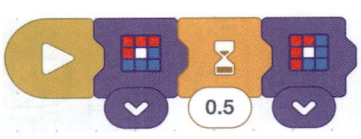

 단어 블록을 살펴보면 3x3 컬러 라이트 매트릭스를 몇 초 동안 켜는 블록이 있어. 이것도 한 번 사용해 봐! 어떻게 나타나니? 위의 명령어 블록과 똑같이 표현되니?

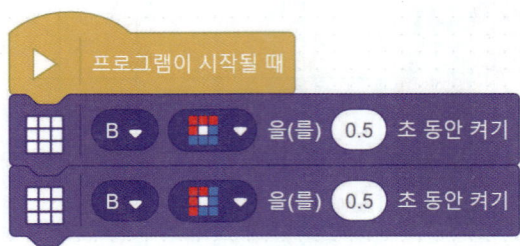

이 블록을 계속 반복하게 하면 내가 멈출 때까지 태극 문양이 움직이겠지. 태극기가 펄럭이듯이 말이야. 자! 이제 너도 얼른 해봐!

06 한 번 더 확인해요

학습한 내용을 정리해보고 내가 만든 작품이 잘 작동하는지 살펴봅시다.

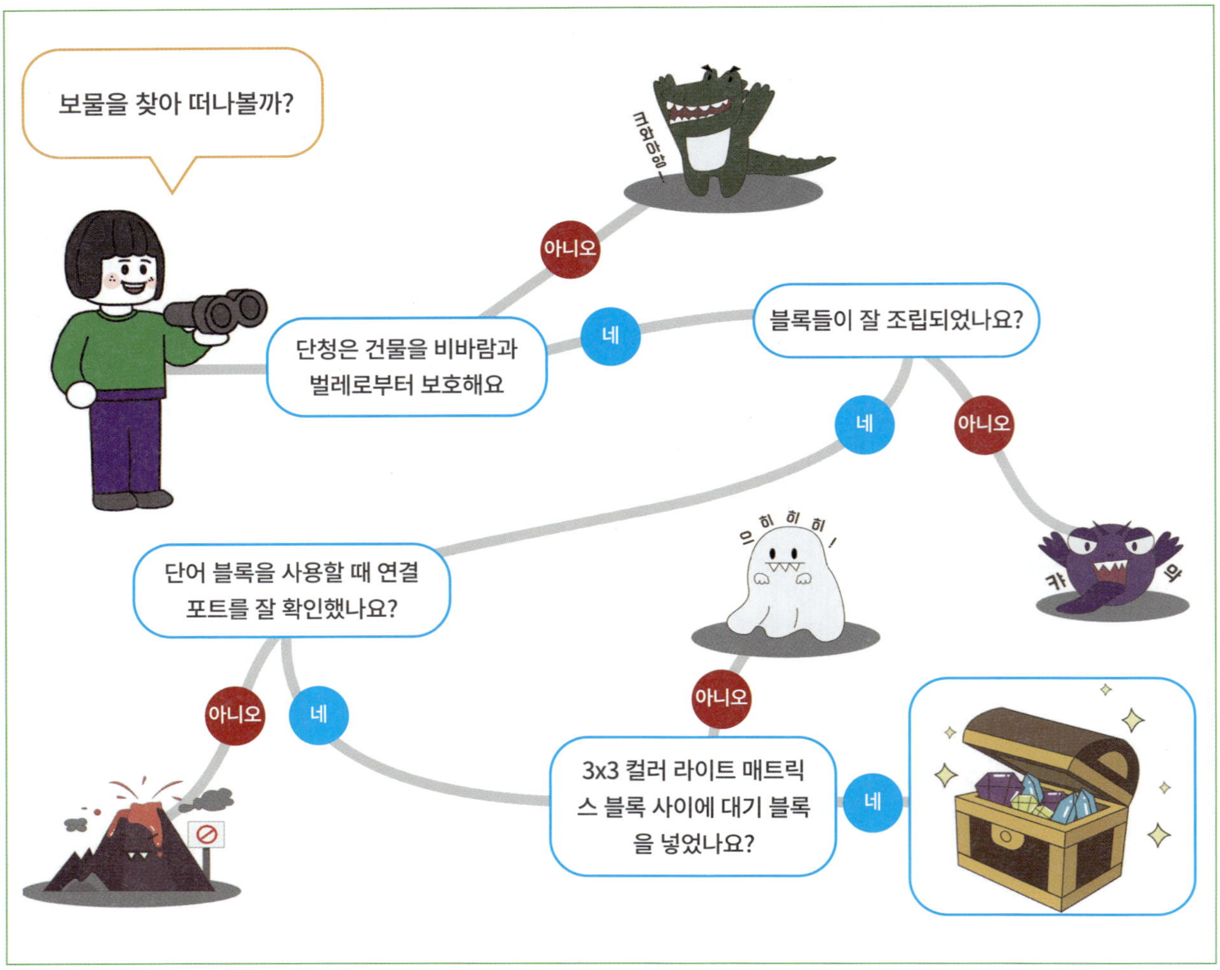

보물을 찾아 떠나볼까?

단청은 건물을 비바람과 벌레로부터 보호해요

블록들이 잘 조립되었나요?

단어 블록을 사용할 때 연결 포트를 잘 확인했나요?

3x3 컬러 라이트 매트릭스 블록 사이에 대기 블록을 넣었나요?

07 생각을 더해 보아요

• 자신만의 창의적인 전통 문양을 디자인하고 프로그래밍해 보세요.

나는 (　　　　　)을 더 붙여봤어.
너는 무엇을 더해볼 거야?

---

08 이야기를 더해 보아요

> 소피는 친구들과 함께라면 좀 더 다양한 전통 문양을 표현할 수 있다고 생각했어요. 친구들이 가지고 있는 3x3 컬러 라이트 매트릭스를 이용해서 친구들과 함께 전통 문양을 고민해보고 표현해 보세요.

• 4명의 친구와 함께 표현해 보아요.

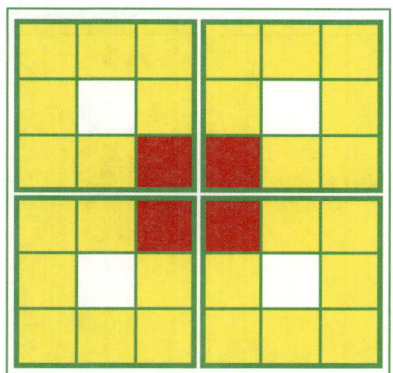 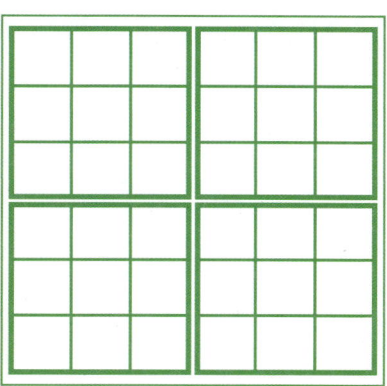 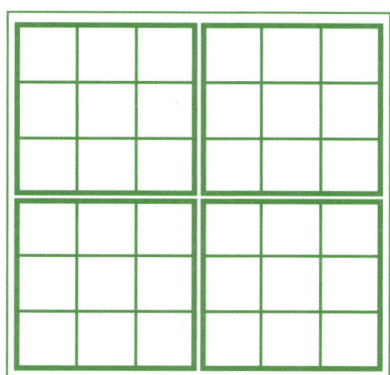

- 9명의 친구와 함께 표현해 보아요.

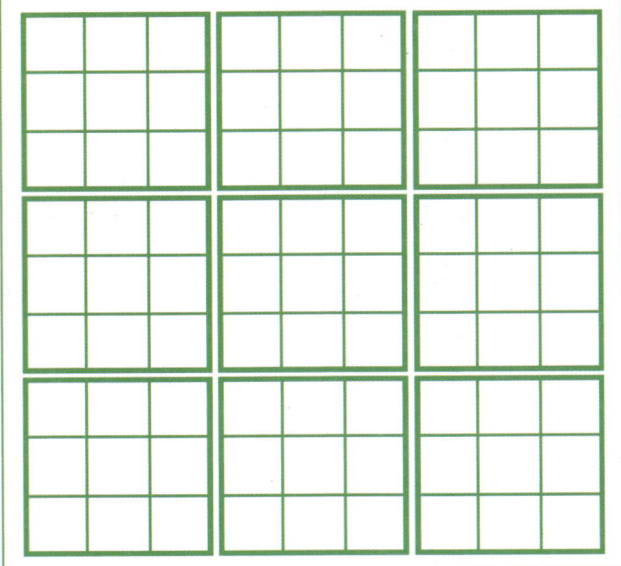
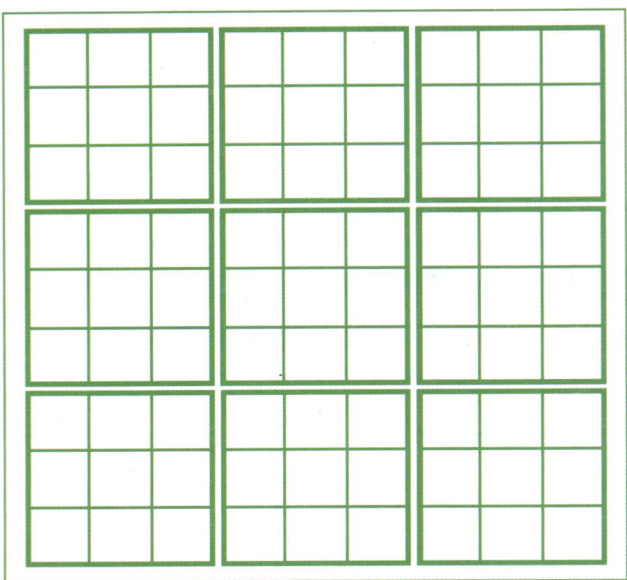
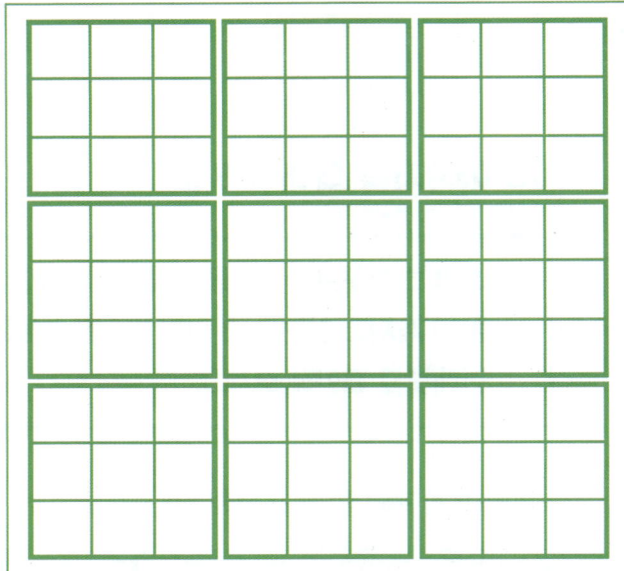

09 뽐내 보아요

> 내가 만든 작품을 친구들에게 공유해 볼까요?
> 나와 친구들이 함께 만든 작품도 공유해 볼까요?

내가 만든 **작품 인증샷** 해시태그 이벤트

아래 2개의 필수 해시태그와 함께
내가 만든 작품의 인증샷을 찍어 업로드 해 주세요.
추첨을 통해 소정의 선물을 보내드립니다.

 # PlayIT스파이크에센셜   **# 스파이크에센셜은퓨너스**

참여 방법 1
① 퓨너스 학습지원 커뮤니티(http://cafe.naver.com/robotsteam)가입
② #퓨너스 소식 >> 이벤트 게시판에 글쓰기
  - 말머리 [해시태그이벤트] 선택하고 아래 태그에 **필수 해시태그 포함**시키기

참여 방법 2
① 퓨너스 인스타그램(@funers_official)을 팔로우
② 게시물 올릴 때 **필수 해시태그 포함**시키기

참 잘했어요!   다음 책은 뭘까?

살기 좋은 곳은 어떤 곳일까?
작은 집이 이사할 수 있도록 도와주세요

관련역량	심미적감성	AI핵심역량	컴퓨팅 사고력
관련교과	통합(봄), 사회		문제해결력
학습목표	산업화·도시화의 문제점을 알고 환경문제에 관심을 가질 수 있다.		공익적 사고력
	작은 집을 도와줄 방법을 찾고 시골 마을의 모습을 꾸밀 수 있다.		

01 함께 읽어요

이 책을 읽으면 더 좋아요!

<작은 집 이야기>

글, 그림 버지니아 리 버튼 / 번역 홍연미
시공주니어

02 문제를 찾아봐요

레오야, 작은 집이 시골에 살면서 보았던 것들이 무엇이었는지 기억나니?

아침에는 떠오르는 해, 밤에는 달과 별을 보았어. 또 계절이 바뀌면서 변하는 풍경이 아름답게 느껴졌어.

맞아. 그런데 도로가 생기고 자동차와 집들이 많아지면서 매연과 소음이 생겼지. 높은 건물이 많아지면서 햇빛과 별도 더는 볼 수 없었어.

내가 작은 집이라면 시골 마을이 무척 그리울 거야. 작은 집이 시골 마을로 돌아갈 수 있도록 도와줄 방법이 없을까?

03 방법을 생각해요

레오는 시골 마을의 모습을 그리워하는 작은 집을 도와주고 싶어 해요.
어떻게 하면 작은 집을 도와줄 수 있을까요?

- 문제를 해결할 수 있는 방법을 생각하여 정리해보아요.

___

___

___

___

04 이렇게 해결해요

- 소피가 레오를 도와 문제를 해결하려고 해요. 소피의 해결 방법은 무엇일까요?

작은 집이 시골 마을로 돌아갈 수 있도록 도와줘야겠어. 작은 집을 들어 올려서 트럭에 싣고 가면 될 것 같아. 그러려면 무거운 물건을 들어 올릴 수 있는 기중기 같은 기계 장치가 필요할 거야.

05 함께 만들어요

* 블록으로 만들어요

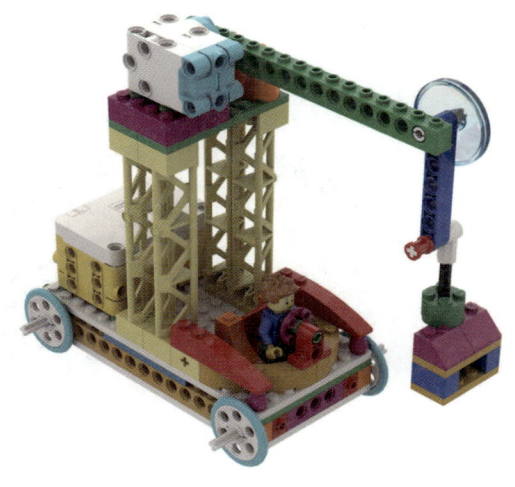

조립하기 - 살기 좋은 곳은 어떤 곳일까?

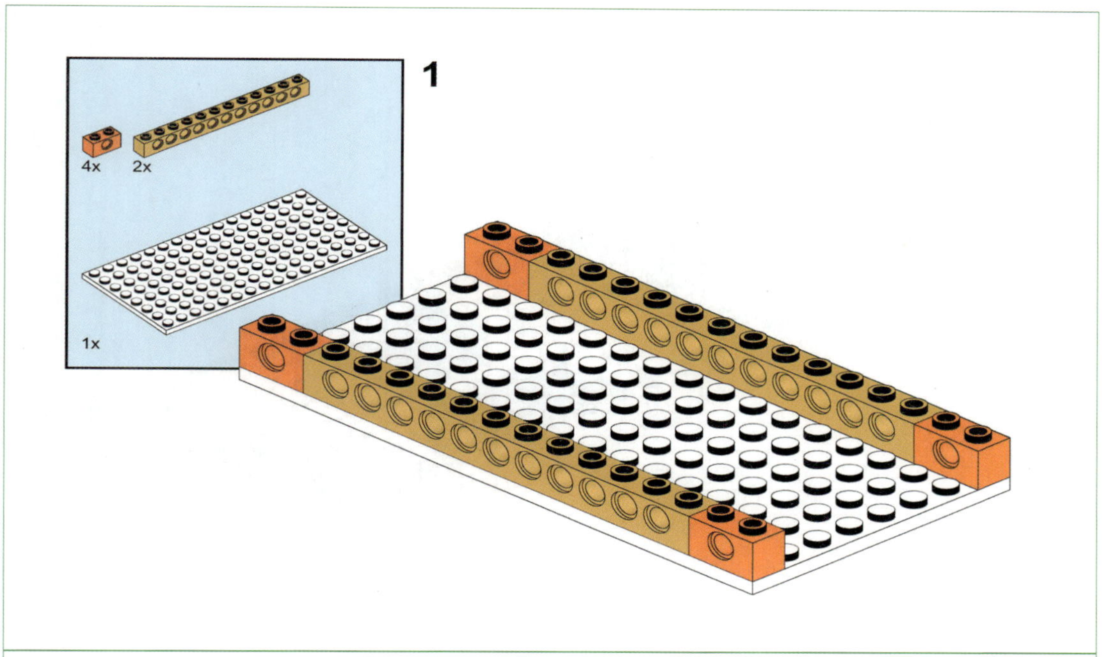

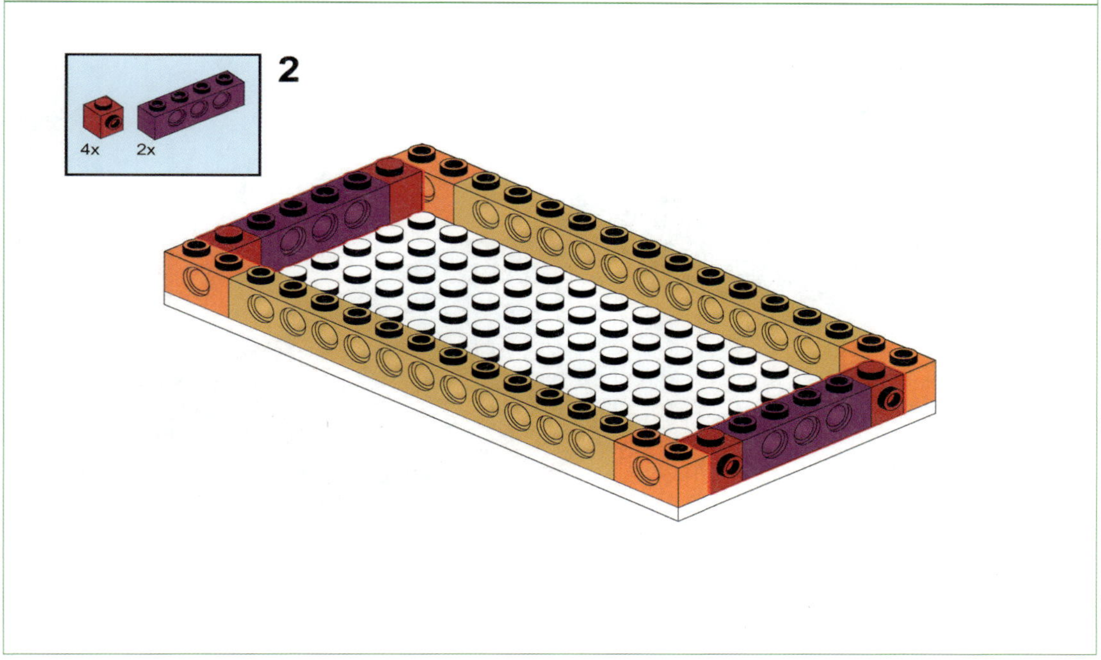

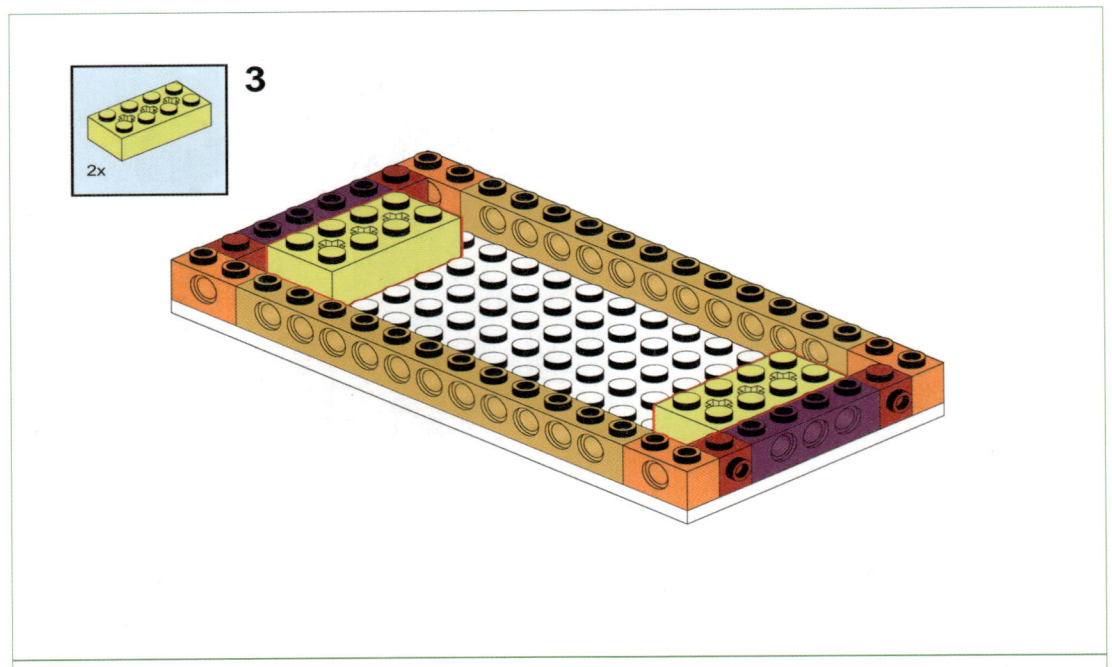
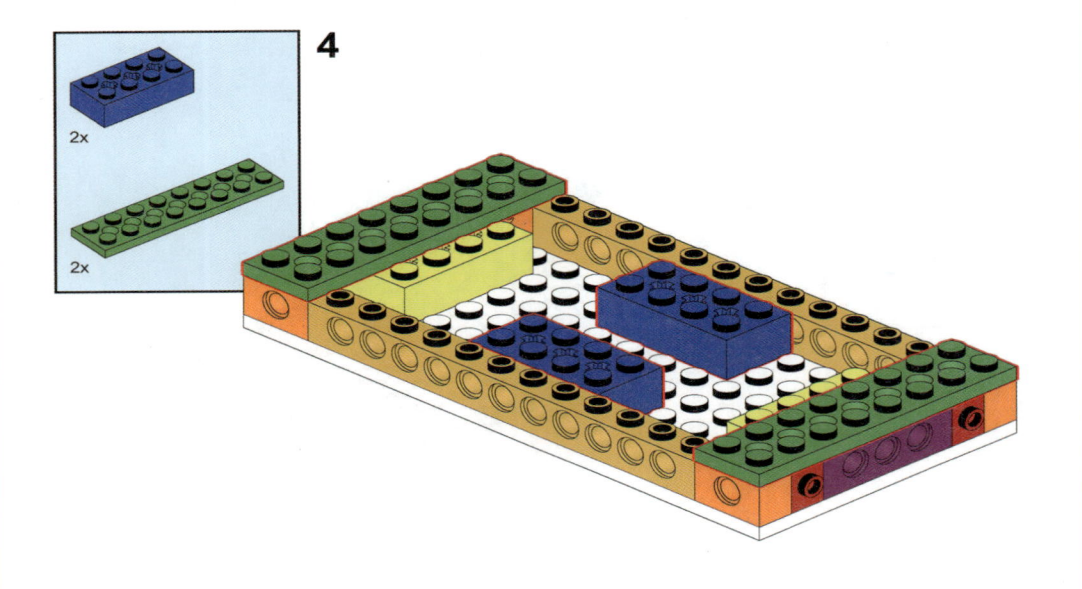
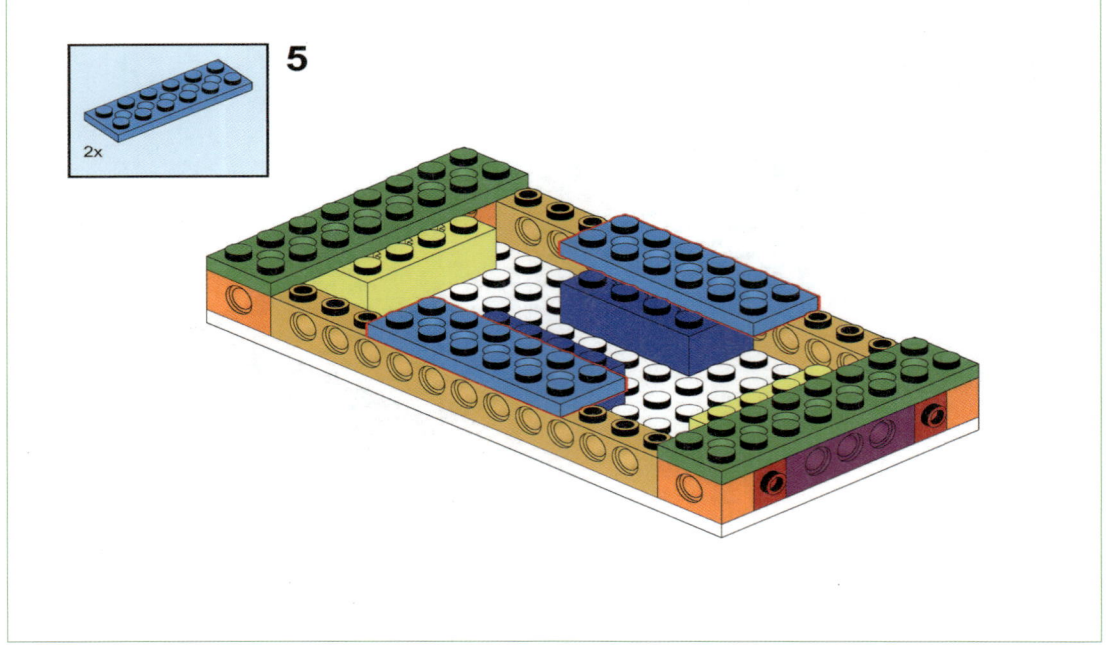

166 2.심미적 감성 - 살기 좋은 곳은 어떤 곳일까?

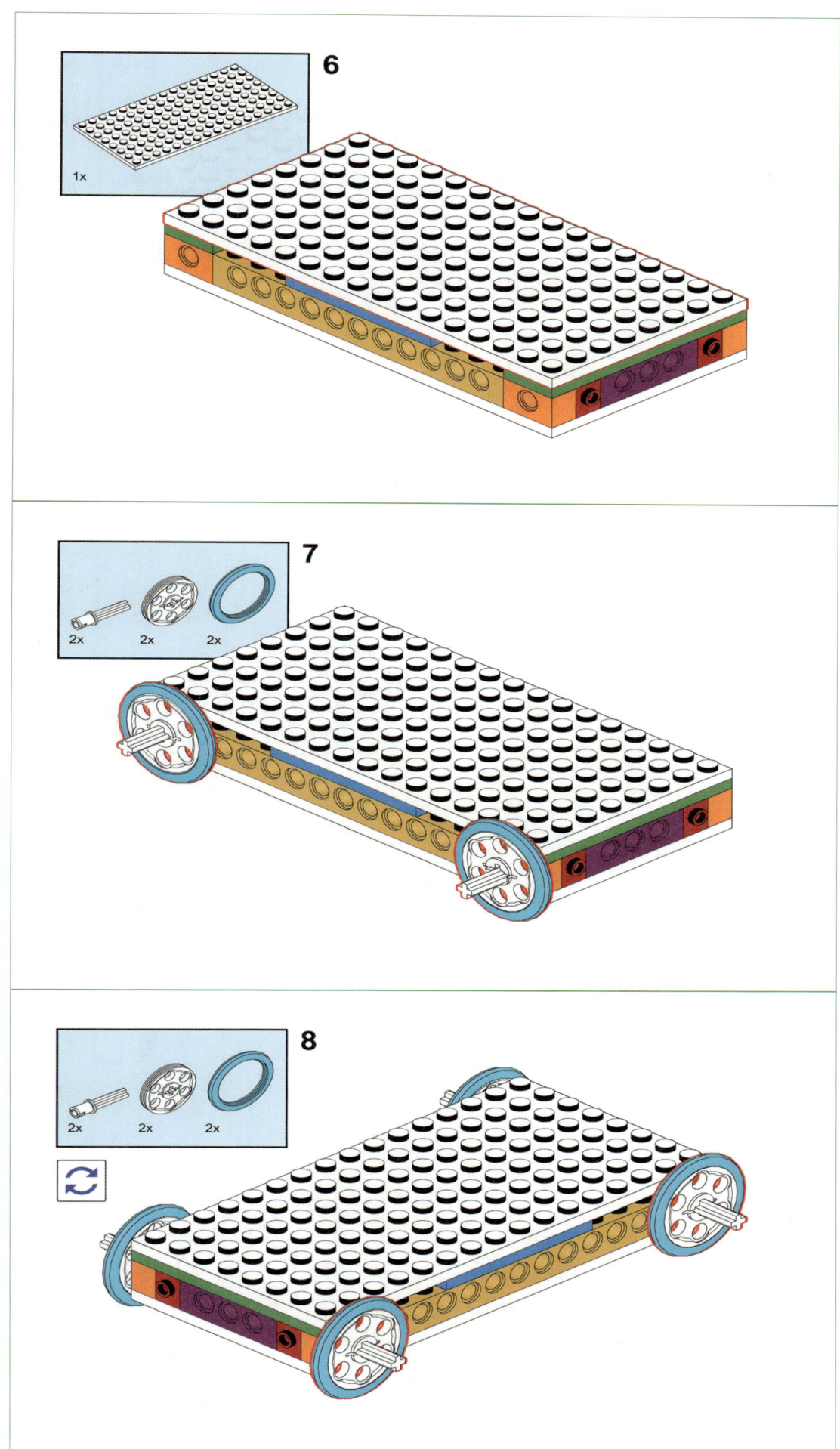

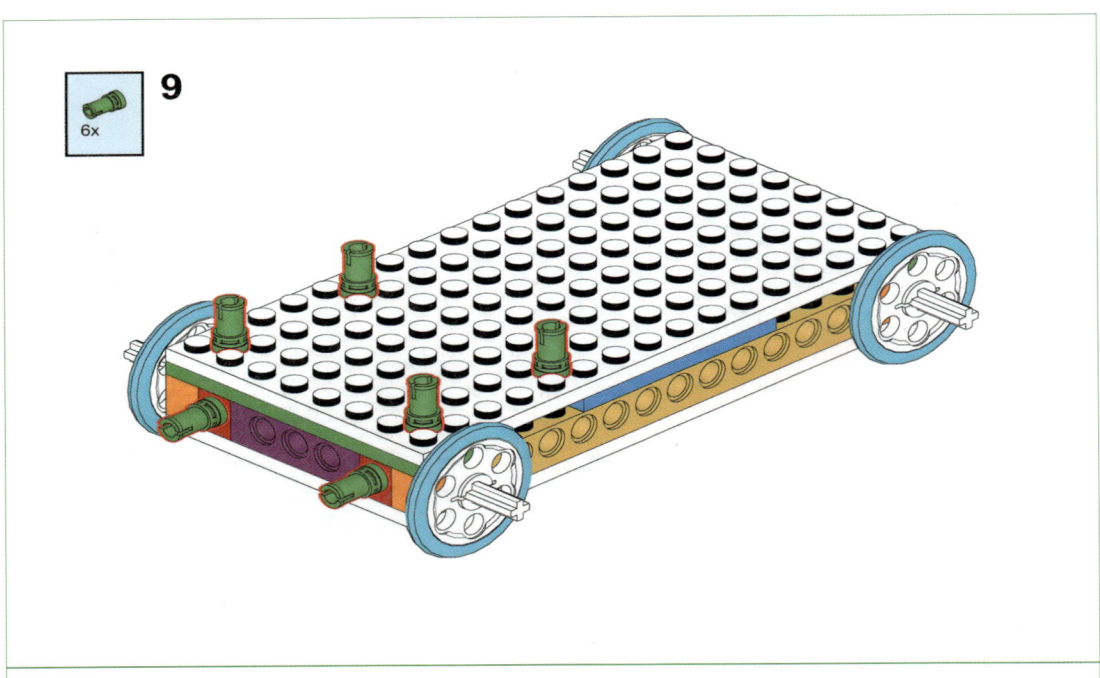
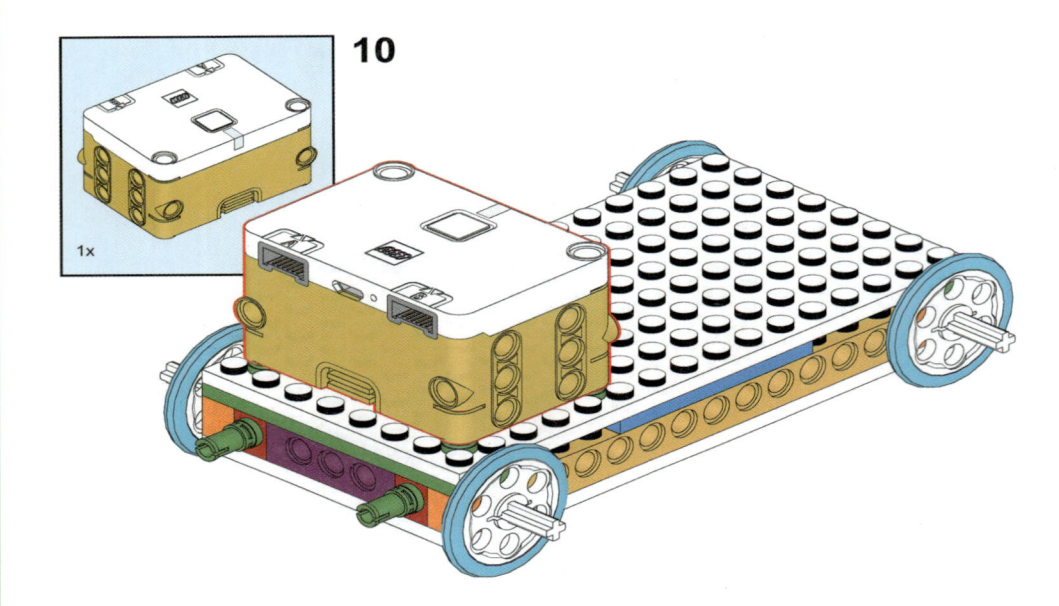
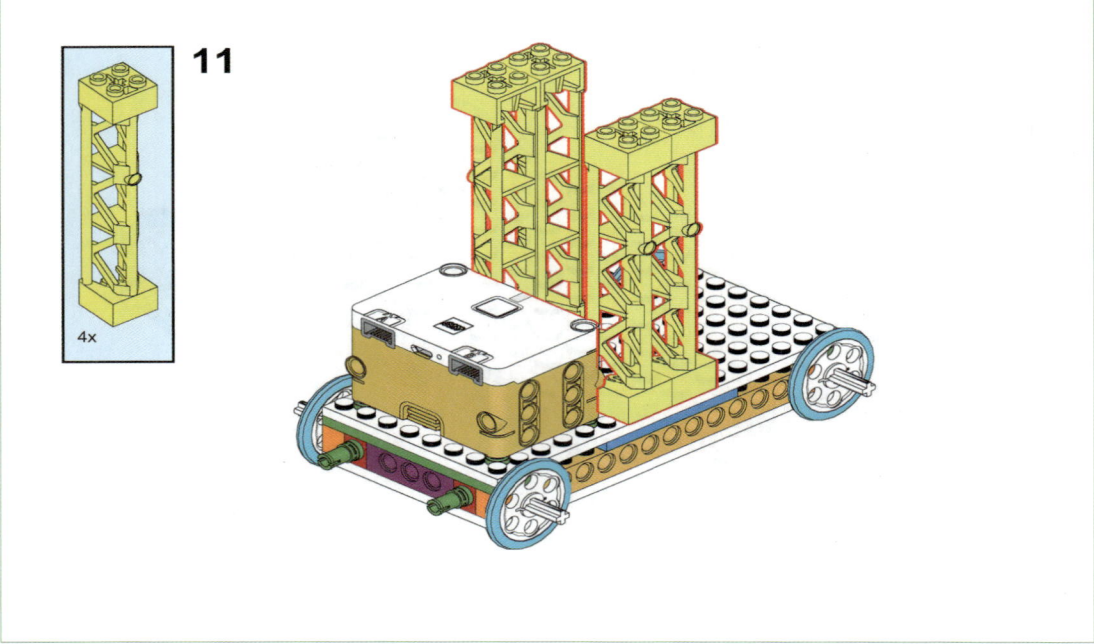

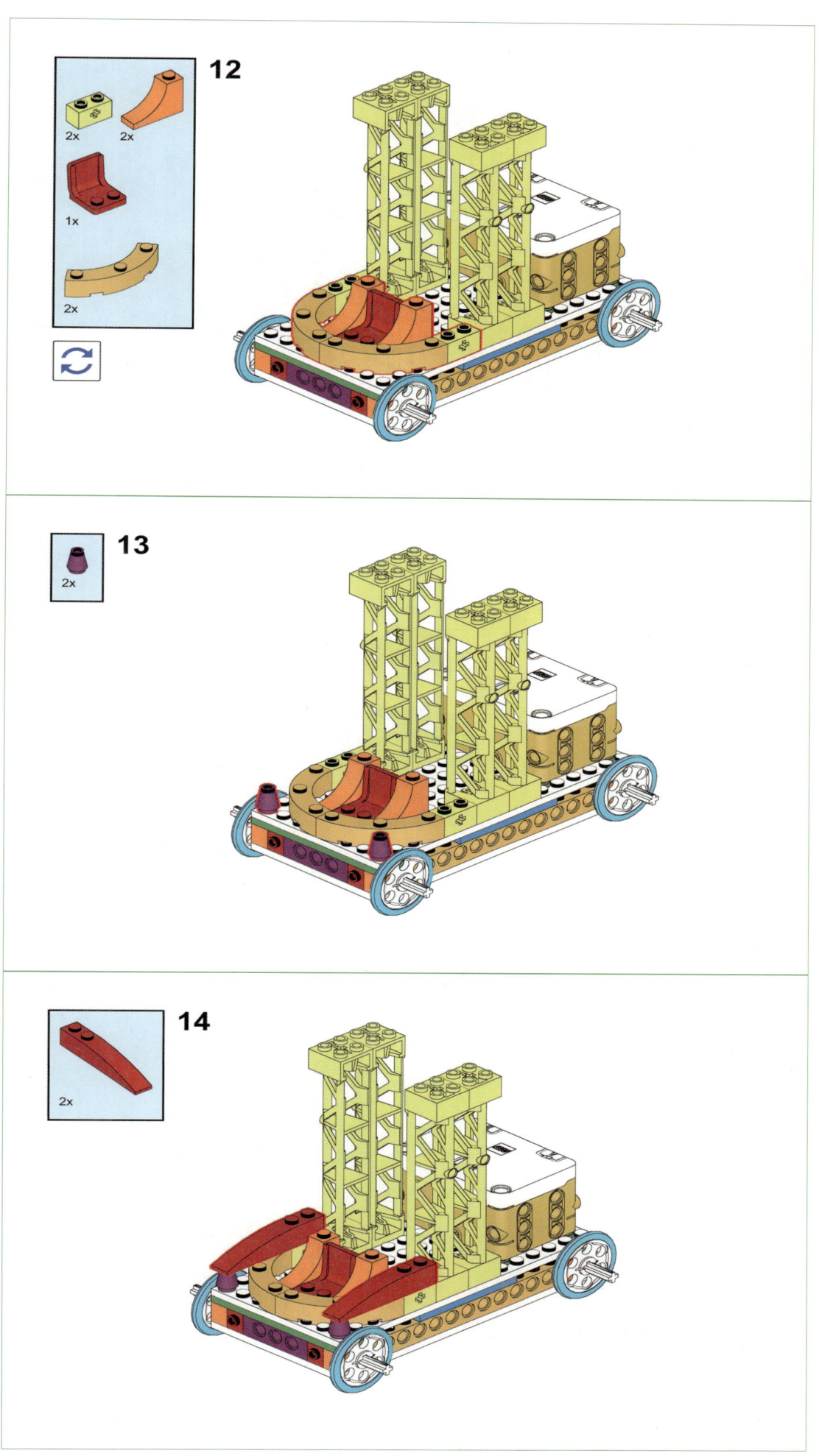

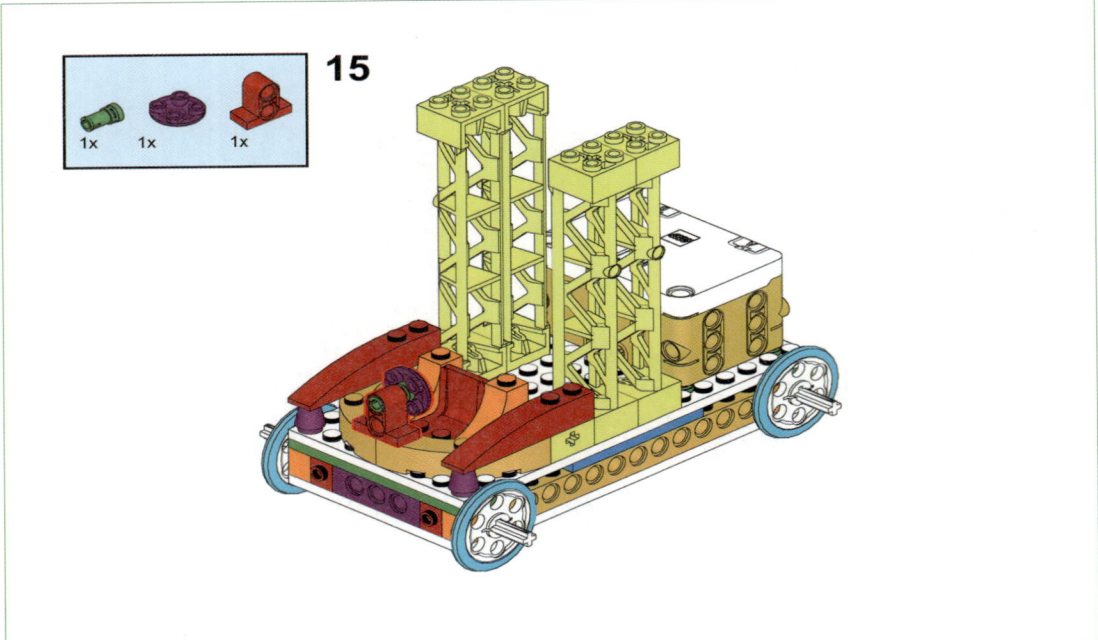

16

17

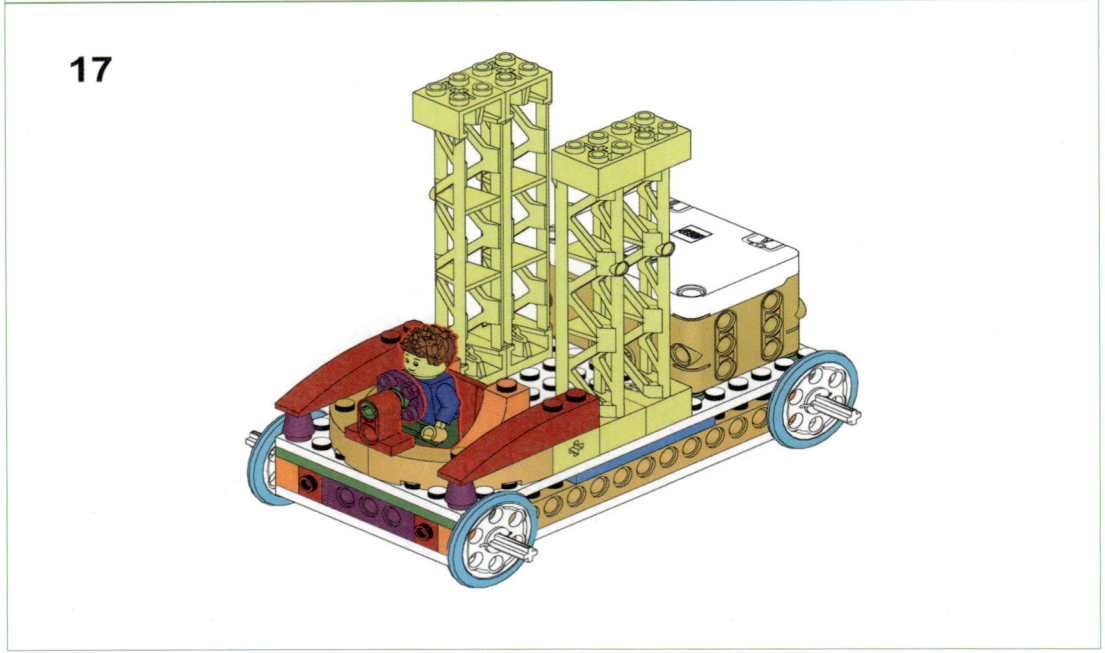

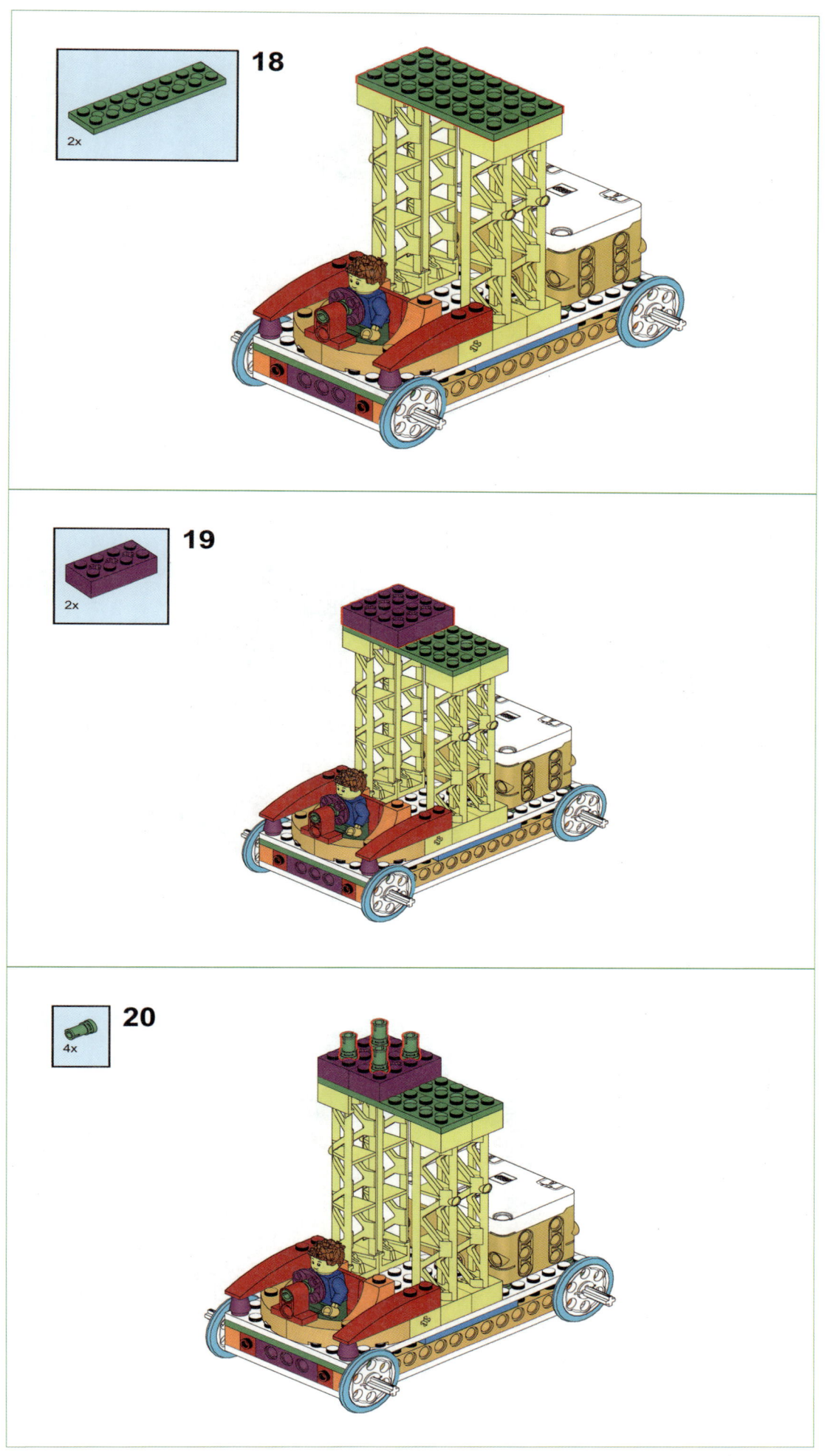

2.심미적 감성 - 살기 좋은 곳은 어떤 곳일까?

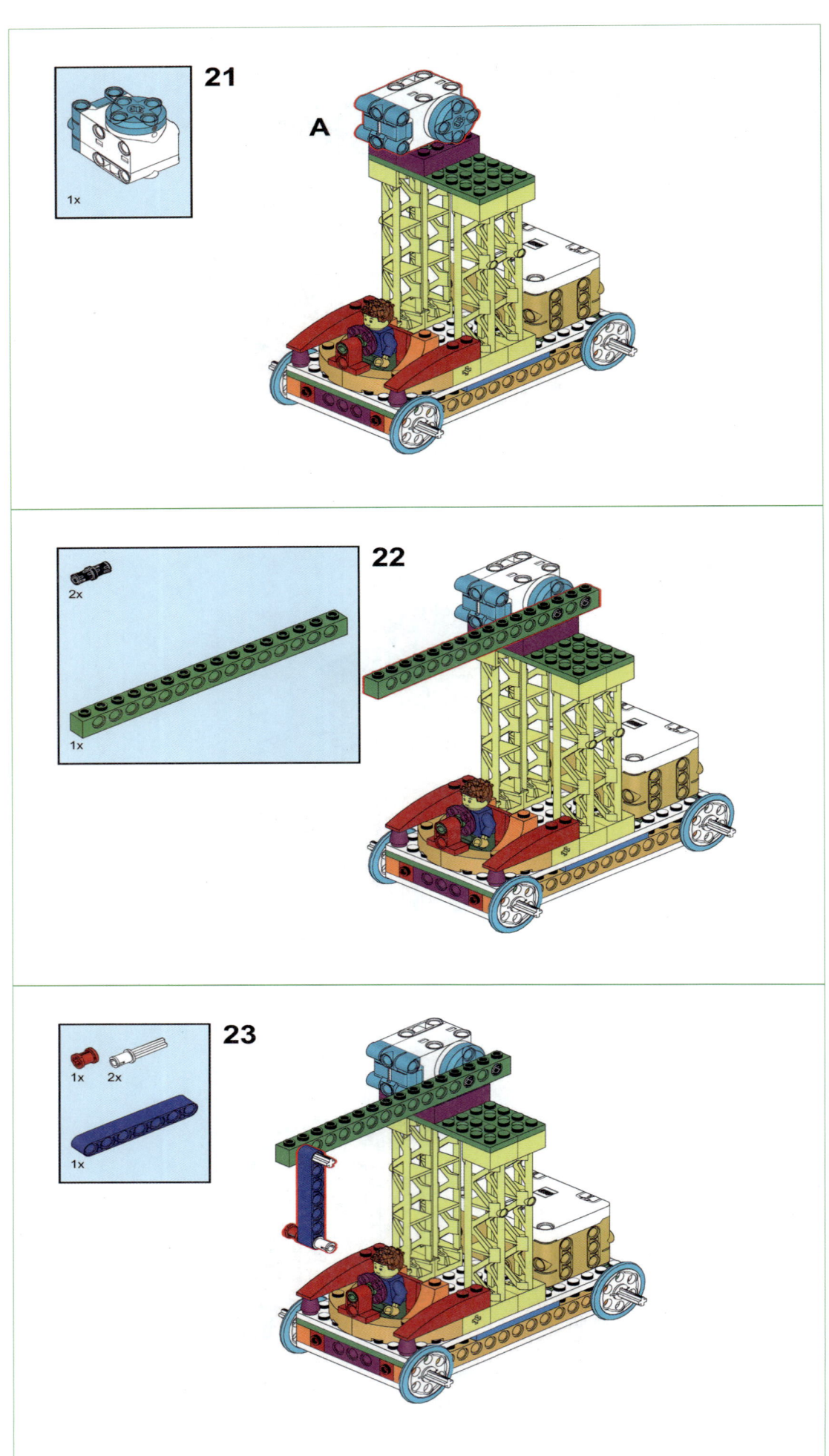

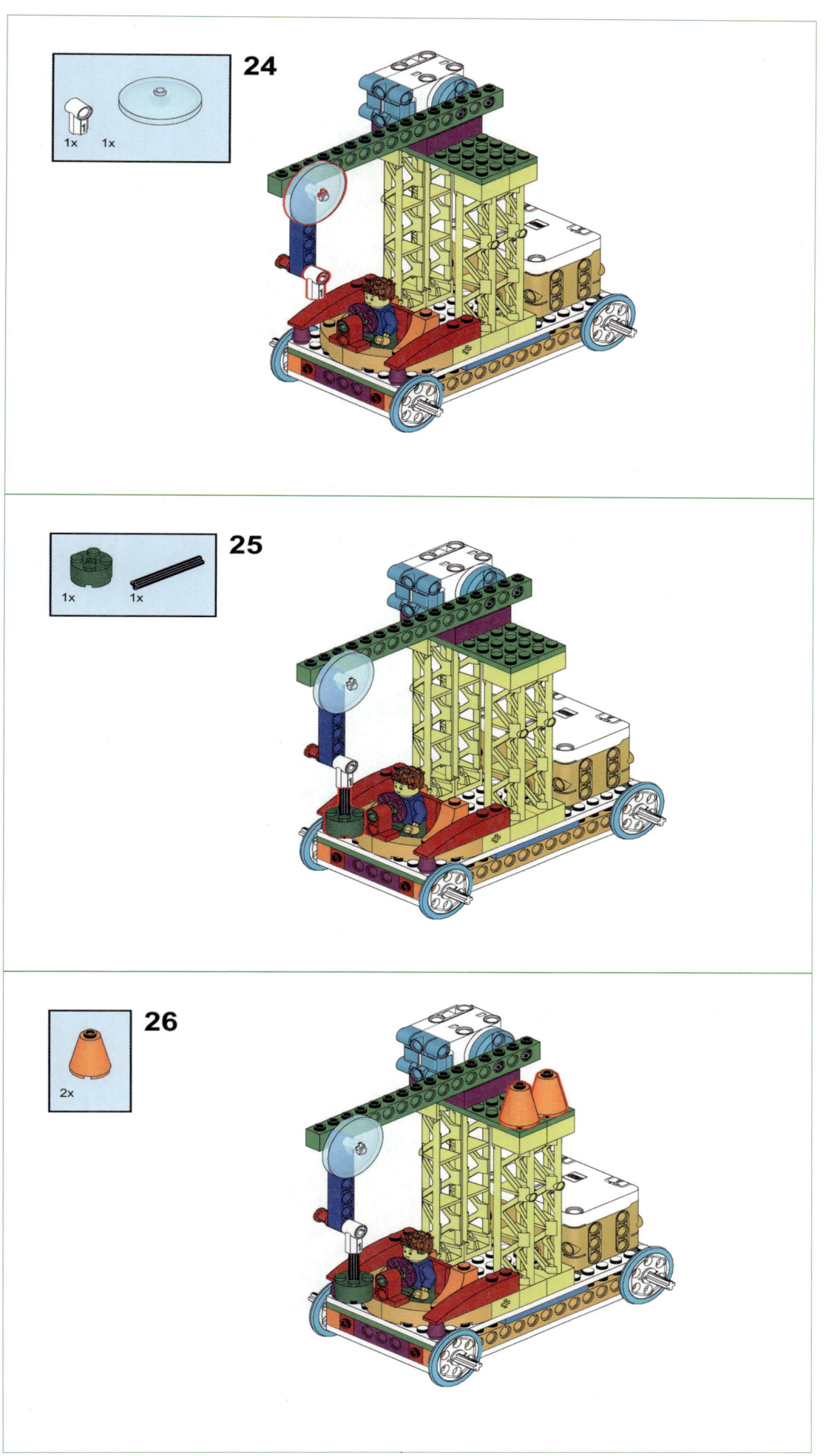

27

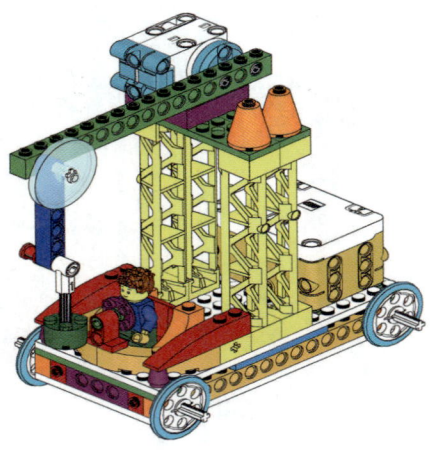

28

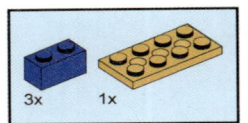

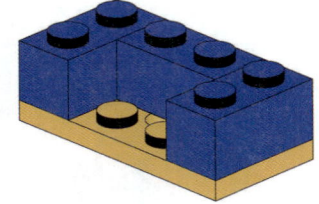

29

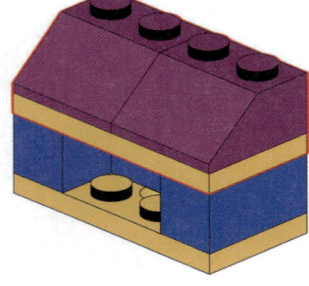

30

31

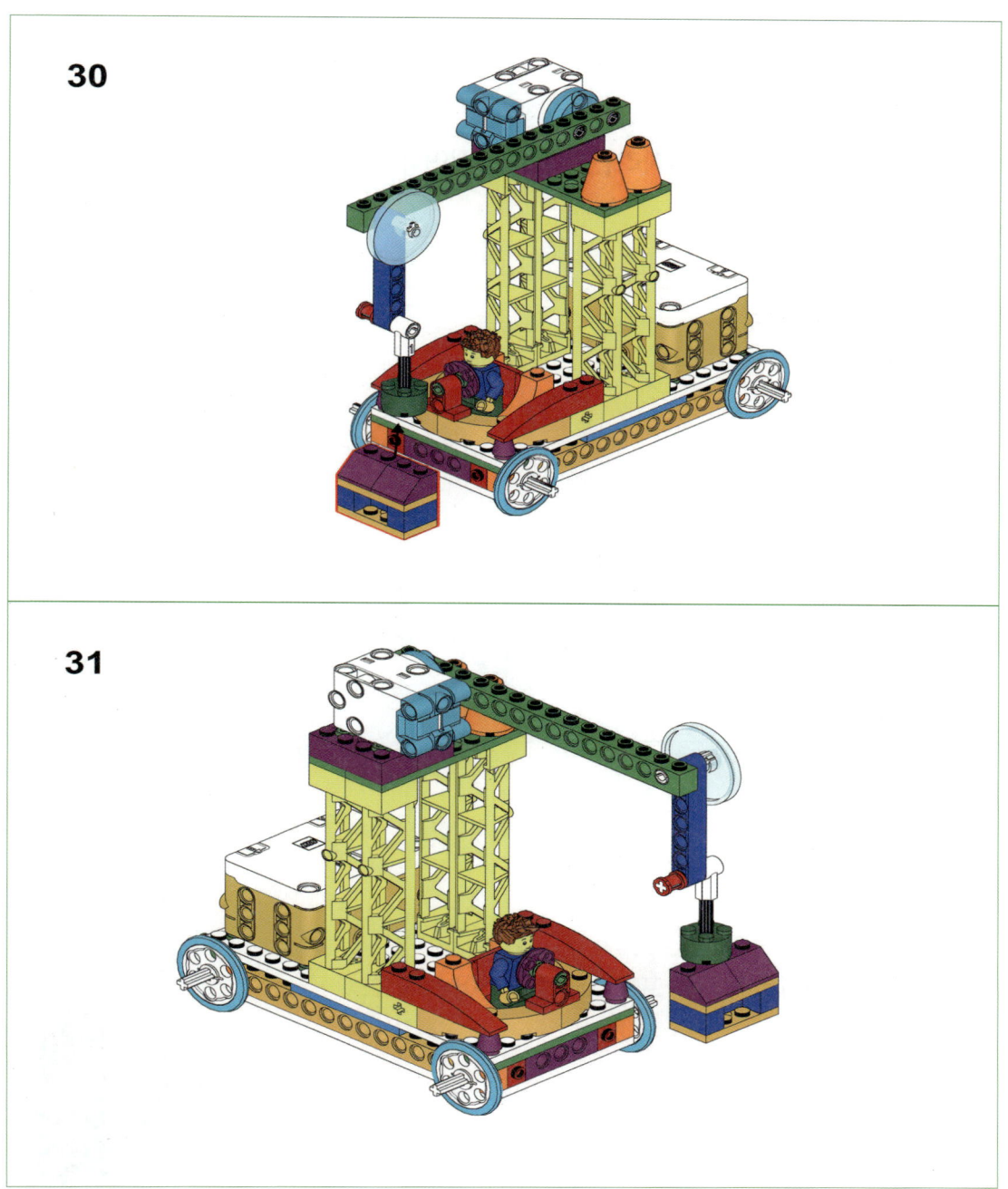

2.심미적 감성 - 살기 좋은 곳은 어떤 곳일까? 175

✱ 프로그램을 만들어요

• 방금 만든 작품으로 문제를 해결하려면 어떻게 움직여야 할까요?

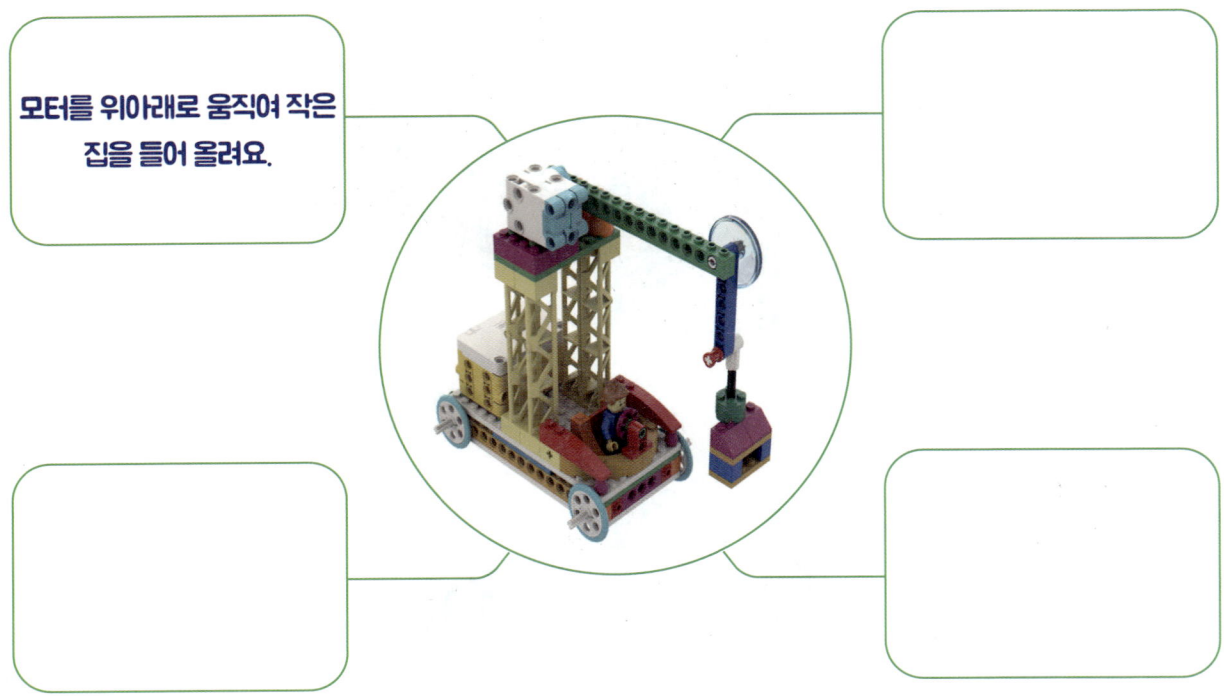

모터를 위아래로 움직여 작은 집을 들어 올려요.

• 모터를 사용해 기중기를 움직일 프로그램을 만들어 보아요.

나는 (　　　　　　　　　　) 하도록 만들어 볼거야!

작은 집을 기중기로 들어 올릴 때 주변에 있으면 위험할 수 있으니까 "공사중" 표시를 해줘야겠어. 화면 아래쪽에서 블록 추가를 선택해 디스플레이 블록을 추가해 보자. 아이콘 블록은 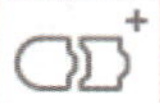 , 단어 블록은  를 눌러줘.

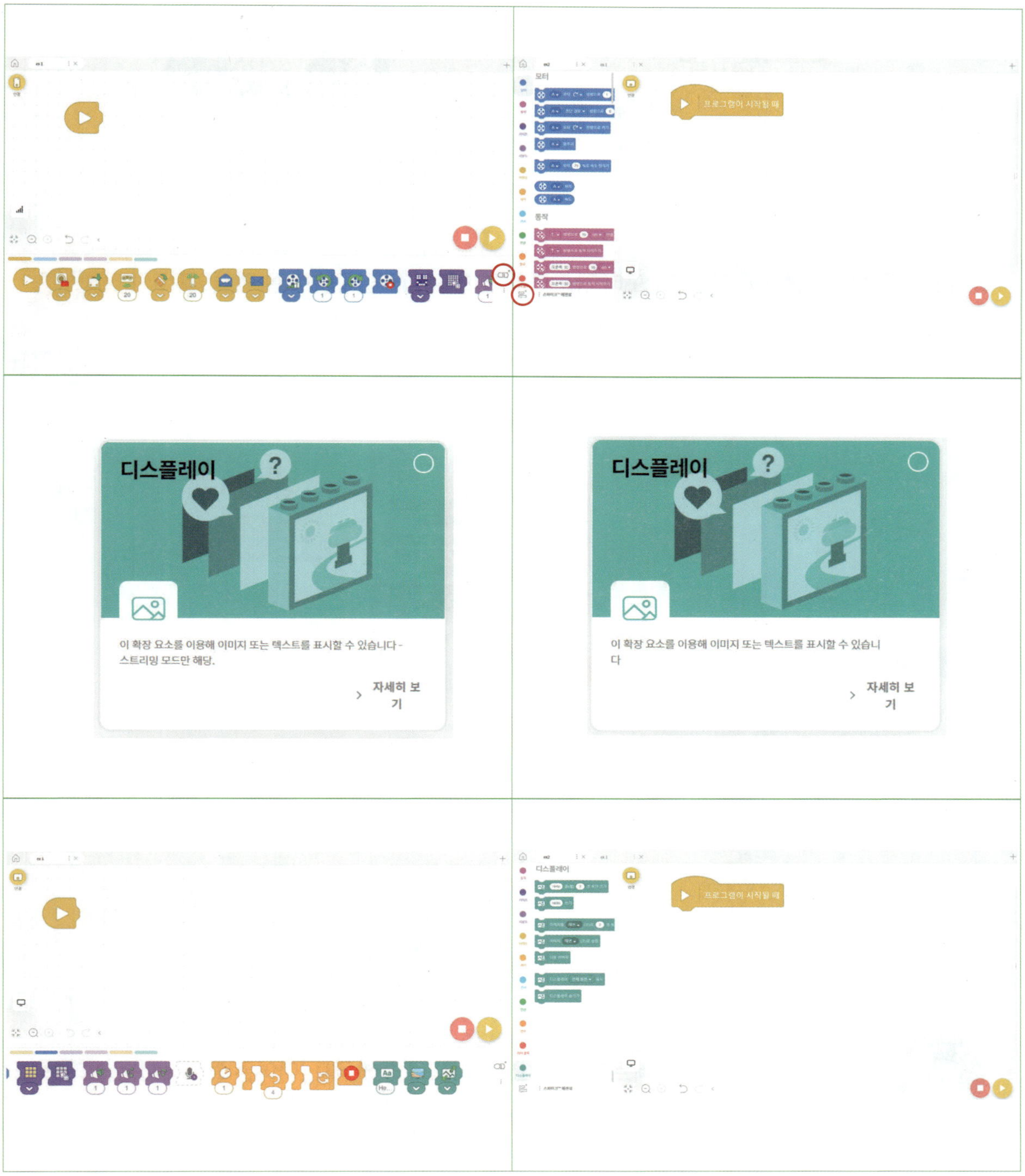

디스플레이 블록이 생긴 것을 확인할 수 있지?

2.심미적 감성 - 살기 좋은 곳은 어떤 곳일까? 177

 텍스트 표시 블록에 "공사중"이라고 글씨를 써주자.

 이제 모터를 움직여볼 차례야. 먼저 모터 각도를 확인해보자. 조립도대로 잘 만들었지? 작은 집이 바닥에 닿은 상태에서 기중기와 연결했다면 처음 모터 각도는 337도 정도일 거야. 각도는 화면 위쪽 허브 연결 상태 표시 근처에서 확인할 수 있어.

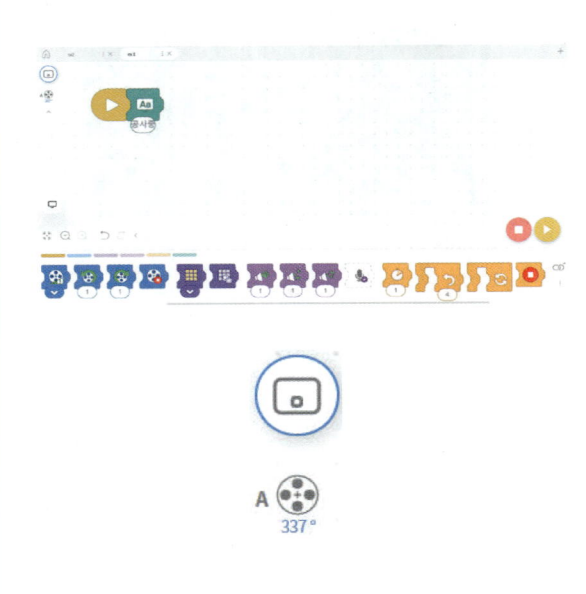
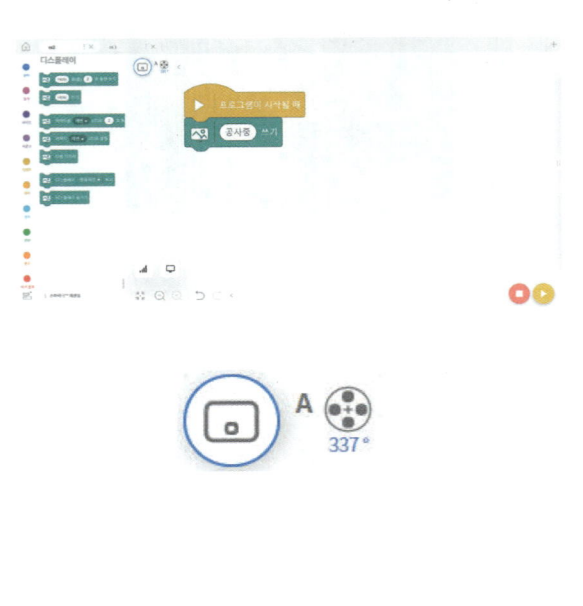

 모터의 속도는 너무 빠르지 않게 15% 정도로 정해두자. 아이콘 블록에서는 모터 속도를 한 칸으로 선택하고 단어 블록에서는 빈칸에 직접 숫자를 입력해주면 돼.

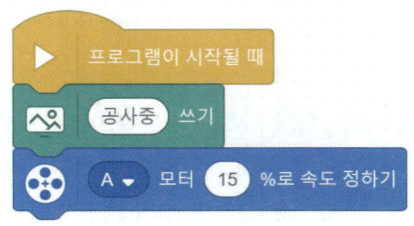

모터를 시계방향으로 돌리면 작은 집을 들어 올릴 수 있어. 안전하게 들어 올리려면 90도 정도가 좋을 것 같아. 아이콘 블록에서는 0.25로 숫자를 입력해주면 90도이고, 단어 블록에서는 빈칸에 90을 입력한 후 '회전'을 '도'로 바꿔주면 돼.

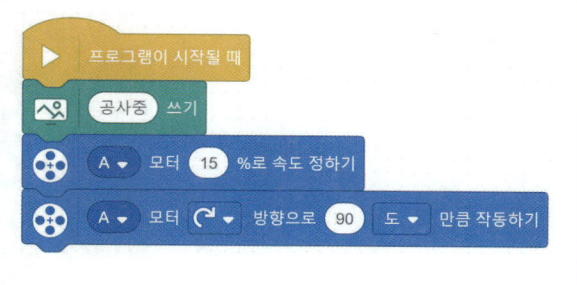

작은 집을 트럭에 옮길 수 있도록 시간을 추가해 주자. 나는 2초를 입력했지만, 원하는 대로 시간을 바꿔도 돼. 2초 후에는 다시 작은 집을 내려놓도록 시계 반대 방향으로 모터를 움직여볼까?

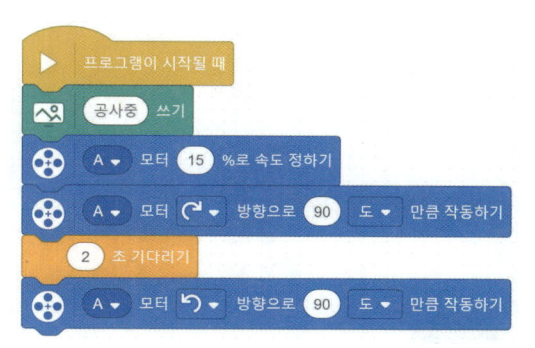

이제 작은 집을 들어 올릴 준비가 됐어! 시골 마을로 이사 가자~ 여러 가지 레고 블록을 이용해 시골 마을의 모습도 꾸며보면 어떨까?

2.심미적 감성 - 살기 좋은 곳은 어떤 곳일까?

06 한 번 더 확인해요

학습한 내용을 정리해보고 내가 만든 작품이 잘 작동하는지 살펴봅시다.

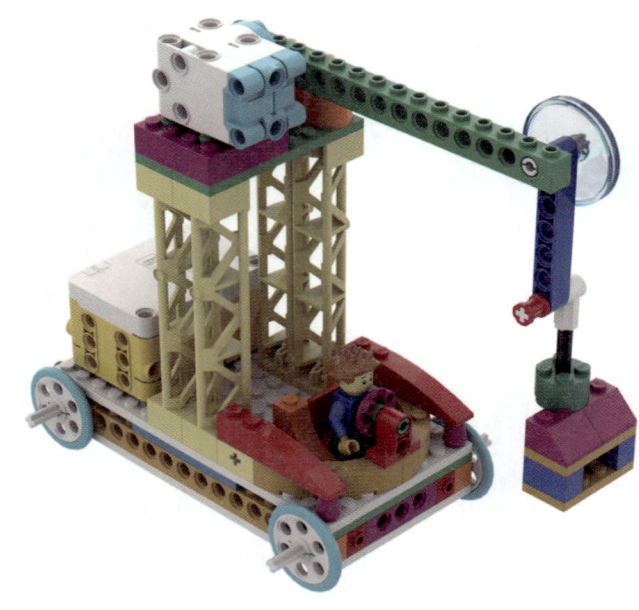

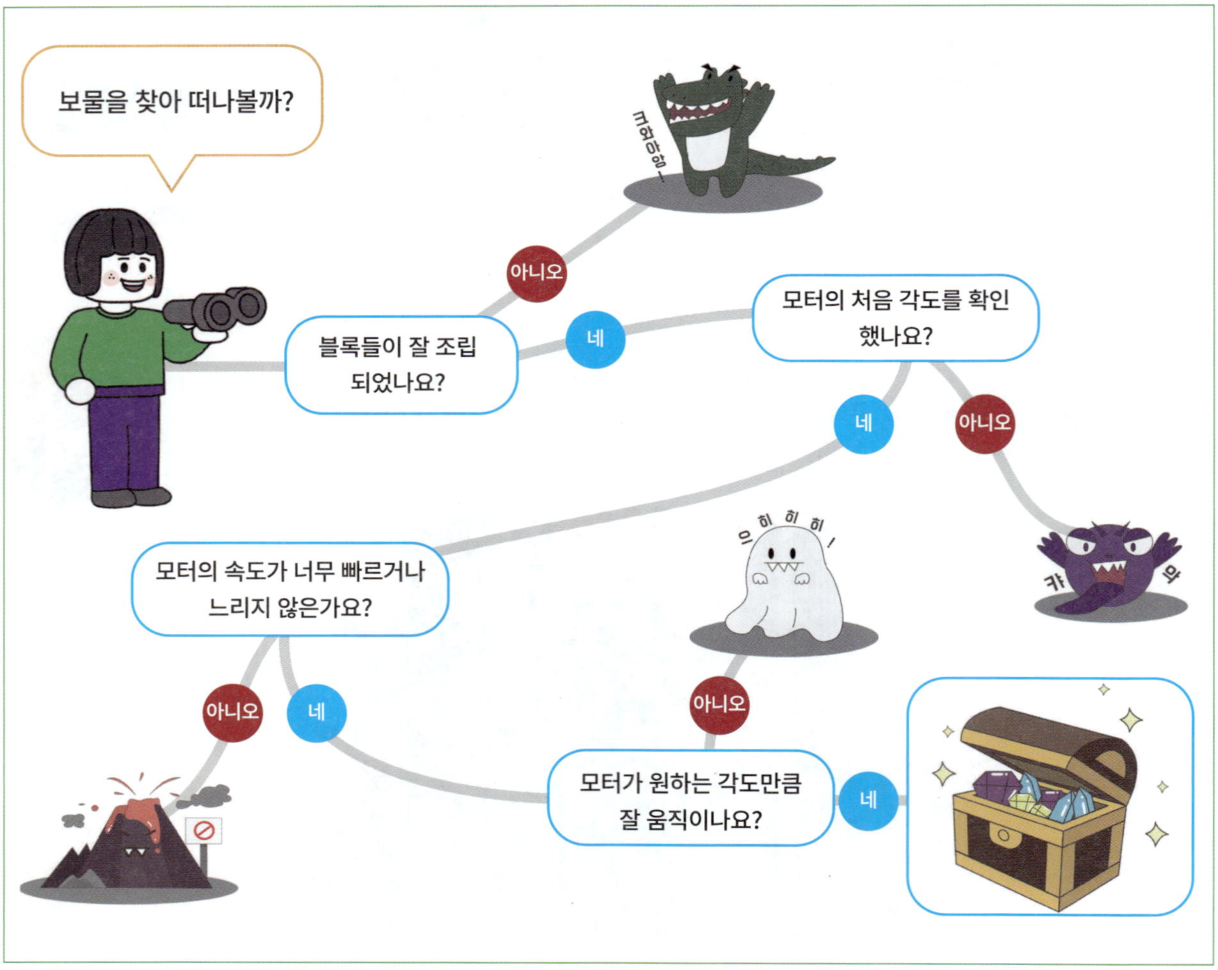

보물을 찾아 떠나볼까?

블록들이 잘 조립 되었나요?
- 아니오 → 크와아앙!
- 네 → 모터의 처음 각도를 확인 했나요?
  - 아니오 → 가아악!
  - 네 → 모터의 속도가 너무 빠르거나 느리지 않은가요?
    - 아니오 → 🌋
    - 네 → 모터가 원하는 각도만큼 잘 움직이나요?
      - 아니오 → 으히히히!
      - 네 → 💎보물상자💎

07 생각을 더해 보아요

- 기중기의 성능이 더 좋아지도록 업그레이드해서 프로그래밍해 보세요.

> 나는 (　　　　　　)을 더 붙여봤어.
> 너는 무엇을 더해볼 거야?

_____

_____

_____

08 이야기를 더해 보아요

> 소피와 레오는 작은 집이 그리운 시골 마을로 돌아갈 수 있게 기중기를 만들어주었어요. 여러분이라면 어떻게 작은 집을 도와주고 싶나요? 내가 도와주고 싶은 방법대로 디자인해 보고 프로그램을 만들어 보세요.

- 내가 선택한 해결 방법은 무엇인가요? 내가 만들 작품을 디자인해 보세요.

작품명 : _____

소개 : _____

- 어떻게 프로그램을 만들지 생각해 보아요.
  (예: OO 블록을 사용해서 ~ 하게 만들고 싶다.)

_____

_____

_____

- 내가 선택한 방법으로 작은 집을 도와주면 이야기가 어떻게 바뀔까요? 달라진 이야기를 써보세요.

_____

_____

_____

_____

_____

_____

_____

_____

_____

09 뽐내 보아요

> 내가 만든 작품을 친구들에게 공유해 볼까요?
> 내가 새롭게 만든 작품과 이야기를 친구들과 공유해 볼까요?

내가 만든 **작품 인증샷**
해시태그 이벤트

아래 2개의 필수 해시태그와 함께
내가 만든 작품의 인증샷을 찍어 업로드 해 주세요.
추첨을 통해 소정의 선물을 보내드립니다.

 # PlayIT스파이크에센셜   **# 스파이크에센셜은퓨너스**

참여 방법 1
① 퓨너스 학습지원 커뮤니티(http://cafe.naver.com/robotsteam)가입
② #퓨너스 소식 >> **이벤트 게시판에 글쓰기**
 - 말머리 [해시태그이벤트] 선택하고 아래 태그에 **필수 해시태그 포함**시키기

참여 방법 2
① 퓨너스 인스타그램(@funers_official)을 팔로우
② 게시물 올릴 때 **필수 해시태그 포함**시키기

참 잘했어요!

다음 책은 뭘까?

3. 창의적 사고, 인공지능

1. 지진에 안전한 집! 지진 알림 로봇을 만들어요
2. 누구나 함께 탈 수 있는 놀이기구를 만들어요
3. 야생동물 구조 차량을 만들어 보아요
4. 로봇은 어떻게 의사소통 할까요?

지진에 안전한 집! 지진 알림 로봇을 만들어요

지진으로 걱정하는 북극곰을 도와줘 볼까요?

관련역량	창의적 사고 역량	**AI핵심역량**	컴퓨팅 사고력
관련교과	과학, 미술, 안전		문제해결력
학습목표	북극곰들의 집이 흔들리는 문제를 함께 알아보고, 모터와 3x3 컬러 라이트 매트릭스를 이용하여 지진 알림 로봇을 만들 수 있다.		공익적 사고력

01 함께 읽어요

이 책을 읽으면 더 좋아요!

<북극곰의 집이 녹고 있어요>

글, 그림 로버트 E 펄스 / 번역 김영남
시공주니어

02 문제를 찾아봐요

북극곰의 집이 녹고 있다고 하는데, 어떤 원인 때문에 녹고 있는 걸까?

그건 북극의 얼음이 지구온난화로 녹게 되면서 북극곰들의 집의 빙하가 녹고, 깨지게 되면서 흔들리게 되기 때문이야!

아! 그렇구나. 지구온난화 때문에 삶의 터전인 빙하가 흔들리게 되면 북극곰들이 밤에 걱정되어 잠이 오지 않겠는걸?

맞아! 북극곰 마을의 걱정을 줄여주기 위해서 우리 북극곰 집이 흔들리는 문제를 함께 도와줄 수 있도록 고민해볼까?

03 방법을 생각해요

마리아는 북극곰들의 집이 녹아서 흔들리는 것을 도와주고 싶어 해요.
어떻게 도와줄 수 있을까요?

- 문제를 해결할 수 있는 방법을 생각하여 정리해보아요.

_____
_____
_____
_____

04 이렇게 해결해요

- 마리아는 어떻게 문제를 해결하려고 할까요?

빙하가 녹으면서 생기는 흔들림을 알려주고 소리를 내는 로봇을 만들어서 북극곰들이 안전하게 대피할 수 있도록 해야겠어!

05 함께 만들어요

* 블록으로 만들어요

조립하기 - 지진에 안전한 집! 지진 알림 로봇을 만들어요

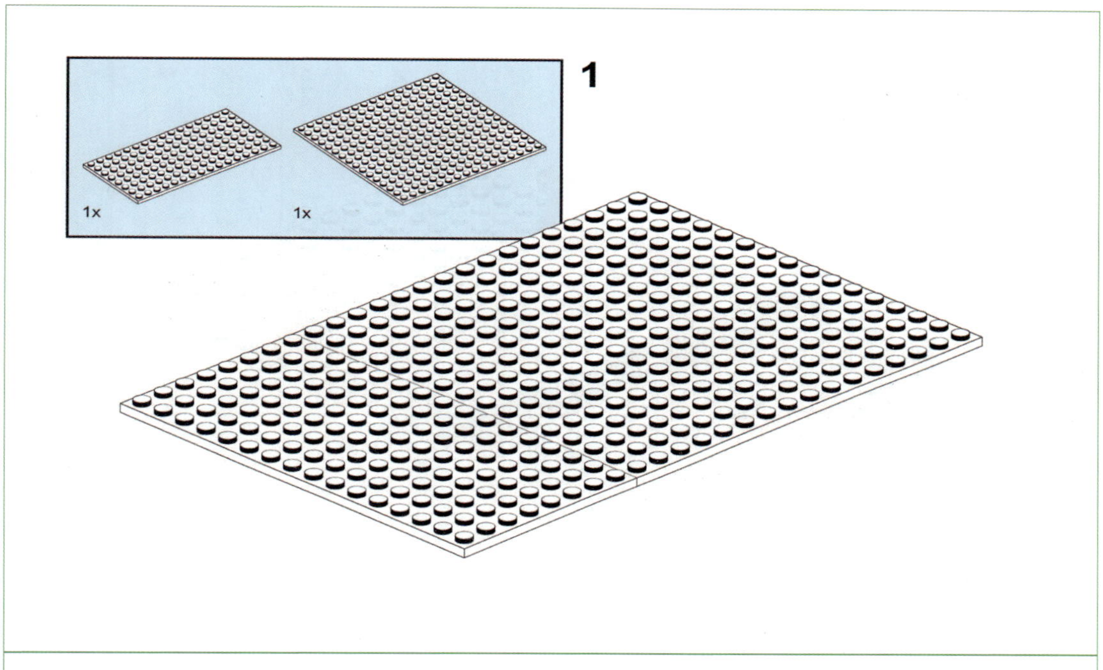

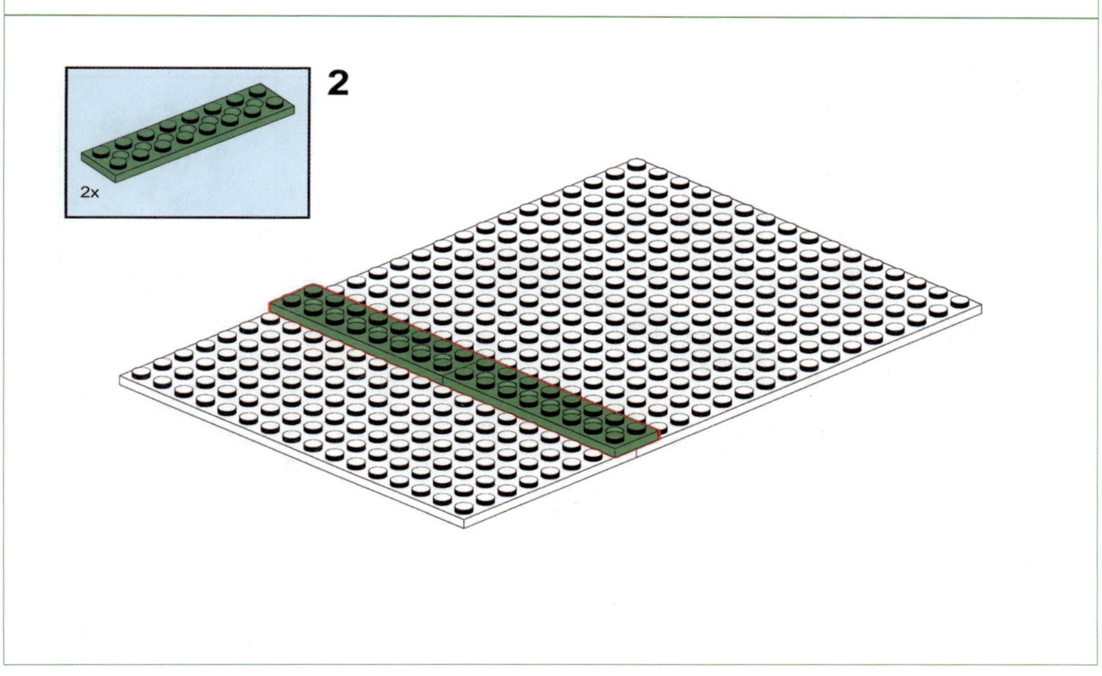

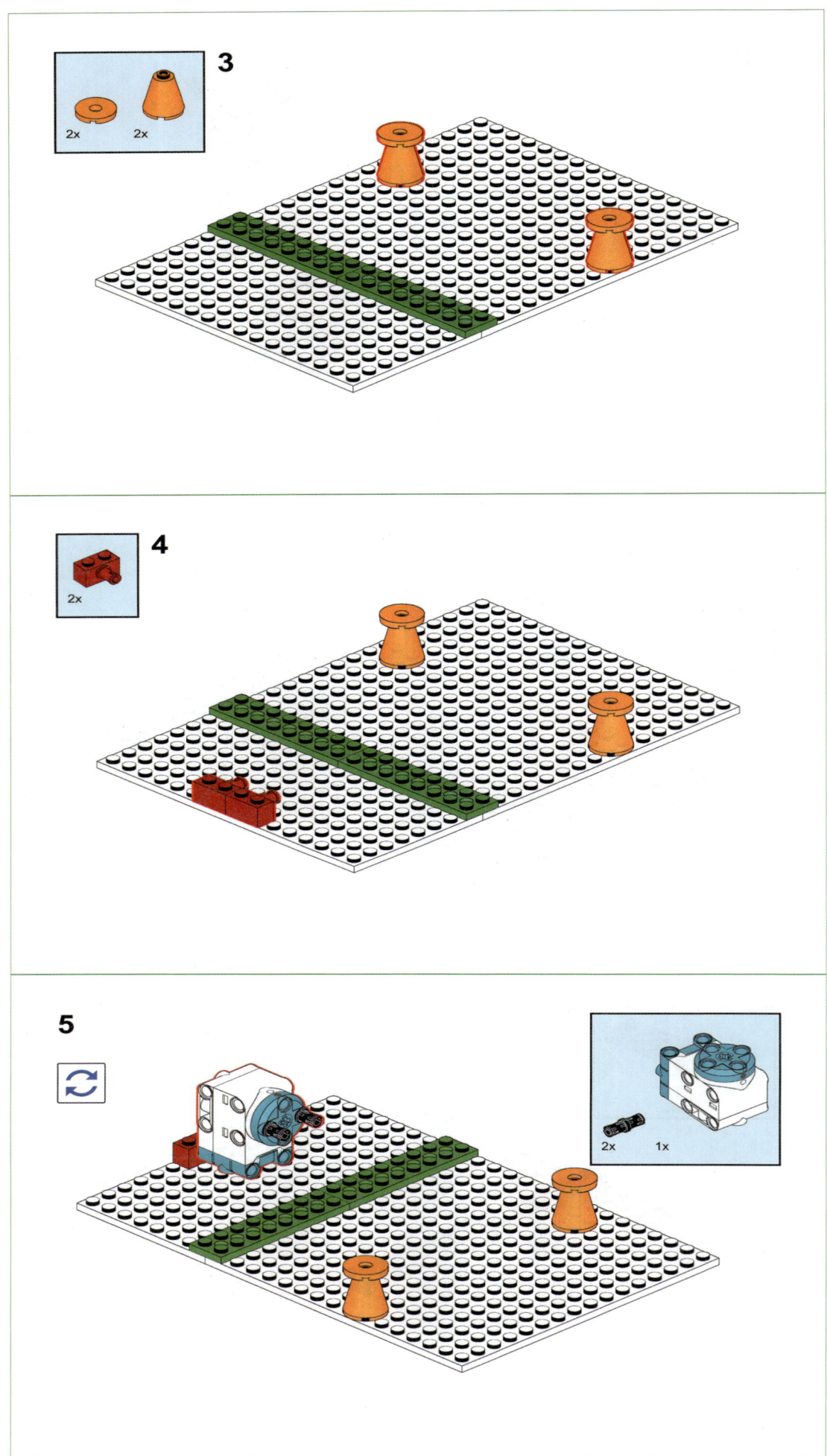

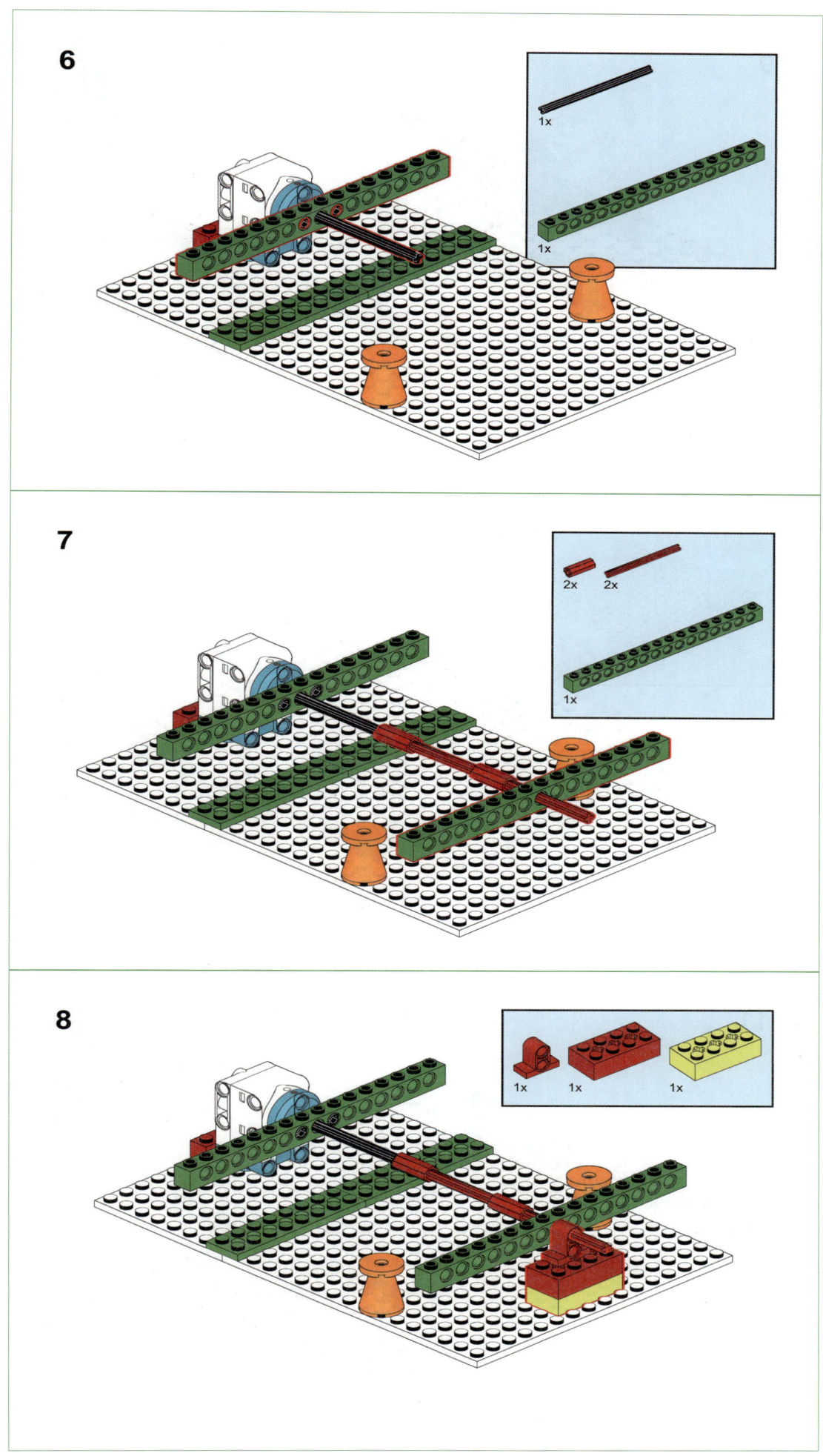

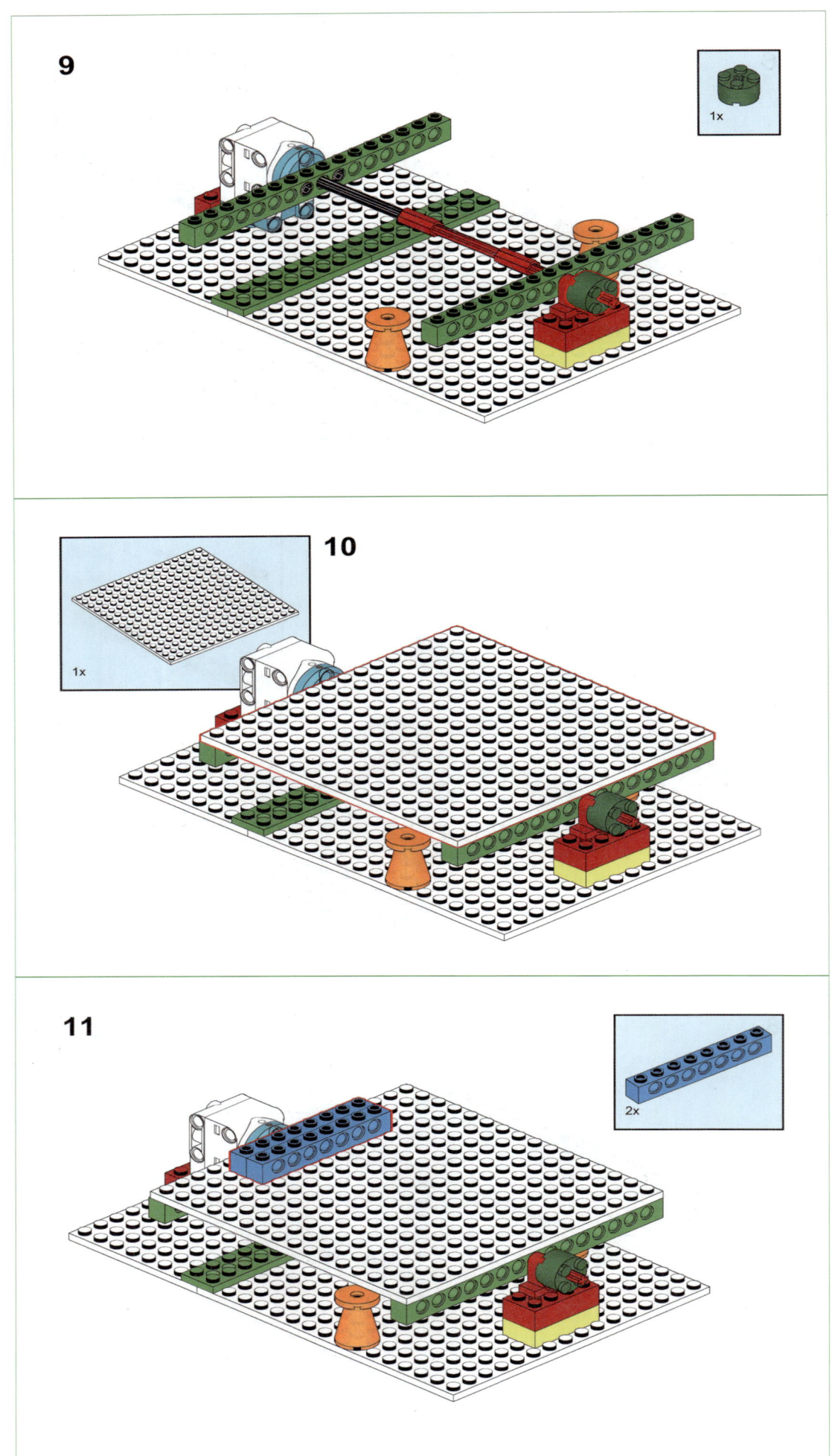

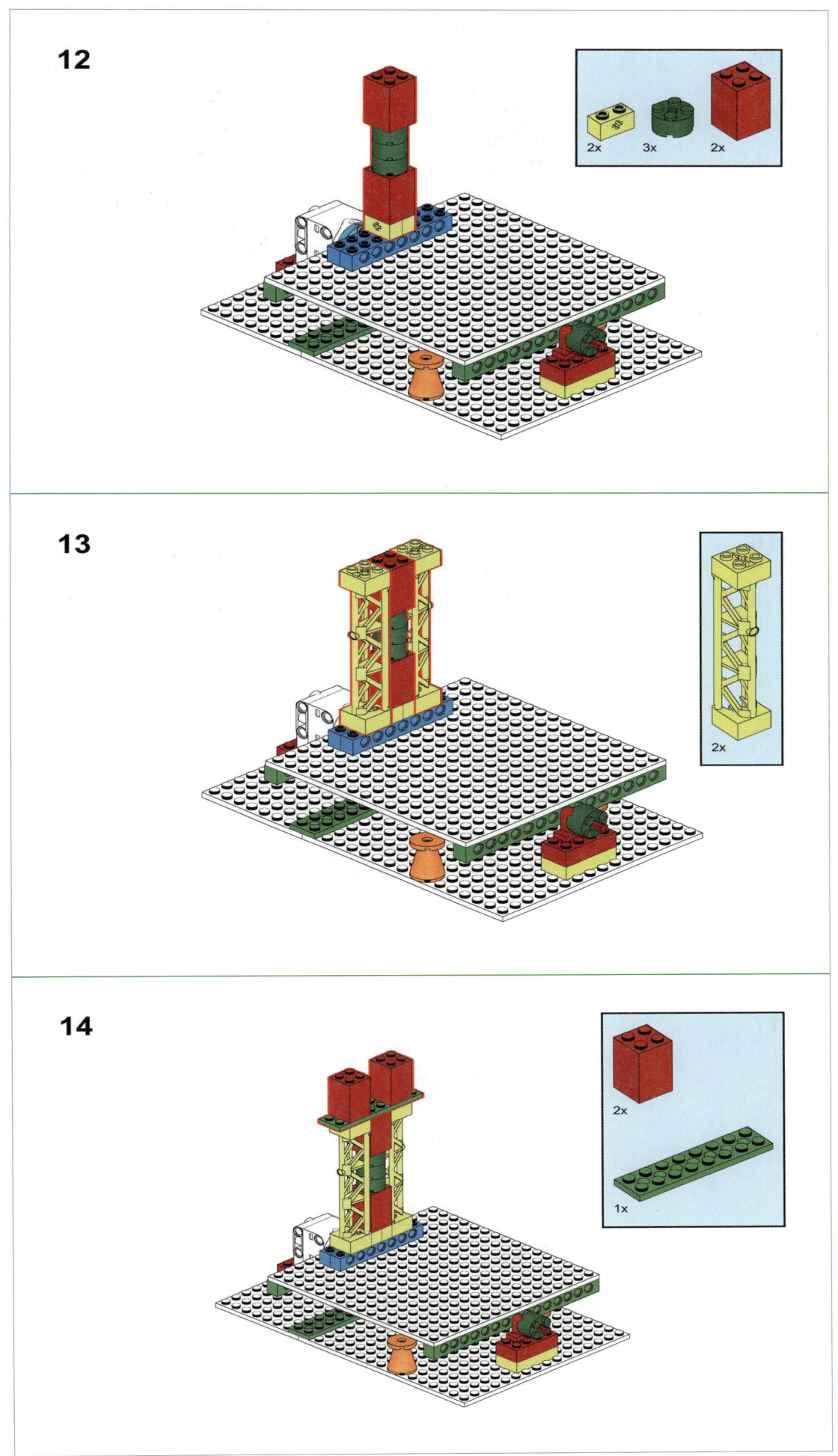

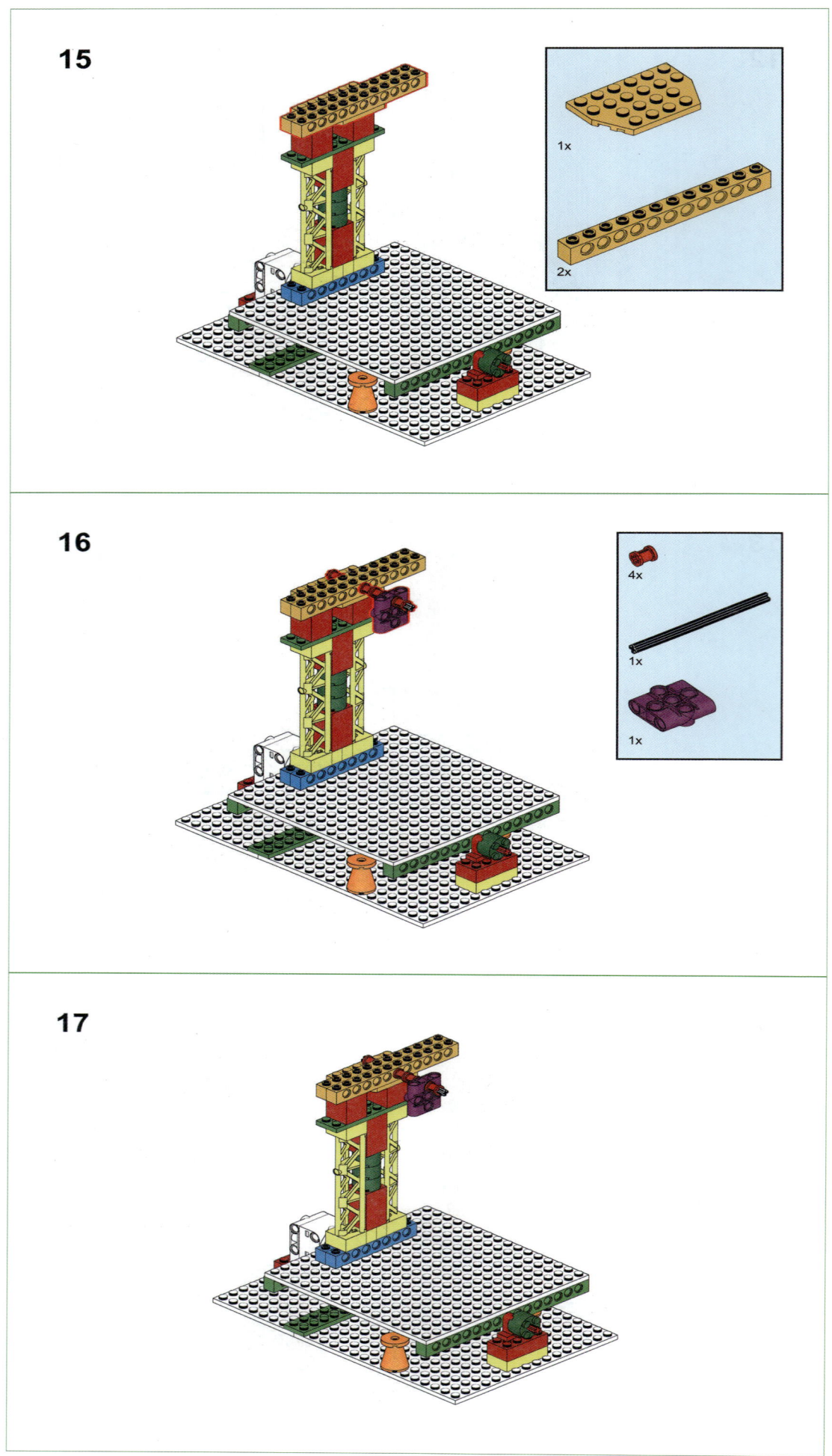

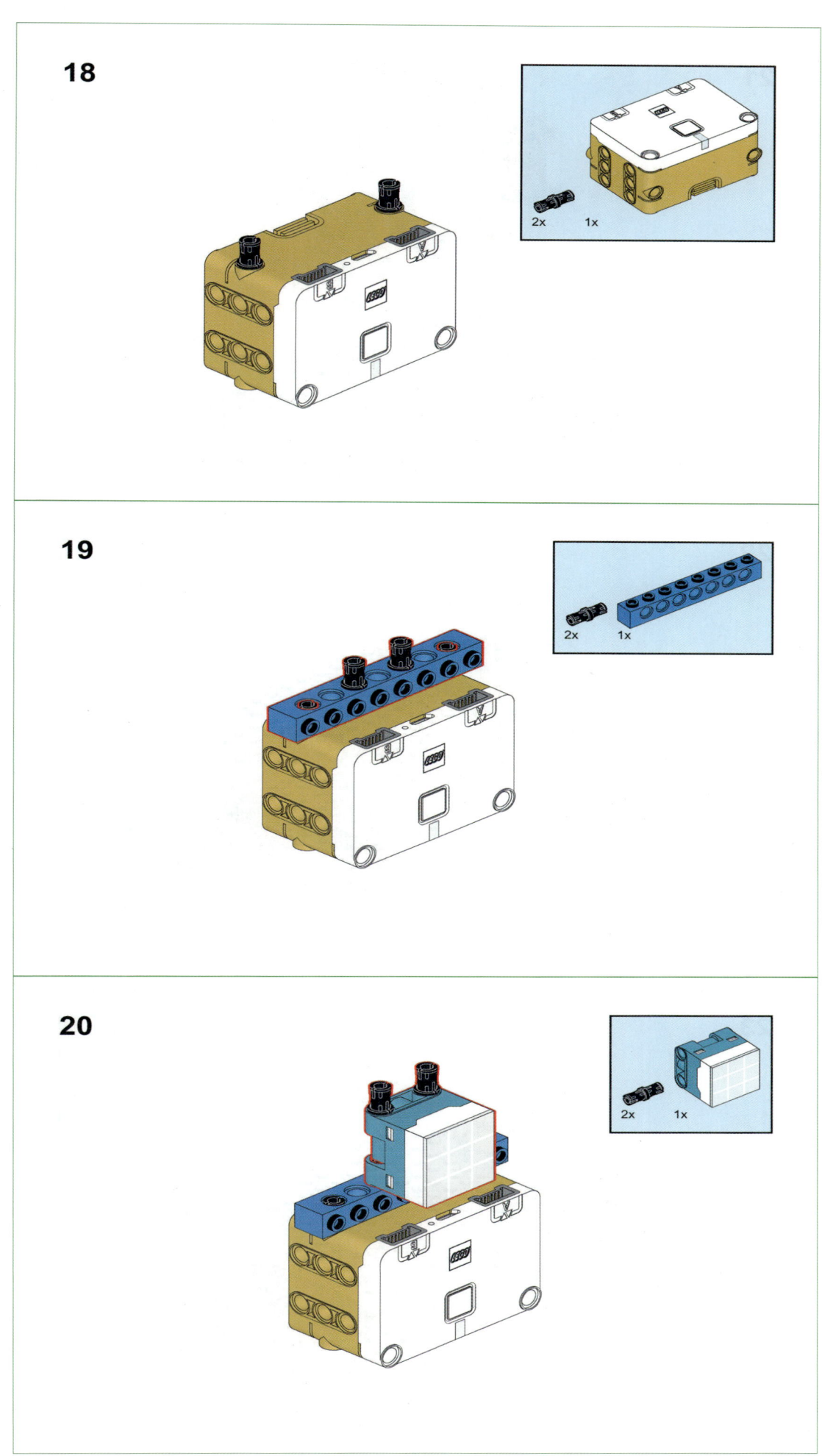

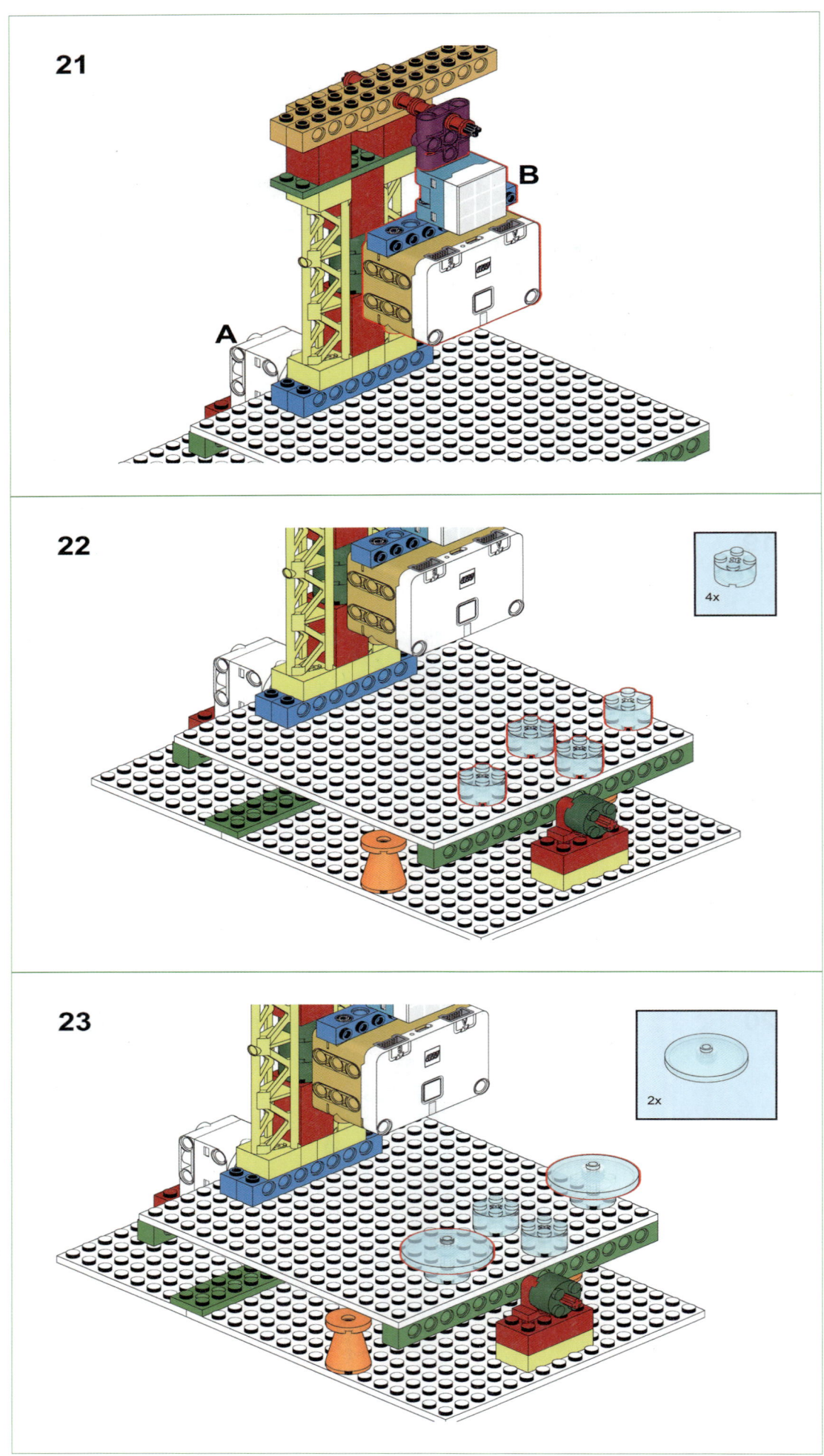

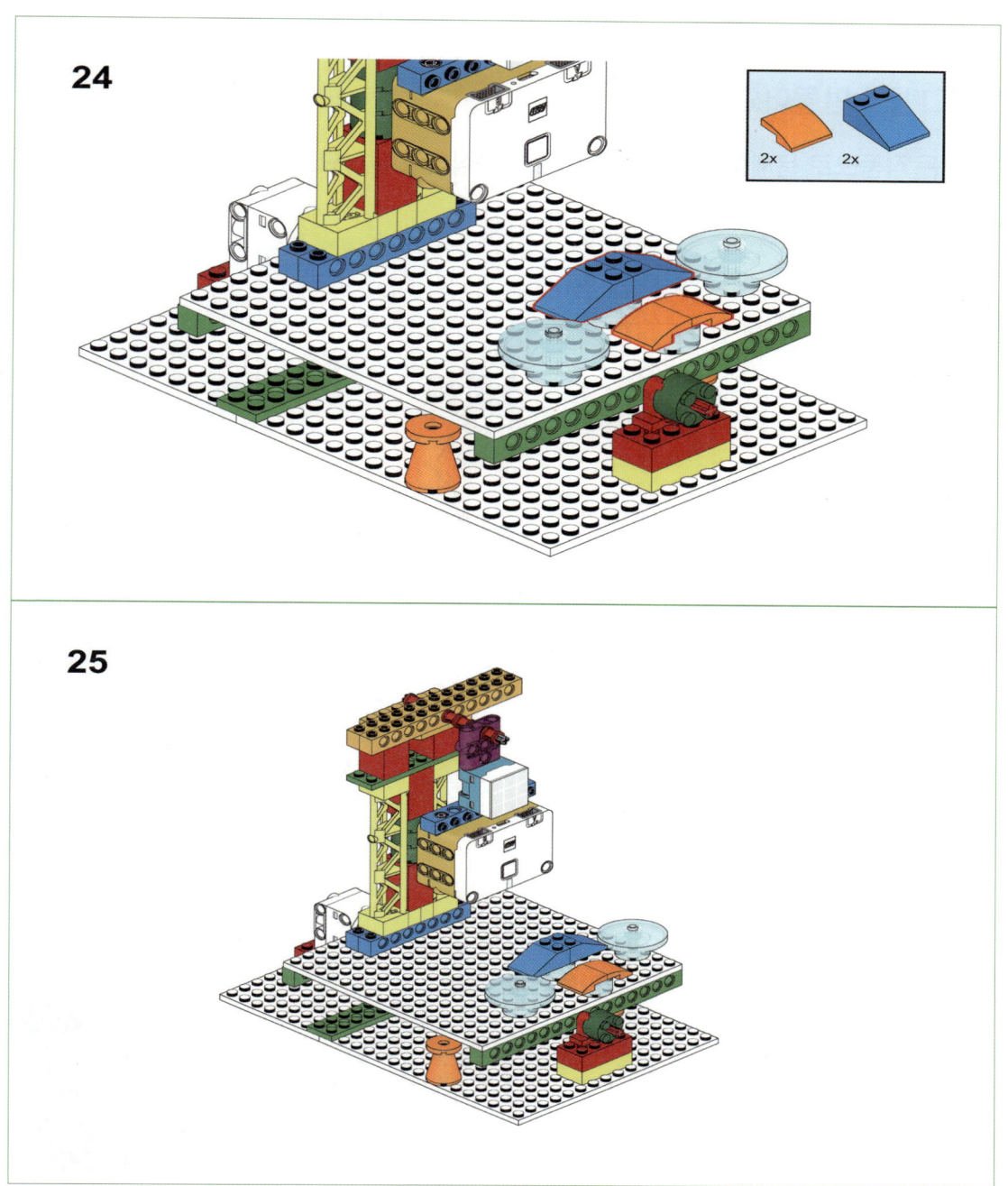

3.창의적사고, 인공지능 - 지진에 안전한 집! 지진 알림 로봇을 만들어요

✱ 프로그램을 만들어요

- 방금 만든 작품으로 문제를 해결하려면 어떻게 움직여야 할까요?

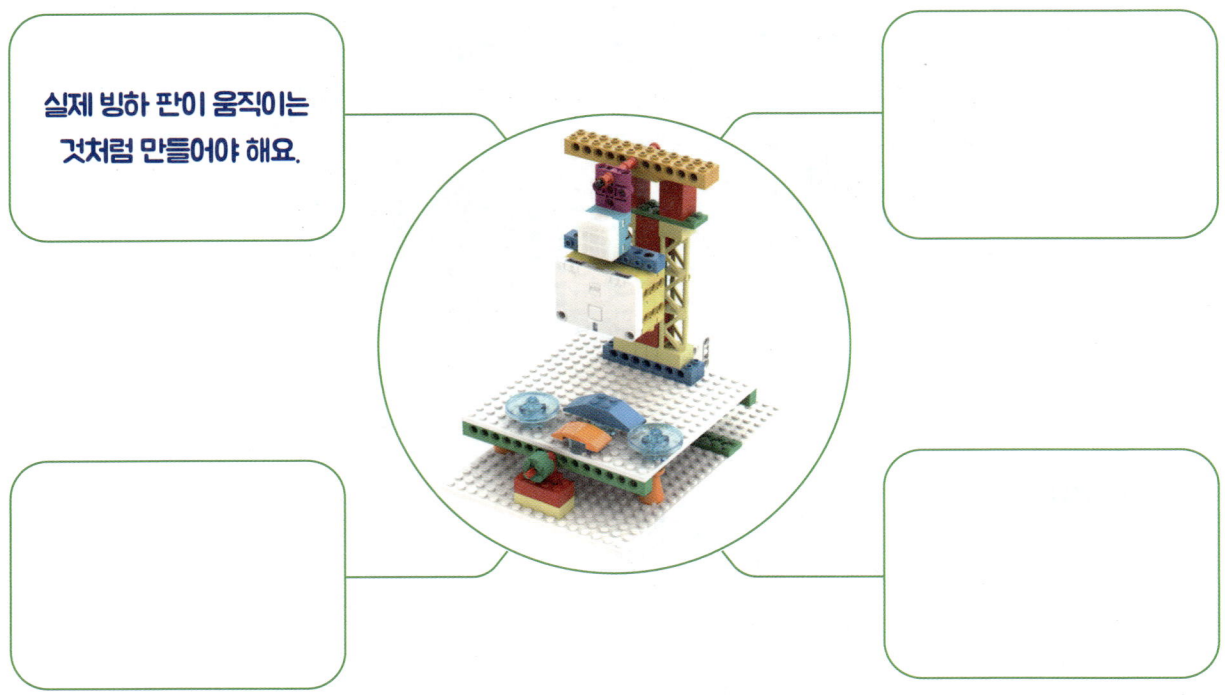

실제 빙하 판이 움직이는 것처럼 만들어야 해요.

- 지진 알림 로봇을 제어할 프로그램을 만들어 보아요.

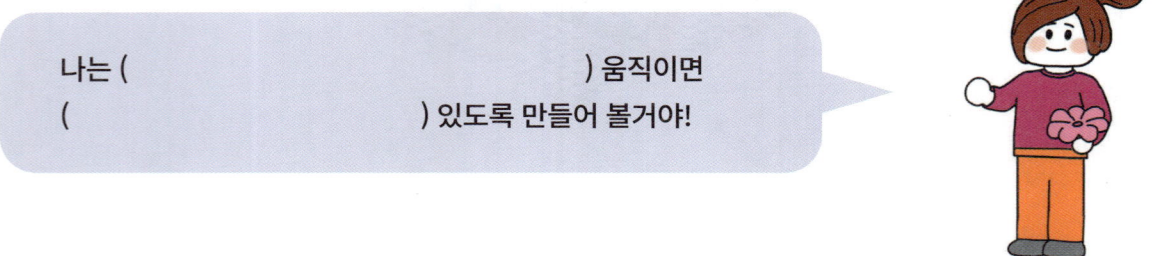

나는 (   ) 움직이면
(   ) 있도록 만들어 볼거야!

우선 연결된 모터를 이용해서 빙하가 좌우로 흔들리는 것을 표현하고 싶어!

그리고 좌우로 빙하가 흔들릴 때마다, 알림을 줄 수 있게 하면 좋을 것 같아.
방향 신호를 보내는 블록들을 추가해야지!

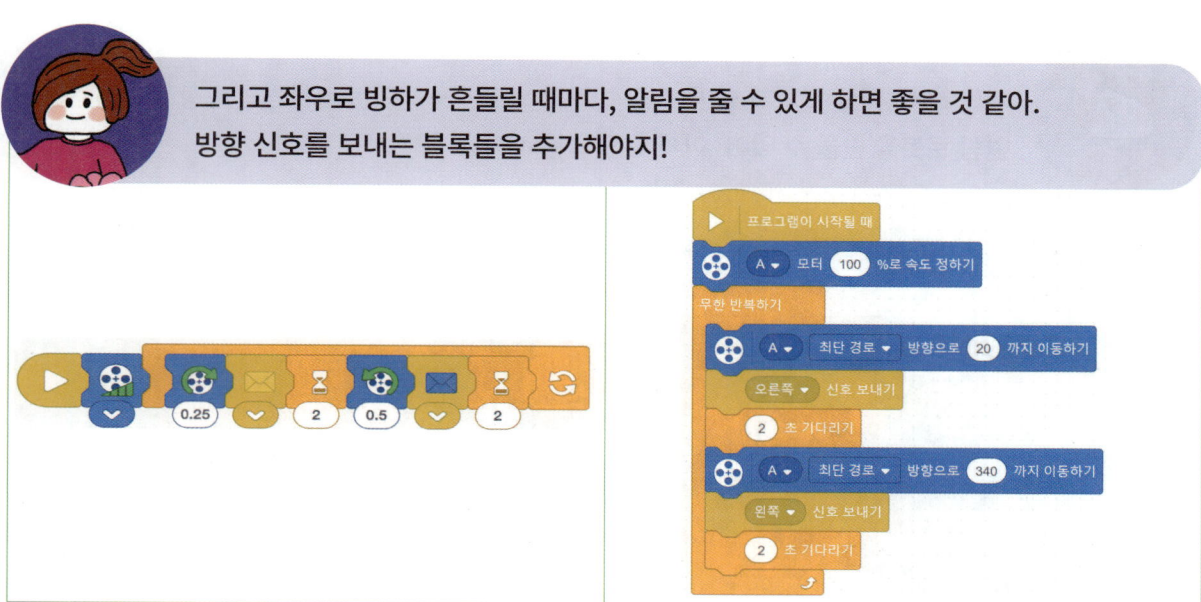

마리아~! 신호 보내기 방법은 알고 있니?
아이콘 블록에서는 신호 보내기에서 색을 다르게 해서 보낼 수 있어.

그리고 단어 블록에서는 보내고 싶은 신호의 이름을 정해서 만들면 신호 보내기를 할 수 있어. 신호를 보내면 받는 블록도 함께 추가하는 것 잊지 마!

그럼, 신호 받기 블록을 이용해서 3x3 컬러 라이트 매트릭스가 흔들리는 방향을 알려줄 수 있도록 할 거야.

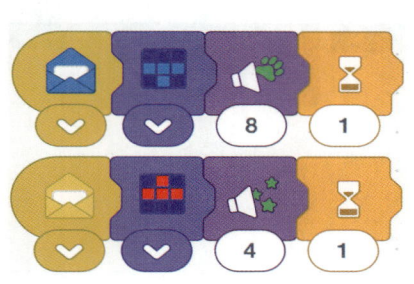 

마리아, 방향을 알려줄 때 경고 소리를 함께 낼 수 있도록 하면 더 좋지 않을까?

그래~! 그리고 빙하 판이 흔들릴 때마다 알려줄 수 있도록 반복 블록을 함께 추가하자!

3.창의적사고, 인공지능 - 지진에 안전한 집! 지진 알림 로봇을 만들어요

 자! 이 블록들을 합치게 되면, 북극 빙하가 녹으면서 생기는 흔들림의 방향을 알려주는 알림 로봇을 만들 수 있어! 이제 너도 어른 해봐!

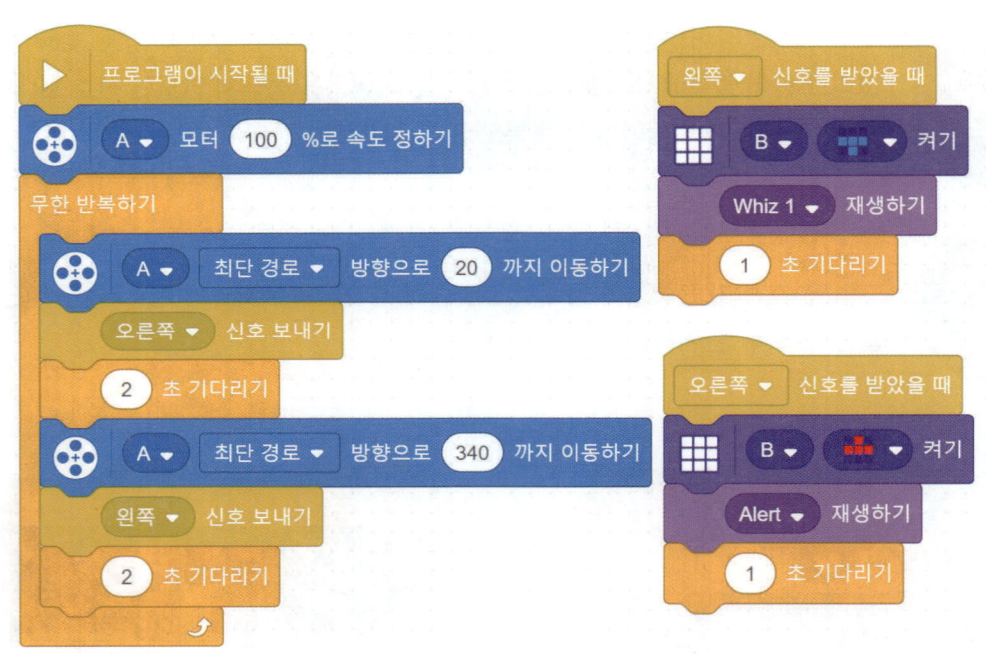

06 한 번 더 확인해요

지진 알림 로봇이 잘 움직이는지 살펴봅시다.

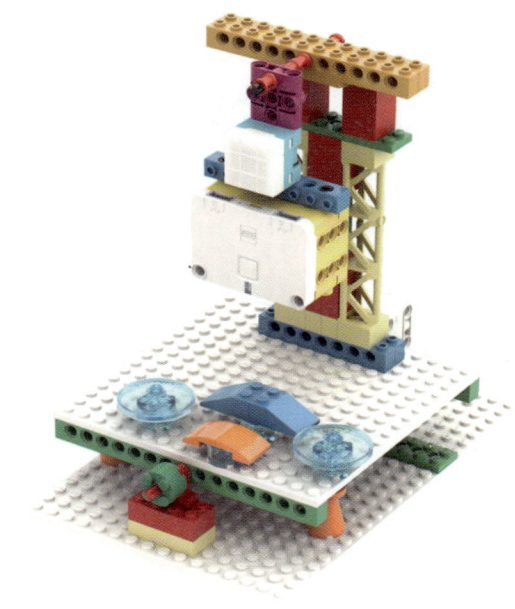

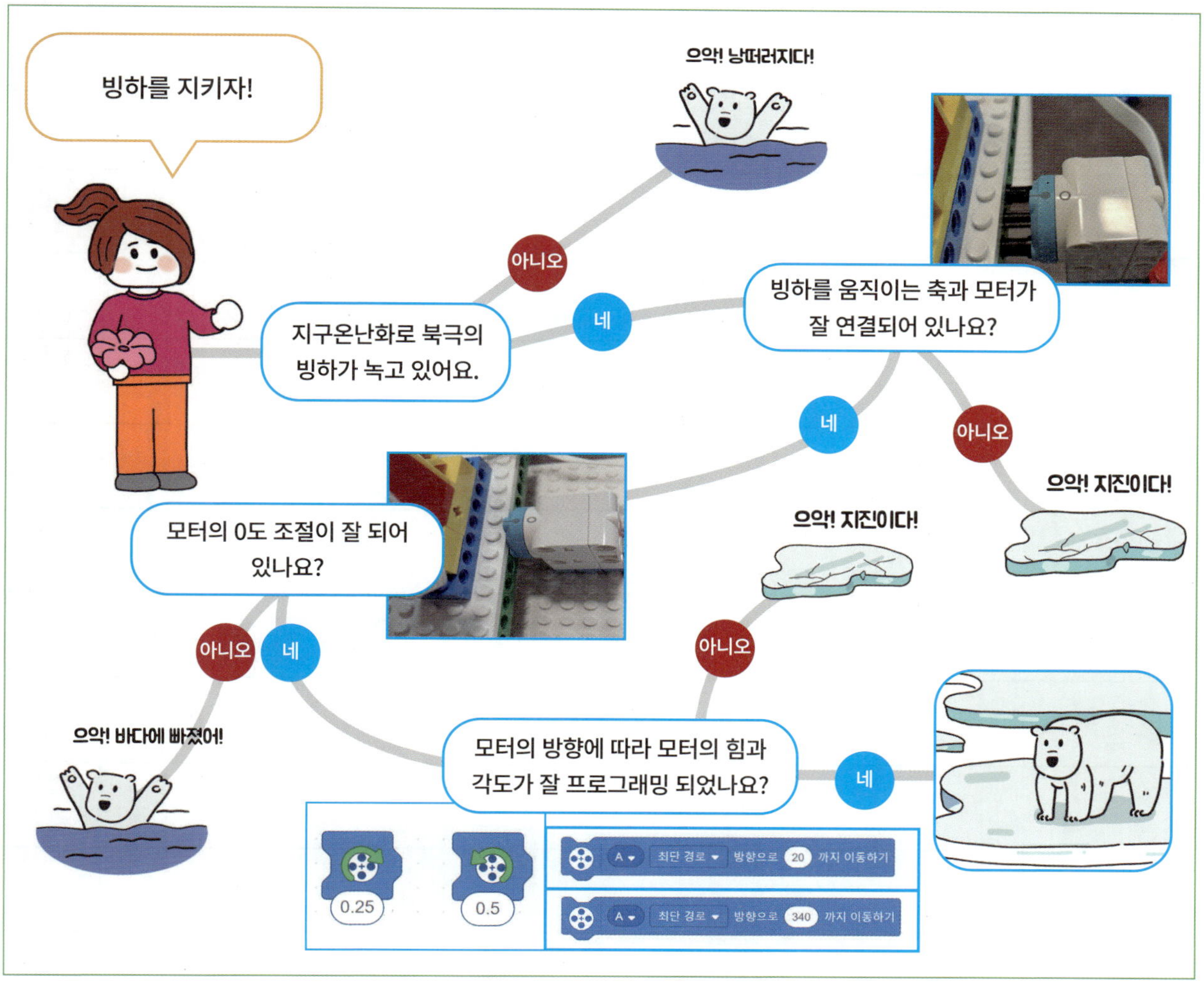

07 생각을 더해 보아요

- 북극곰들에게 도움을 줄 수 있도록 자신만의 창의적인 지진 알림 로봇을 디자인하고 프로그래밍해 보세요.

> 나는 (　　　　　)을 더 붙여봤어.
> 너는 무엇을 더해볼 거야?

08 이야기를 더해 보아요

> 마리아는 북극곰 마을의 걱정을 덜어줄 수 있도록 도움을 주었어요.
> 이제, 이 지진 알림을 받은 북극곰들이 안전하게 대피하는 방법을 생각해서 '북극곰의 안전한 지진대피 방법'이라는 주제로 그림동화를 함께 그려볼까요?

(4컷) 북극곰의 안전한 지진대피 방법

3.창의적사고, 인공지능 - 지진에 안전한 집! 지진 알림 로봇을 만들어요

09 뽐내 보아요

> 내가 만든 그림동화를 다른 친구들에게 공유해 볼까요?
> 내가 만든 지진 알림 로봇을 친구들에게 공유해 볼까요?

내가 만든 **작품 인증샷** 해시태그 이벤트

아래 2개의 필수 해시태그와 함께
내가 만든 작품의 인증샷을 찍어 업로드 해 주세요.
추첨을 통해 소정의 선물을 보내드립니다.

 # PlayIT스파이크에센셜   **# 스파이크에센셜은퓨너스**

참여 방법 1
① 퓨너스 학습지원 커뮤니티(http://cafe.naver.com/robotsteam)가입
② #퓨너스 소식 >> **이벤트 게시판에 글쓰기**
   - 말머리 [해시태그이벤트] 선택하고 아래 태그에 **필수 해시태그 포함**시키기

참여 방법 2
① 퓨너스 인스타그램(@funers_official)을 팔로우
② 게시물 올릴 때 **필수 해시태그 포함**시키기

누구나 함께 탈 수 있는 놀이기구를 만들어요

누구나 함께 탈 수 있는 시소를 만들어 봅시다

관련역량	창의적 사고 역량	**AI핵심역량**	컴퓨팅 사고력
관련교과	과학, 미술, 안전		문제해결력
학습목표	누구나 함께 이용하고 탈 수 있는 시소를 만들고, 색상에 따라 시소의 속도를 바꿀 수 있다.		공익적 사고력

01 함께 읽어요

이 책을 읽으면 더 좋아요!

<시소>

글, 그림 고정순
길벗어린이

02 문제를 찾아봐요

책 속에 있던 친구들의 고민을 보니까, 놀이터에서 함께 놀 수 있는 친구들이 많이 없고 서로 무게 차이 때문에 같이 놀이기구를 탈 수 없을 때도 있었나 봐. 너희들도 이런 경험 있었니?

맞아, 나도 시소 같은 놀이기구는 타기가 어려웠어. 나도 친구들이랑 같이 타고 싶은데….

아! 맞아 다니엘. 정말 그러네.
놀이기구를 탄 사람의 무게나 다른 특징과 상관없이 탈 수 있는 시소를 만들 수 있을까?

그럼, 무게에 상관없이 누구든 탈 수 있게 시소를 만들자. 그리고 시소가 다양하게 움직일 수 있도록 하면 어떨까?

그래! 정말 좋은 생각이야! 누구든 탈 수 있고, 여러 가지 상황에서 재미있게 움직일 수 있는 시소를 고민해보자!

03 방법을 생각해요

> 마리아는 다니엘과 같은 친구들의 고민처럼, 누구든 탈 수 있고
> 다양하게 움직이는 시소를 만드는 것을 도와주고 싶어요.
> 어떻게 도와줄 수 있을까요?

- 문제를 해결할 수 있는 방법을 생각하여 정리해보아요.

_____

_____

_____

04 이렇게 해결해요

- 마리아는 어떻게 문제를 해결하려고 할까요?

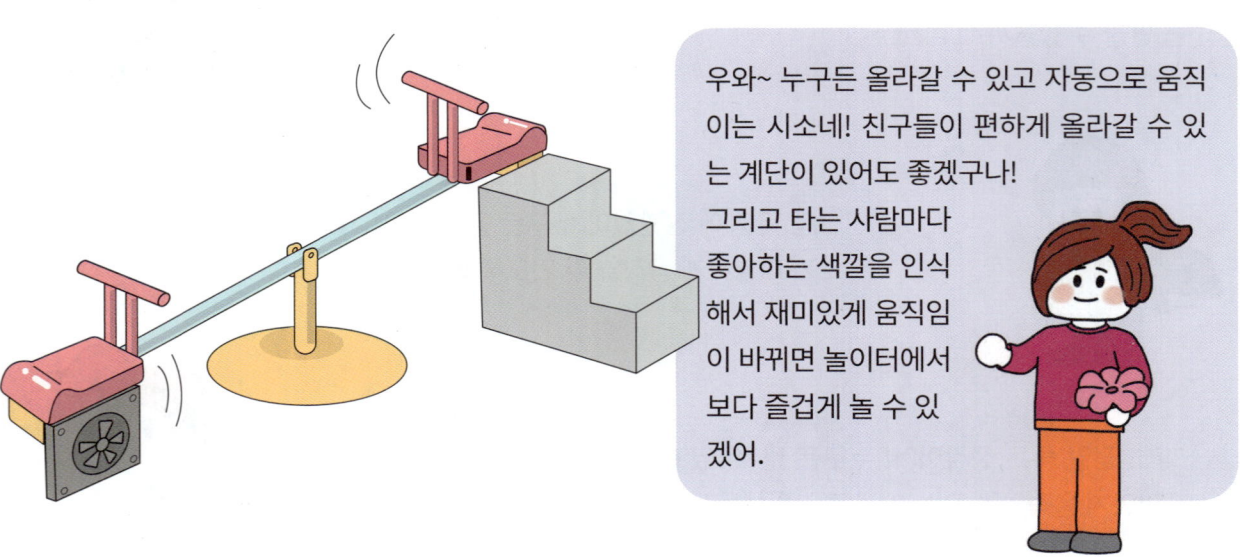

우와~ 누구든 올라갈 수 있고 자동으로 움직이는 시소네! 친구들이 편하게 올라갈 수 있는 계단이 있어도 좋겠구나! 그리고 타는 사람마다 좋아하는 색깔을 인식해서 재미있게 움직임이 바뀌면 놀이터에서 보다 즐겁게 놀 수 있겠어.

05 함께 만들어요

* 블록으로 만들어요

조립하기 - 누구나 함께 탈 수 있는 놀이기구를 만들어요

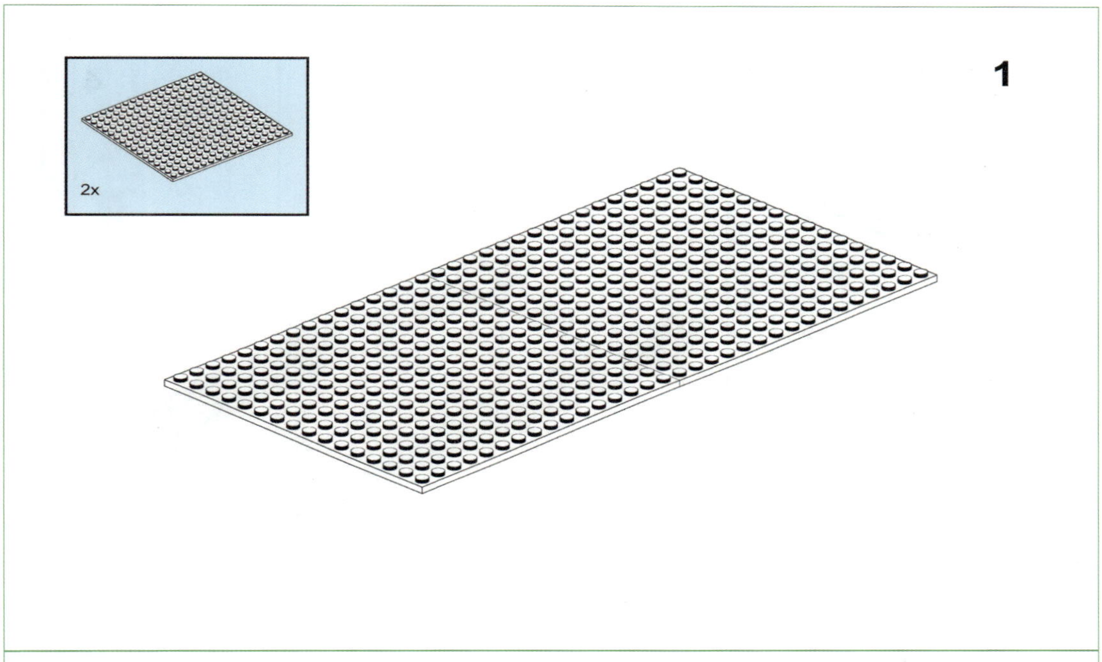

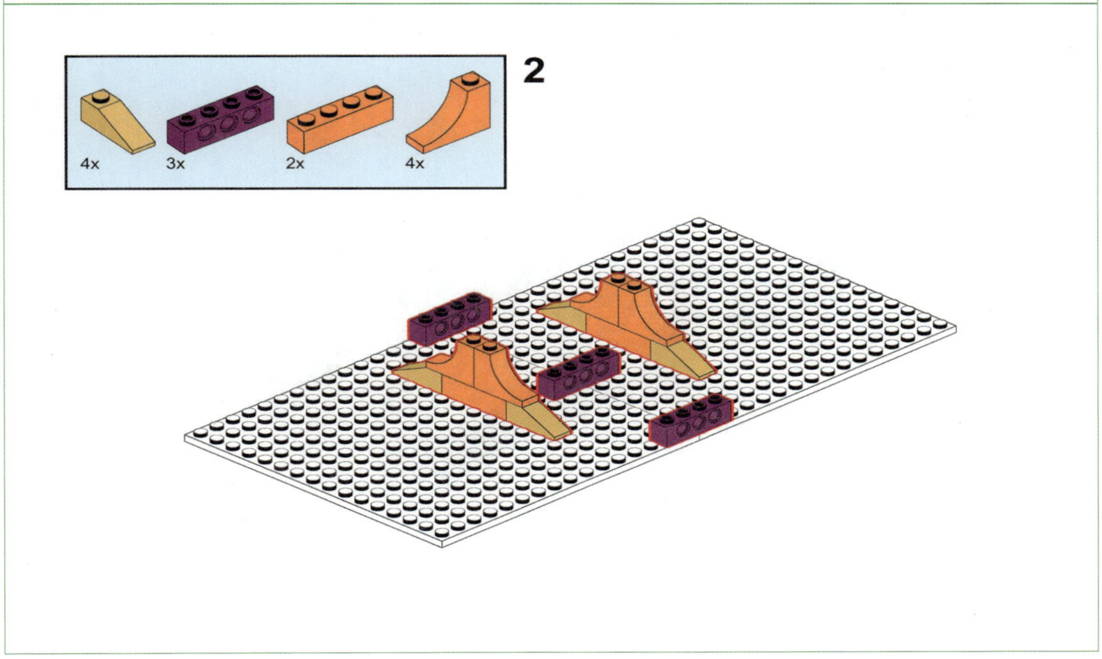

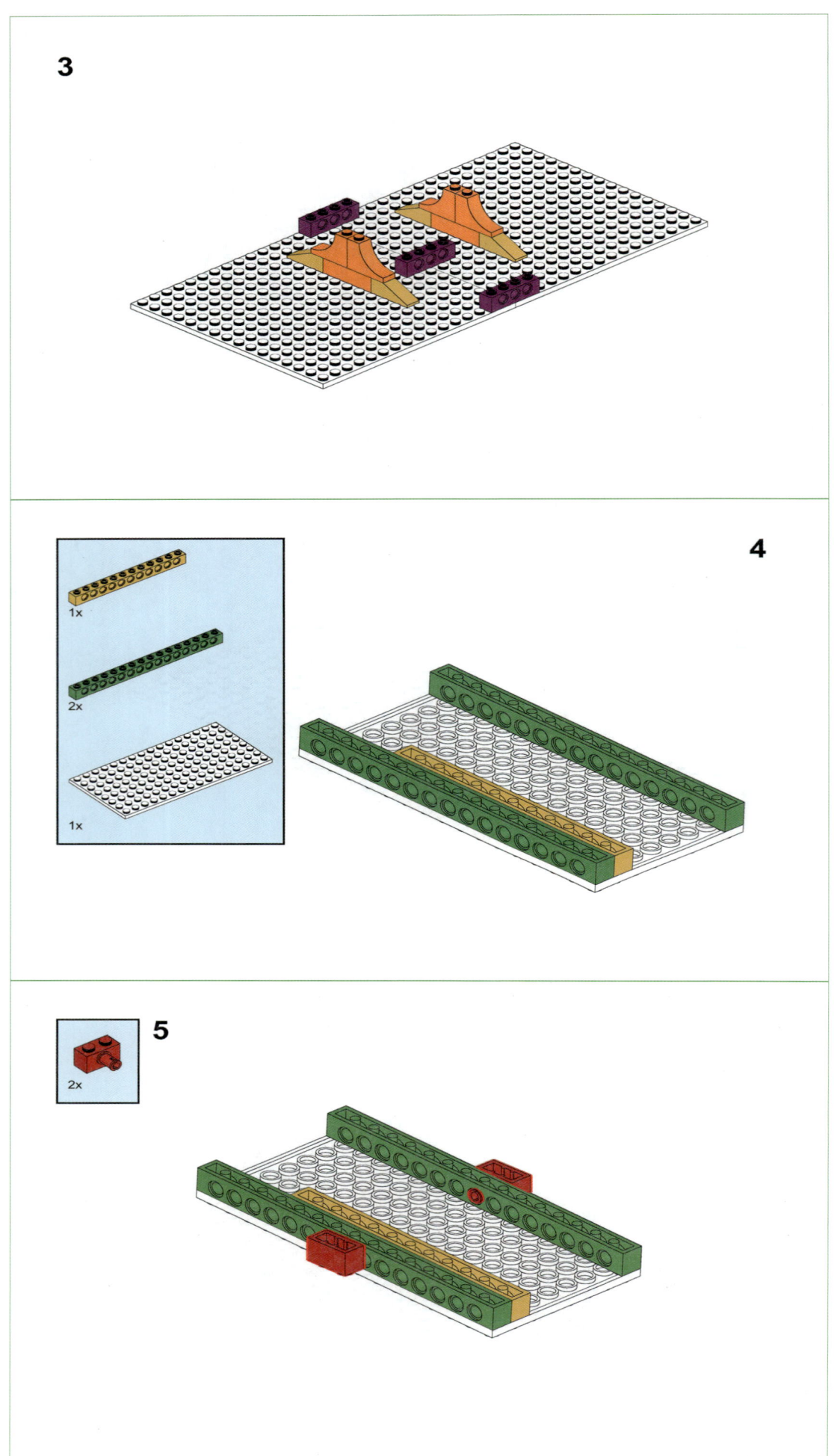

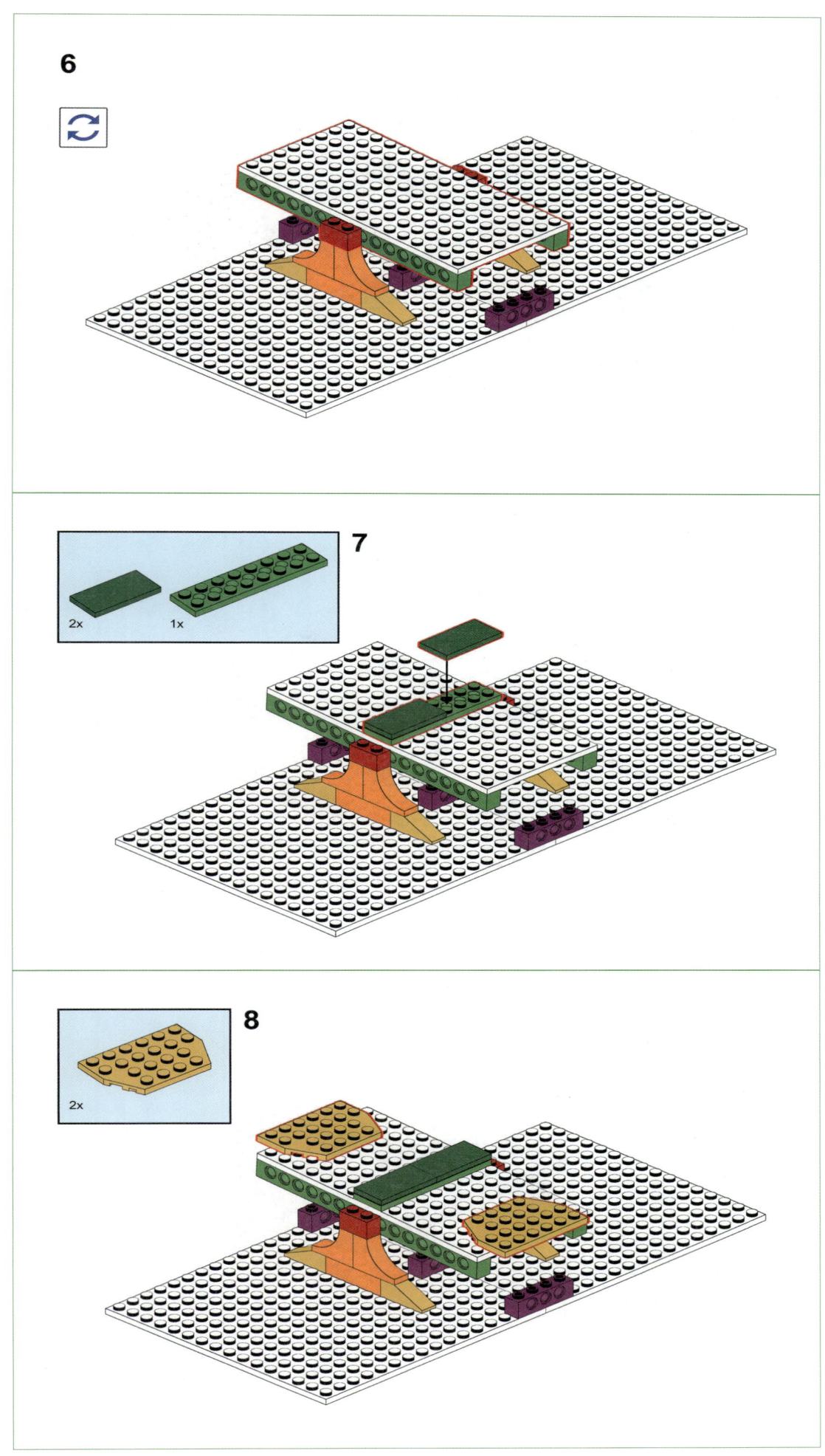

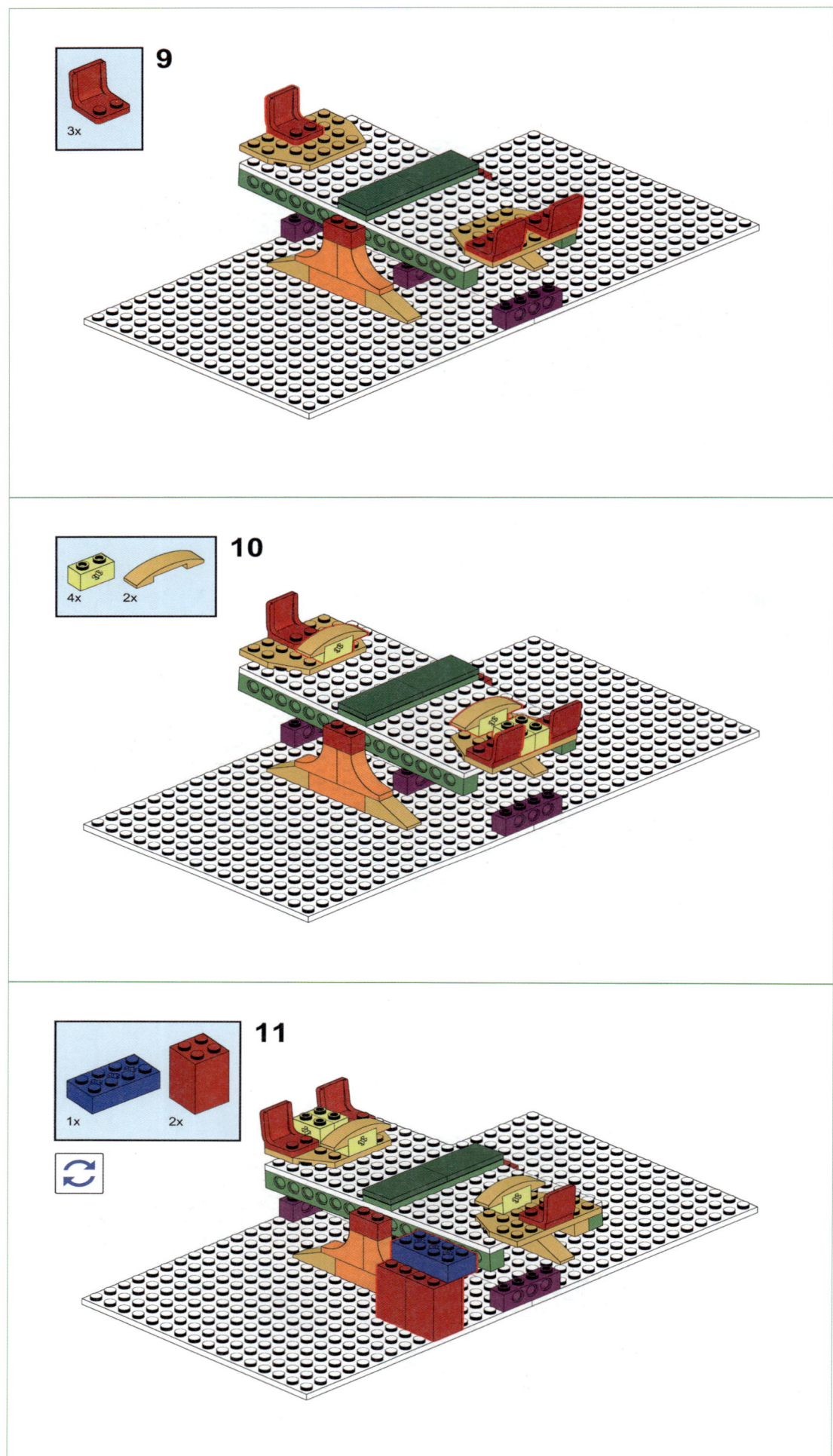

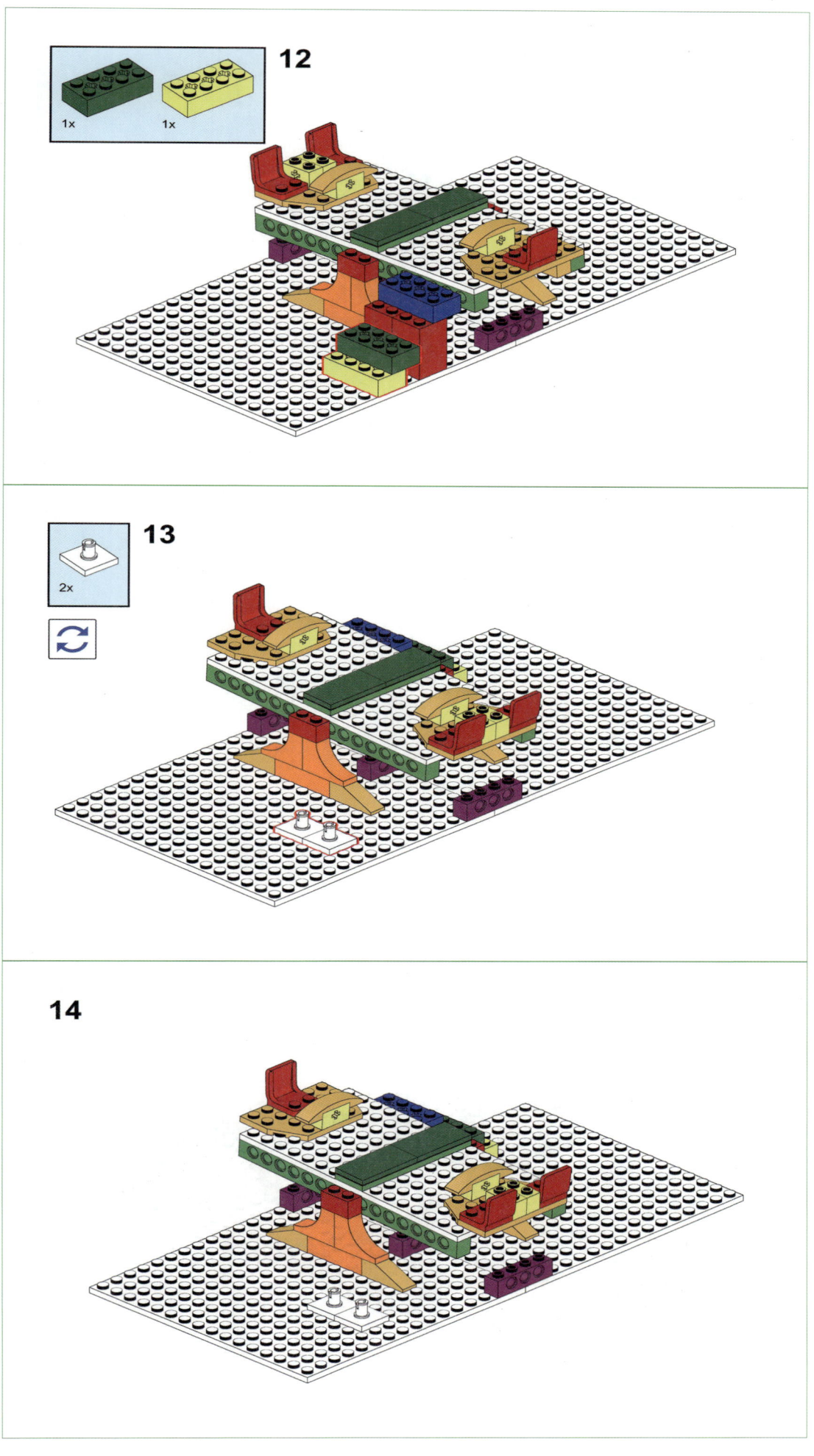

3.창의적사고, 인공지능 - 누구나 함께 탈 수 있는 놀이기구를 만들어요

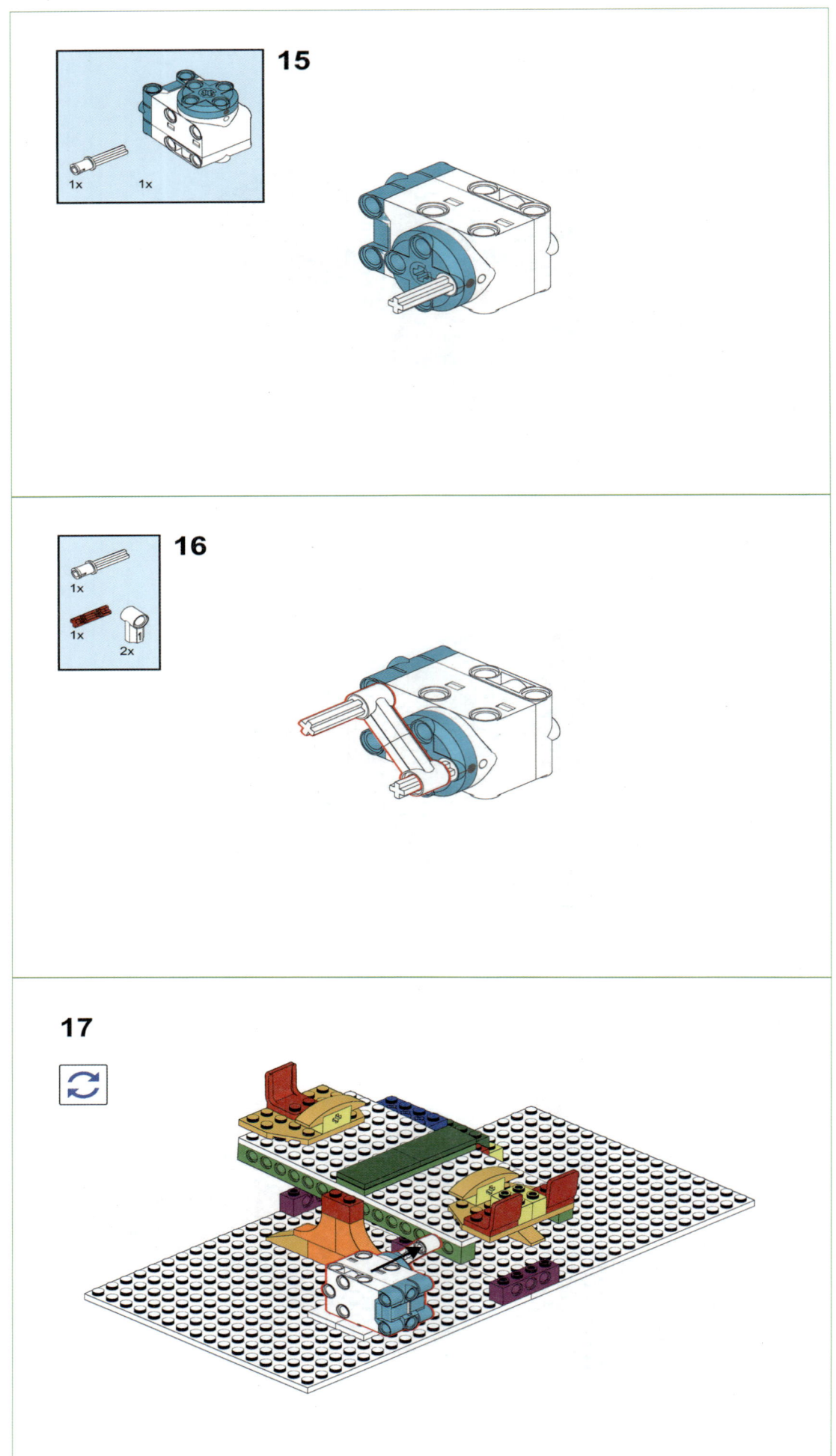

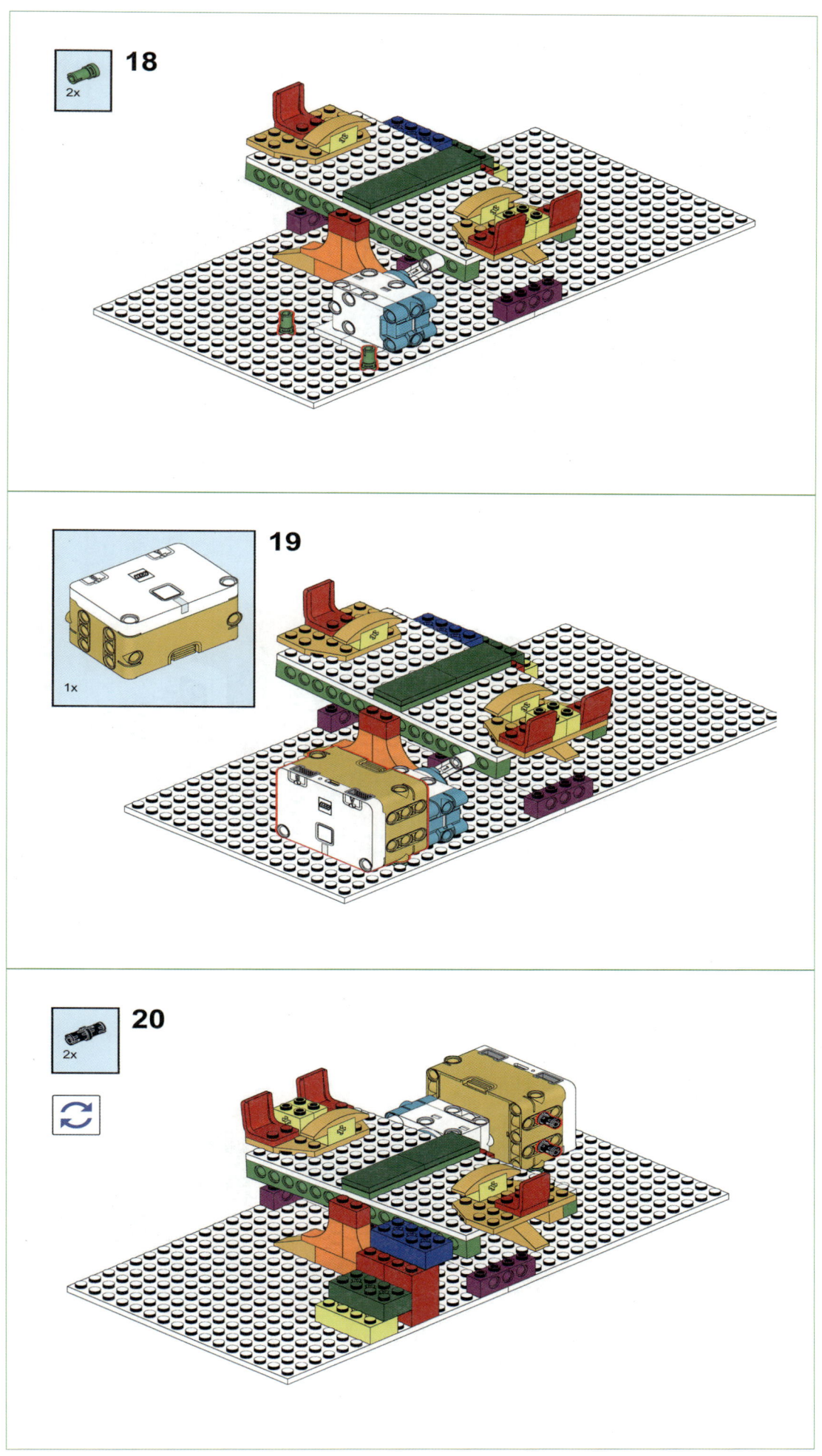

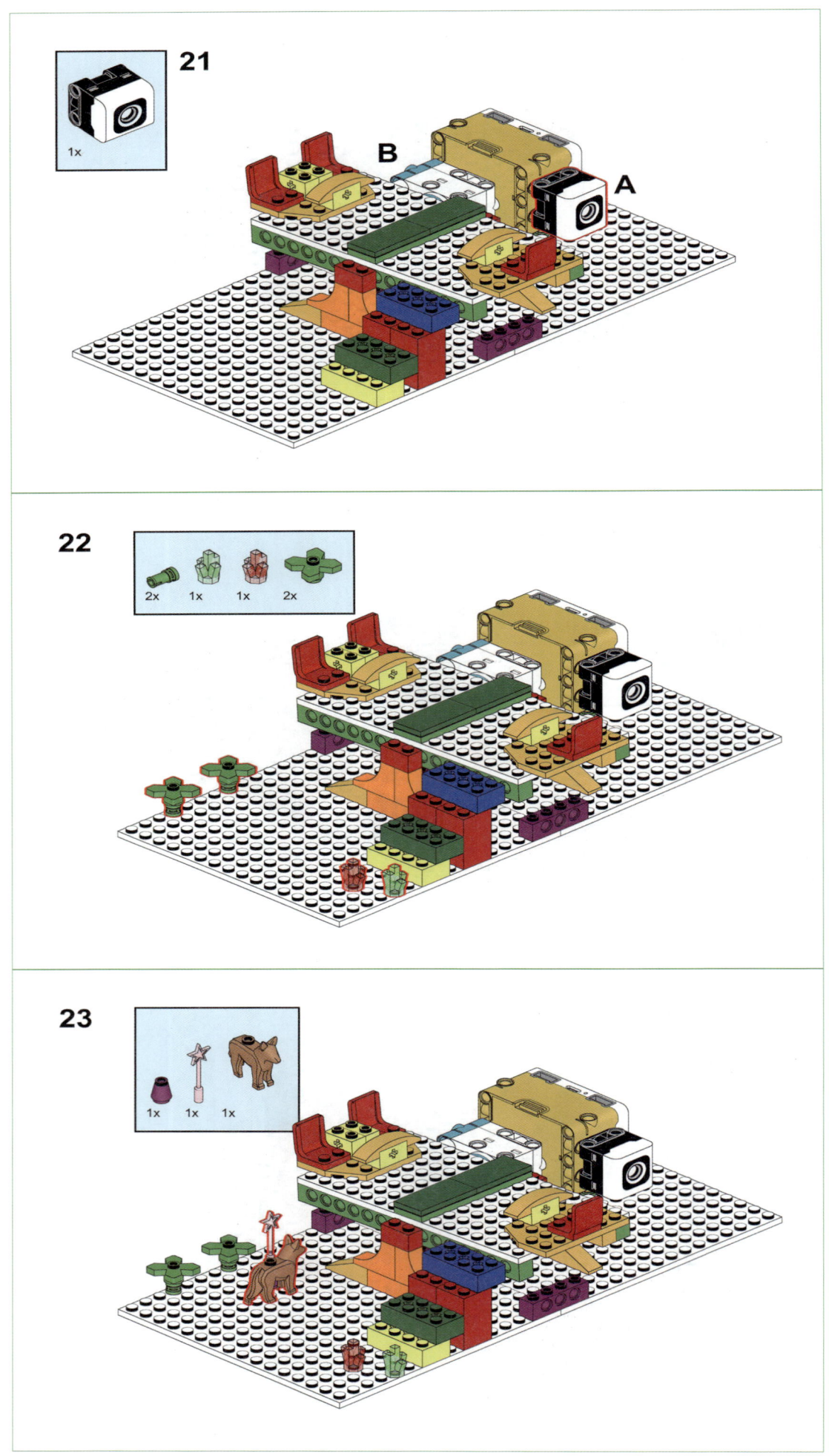

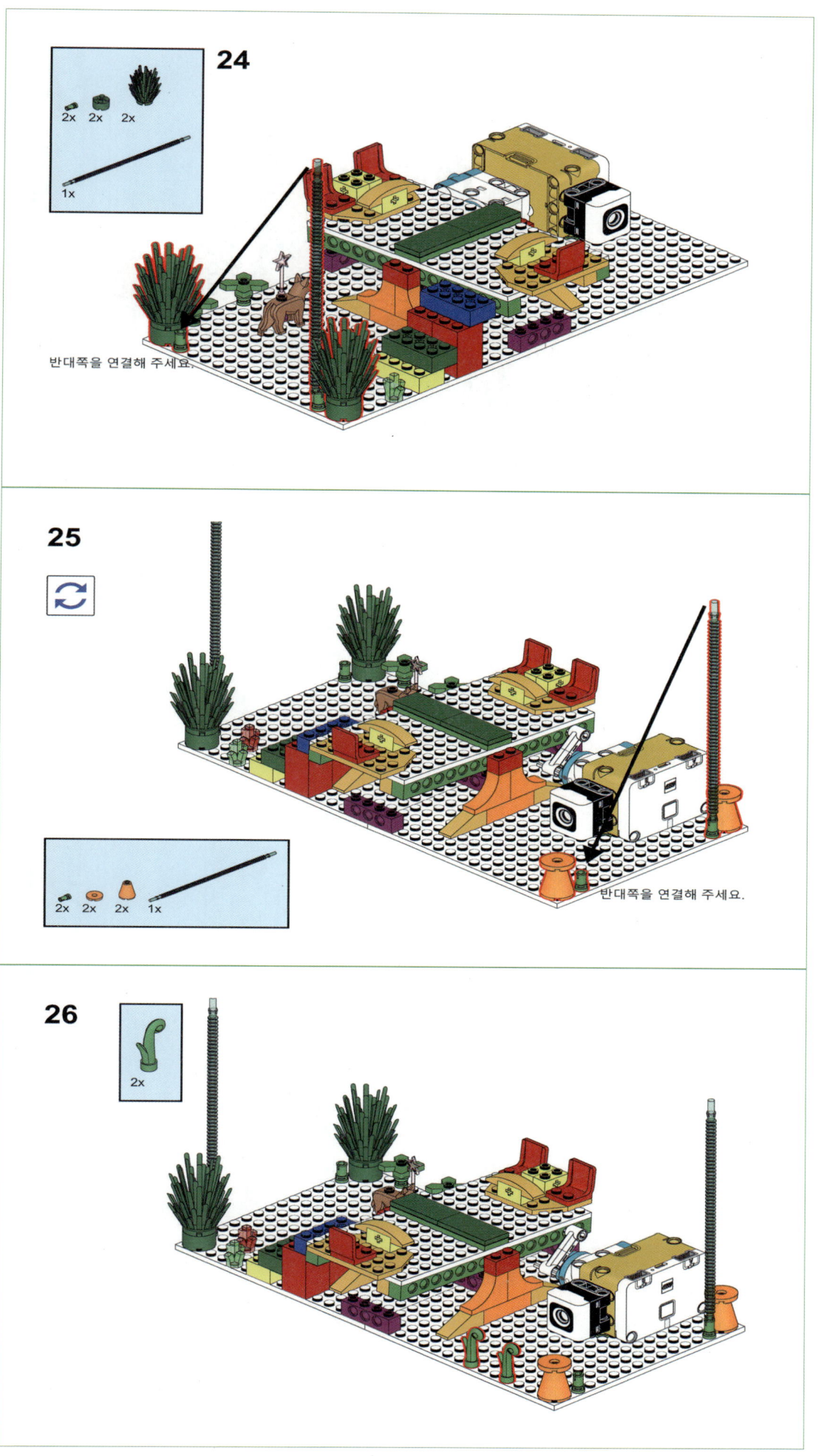

217

27

✳ 프로그램을 만들어요

- 방금 만든 작품으로 문제를 해결하려면 어떻게 움직여야 할까요?

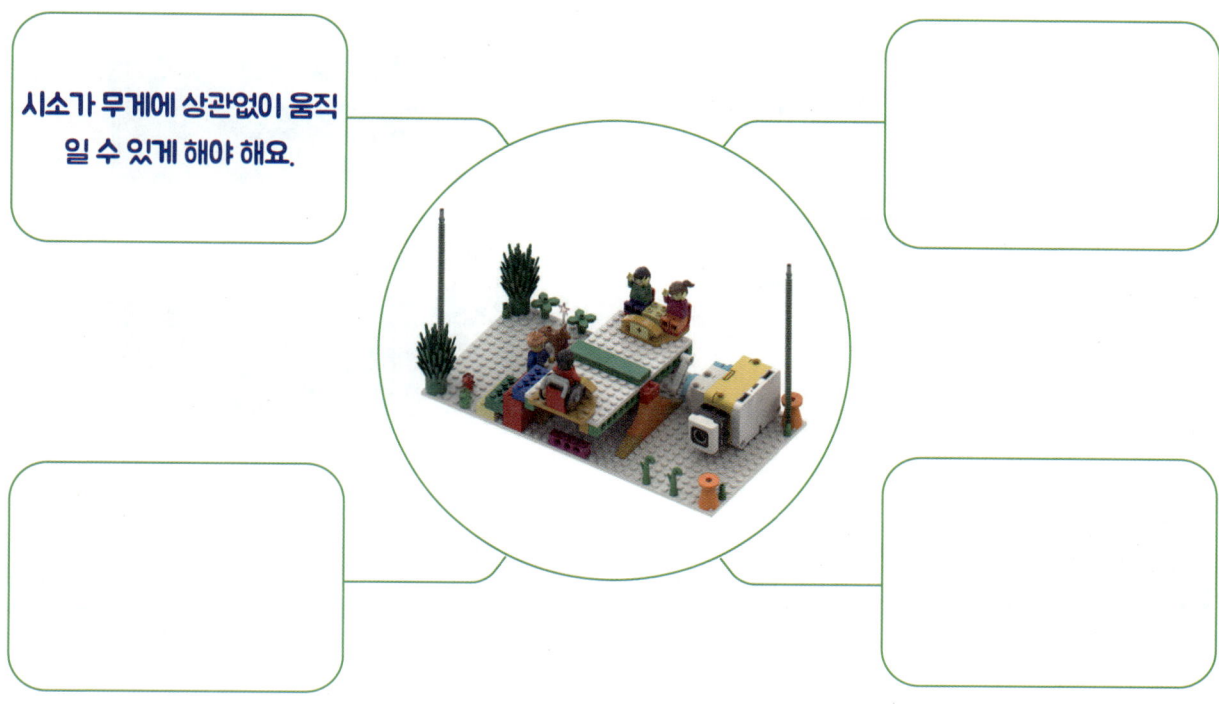

시소가 무게에 상관없이 움직일 수 있게 해야 해요.

- 누구든 탈 수 있는 시소를 제어할 프로그램을 만들어 보아요.

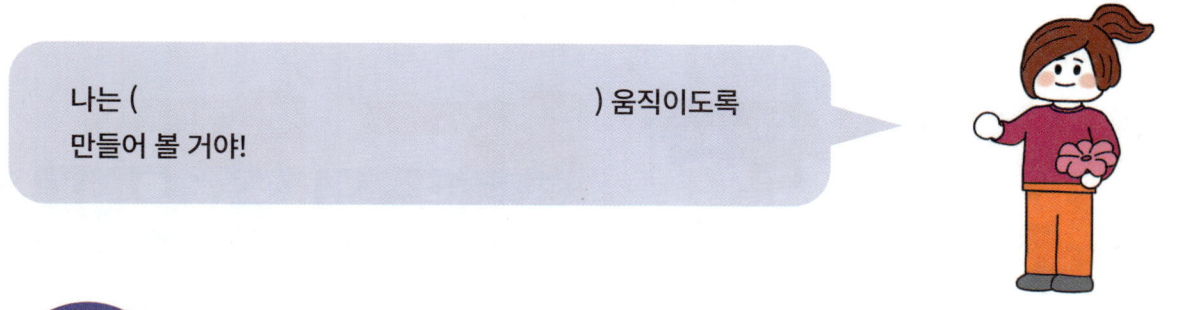

나는 (　　　　　　　　　　　) 움직이도록 만들어 볼 거야!

컬러 센서가 빨간색을 보면, 시소에 탄 사람의 무게에 상관없이 움직일 수 있게 표현해 보려고 해~!

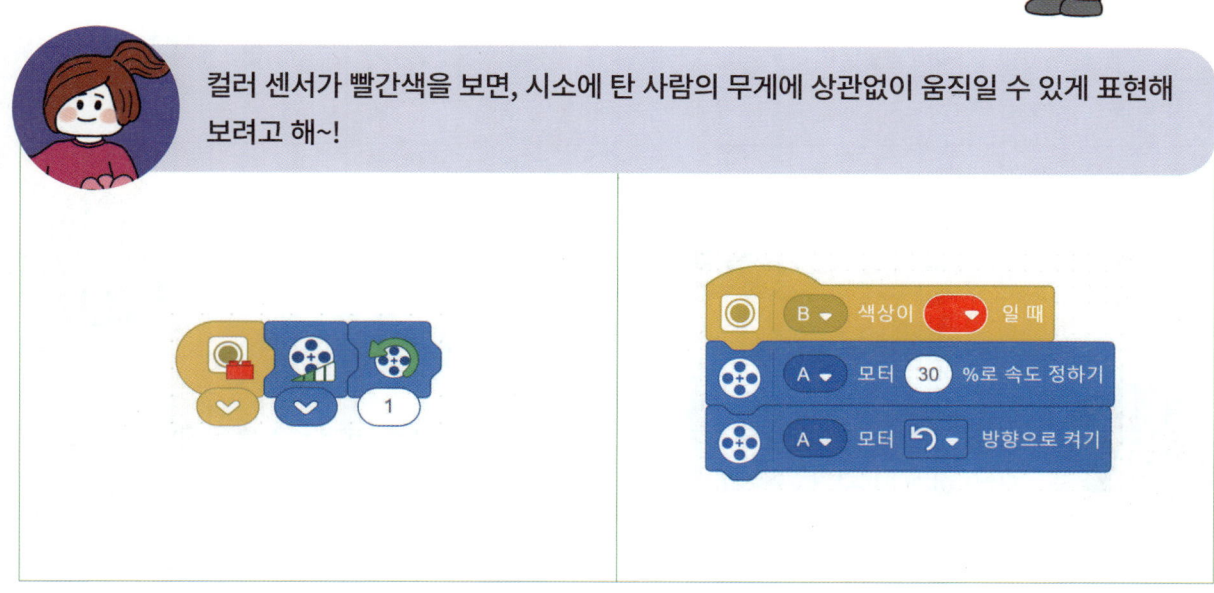

 응 다니엘! 그럼 다른 색상도 추가해서 다양한 시소의 움직임을 한번 표현해 볼게. 친구들도, 여러 가지 색을 이용해서 시소의 움직임을 다양하게 표현해봐!

 그리고 신나는 노래도 넣어서 즐거운 놀이터가 될 수 있게 만들어 볼래! 노래는 시소가 계속 움직일 때 함께 나올 수 있도록 할 거야!

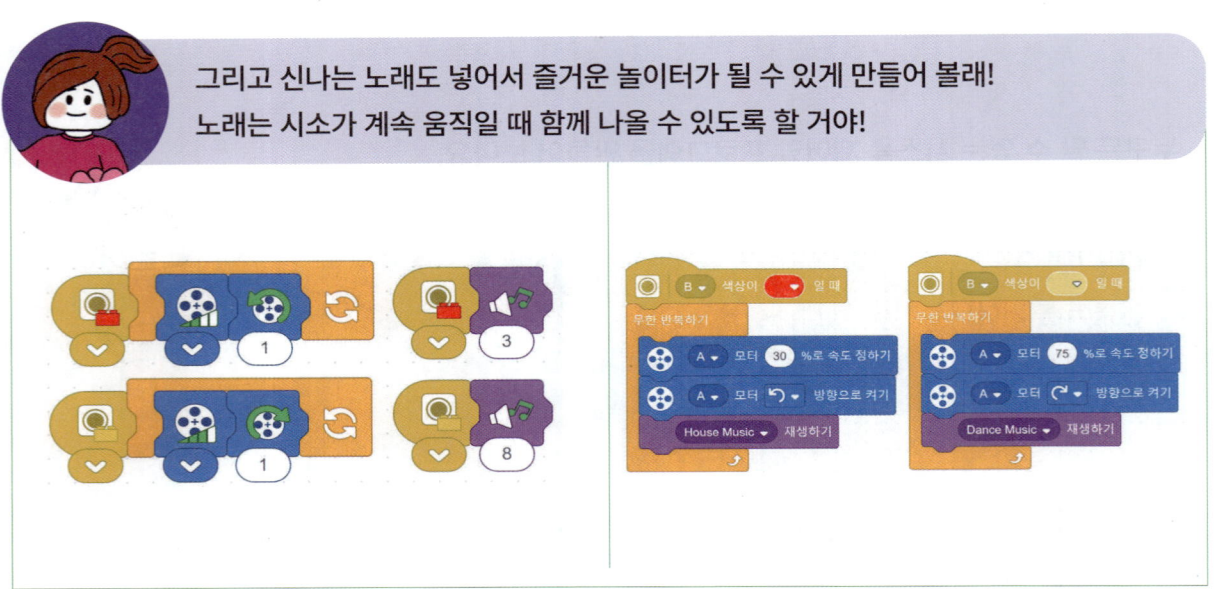

그래! 마리아! 노래를 함께 넣으면 시소를 탈 때 더 재미있을 것 같아!

 좋아. 그럼 이 블록들을 합치게 되면, 누구나 즐겁게 탈 수 있게 시소를 움직일 수 있을 거야! 이제 친구들도 얼른 해봐!

06 한 번 더 확인해요

누구나 함께 탈 수 있는 시소가 잘 움직이는지 살펴봅시다.

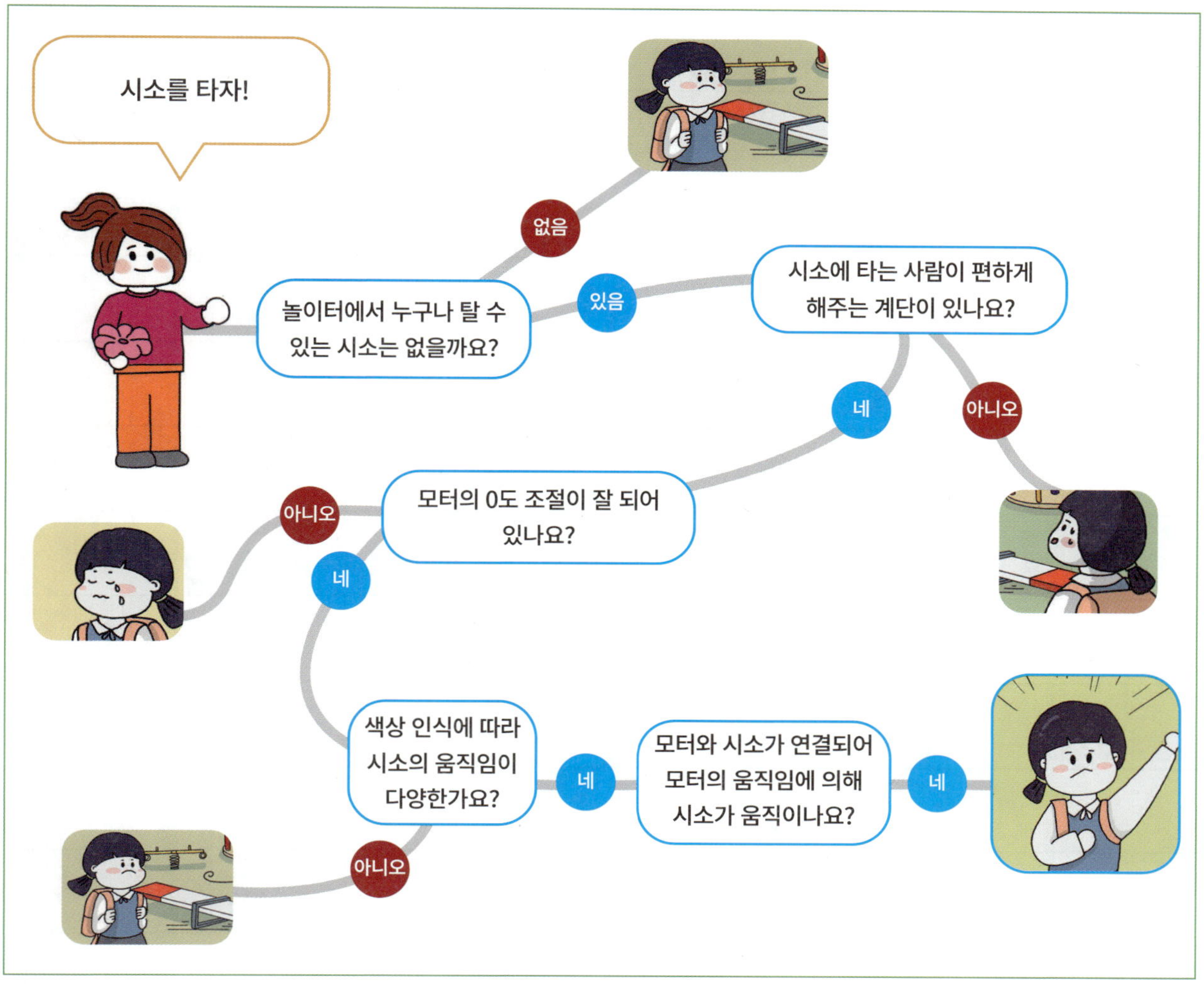

시소를 타자!

놀이터에서 누구나 탈 수 있는 시소는 없을까요?

없음

있음 — 시소에 타는 사람이 편하게 해주는 계단이 있나요?

아니오

네 — 모터의 0도 조절이 잘 되어 있나요?

아니오

네 — 색상 인식에 따라 시소의 움직임이 다양한가요?

아니오

네 — 모터와 시소가 연결되어 모터의 움직임에 의해 시소가 움직이나요?

네

07 생각을 더해 보아요

- 놀이터에서 누구나 즐겁게 탈 수 있도록 자신만의 창의적인 시소를 디자인하고 프로그래밍해 보세요.

> 나는 (　　　　　)을 더 붙여봤어.
> 너는 무엇을 더해볼 거야?

08 이야기를 더해 보아요

마리아는 친구에게 누구나 탈 수 있는 시소를 만들어 즐겁게 놀 수 있도록 도움을 주었어요. 그런데 다니엘이 다른 놀이기구도 누구나 함께 더 재미있게 탈 수 있으면 좋겠다고 이야기하네요.
그렇다면, 친구들이 어떤 다양한 놀이기구를 탈 수 있을지 뒷이야기를 상상해 봅시다.

(4컷) 누구나 즐겁게 탈 수 있는 놀이기구를 상상하고 뒷이야기 생각해 보기

3.창의적사고, 인공지능 - 누구나 함께 탈 수 있는 놀이기구를 만들어요

09 뽐내 보아요

> 내가 상상한 뒷이야기를 다른 친구들에게 공유해 볼까요?
> 내가 만든 누구나 함께 탈 수 있는 시소를 다른 친구들에게 공유해 볼까요?

내가 만든 **작품 인증샷**
해시태그 이벤트

<u>아래 2개의 필수 해시태그와 함께</u>
<u>내가 만든 작품의 인증샷을 찍어 업로드</u> 해 주세요.
추첨을 통해 소정의 선물을 보내드립니다.

 # PlayIT스파이크에센셜   **# 스파이크에센셜은퓨너스**

참여 방법 1
① 퓨너스 학습지원 커뮤니티(http://cafe.naver.com/robotsteam)**가입**
② #퓨너스 소식 >> **이벤트 게시판에 글쓰기**
 - 말머리 [해시태그이벤트] 선택하고 아래 태그에 **필수 해시태그 포함**시키기

참여 방법 2
① 퓨너스 인스타그램(@funers_official)**을 팔로우**
② 게시물 올릴 때 **필수 해시태그 포함**시키기

야생동물 구조 차량을 만들어 보아요

우리 마을 야생동물을 위한 차량은 없을까요?

관련역량	창의적 사고 역량	AI핵심역량	컴퓨팅 사고력
관련교과	사회		문제해결력
학습목표	야생동물의 피해를 알아보고 컬러 센서와 모터를 활용하여 야생동물을 구조하는 차량을 만들 수 있다.		공익적 사고력

01 함께 읽어요

이 책을 읽으면 더 좋아요!

<야생동물 구조 일기>

글, 그림 최협
길벗어린이

02 문제를 찾아봐요

주말에 가족이랑 여행을 갔는데 도로에 죽어있는 고라니를 봤어. 레오, 왜 차에 치이는 동물들이 늘어나는 걸까?

야생동물은 한 곳에서만 생활하지 않아. 먹이를 구하거나 잠자리를 구하러 도로를 건너려다 사고를 당하게 되지.

사람도 아프거나 쓰러지면 119구급차가 출발하잖아. 야생동물도 도로에서 다치거나 아프면 치료해줄 수 있는 병원이나 구급차가 있으면 좋을 거 같아.

마리아, 나도 같은 생각이야. 우리가 야생동물과 같이 살기 위해 어떻게 해야 할지 함께 해결해 볼까?

03 방법을 생각해요

> 마리아는 야생동물들을 도와주고 싶어 해요. 어떻게 도와줄 수 있을까요?

- 문제를 해결할 수 있는 방법을 생각하여 그림으로 그리거나 글로 써 보세요.

04 이렇게 해결해요

- 마리아는 어떻게 문제를 해결하려고 할까요?

야생동물을 야생동물 보호소까지 안전하게 데려갈 수 있는 야생동물 구조 차량을 만들어야겠어. 차량에 야생동물을 싣기 위해서는 야생동물 포획 장비도 필요할 것 같아.

05 함께 만들어요

* 블록으로 만들어요

조립하기 - 야생동물 구조 차량을 만들어 보아요

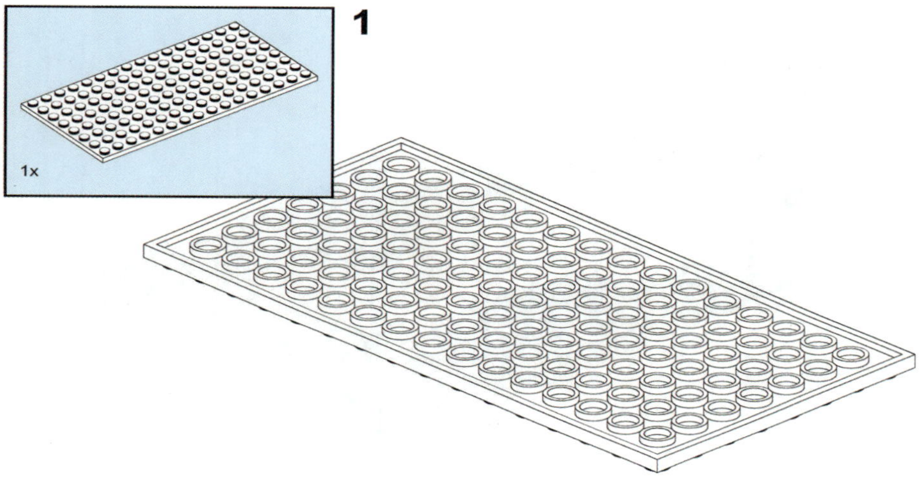

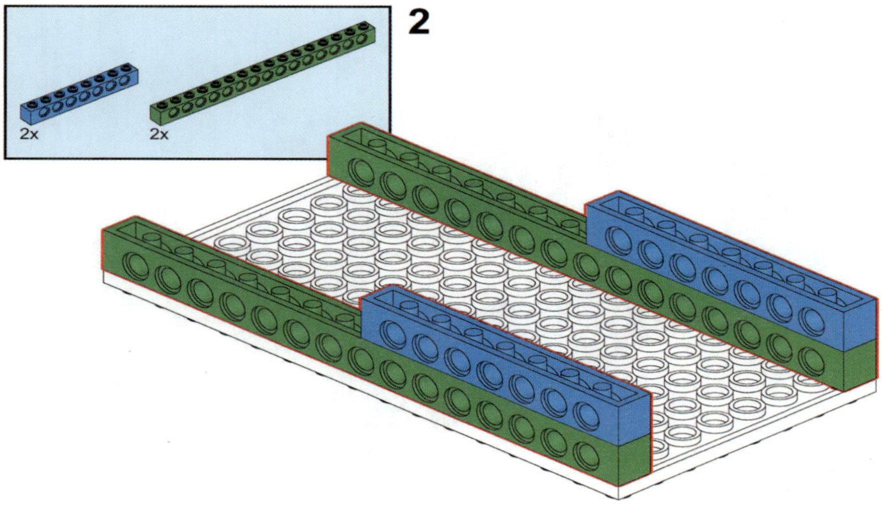

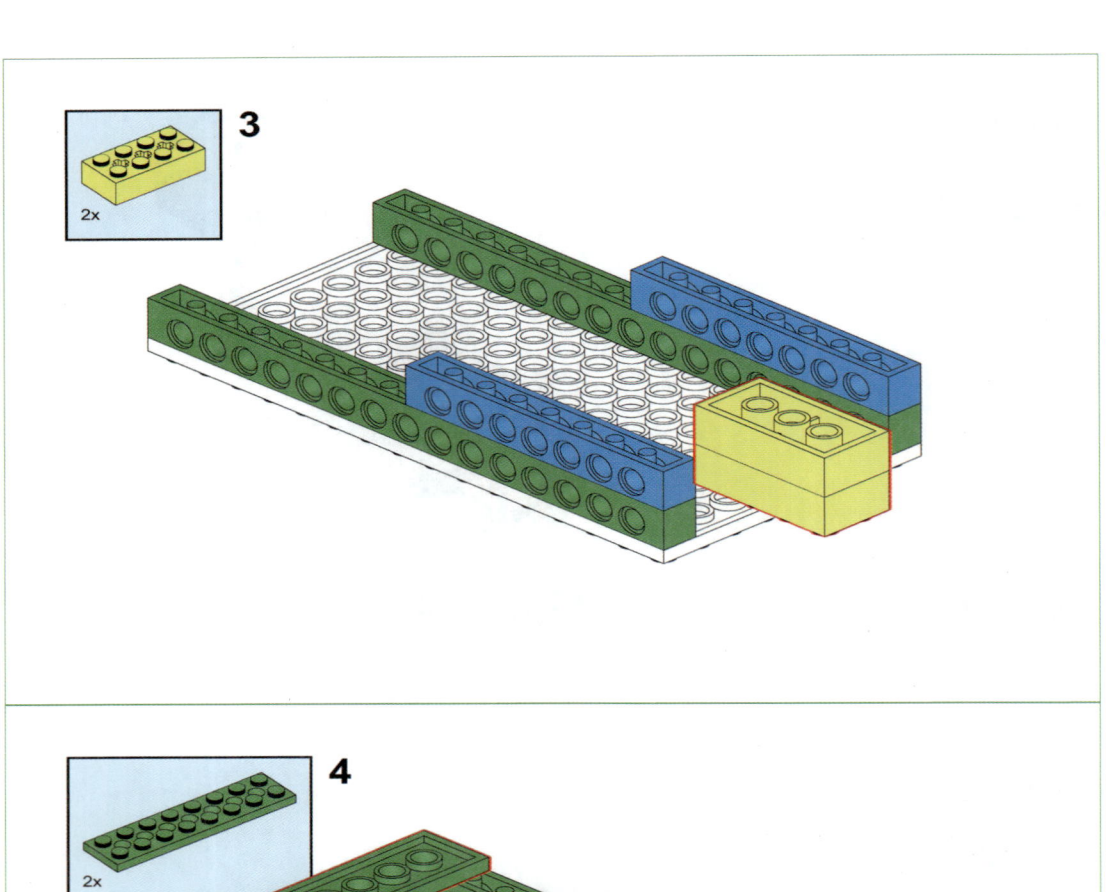

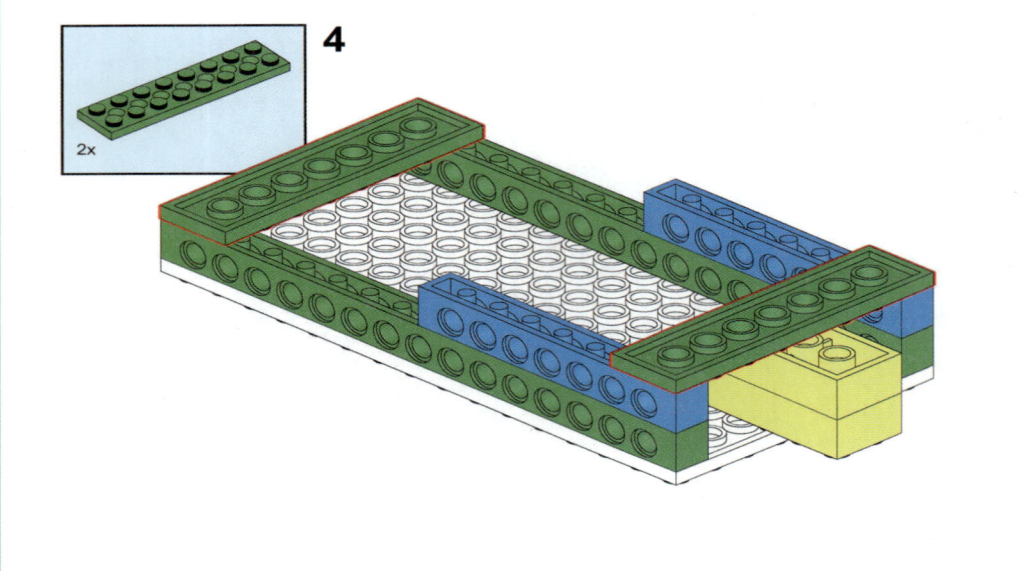

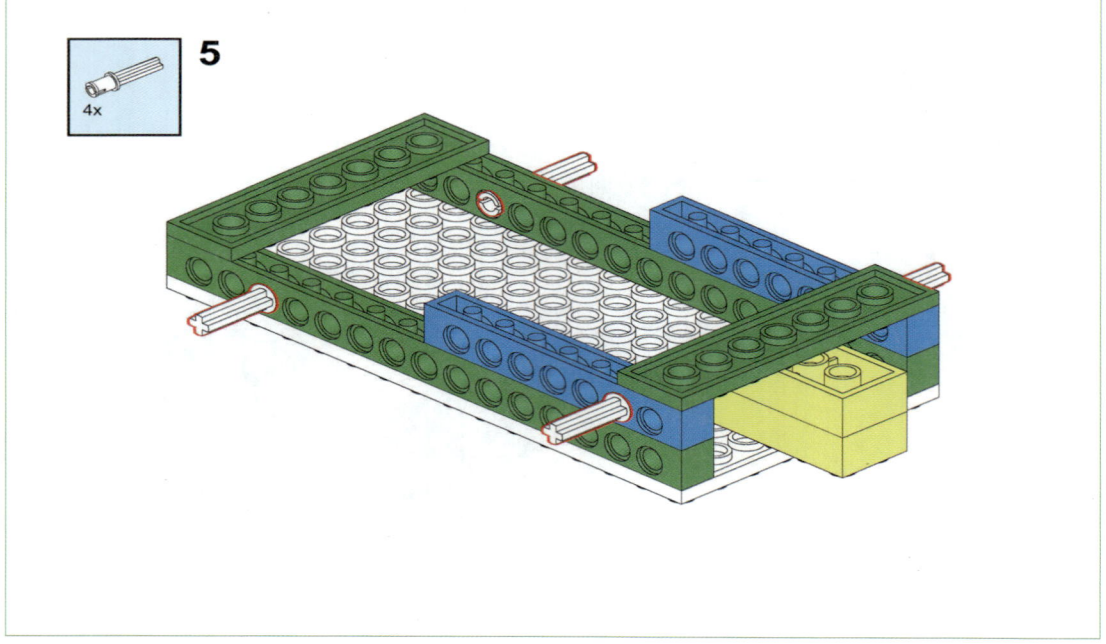

230 3.창의적사고, 인공지능 - 야생동물 구조 차량을 만들어 보아요

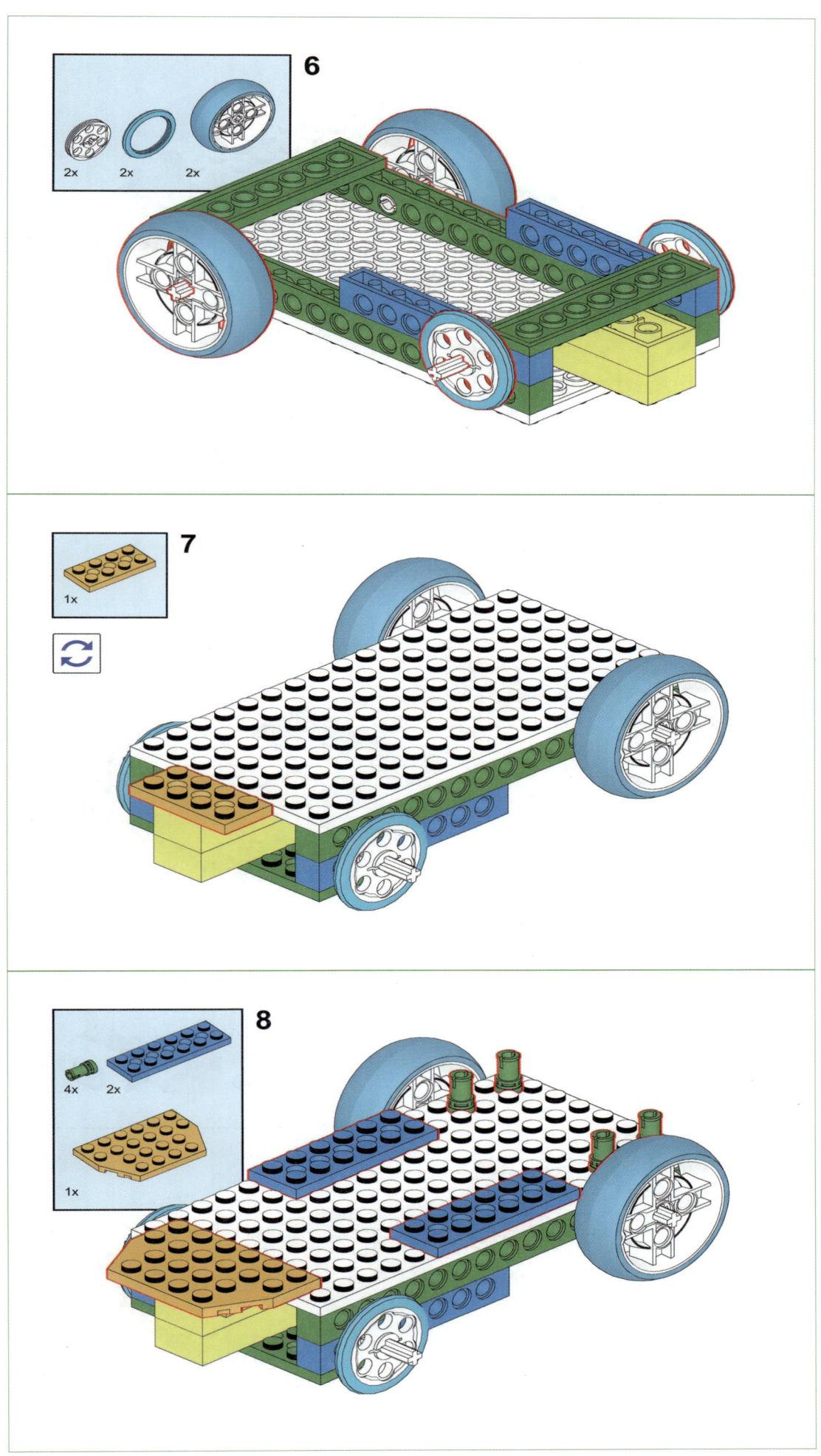

3.창의적사고, 인공지능 - 야생동물 구조 차량을 만들어 보아요 231

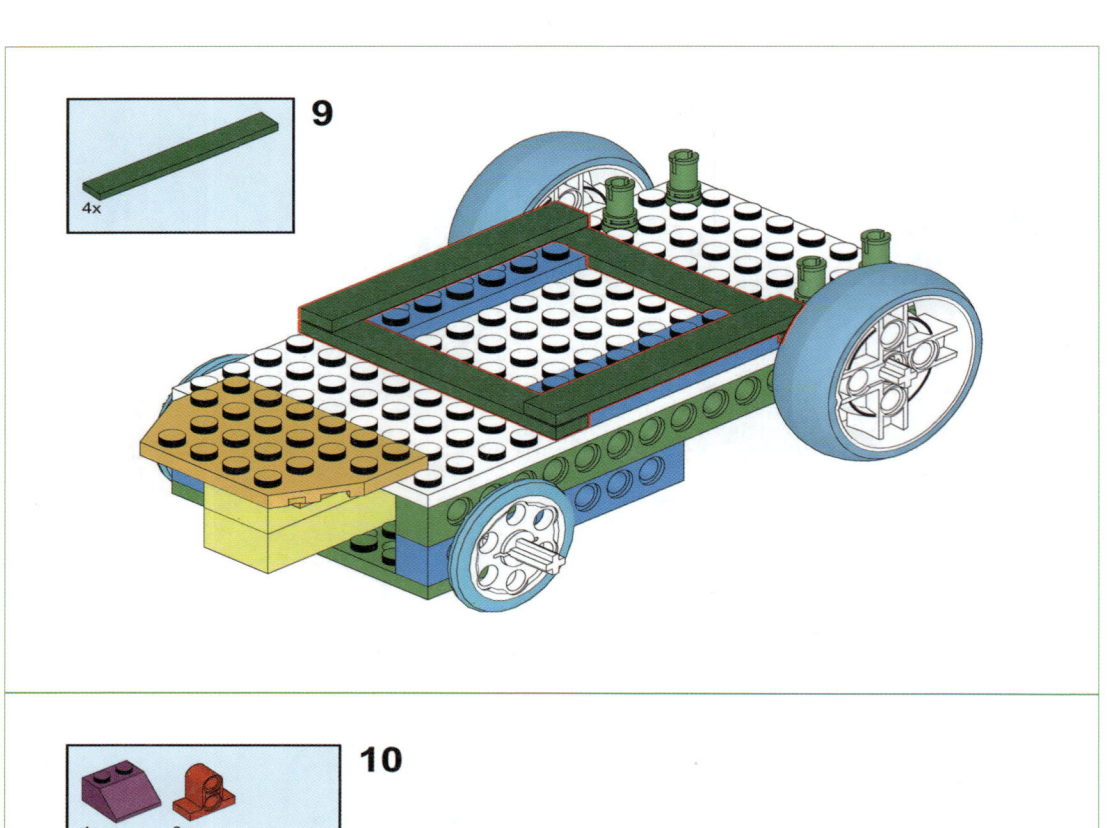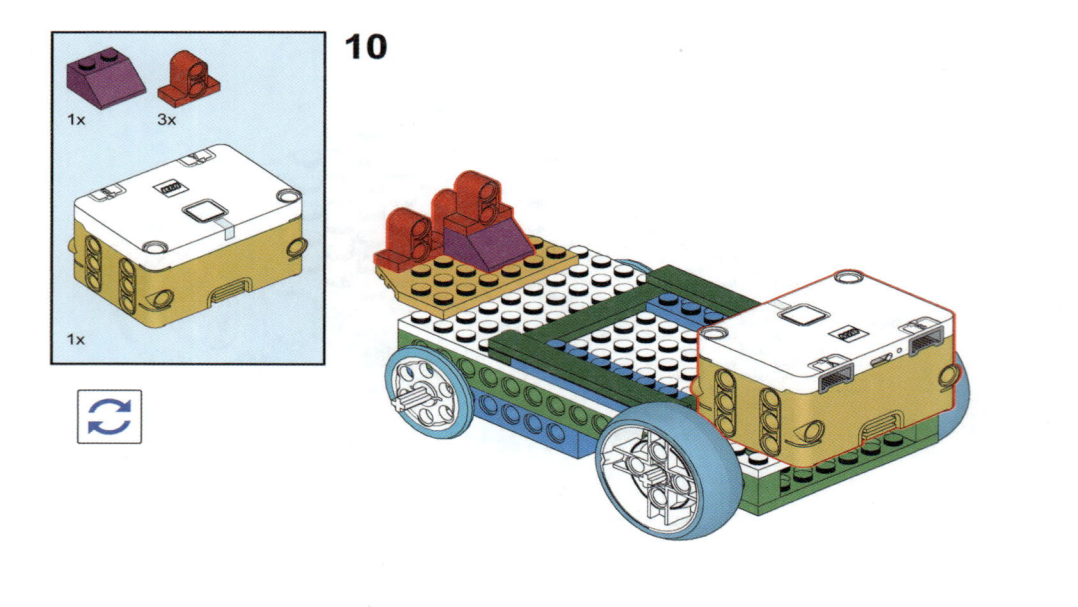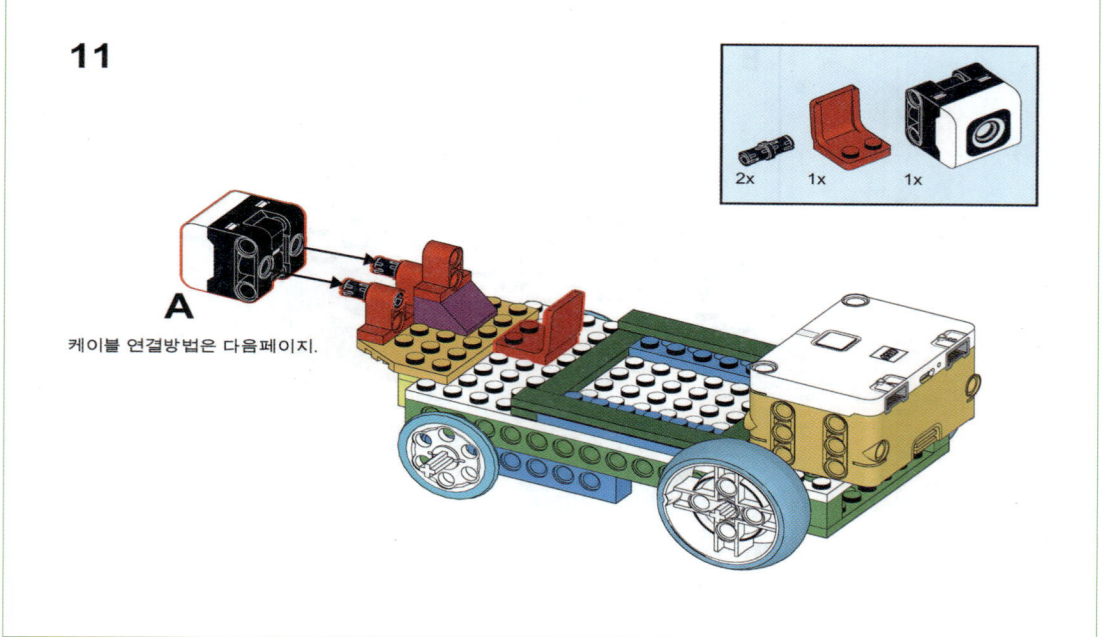

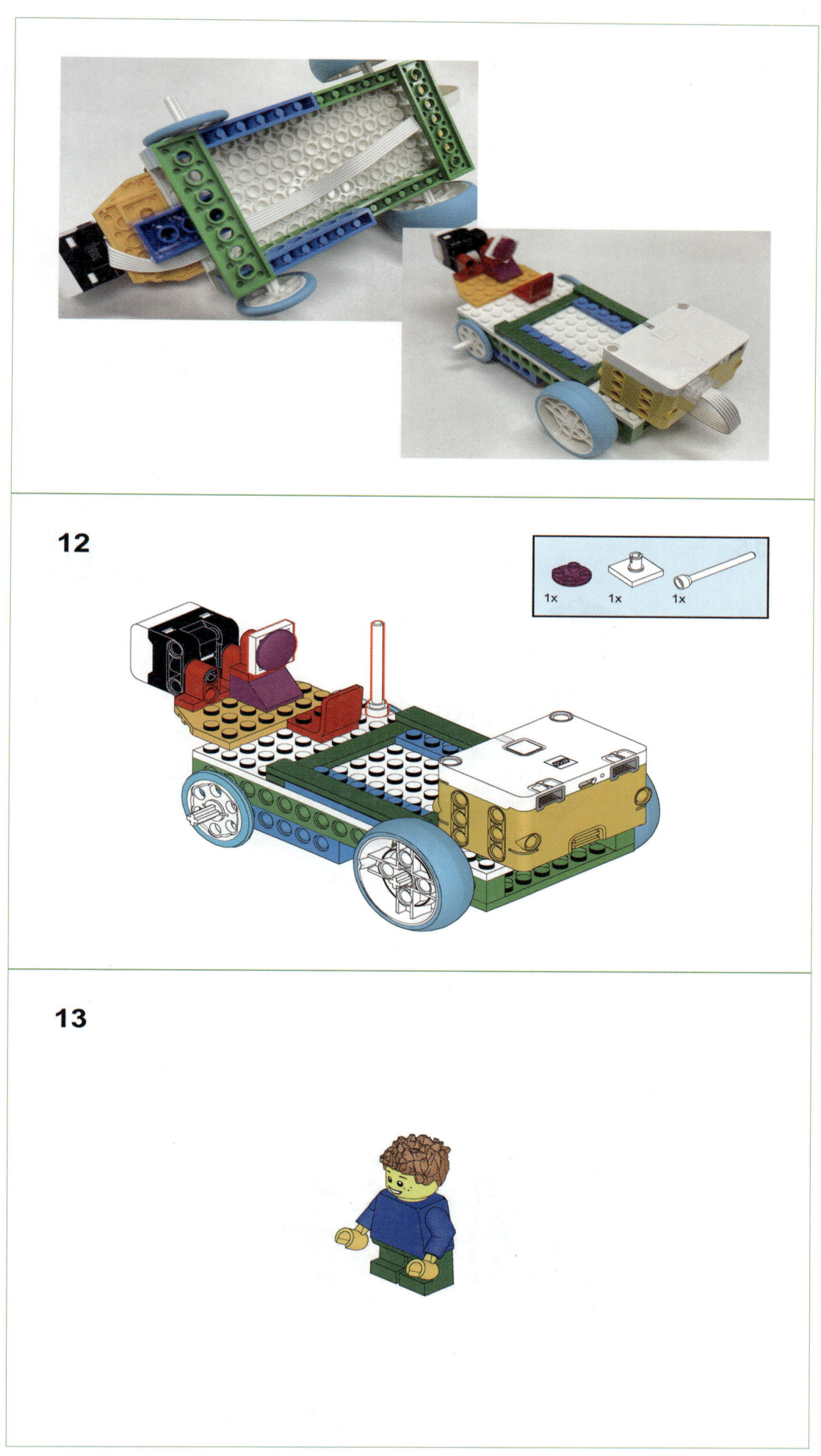

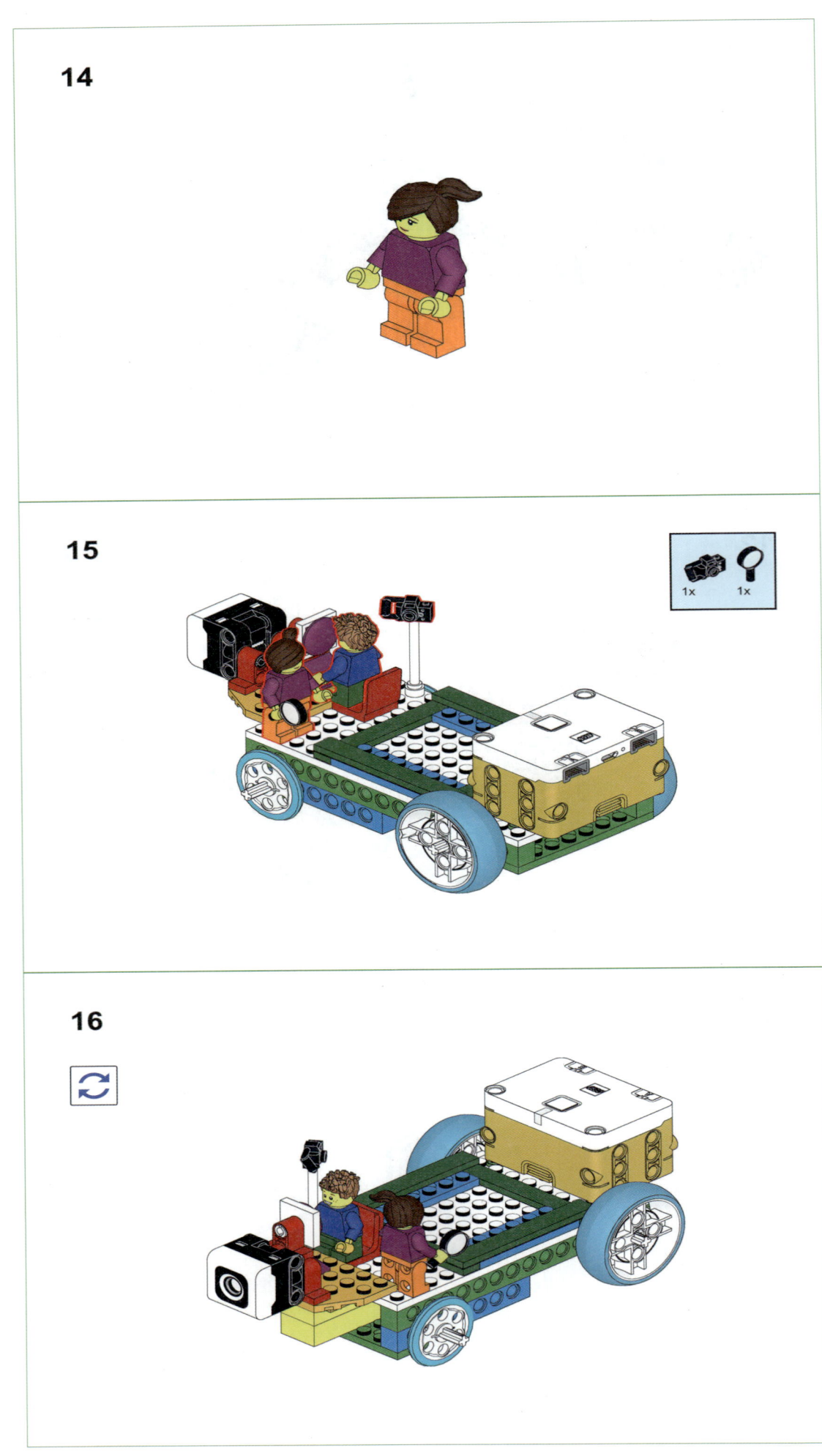

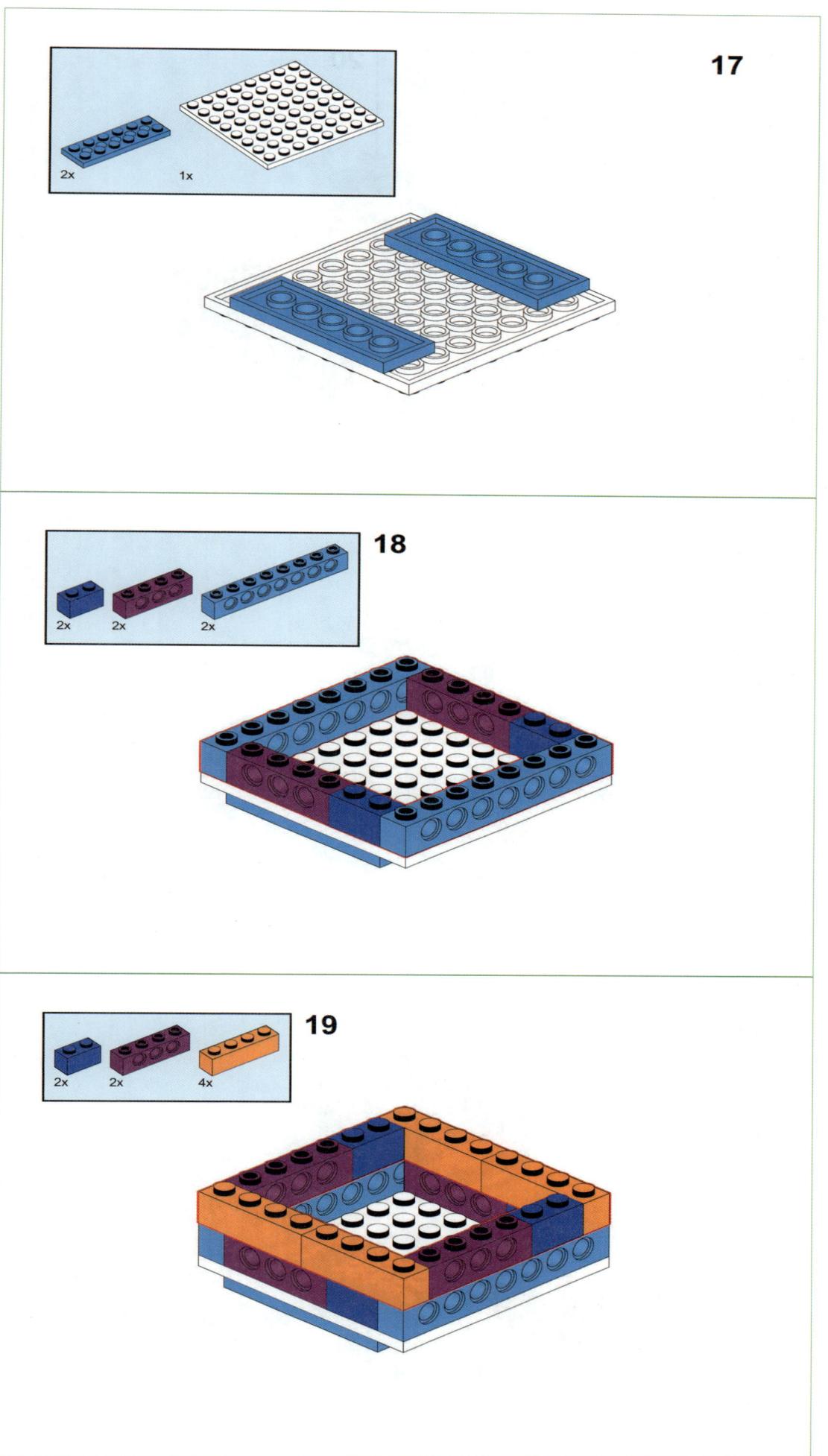

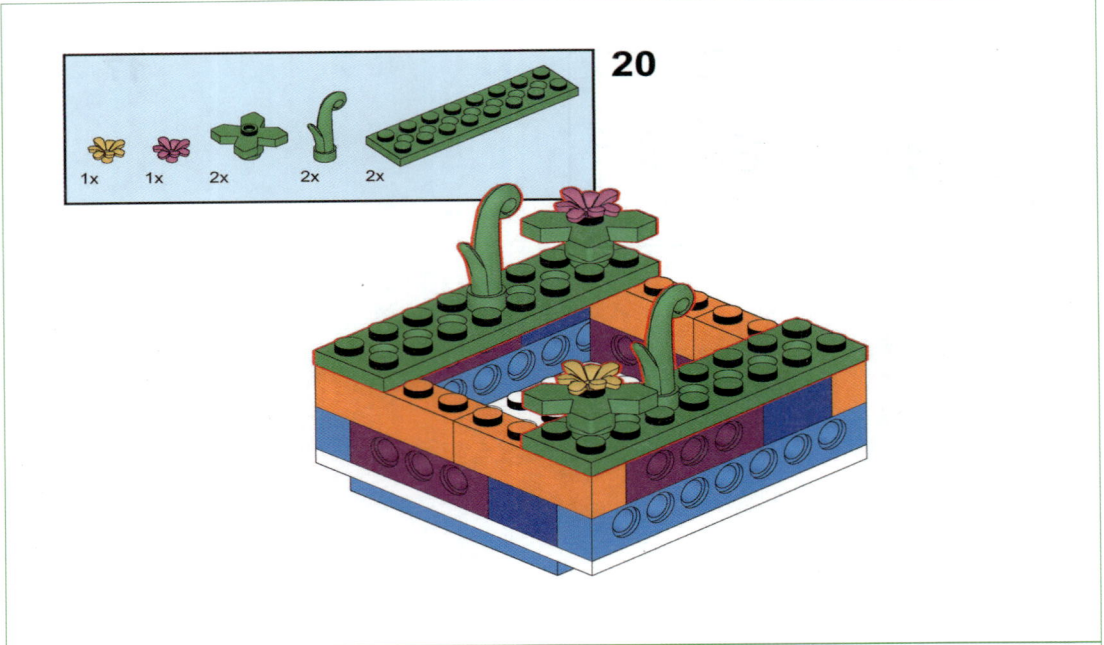

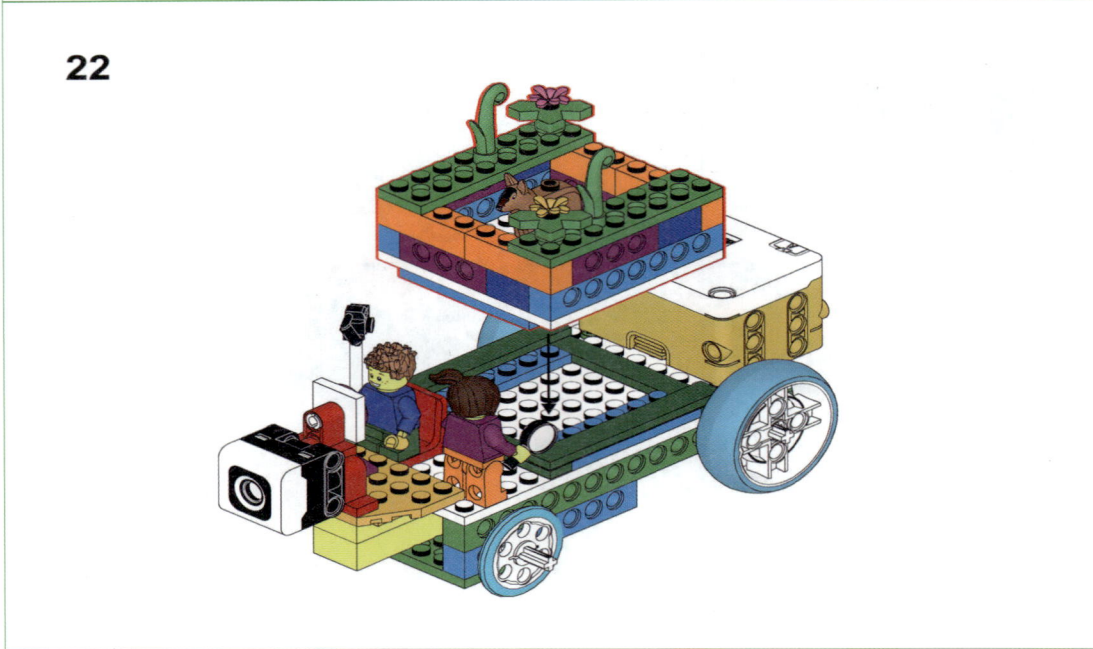

23

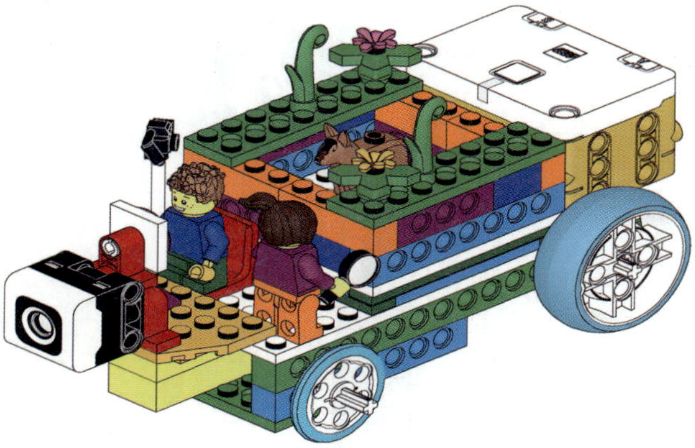

24

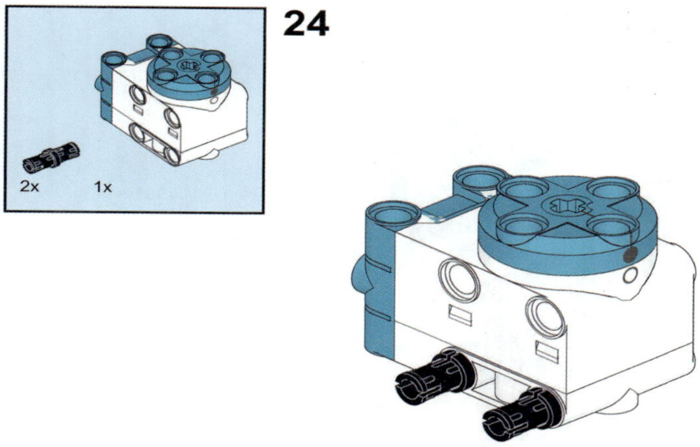

25

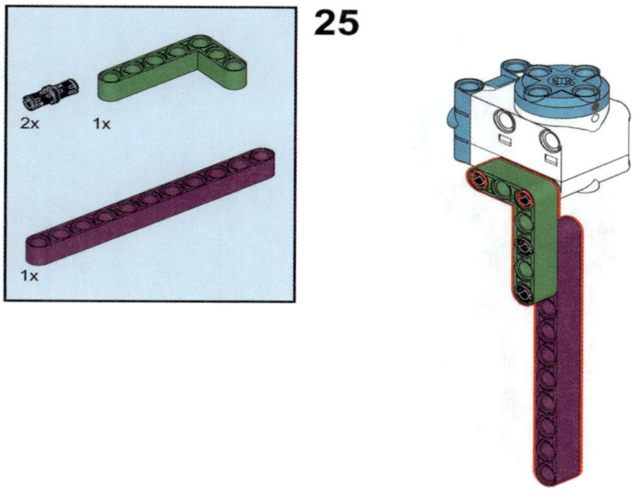

3.창의적사고, 인공지능 - 야생동물 구조 차량을 만들어 보아요

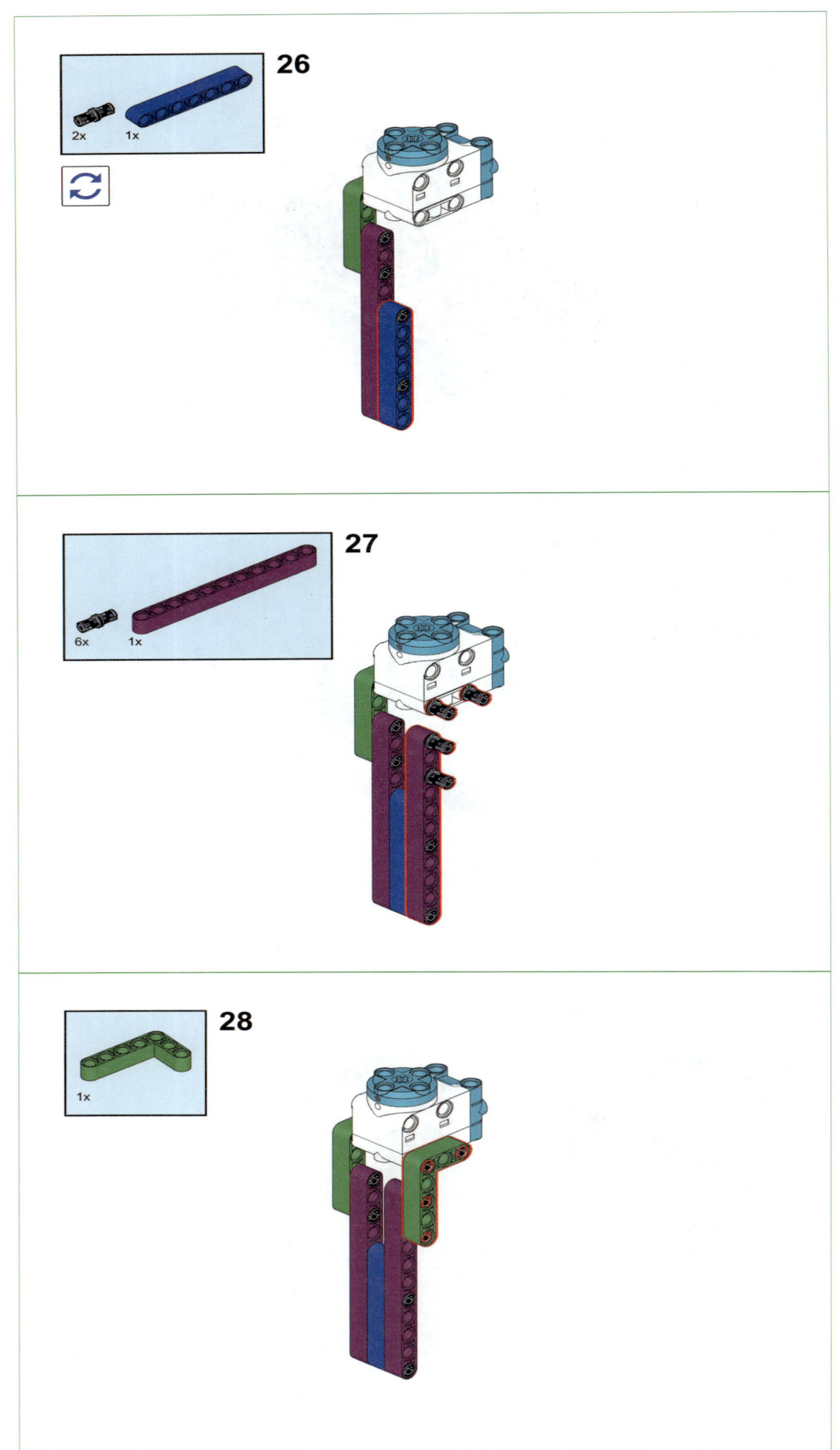

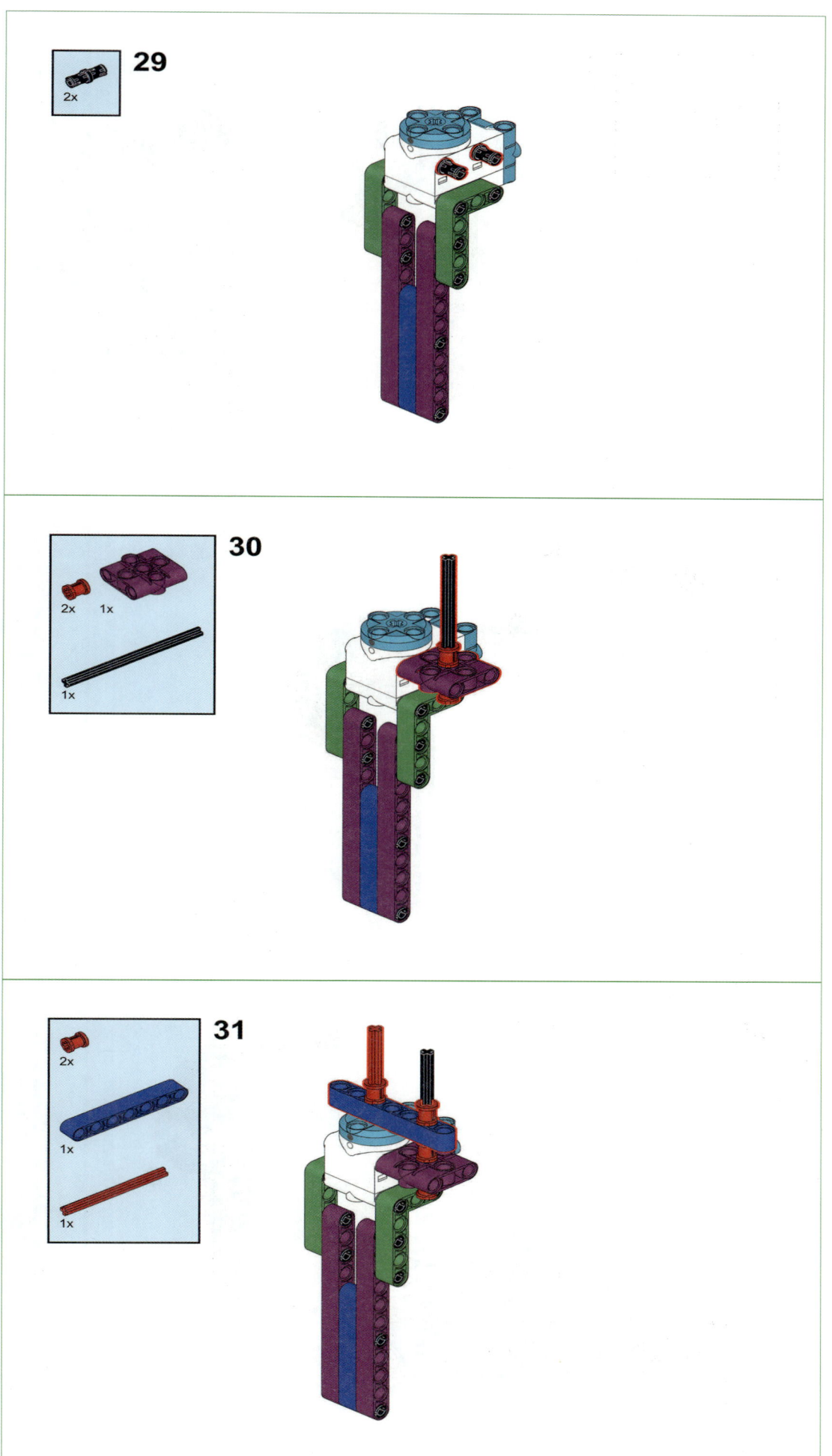

3.창의적사고, 인공지능 - 야생동물 구조 차량을 만들어 보아요

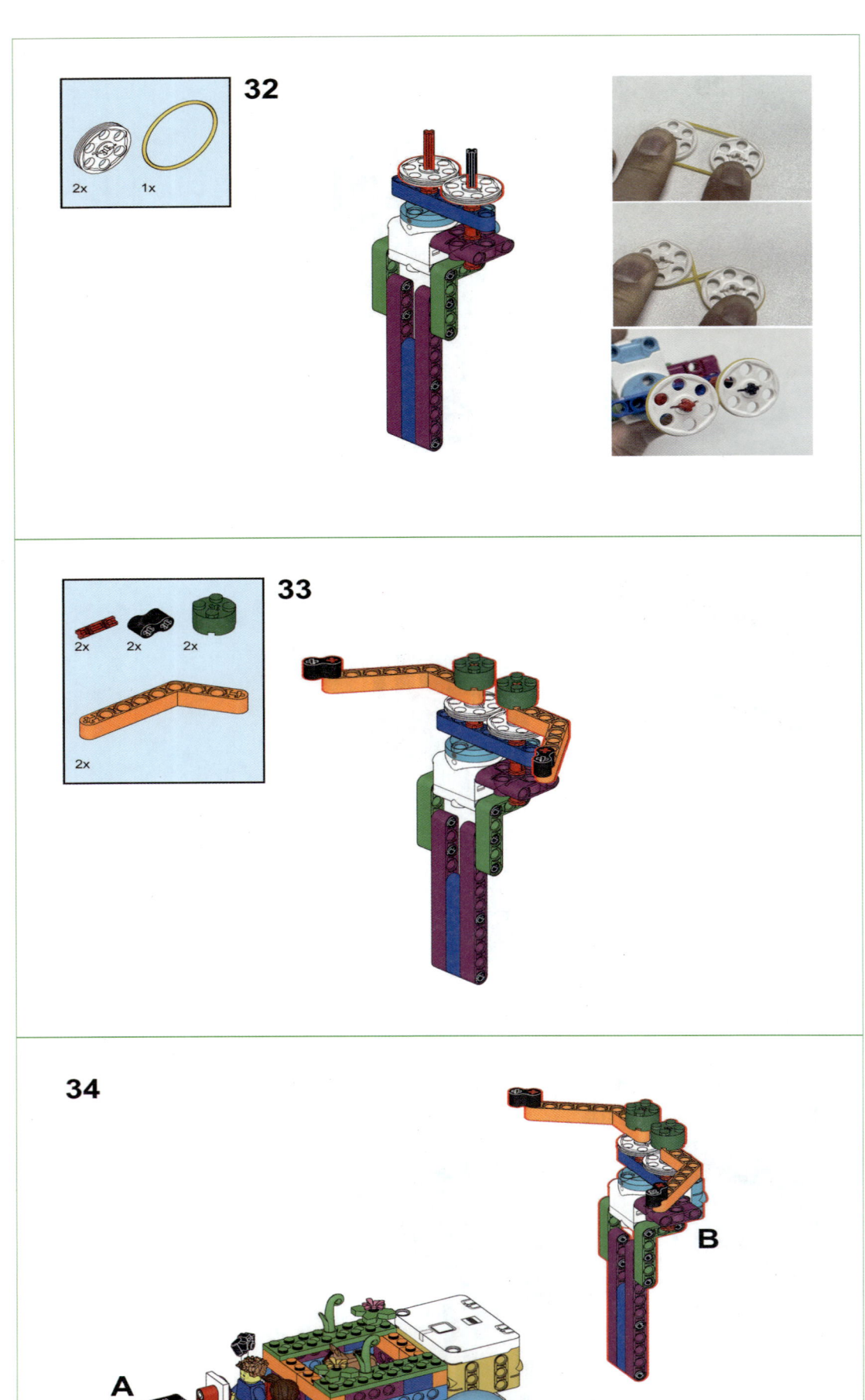

35

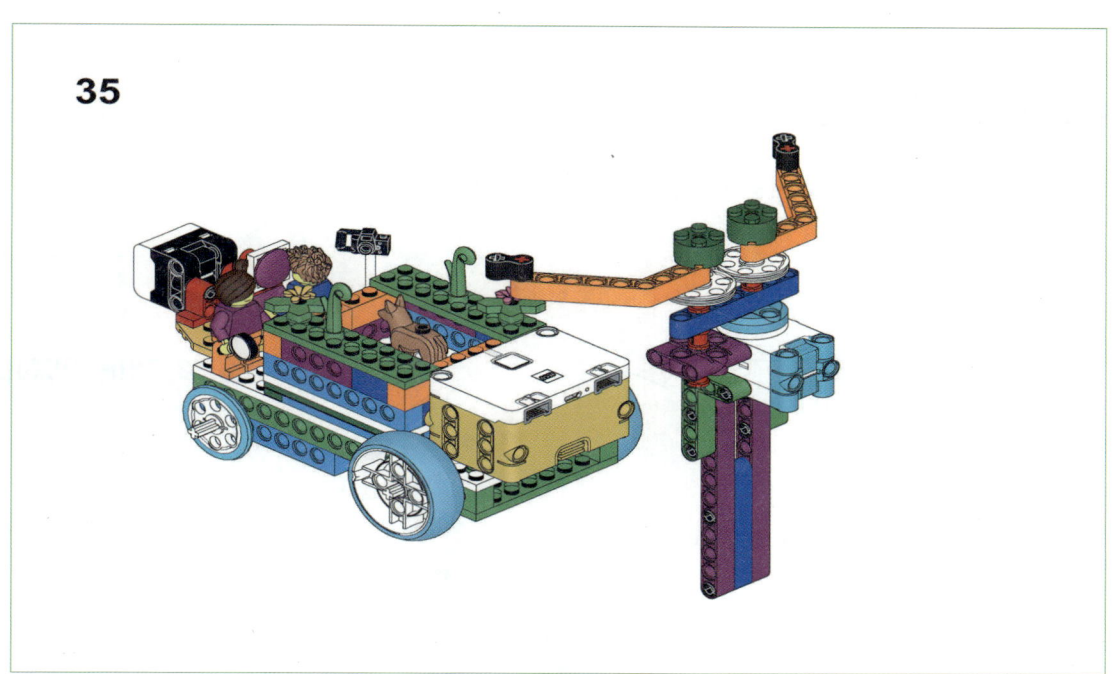

✱ 프로그램을 만들어요

- 방금 만든 작품으로 문제를 해결하려면 어떻게 움직여야 할까요?

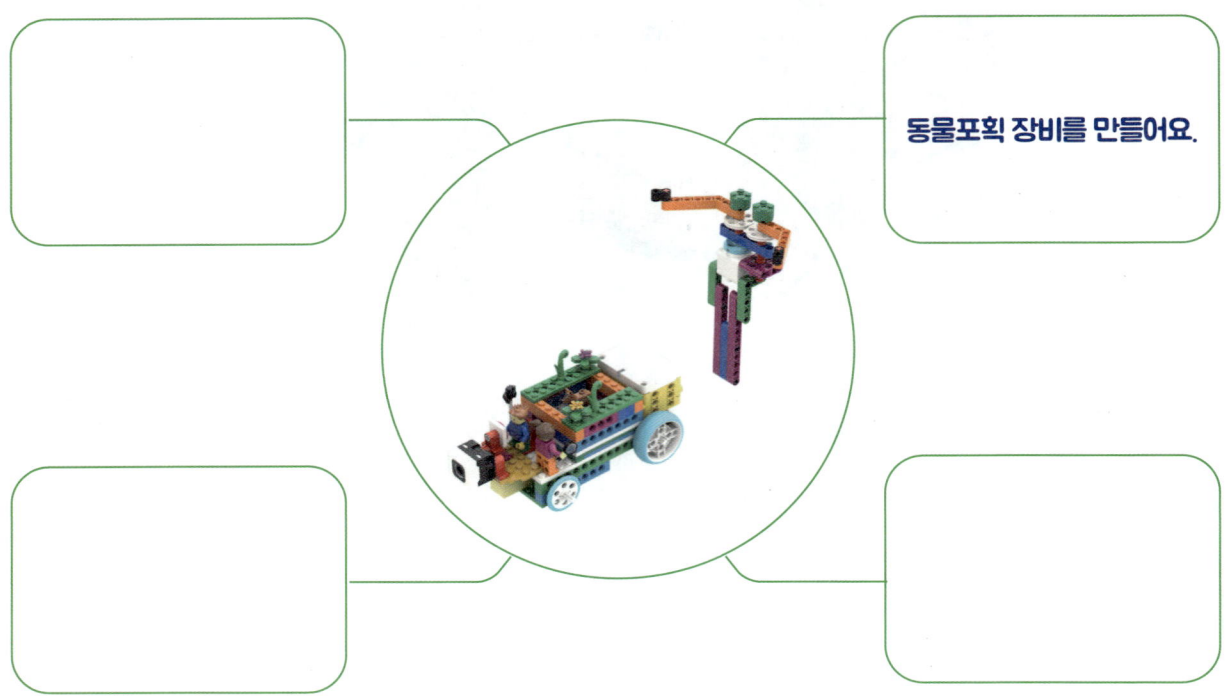

동물포획 장비를 만들어요.

- 야생동물구조 차량과 동물포획 장비를 제어할 프로그램을 만들어 보아요.

나는 (　　　　　　　　　　) 움직이도록 만들어 볼 거야!

 동물의 상태를 색상별로 인식하여 소리가 나게 하고 싶어. 번호별로 어떤 동물 소리가 나는지 들어 보고, 원하는 소리를 마음대로 넣어봐.

 단어 블록으로 만들 때 소리 변경은 위 그림과 같이 사운드 추가를 눌러 바꿀 수 있어.

 아래처럼 동물별로 다른 색상을 부여해서 맞는 소리를 넣어도 되고 스파이크 에센셜에 없는 다른 동물을 만들어도 돼.

3.창의적사고, 인공지능 - 야생동물 구조 차량을 만들어 보아요 243

마리아, 방금 전화가 왔어! 길가에 사나운 개 한 마리가 나타났어. 만든 동물포획 장비를 이용하여 개를 케이지 안에 넣어서 차에 실어줘.

일단 모터를 이용한 동물포획 장비를 이용하자. 그다음 사나운 개를 케이지 안에 넣어서 차에 싣고 야생동물병원으로 데리고 오자.

동물포획 장비를 활용하여 친구들과 동물이나 블록 옮기기 게임을 할 수도 있어.

개 아래에 있는 바닥 판과 관련된 색상을 인식하여 동물포획 장비를 작동시켜 개를 옮겨보자.

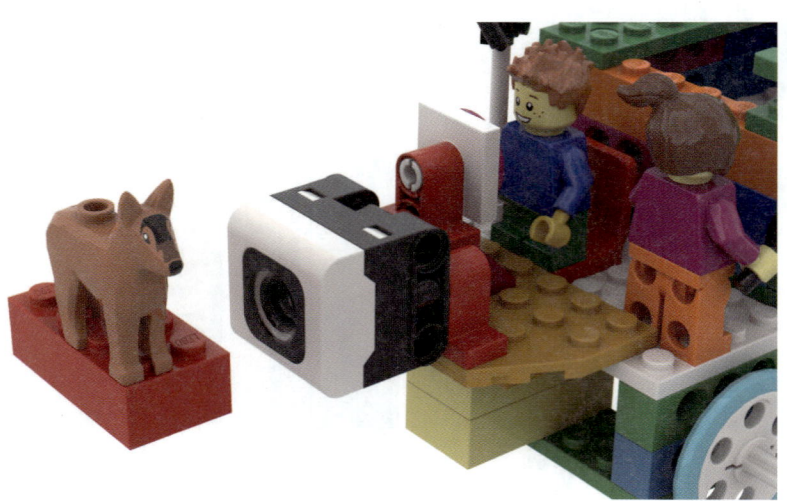

 아래처럼 코딩하면 빨간색을 인식할 때 개가 짖는 소리를 내고 3초 후 동물포획 장비가 작동하여 개를 잡을 수 있어. 가장 중요한 유의 사항은 모터의 방향이 바뀌지 않도록 하는 거야.

모터 속도는 너무 빠르면 동물포획 장비가 망가질 수 있으니 아이콘 블록은 한 칸, 단어 블록은 20%를 넘지 않도록 해줘.

 네가 코딩을 잘한 덕분에 사나운 개를 잡을 수 있었다고. 고마워 레오!

마리아, 개도 야생동물 구조 차량에 태웠으니 출발할게. 개가 많이 아파서 사나웠던 거 같아. 지금은 얌전하네. 병원에 갈 동안 개가 잘 있는지 확인해줘.

06 한 번 더 확인해요

야생동물 구조 차량과 동물포획 장비가 잘 움직이는지 살펴봅시다.

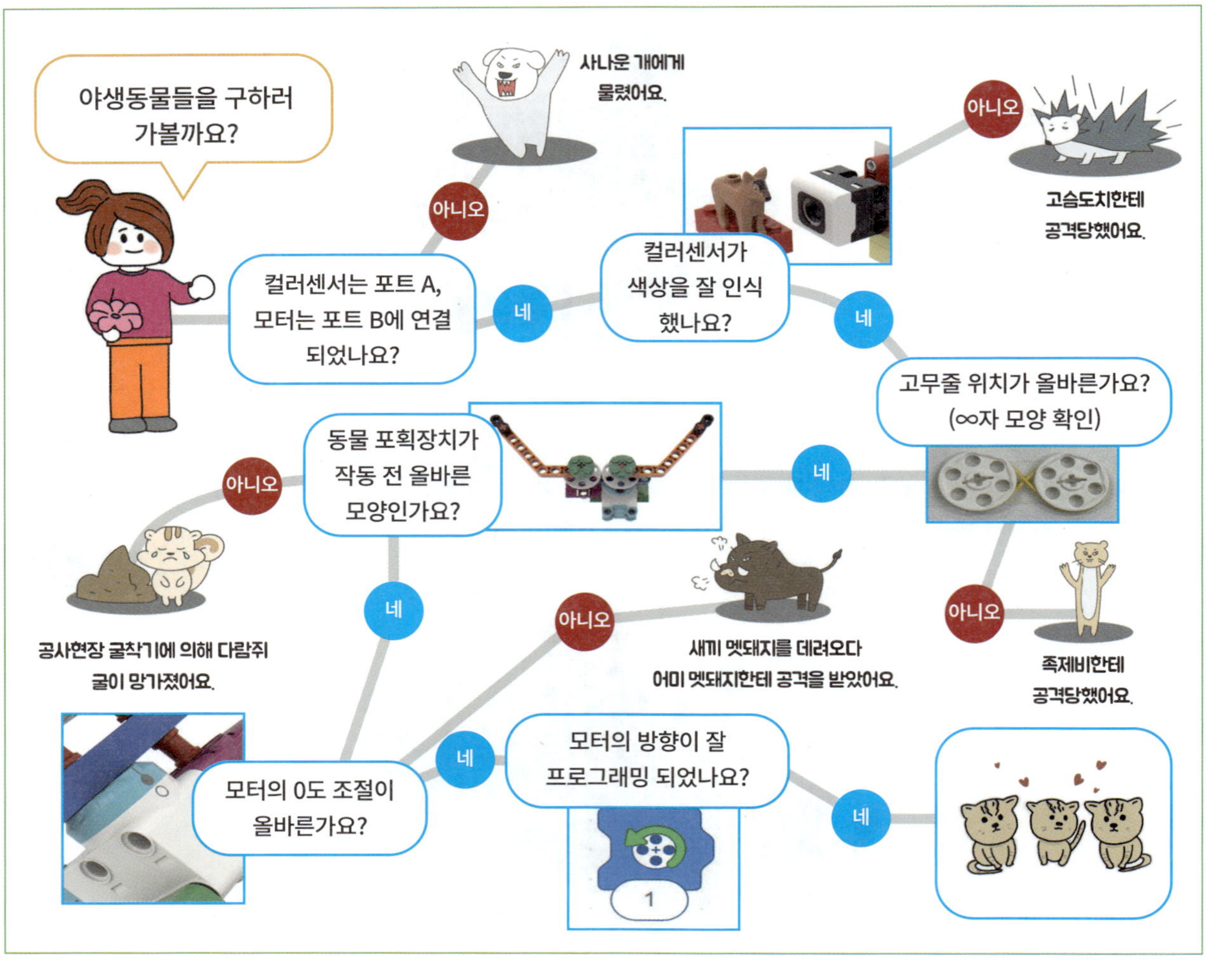

07 생각을 더해 보아요

- 자신만의 창의적인 야생동물 구조 차량을 디자인하고 프로그래밍해 보세요.

> 나는 (　　　　　)을 더 붙여봤어.
> 너는 무엇을 더해볼 거야?

08 이야기를 더해 보아요

마리아가 야생동물을 구할 수 있게 도움을 주었어요. 여러분이 그림동화 작가가 되어 마리아가 야생동물 문제를 어떻게 해결했는지 상상하여 이야기를 만들어 볼까요?

09 뽐내 보아요

> 내가 만든 그림동화를 다른 친구들에게 공유해 볼까요?
> 내가 만든 야생동물 구조 차량을 친구들에게 공유해 볼까요?

내가 만든 **작품 인증샷**
해시태그 이벤트

아래 2개의 필수 해시태그와 함께
내가 만든 작품의 인증샷을 찍어 업로드 해 주세요.
추첨을 통해 소정의 선물을 보내드립니다.

 # PlayIT스파이크에센셜   **# 스파이크에센셜은퓨너스**

참여 방법 1
① 퓨너스 학습지원 커뮤니티(http://cafe.naver.com/robotsteam)가입
② #퓨너스 소식 >> **이벤트 게시판에 글쓰기**
  - 말머리 [해시태그이벤트] 선택하고 아래 태그에 **필수 해시태그 포함**시키기

참여 방법 2
① **퓨너스 인스타그램**(@funers_official)을 팔로우
② 게시물 올릴 때 **필수 해시태그 포함**시키기

참 잘했어요!

다음 책은 뭘까?

로봇은 어떻게 의사소통 할까요?

로봇과 동물은 가족이 될 수 있을까요?

관련역량	창의적 사고 역량	AI핵심역량	컴퓨팅 사고력
관련교과	국어		문제해결력
학습목표	와일드 로봇을 읽고 뒤에 이어질 내용을 컬러 센서와 3x3 컬러 라이트 매트릭스를 활용하여 만들 수 있다.		공익적 사고력

01 함께 읽어요

이 책을 읽으면 더 좋아요!

<와일드 로봇>

글, 그림 피터 브라운 / 번역 엄혜숙
거북이북스

02 문제를 찾아봐요

소피, '로봇' 하면 무슨 생각이 들어? 나는 와일드 로봇을 읽어보니 로봇에 관한 생각이 많이 바뀐 것 같아. 로봇은 명령만 따르고 차가울 것 같았는데….

로즈는 정말 대단한 로봇인 것 같아. 야생 환경에 적응하기 위해 주변을 관찰해서 주변의 동물들을 모방할 줄도 알아.

처음에 야생의 섬에 와서 곰에게 쫓겨서 죽을 뻔했었지. 대벌레를 보고 자기 몸을 주변의 흙과 식물을 이용해 꾸밀 줄도 알았어.

로즈가 야생에서 만난 알을 기르면서 여러 가지 일들이 생길 거 같은데, 로즈에게 우리가 도움을 줄 수 있을까?

로즈가 동물들과 의사소통을 할 수 있게 해 주면 도움이 될 것 같아. 방법을 같이 생각해 보자.

03 방법을 생각해요

> **마리아는 로봇 로즈에게 도움을 주고 싶어요. 어떻게 도와줄 수 있을까요?**

• 문제를 해결할 수 있는 방법을 생각하여 그림으로 그리거나 글로 써 보세요.

04 이렇게 해결해요

• 마리아는 어떻게 문제를 해결하려고 할까요?

로즈가 느끼는 감정을 다른 동물들도 이해할 수 있도록 3x3 컬러 라이트 매트릭스를 사용해서 표현할 수 있게 하면 좋을 것 같아. 로즈 주변에 어떤 동물들이 있는지 컬러 센서로 확인할 수 있게 해주는 것도 도움이 될거야.

05 함께 만들어요

* 블록으로 만들어요

조립하기 - 로봇은 어떻게 의사소통할까요? 〈와일드 로봇〉

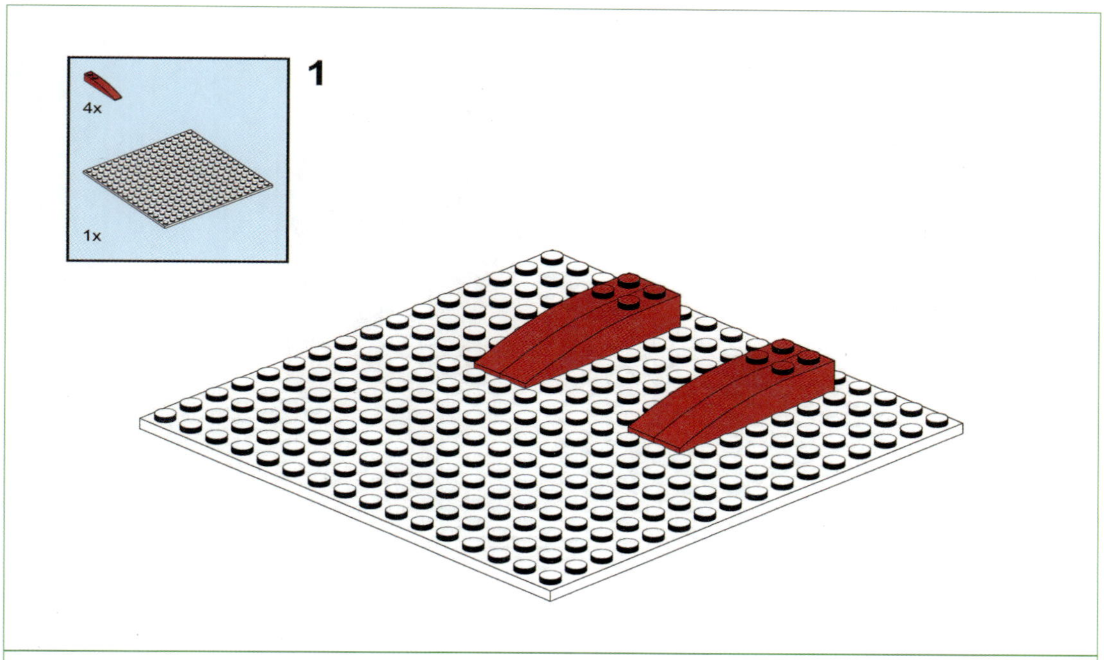

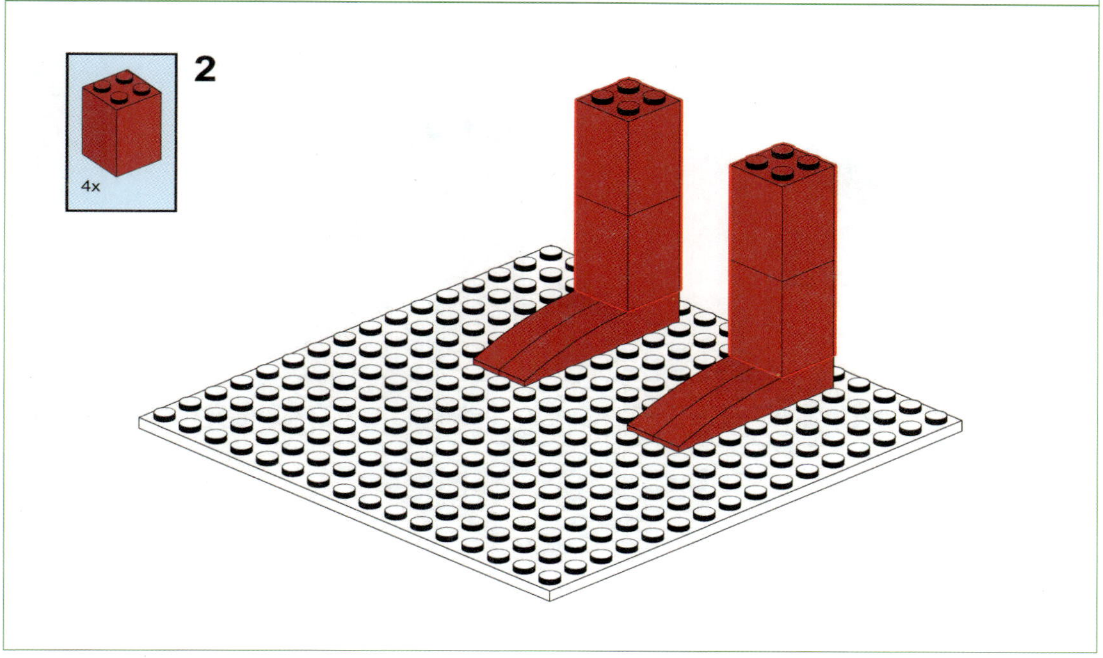

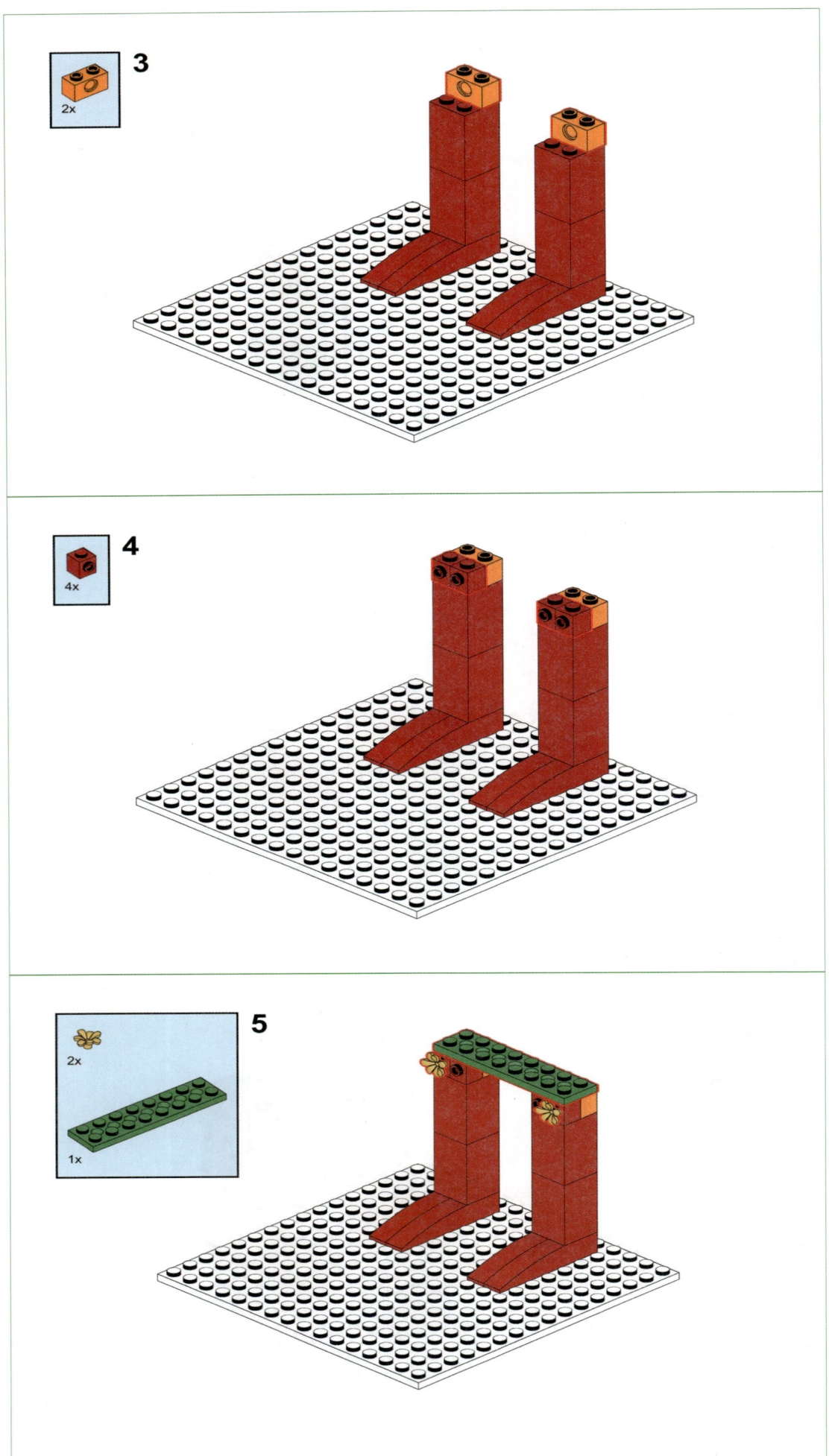

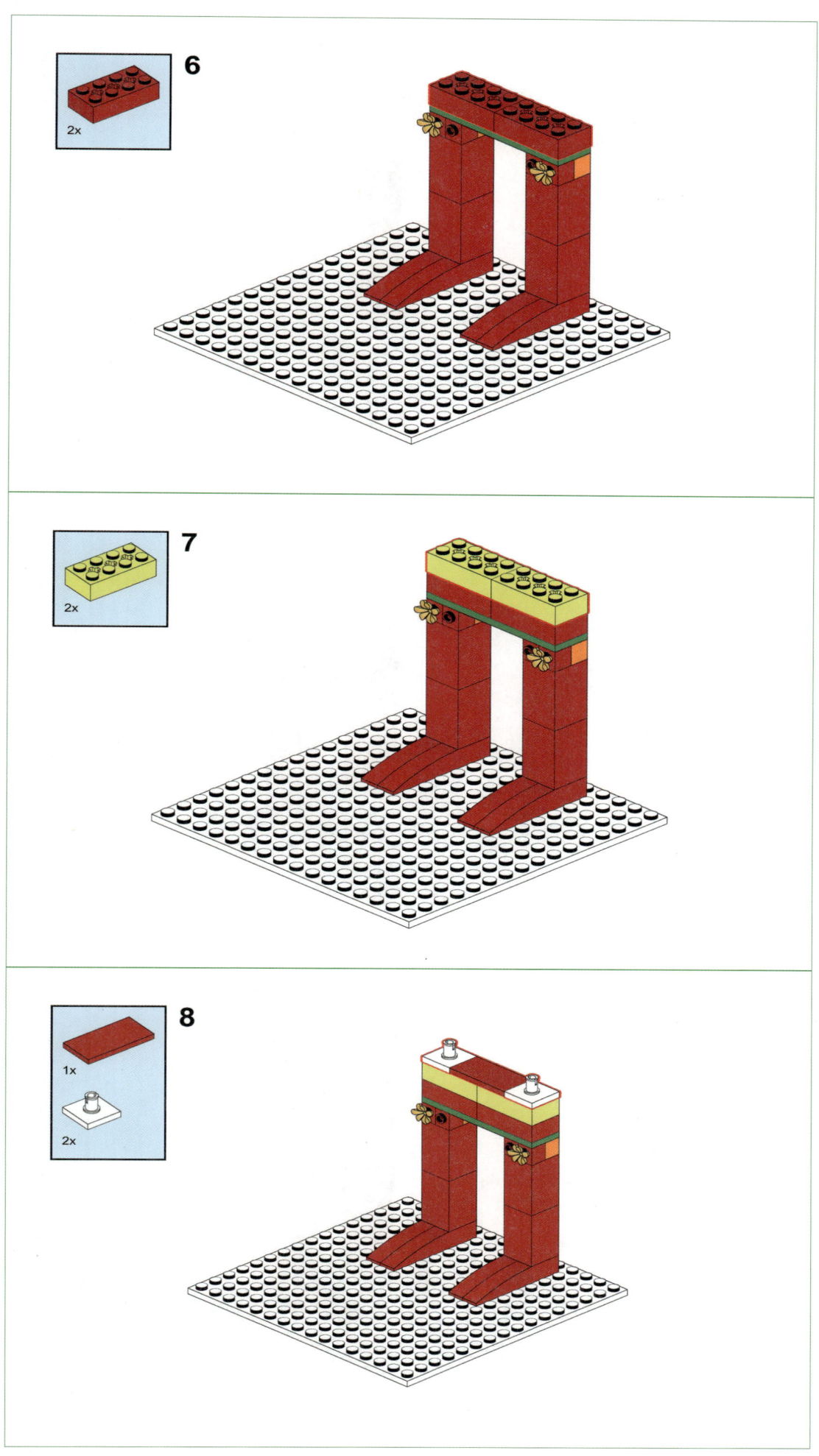

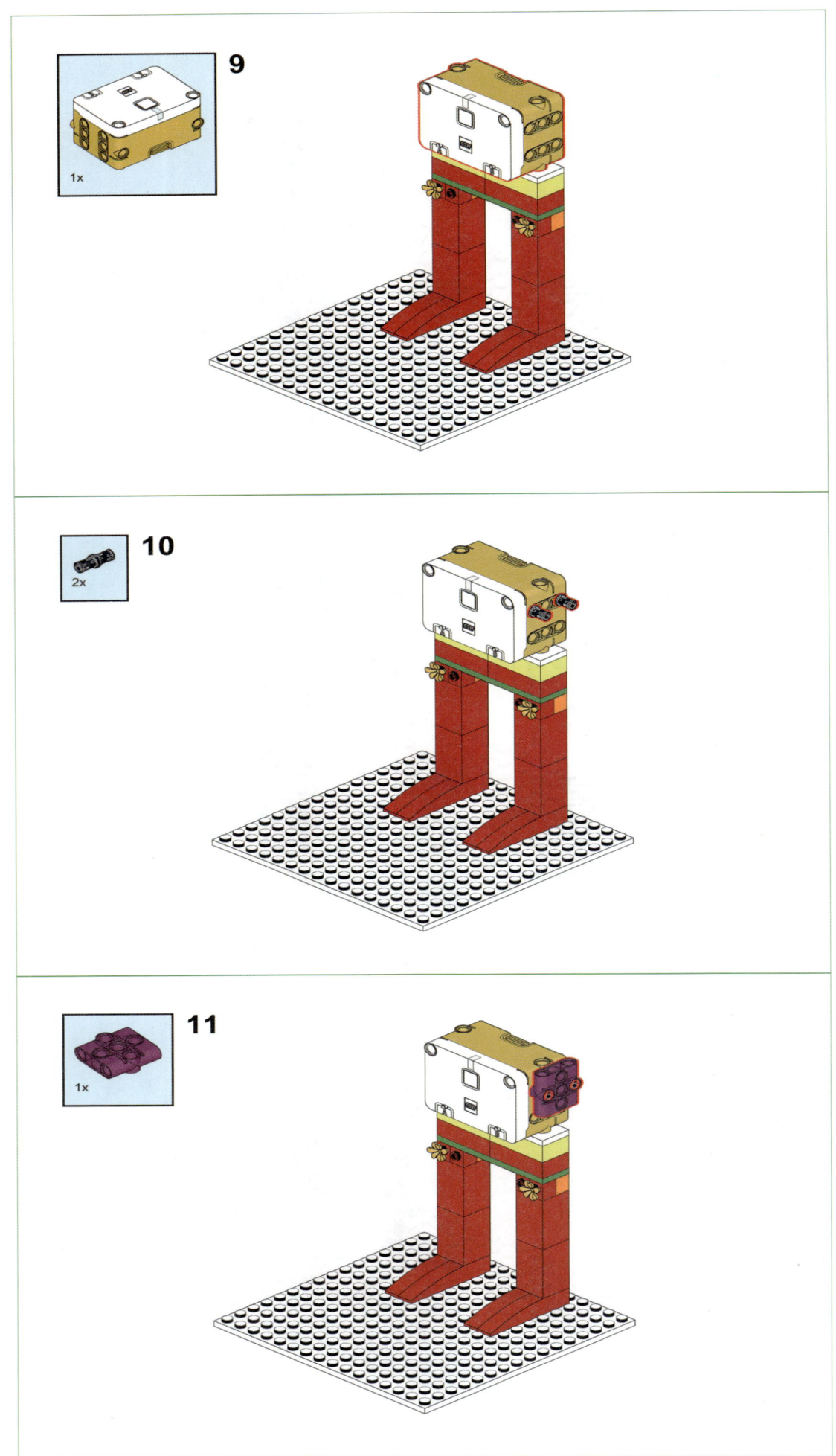

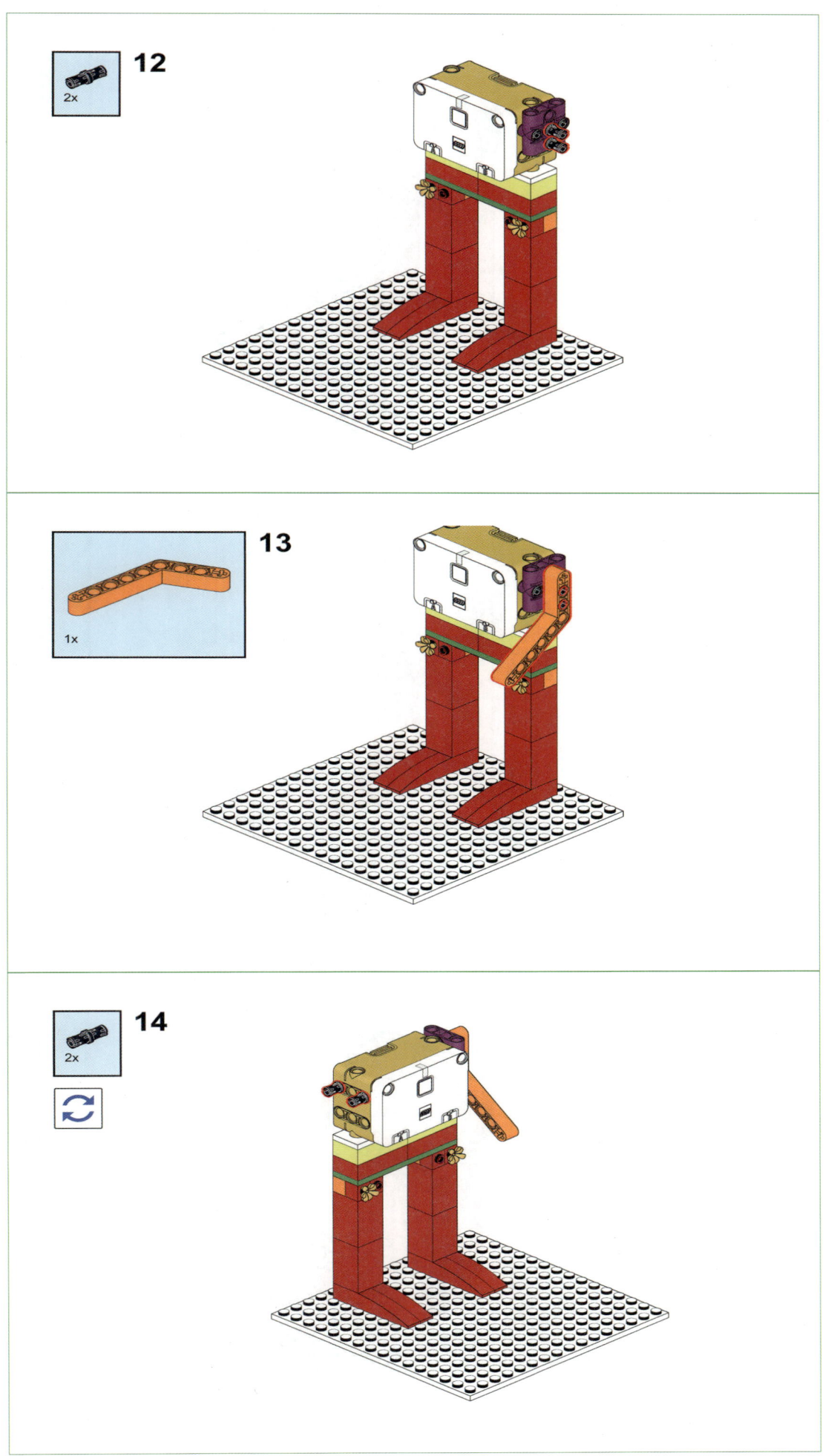

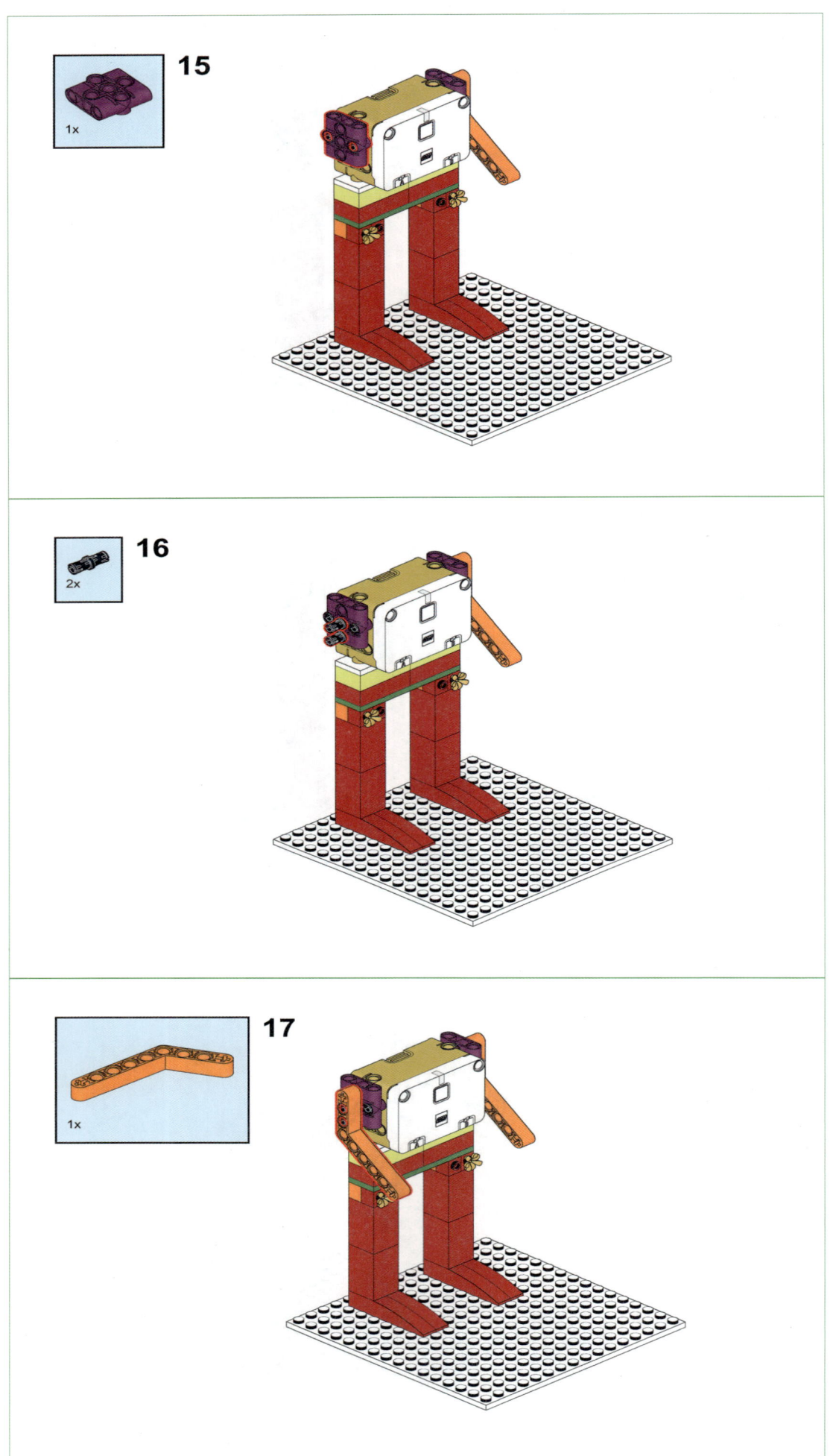

258 3.창의적사고, 인공지능 - 로봇은 어떻게 의사소통 할까요?

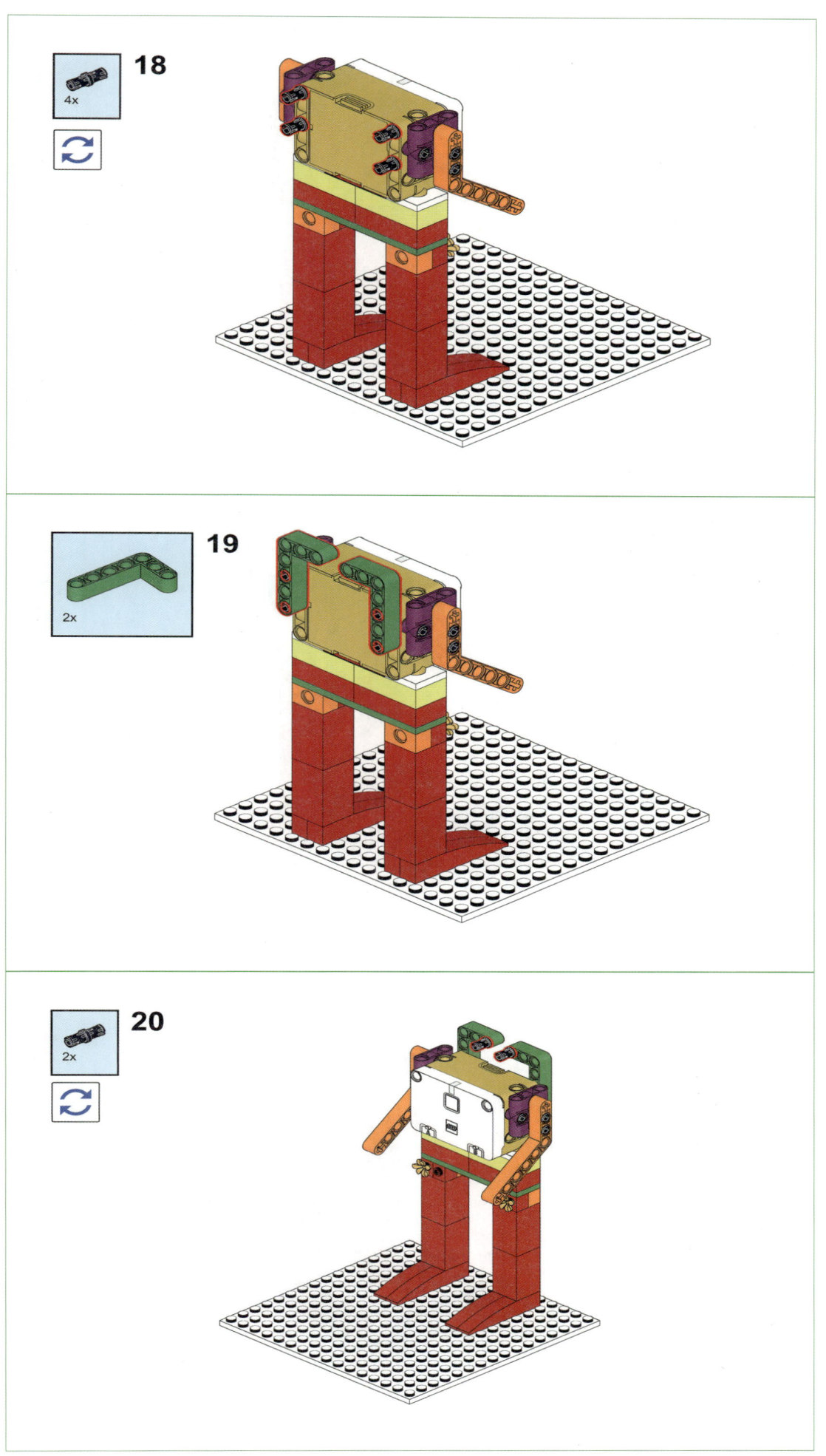

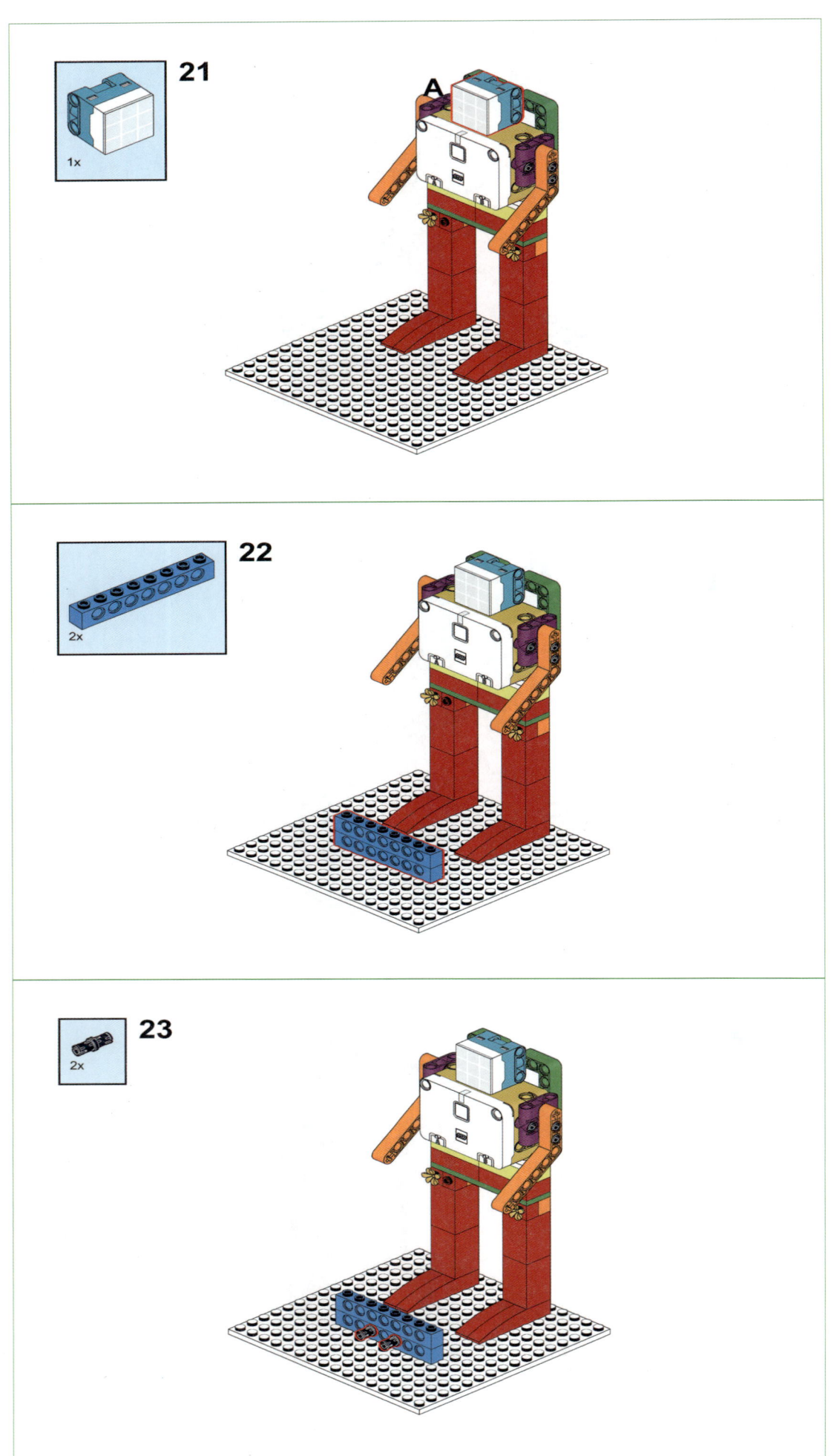

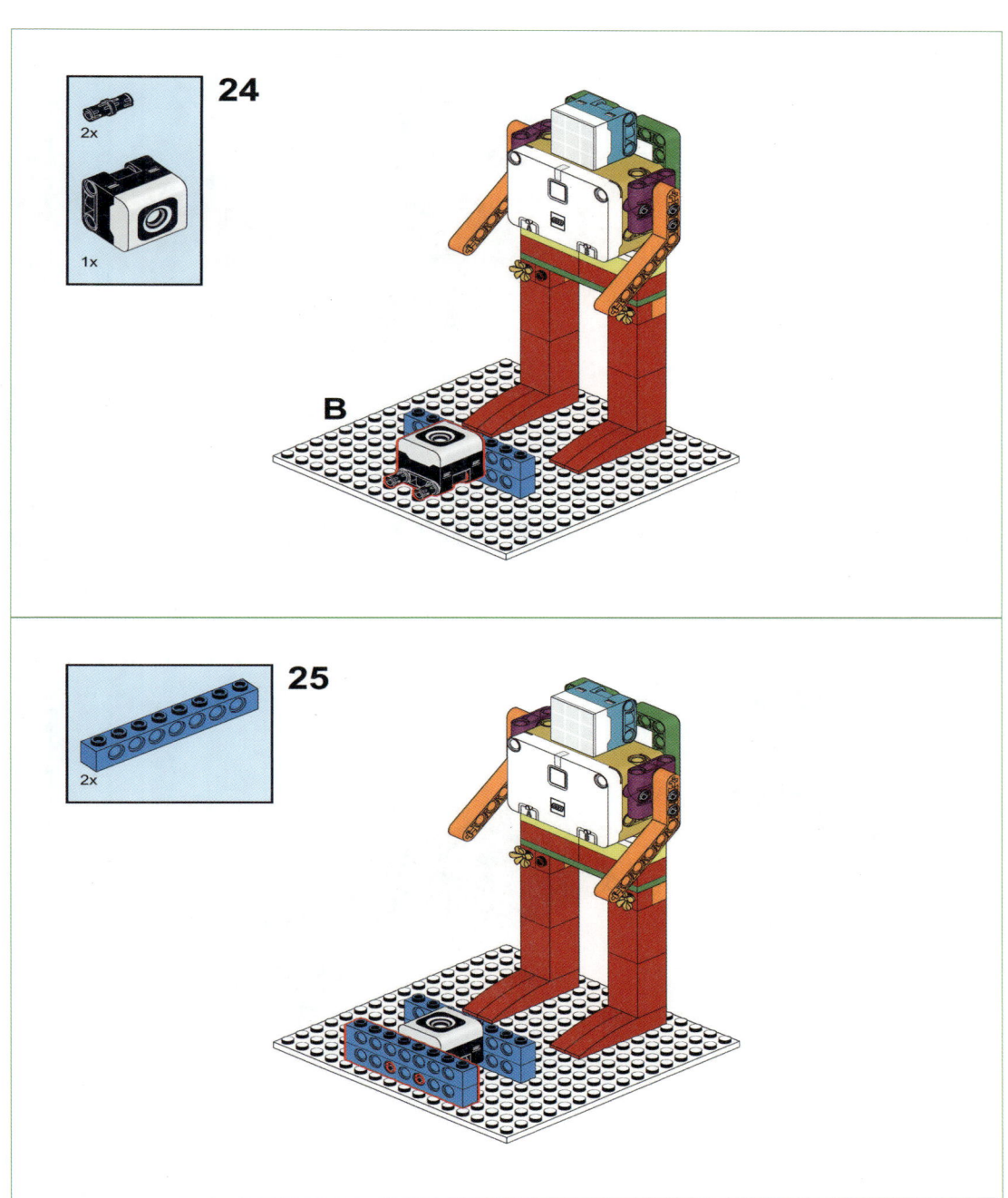

05 함께 만들어요

* 블록으로 만들어요

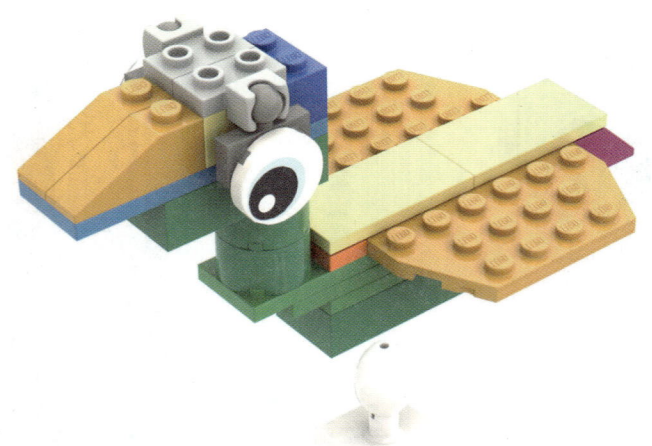

조립하기 - 로봇은 어떻게 의사소통할까요? 〈새끼기러기〉

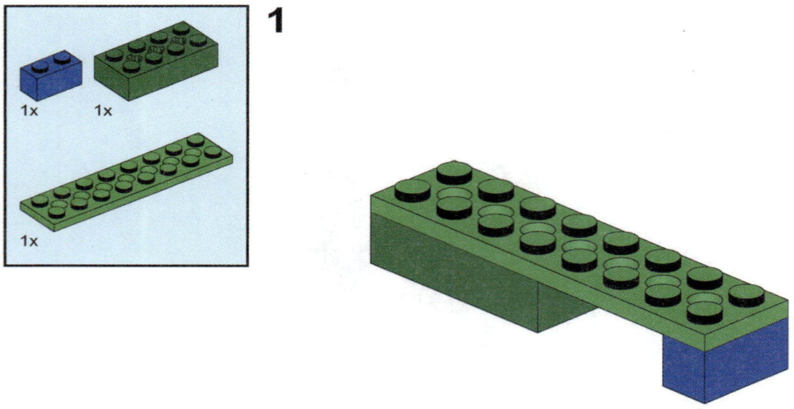

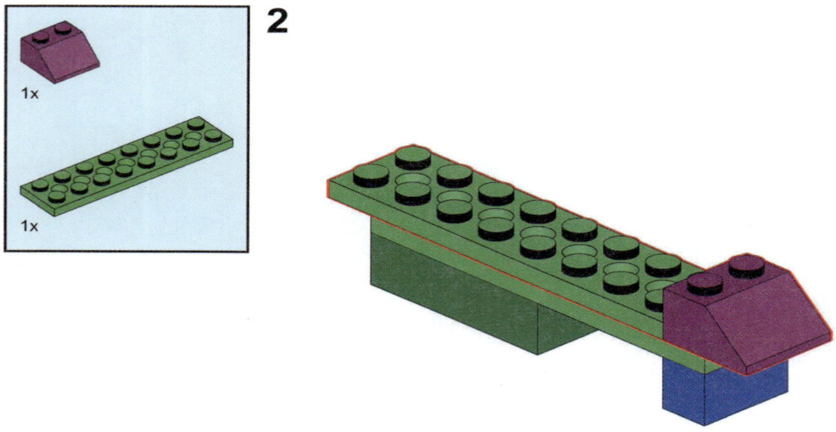

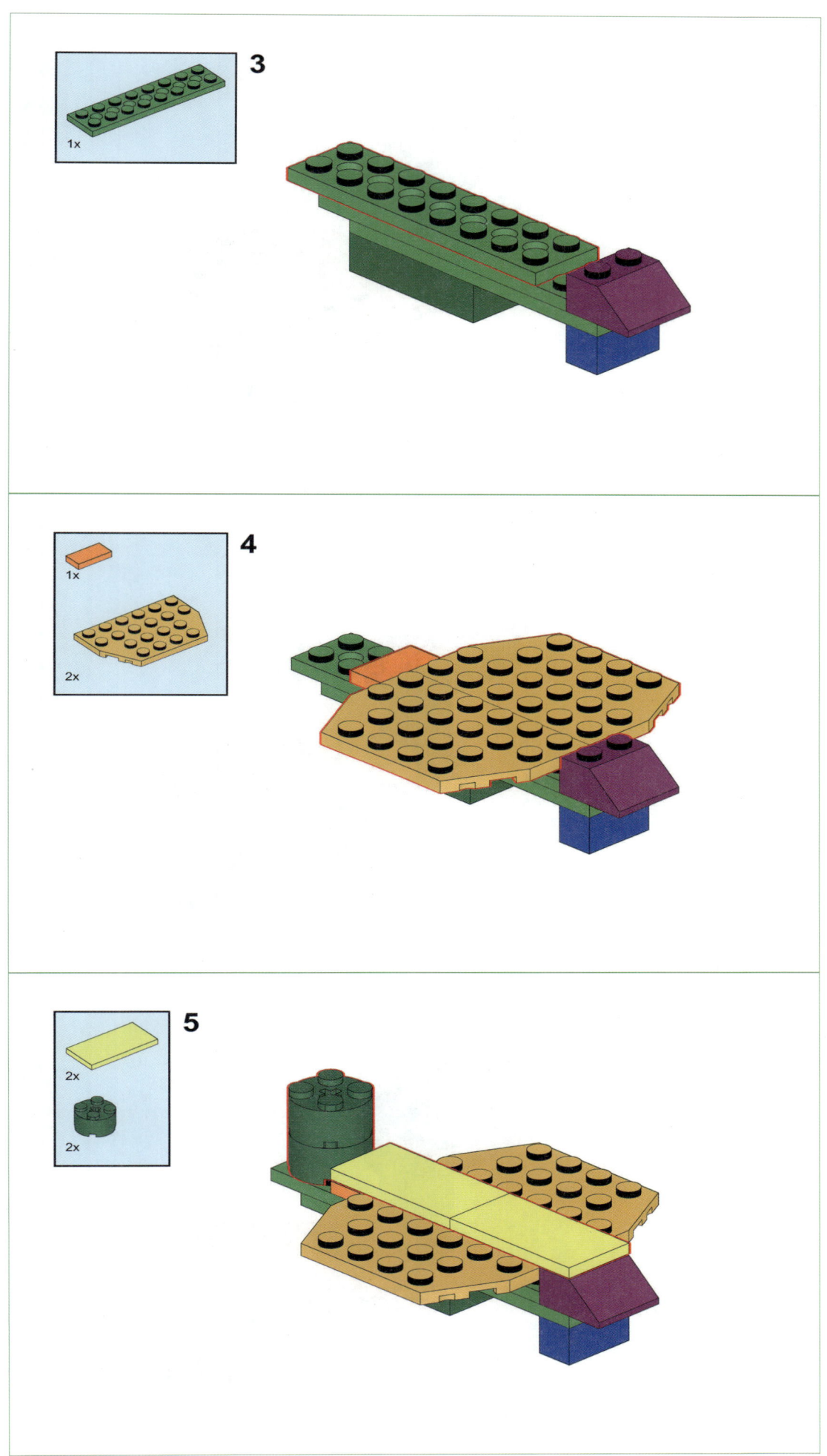

3.창의적사고, 인공지능 - 로봇은 어떻게 의사소통 할까요?

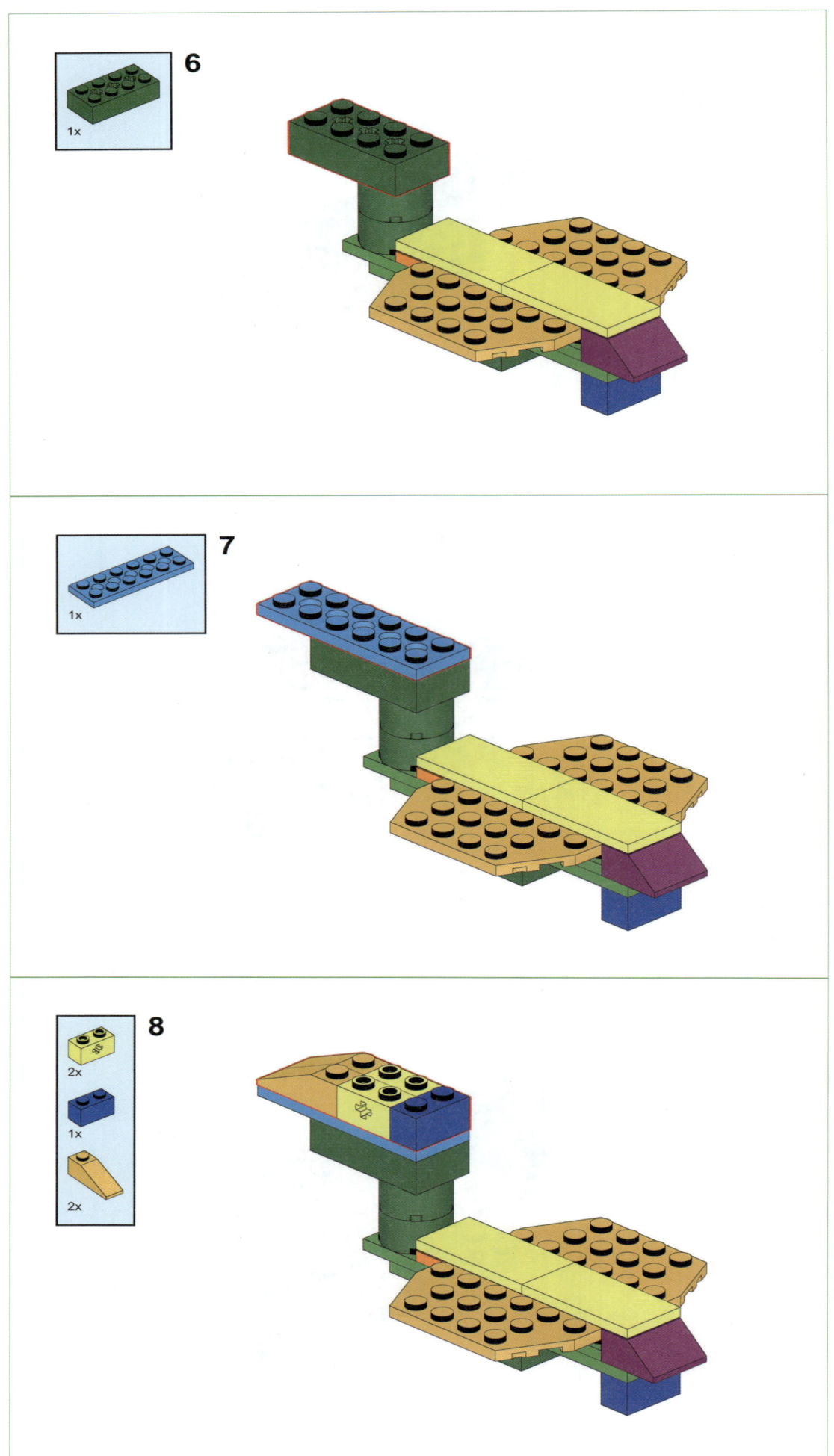

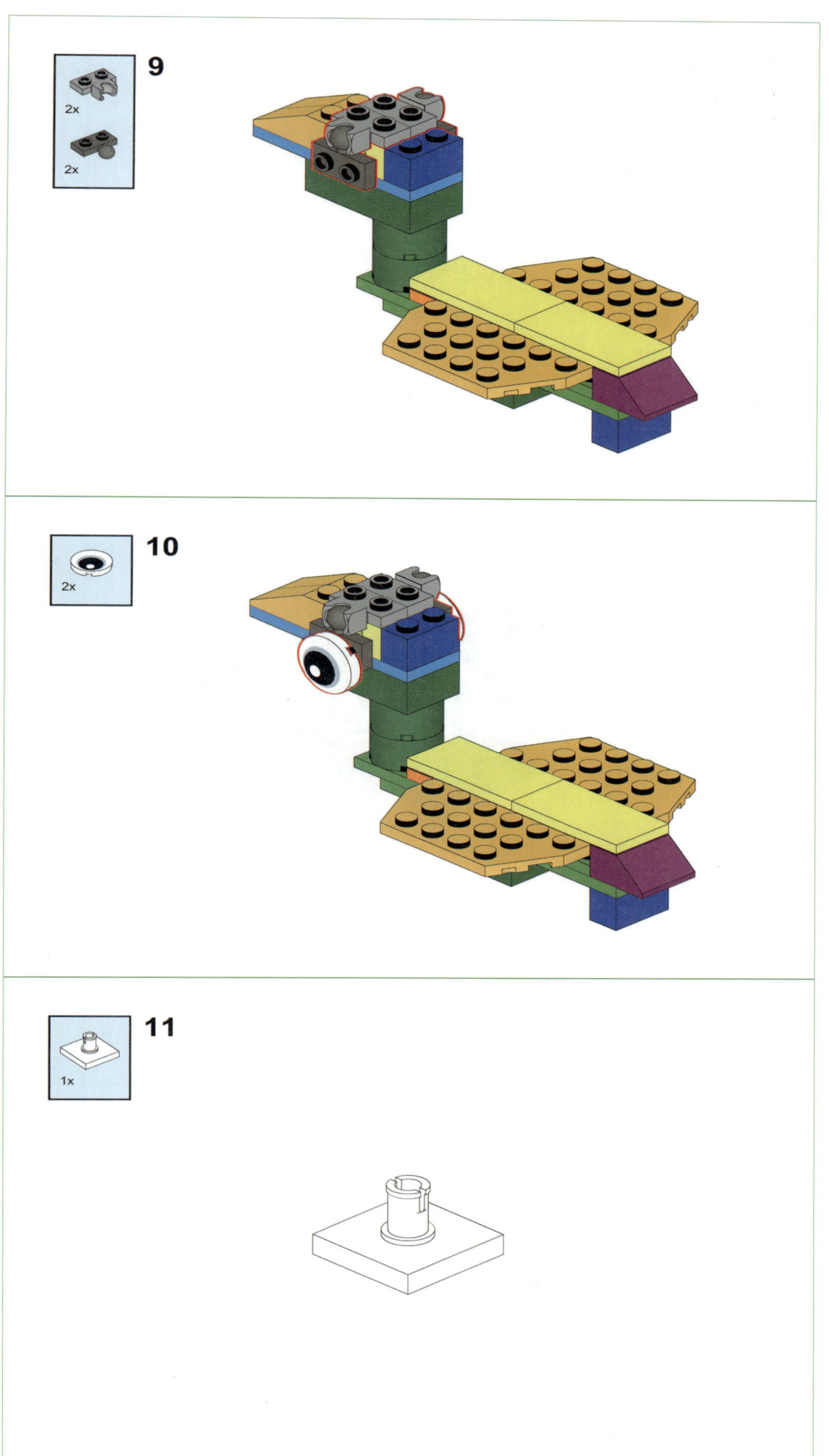

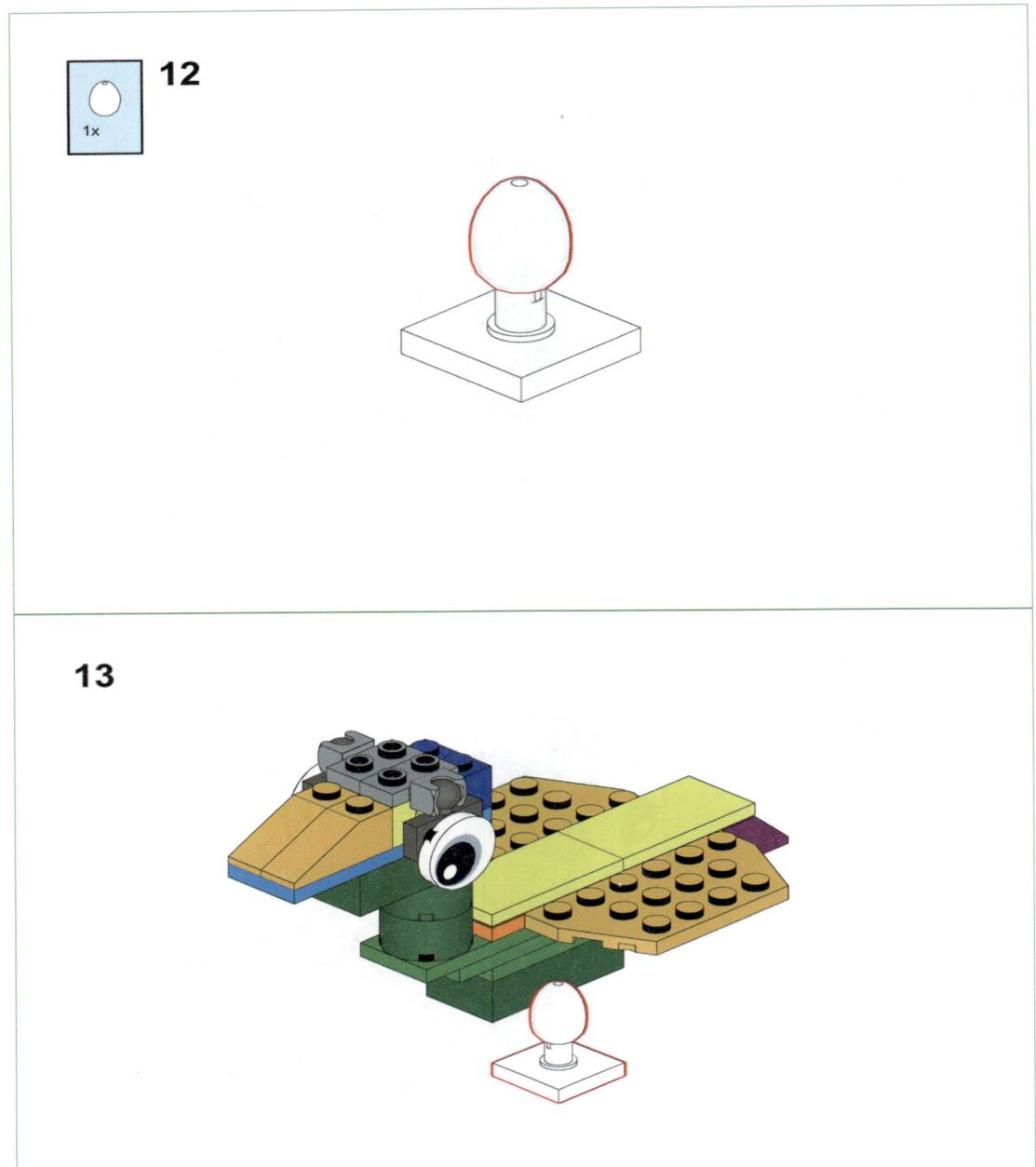

05 함께 만들어요

* 블록으로 만들어요

조립하기 - 로봇은 어떻게 의사소통할까요? 〈하마〉

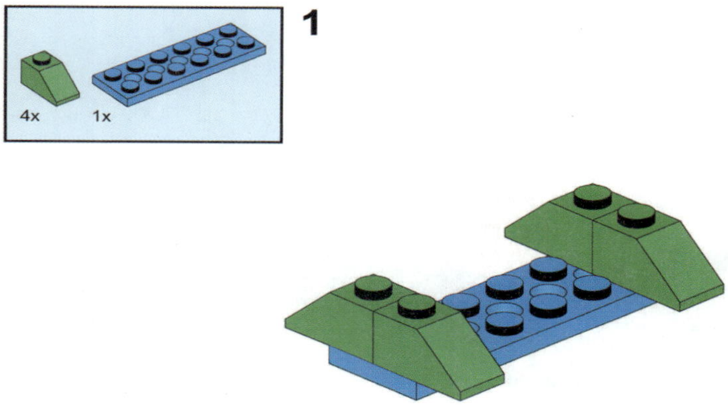

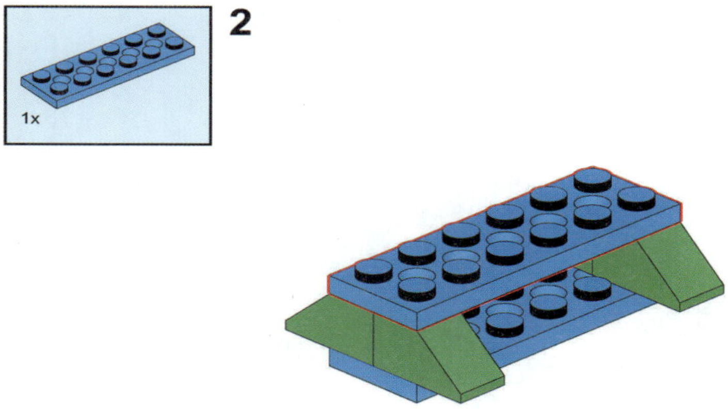

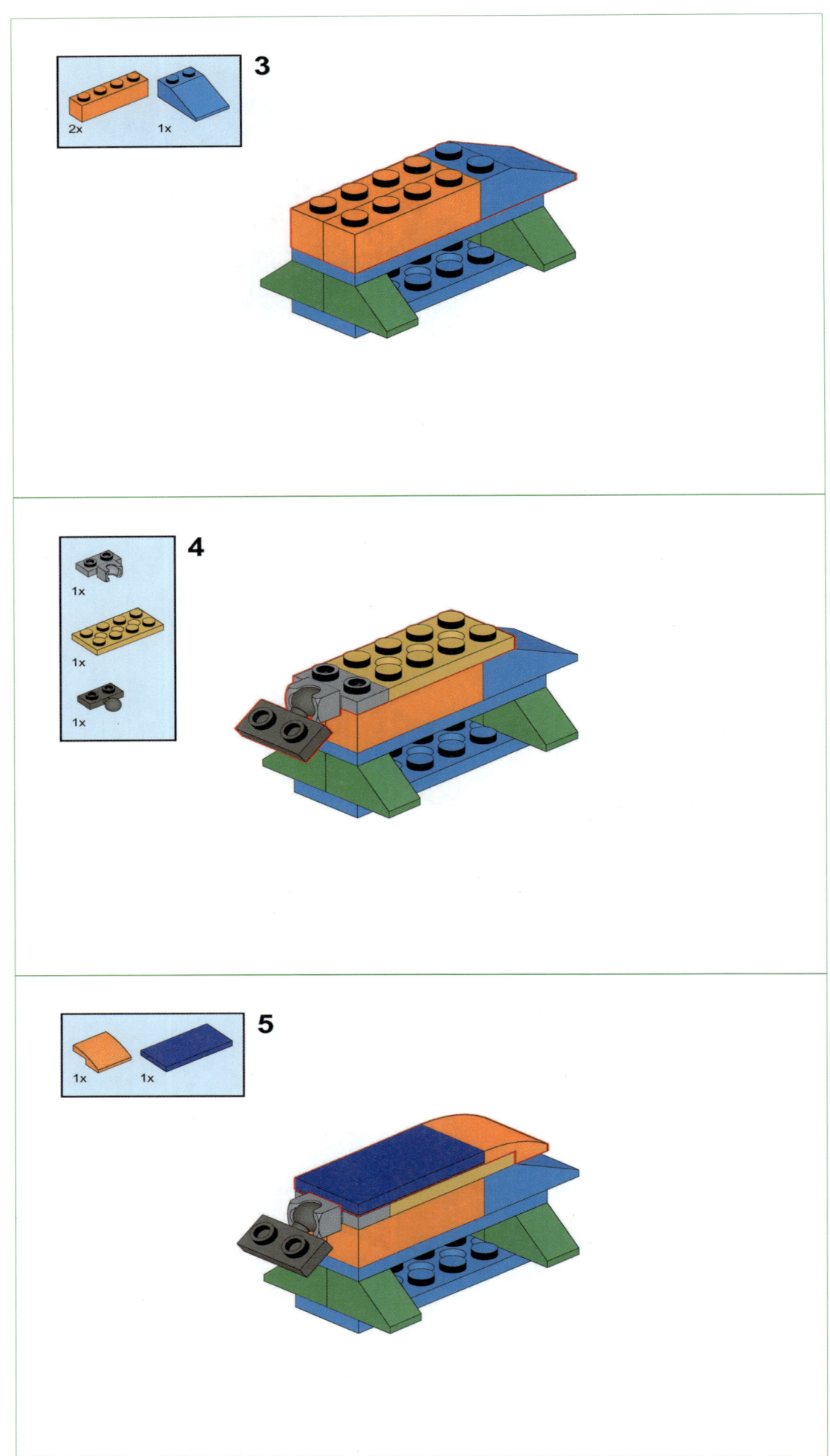

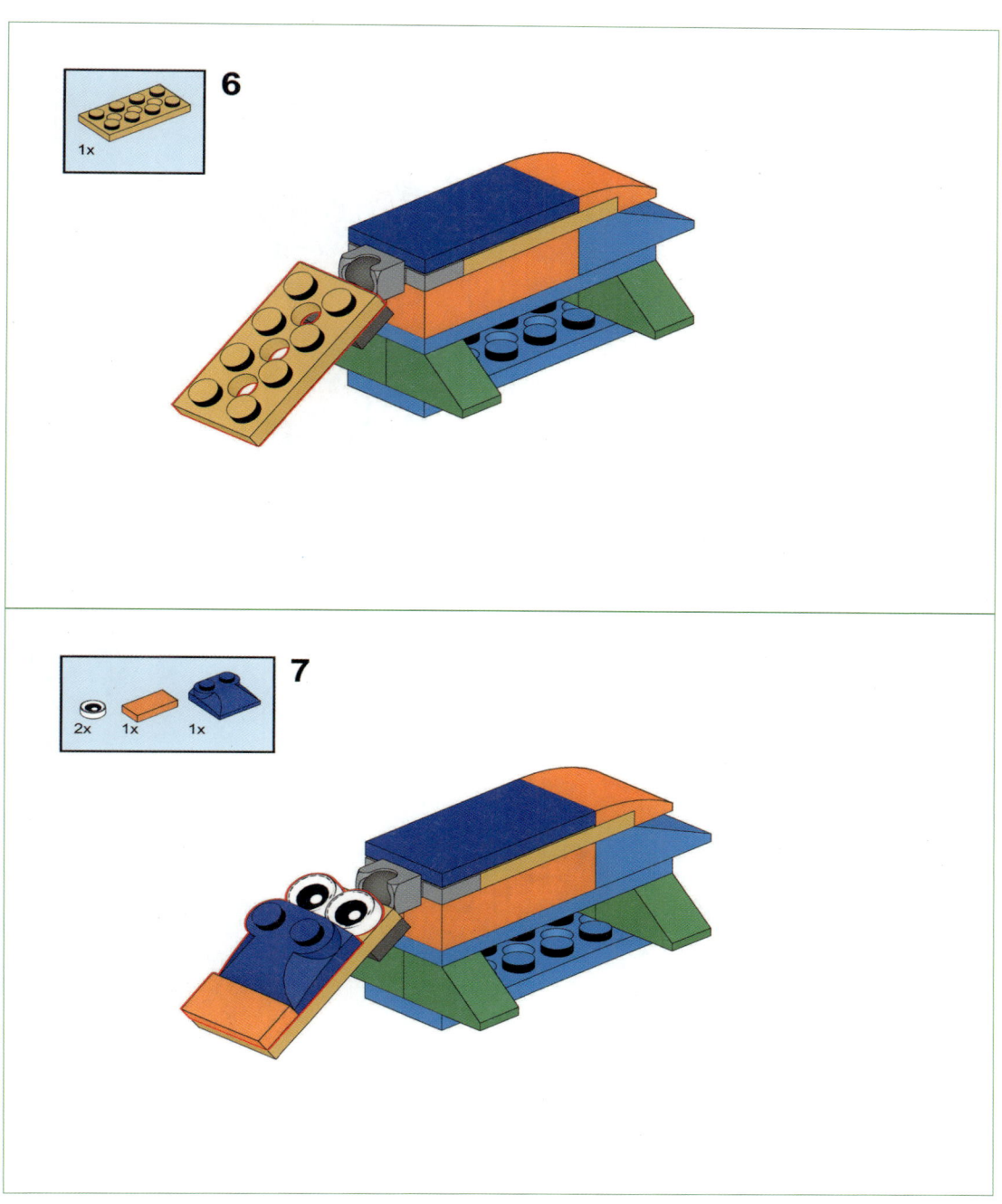

05 함께 만들어요

* **블록으로 만들어요**

조립하기 - 로봇은 어떻게 의사소통할까요? 〈악당로봇〉

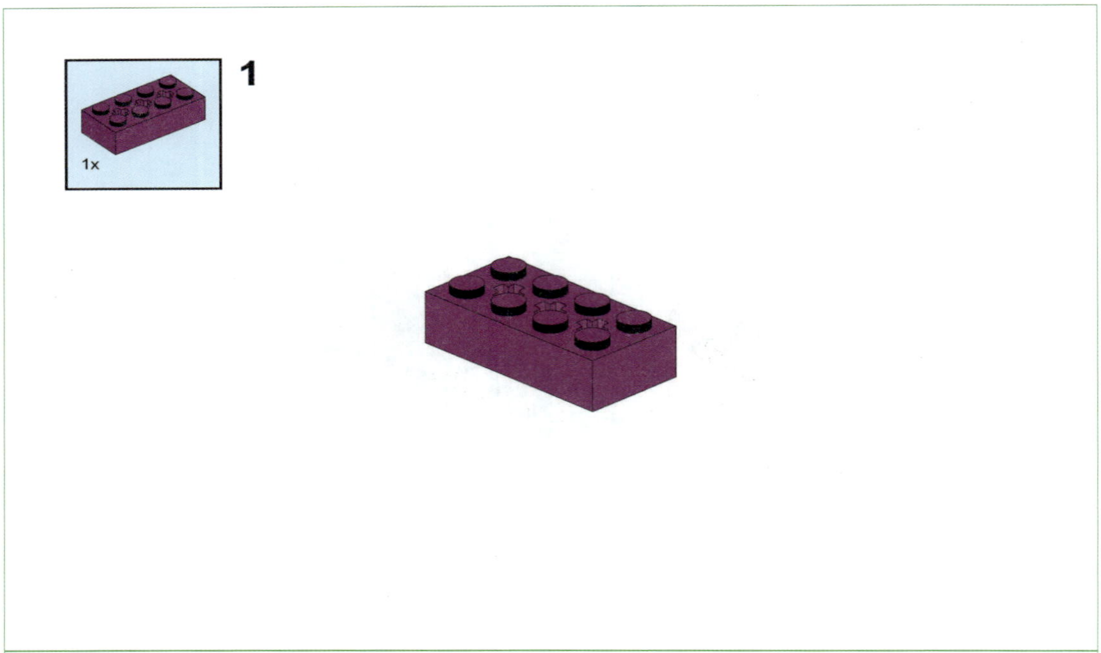

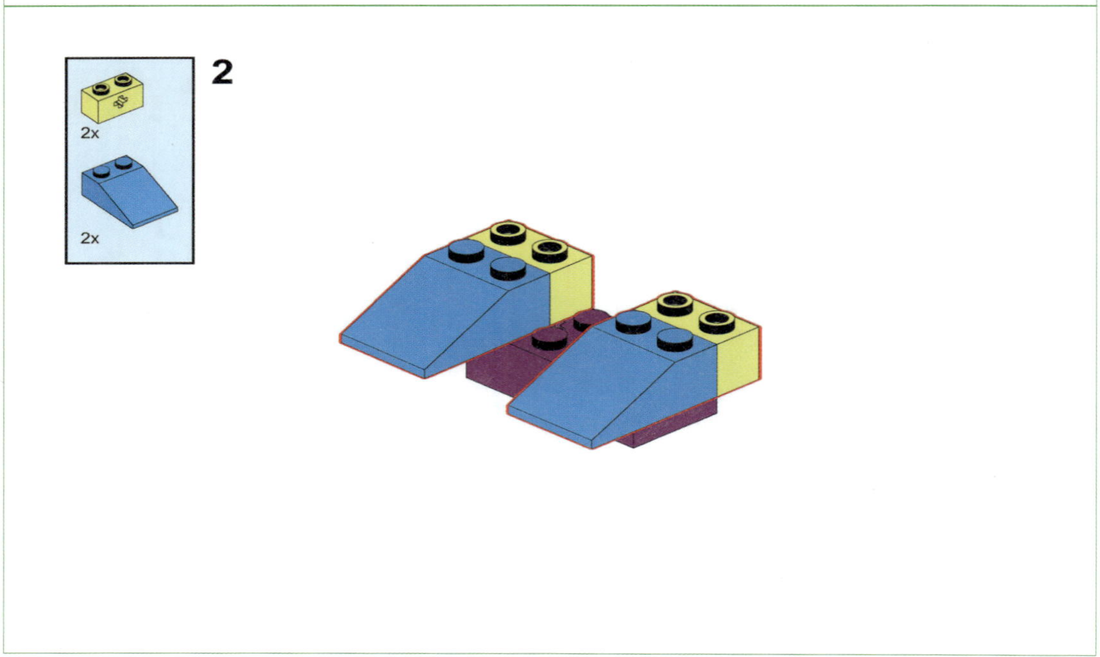

1

2

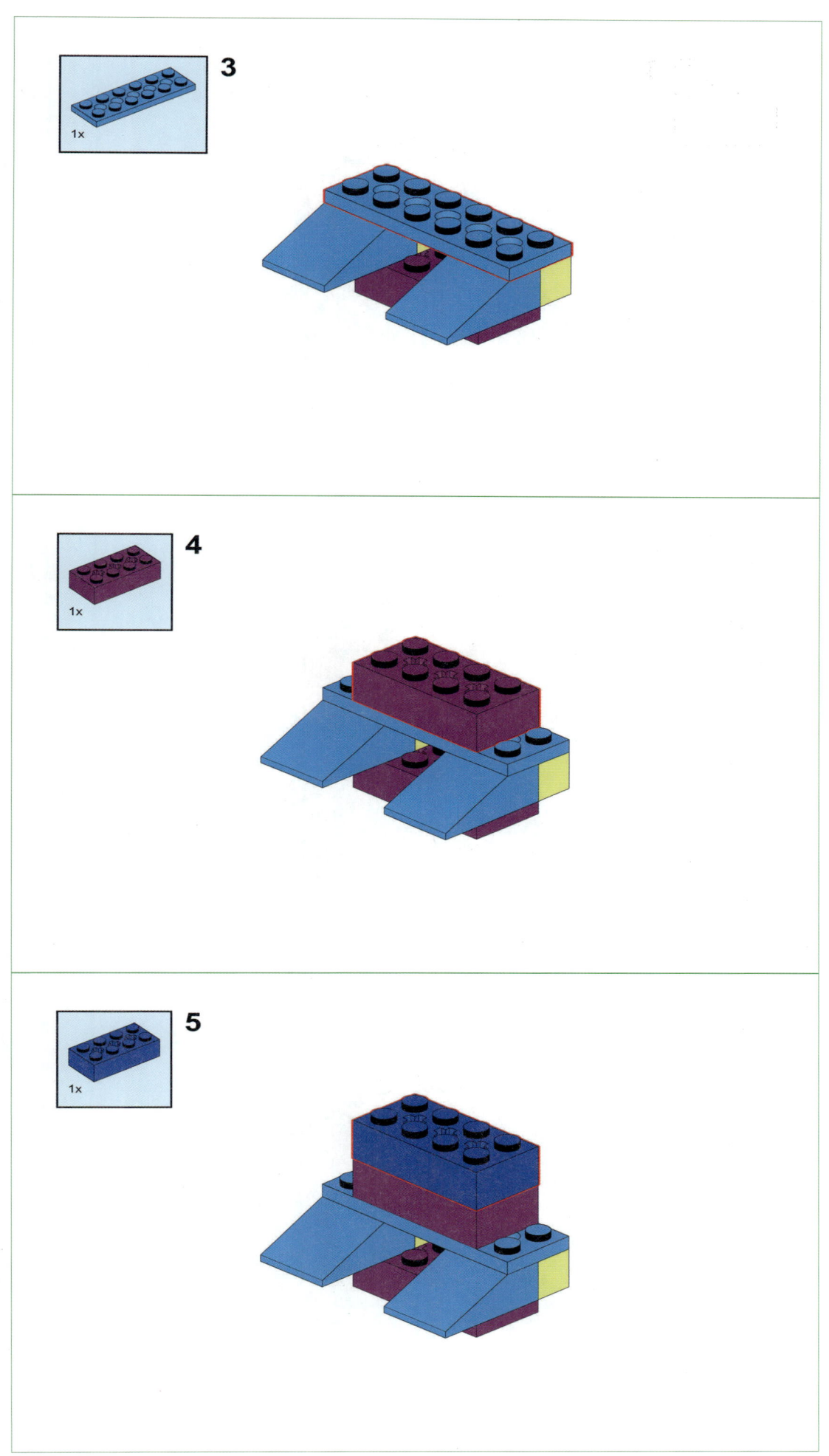

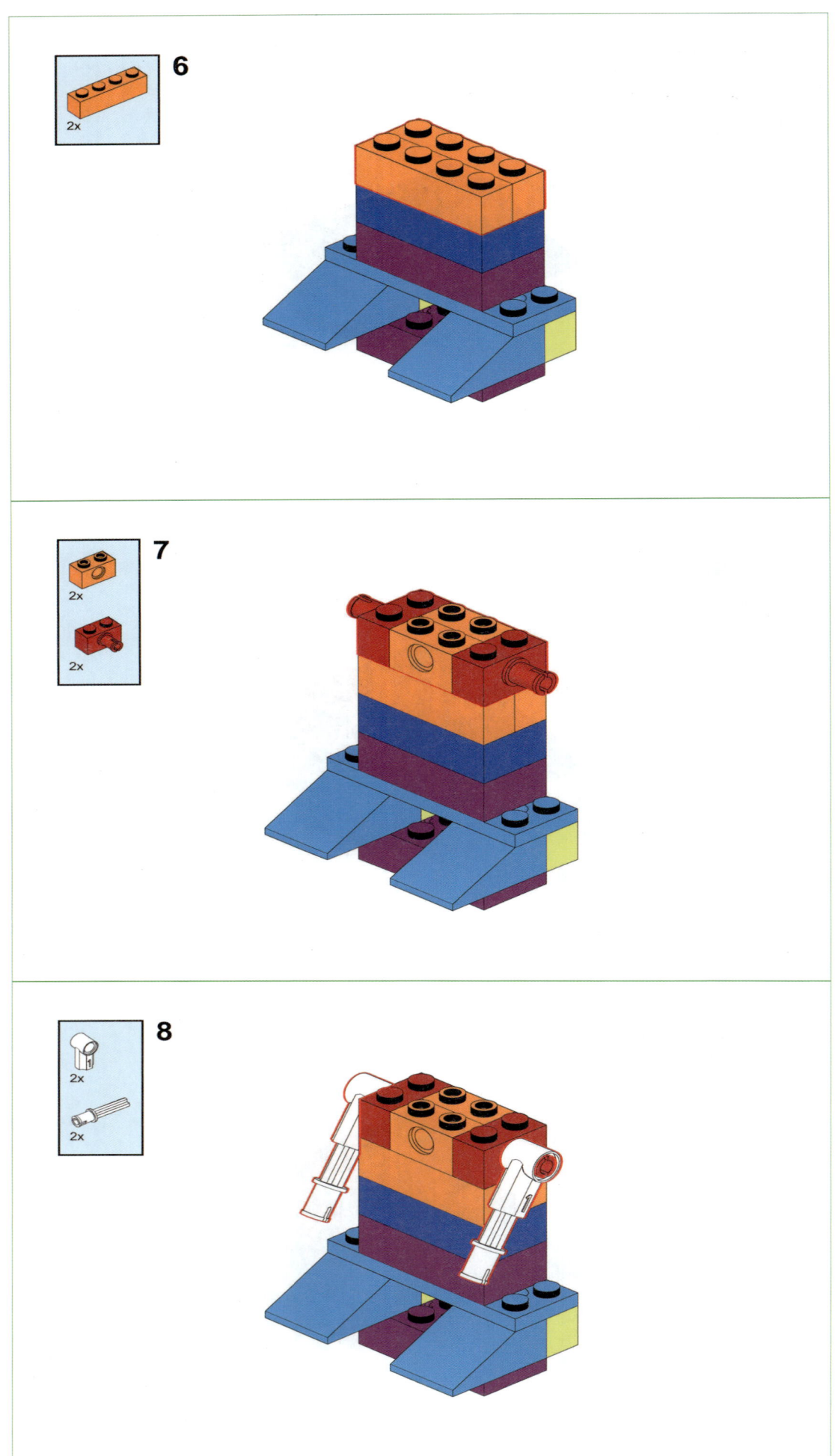

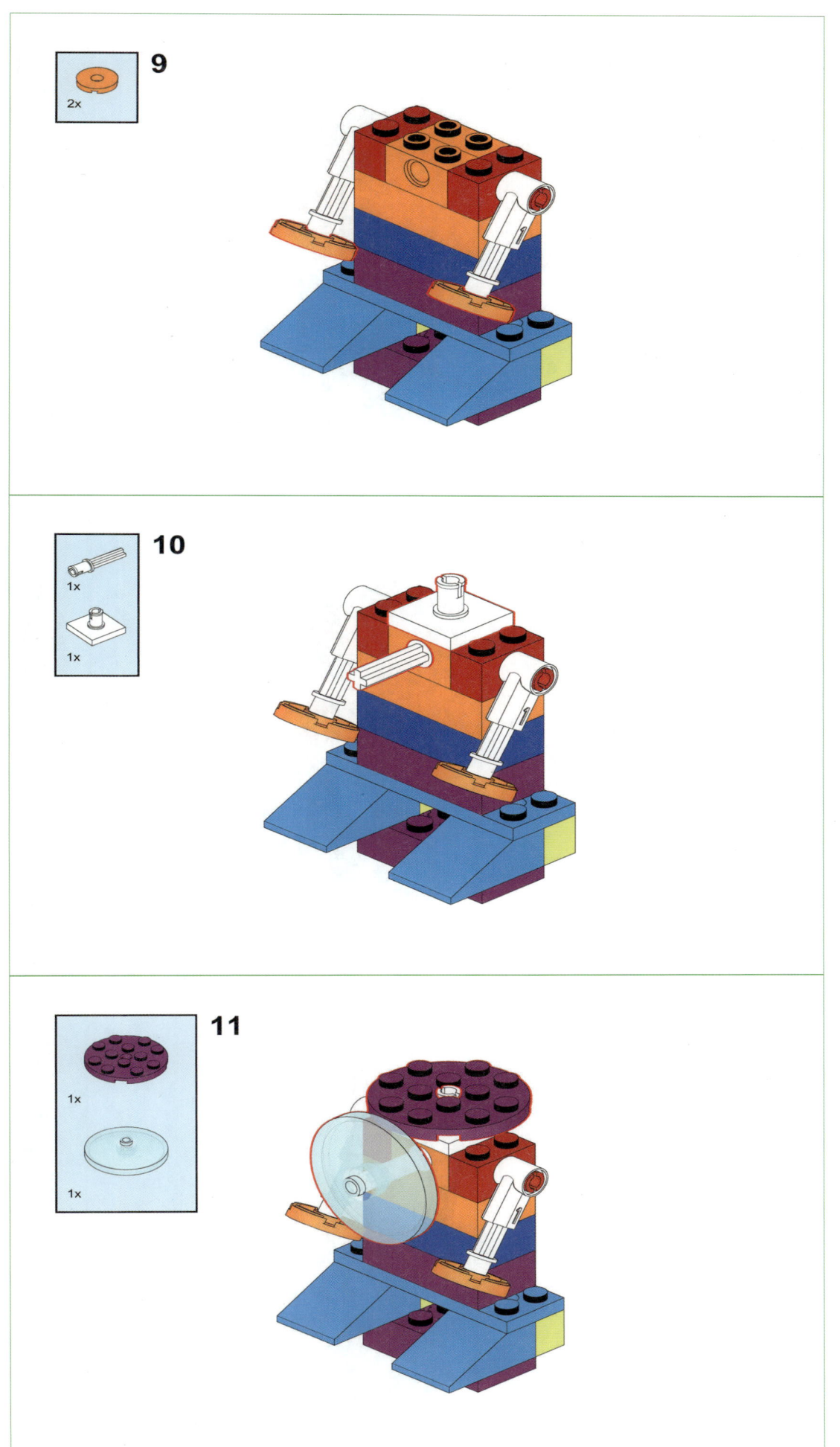

3.창의적사고, 인공지능 - 로봇은 어떻게 의사소통 할까요? 273

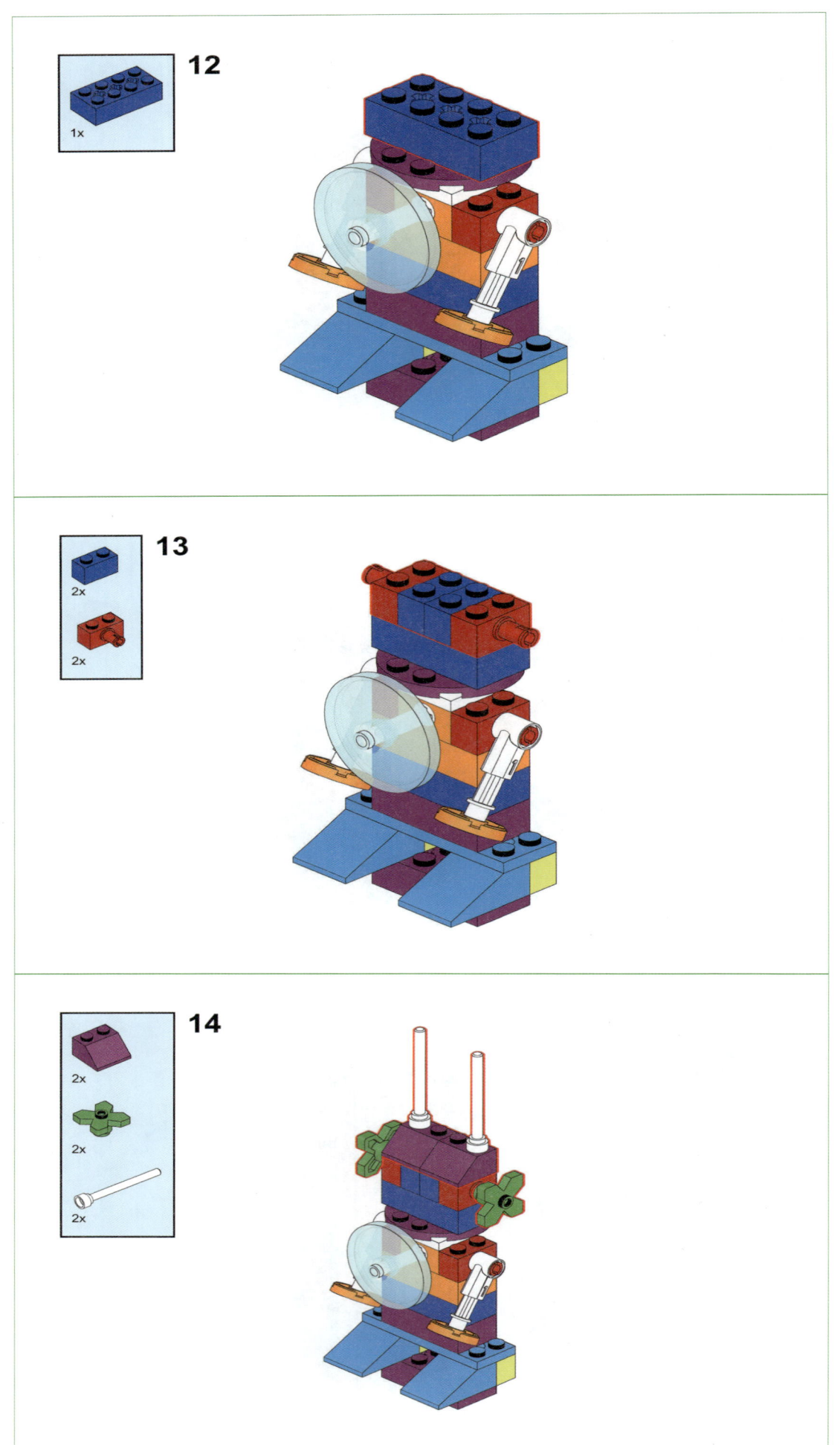

✱ 프로그램을 만들어요

- 방금 만든 작품으로 문제를 해결하려면 어떻게 움직여야 할까요?

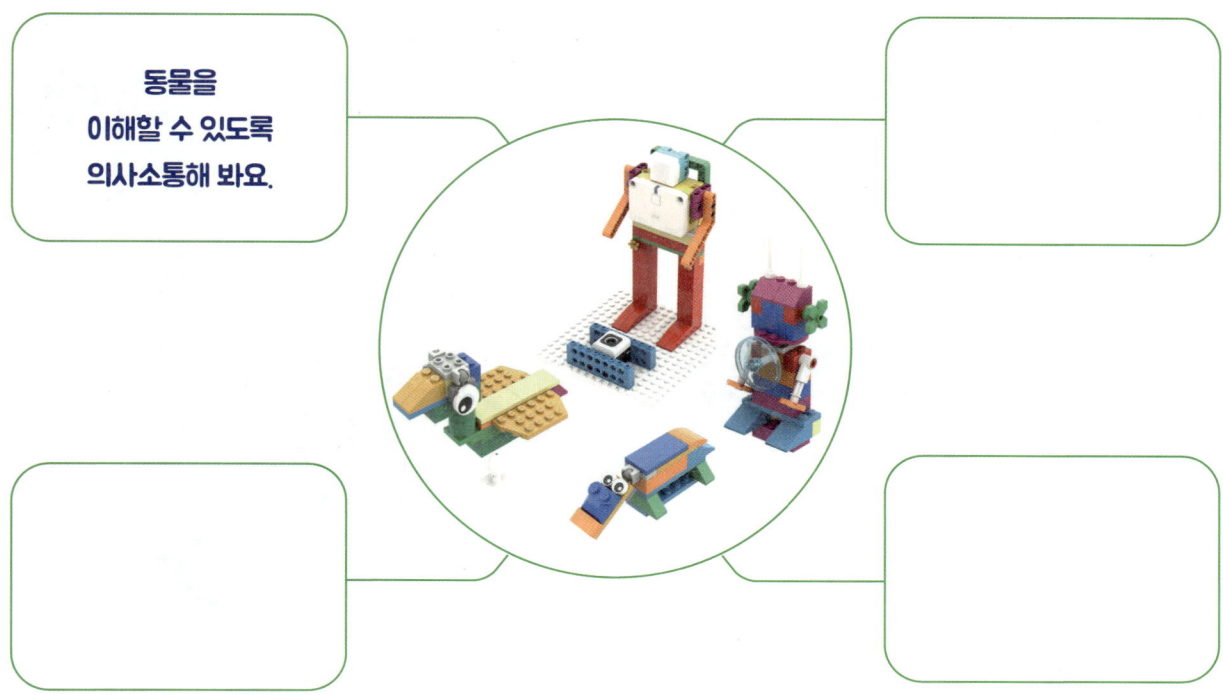

동물을
이해할 수 있도록
의사소통해 봐요.

- 로봇 로즈를 제어할 프로그램을 만들어 보아요.

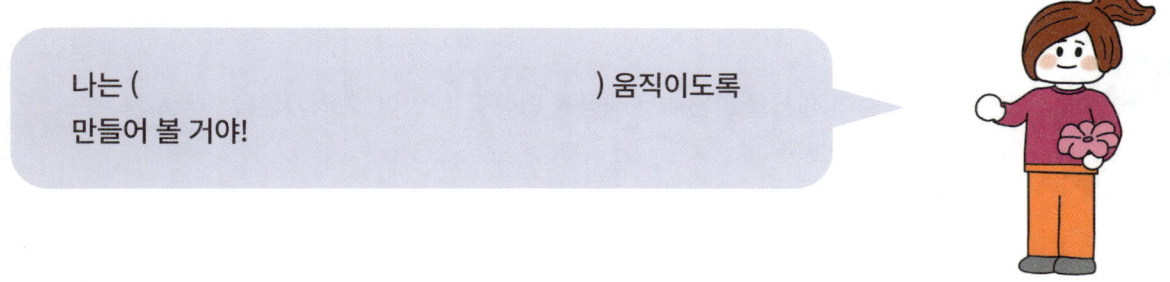

나는 (　　　　　　　　　　　　　) 움직이도록
만들어 볼 거야!

로봇 로즈가 오랫동안 자고 있어. 한 번 깨워볼게. 로봇 로즈에게 "안녕 로즈야"라고 말해보자. 말하는 시간을 고려하여 3초 대기 블록을 넣으면 될 것 같아.

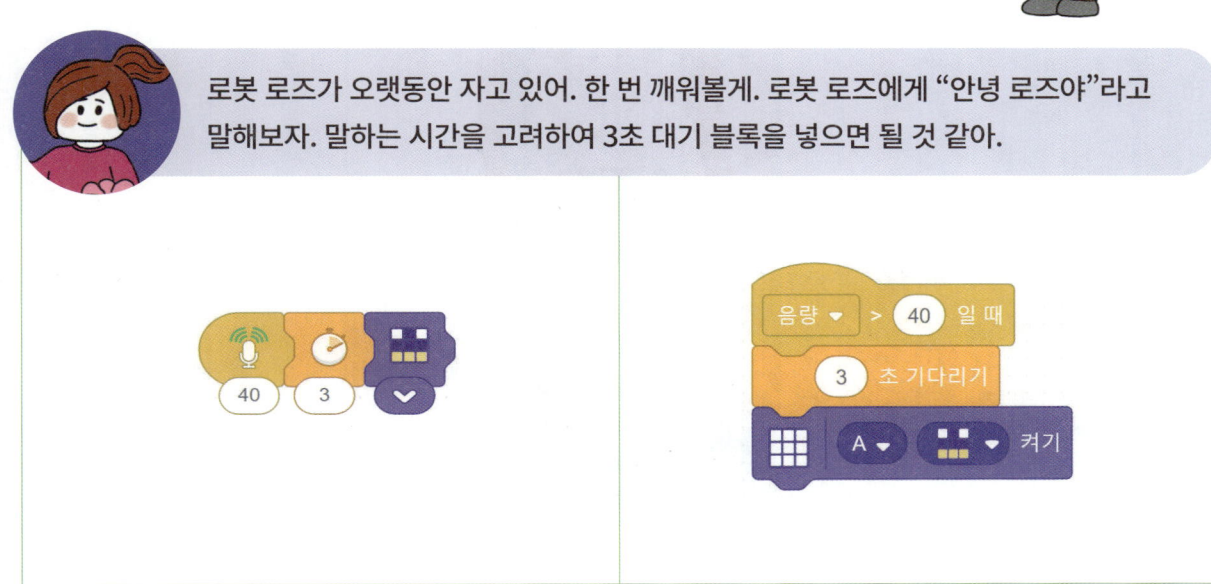

3.창의적사고, 인공지능 - 로봇은 어떻게 의사소통 할까요?

음량 조절은 프로그래밍하는 장소에 따라서 목소리를 인식하는 숫자 크기로 넣어보자.

 로봇 로즈가 깨어날 때 아래 그림처럼 부팅화면을 만들 수도 있어.

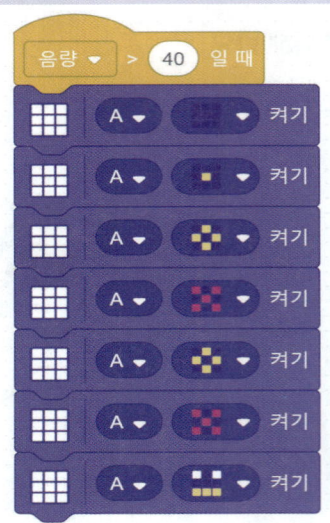

로봇이 작동하는 부팅화면 끝에 소리를 넣어서 로봇이 제대로 작동하는지 확인할 수 있어.

 로봇 로즈는 컬러 센서를 활용해서 색상을 인식할 수 있어. 기러기알을 인식시켜 로즈의 반응을 확인해보자.

로즈는 처음 기러기알을 봤을 때 놀랐을 것 같아. 놀랐을 때 반응을 한번 프로그래밍해 보자.

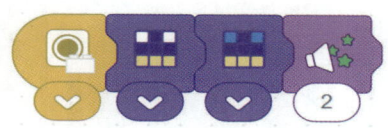 

 로봇 로즈는 무언가 새로운 것을 만났을 때 눈빛이 파란색으로 바뀌어. 로즈의 표정과 효과음은 바뀔 수도 있어. 한번 바꾸어 보자.

로봇 로즈는 동물을 관찰하여 새로운 언어를 배우기도 해. 하마를 한 번 로즈한테 관찰 시켜 볼까?

3.창의적사고, 인공지능 - 로봇은 어떻게 의사소통 할까요? **277**

 로봇 로즈는 새로운 하마를 만나서 눈빛이 파란색으로 바뀌었어. 하마의 소리를 듣고 로즈가 잘 따라 할 수 있게 사운드 녹음 블록 을 눌러 너의 목소리를 녹음할 거야.

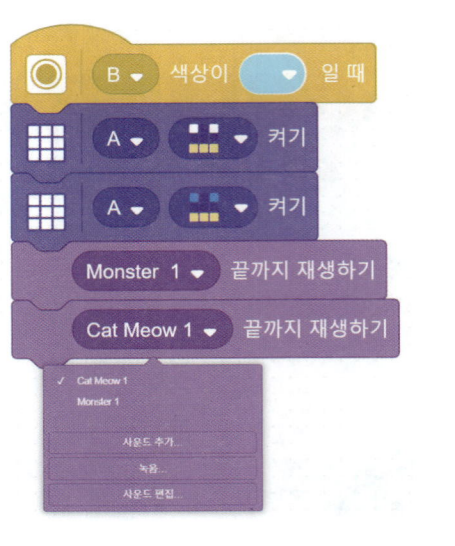

녹음은 가운데 ◉ 버튼을 눌러서 시작하여 ◉ 버튼을 눌러서 해 보자. 그러면 🎤 메뉴가 생길 거야. 하마 소리 옆에 넣어보면 얼마나 목소리가 똑같은지 비교가 될 거야.

 기러기알이 드디어 부화했어. 로즈가 어떤 반응을 보일지 기대돼.

로즈가 행복할 때는 눈빛이 보라색으로 바뀌어. 로즈의 마음을 문자로 확인해보려면 텍스트 표시 블록으로 확인할 수 있어. 예를 들어 보기 원하는 텍스트를 입력해봐.

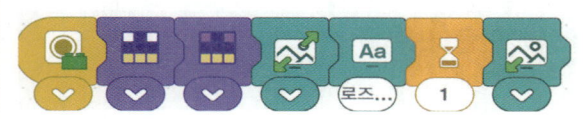

전체 화면 표시 블록으로 입력한 이미지나 텍스트를 전체 화면 또는 작은 창으로 바꿀 수 있어.

로즈를 잡으러 악당 로봇이 왔어. 로즈가 적을 발견할 때는 눈이 빨간색으로 바뀌어. 악당 로봇을 꼭 이겨서 야생동물이 있는 섬으로 돌아가자.
친구들도 게임 할 준비가 되면 빨간색, 노란색, 파란색, 민트색, 녹색, 흰색, 보라색 블록을 로봇 앞에 준비해 봐.

3.창의적사고, 인공지능 - 로봇은 어떻게 의사소통 할까요? 279

게임 규칙은 다른 색 블록을 3개씩 뽑아 블록 앞에 놓고 악당 로봇을 컬러 센서에 올려 놓았을 때 같은 색이 5번 경기 중 3번 이상 나오면 이기는 거야.

무작위 3×3 라이트 블록을 활용하여 색상을 무작위로 바꿀 수 있어. 정해진 게임 규칙은 없어. 규칙은 같이 하는 친구들과 함께 만들어도 돼.

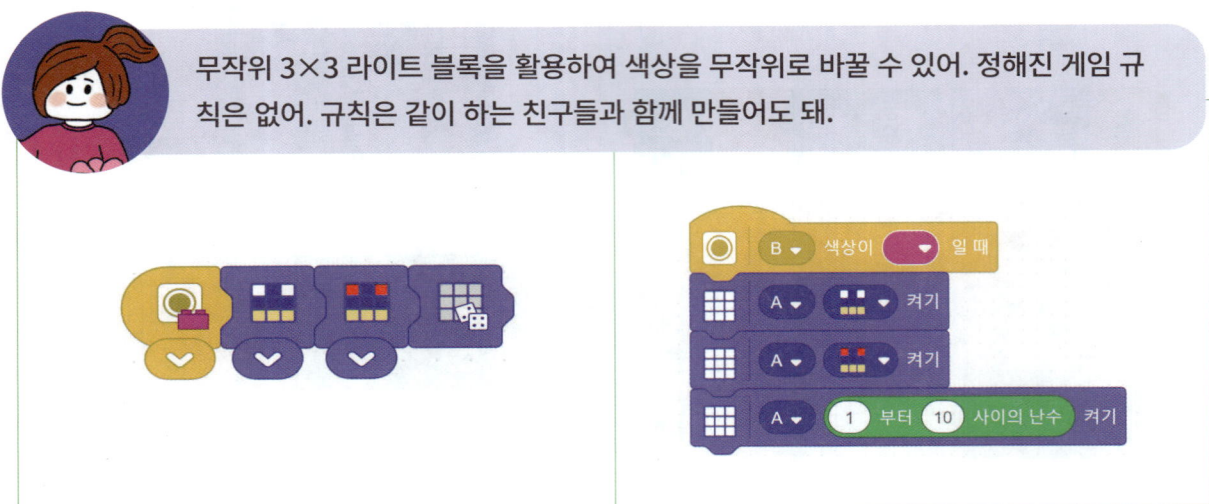

단어 블록으로 코딩할 때는 색상을 0~10까지 인식할 수 있어. 0 검정, 1 보라, 3 파랑, 4 하늘, 5 초록, 7 노랑, 9 빨강, 10 흰색으로 인식할 수 있어.

06 한 번 더 확인해요

자신만의 로봇을 디자인하고 프로그래밍해 보세요.

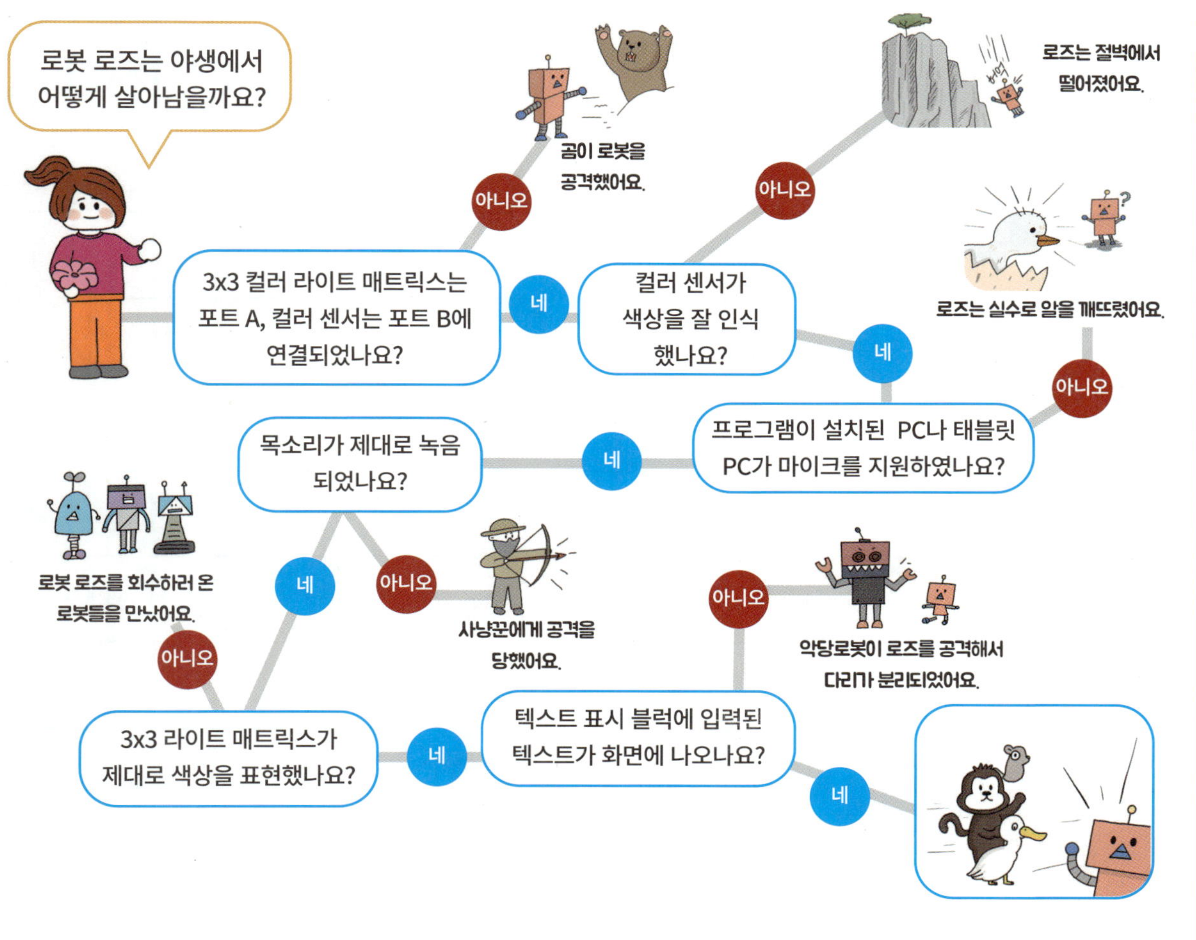

07 생각을 더해 보아요

- 자신만의 로봇을 디자인하고 프로그래밍해 보세요.

> 나는 (   )을 더 붙여봤어.
> 너는 무엇을 더해볼 거야?

08 이야기를 더해 보아요

마리아는 로봇 로즈가 동물들과 함께 이야기할 수 있도록 도움을 주었어요. 여러분이 그림동화 작가가 되어 마리아가 로봇 로즈의 문제를 어떻게 해결했는지 상상하여 이야기를 만들어 볼까요?

09 뽐내 보아요

> 내가 만든 이야기나 그림동화를 다른 친구들에게 공유해 볼까요?
> 내가 만든 로봇을 친구들에게 공유해 볼까요?

내가 만든 작품 인증샷 해시태그 이벤트

아래 2개의 필수 해시태그와 함께
내가 만든 작품의 인증샷을 찍어 업로드 해 주세요.
추첨을 통해 소정의 선물을 보내드립니다.

 # PlayIT스파이크에센셜 **# 스파이크에센셜은퓨너스**

참여 방법 1
① 퓨너스 학습지원 커뮤니티(http://cafe.naver.com/robotsteam)가입
② #퓨너스 소식 >> **이벤트 게시판에 글쓰기**
  - 말머리 [해시태그이벤트] 선택하고 아래 태그에 **필수 해시태그 포함**시키기

참여 방법 2
① 퓨너스 인스타그램(@funers_official)을 팔로우
② 게시물 올릴 때 **필수 해시태그 포함**시키기

4. 환경, 에너지

1. 동물원 동물들은 어떤 환경에서 살고 싶을까요?
2. 빛공해, 생태계 친구들이 위험해요!
3. 산이와 친구들이 모은 쓰레기를 어떻게 할까?
4. 우주에도 쓰레기가 있다고요?

동물원 동물들은 어떤 환경에서 살고 싶을까요?

동물들을 위해 쓰러지지 않는 나무를 만들어요

관련역량	창의적 사고 역량	AI핵심역량	컴퓨팅 사고력
관련교과	과학		문제해결력
학습목표	동물들이 편하게 살 수 있는 공간을 만들 수 있다.		공익적 사고력

01 함께 읽어요

> 이 책을 읽으면 더 좋아요!

<내일의 동물원>

글, 그림 에릭 바튀 / 번역 박철화
봄볕

02 문제를 찾아봐요

우리 동물들이 동물원을 탈출했는데 딱히 갈 곳이 없어. 어떻게 해야 하지?

우리 인간은 그동안 경제적 이익을 위해 자연을 계속 파괴해왔어. 이제는 동물들에게 다시 자연을 돌려주어야 해.

한꺼번에 모든 곳을 원래대로 만들어서 돌려줄 순 없으니, 한 가지씩 시도해보는 게 어떨까?

맞아. 동물들의 고향 중에 하나를 선택해서 어떻게 할 수 있을지 생각해 보자.

03 방법을 생각해요

> 동물원에서 동물들과 함께 나온 수의사 잭은 이미 파괴된 자연에 실망하고, 배를 타고 작은 섬으로 가요. 이 섬에서 동물들이 편안하게 살기 위해서 어떻게 도와줄 수 있을까요? 좋아하는 동물을 골라 그 동물을 위한 편안한 보금자리를 만들어 봅시다.

- 문제를 해결할 수 있는 방법을 생각하여 정리해보아요.

_____
_____
_____
_____

04 이렇게 해결해요

- 다니엘은 어떻게 문제를 해결하려고 할까요?

영양과 늑대를 위해 맑은 공기를 실컷 마실 수 있도록 해줘야겠어. 그리고 쓰러지지 않는 나무를 만들어야지.

05 함께 만들어요

* 블록으로 만들어요

조립하기 - 동물들을 위해 쓰러지지 않는 나무를 만들어요

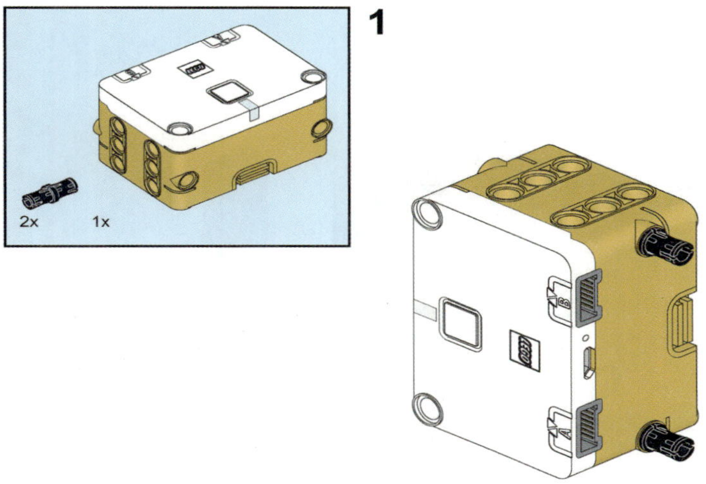

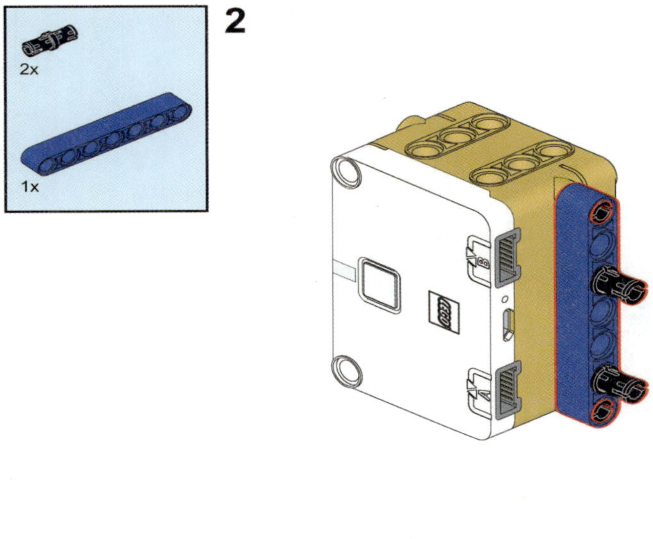

1

2

4.환경, 에너지 - 동물원 동물들은 어떤 환경에서 살고 싶을까요? 291

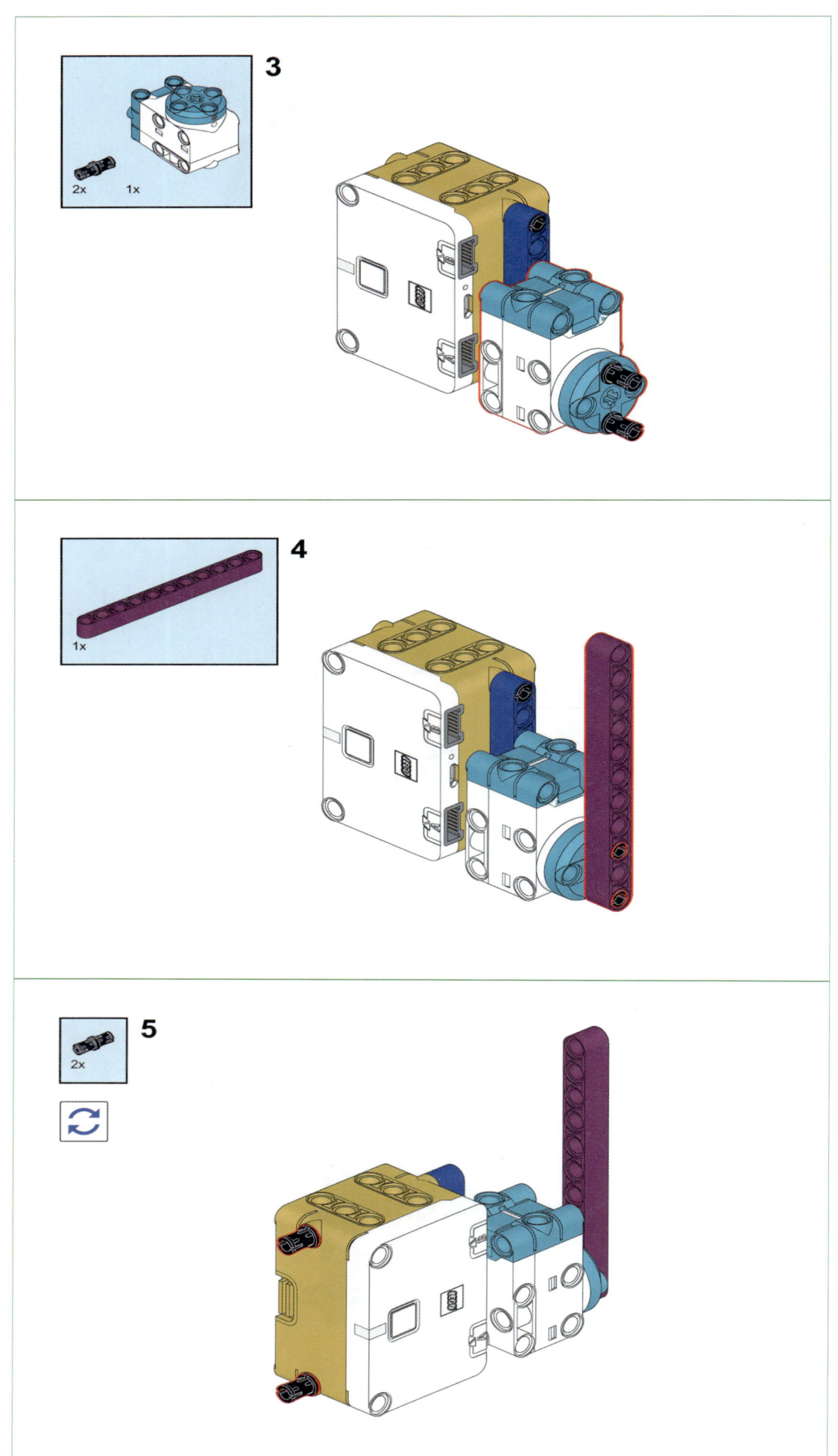

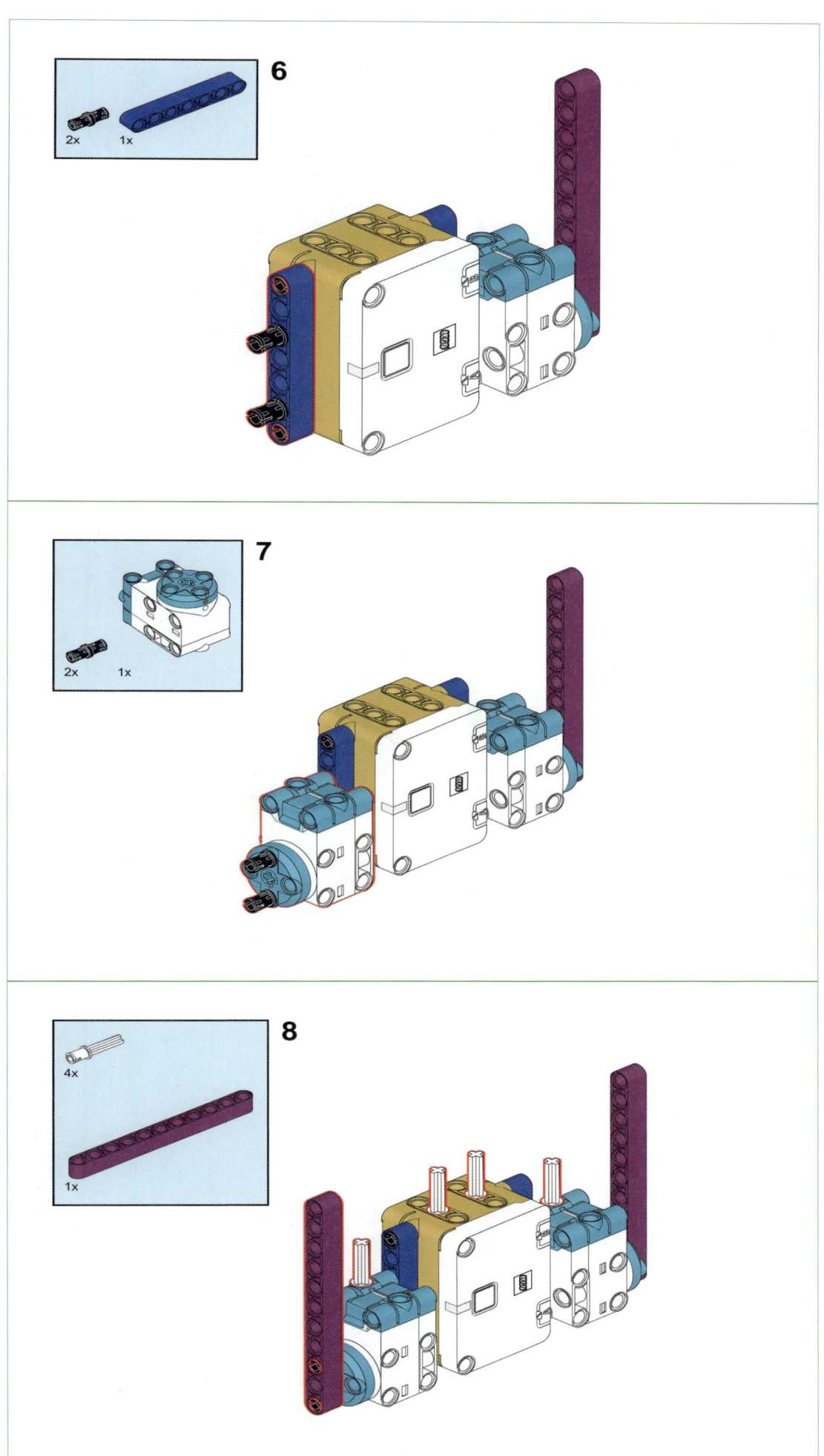

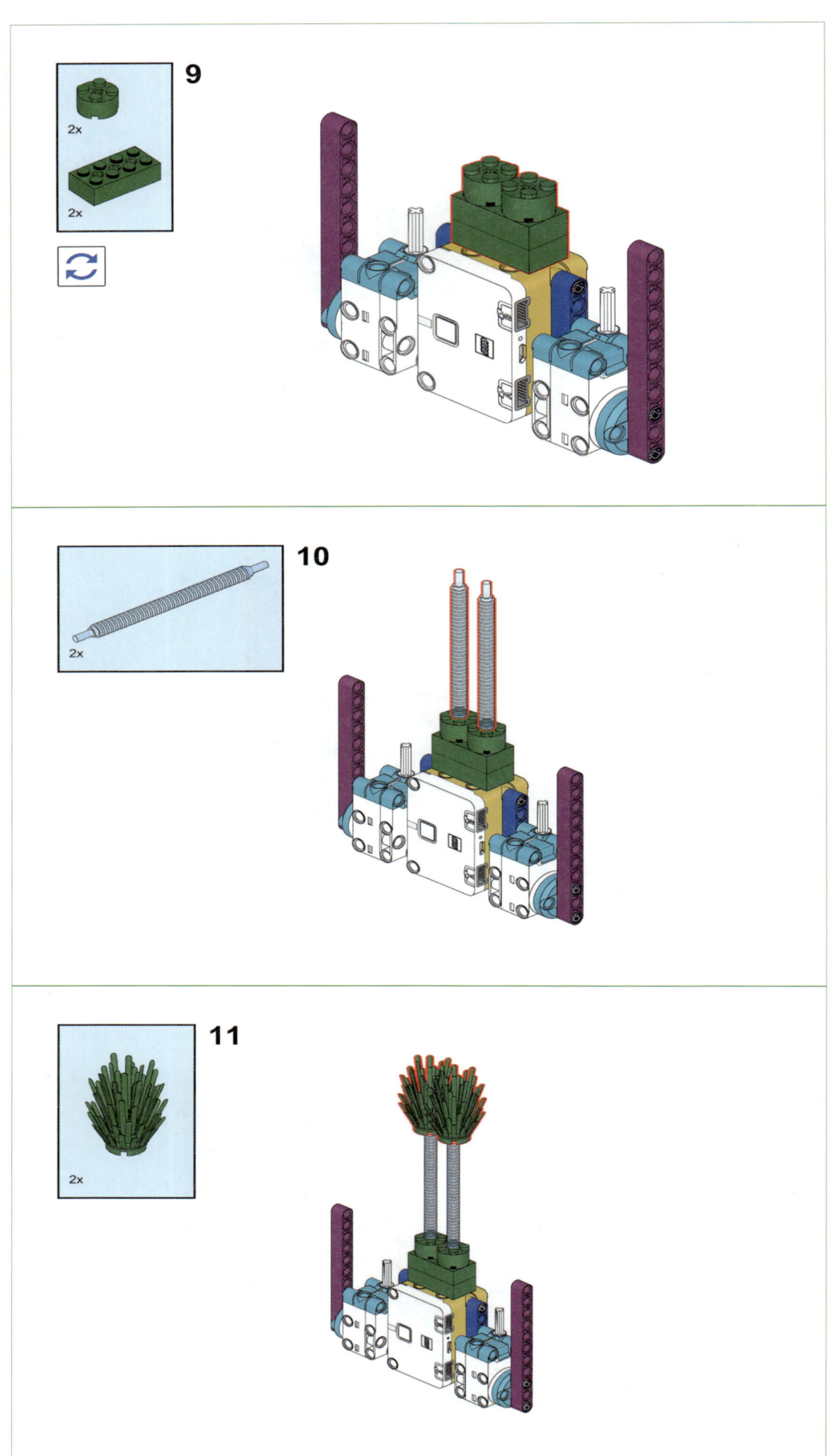

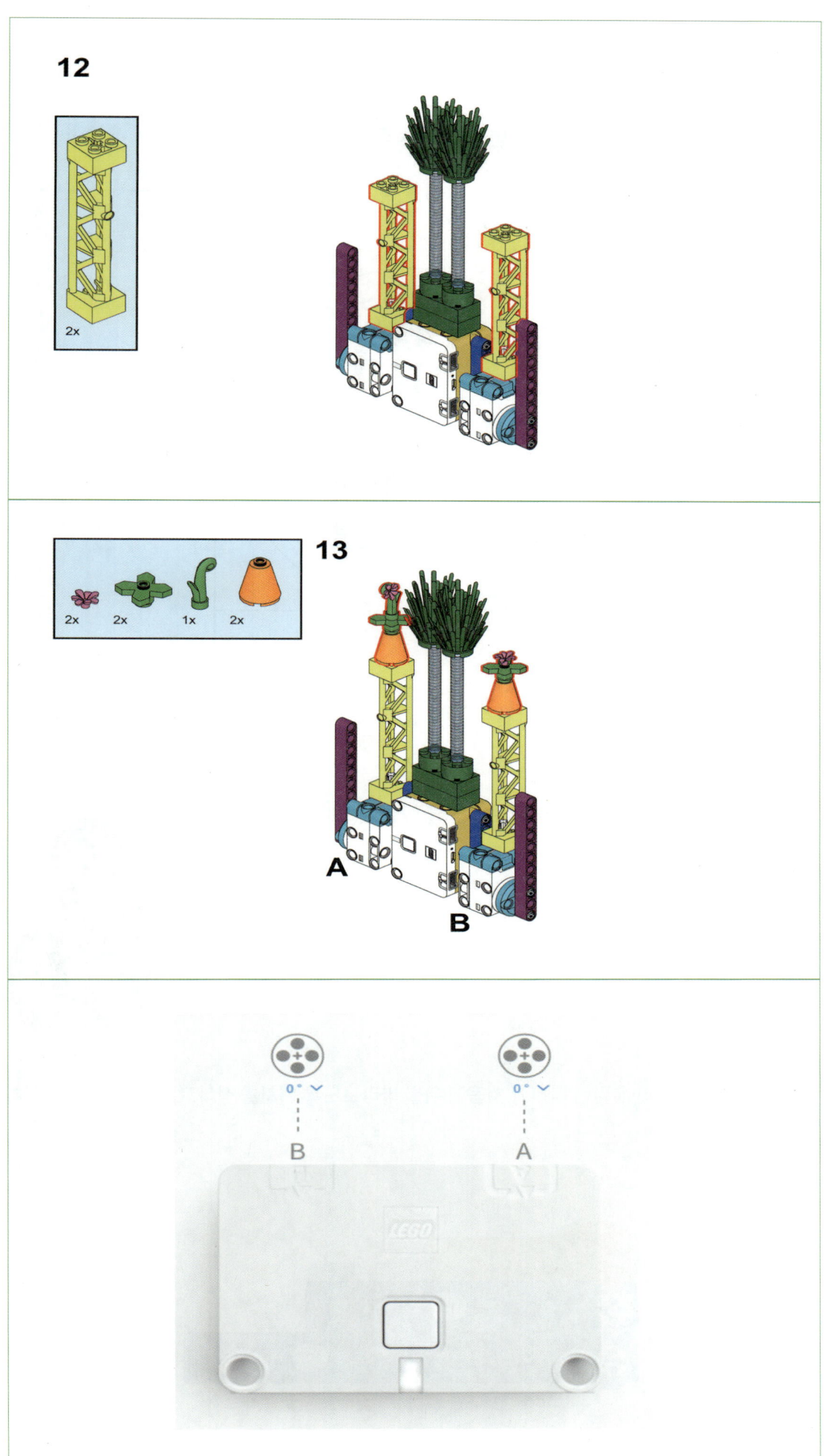

4.환경, 에너지 - 동물원 동물들은 어떤 환경에서 살고 싶을까요?

✶ 프로그램을 만들어요

• 방금 만든 작품으로 문제를 해결하려면 어떻게 움직여야 할까요?

나무가 넘어지면 일어날 수 있도록 해요.

나무가 앞으로 넘어지면(허브 뒤가 위를 바라보고 있으면) 일어날 수 있도록 양쪽 모터를 움직여요.

• 2개의 모터가 달린 나무를 제어할 프로그램을 만들어 보아요.

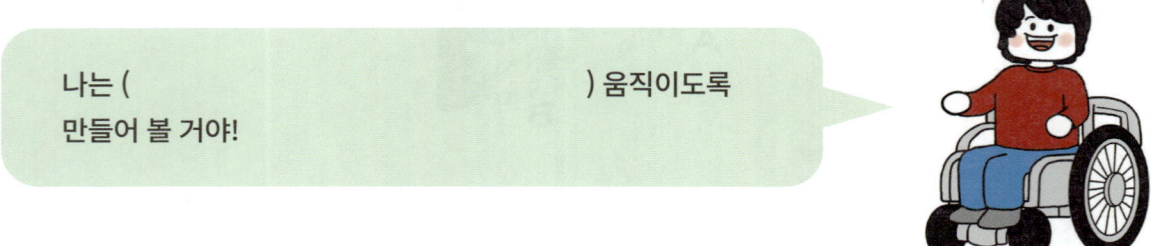

나는 (　　　　　　　　　　) 움직이도록 만들어 볼 거야!

먼저 모터에 달린 다리가 처음에 위를 바라보도록 위치를 정하고, 모터의 속도를 정하자.

쓰러지지 않는 나무를 만들기 위해서는 허브 앞뒤를 구분할 수 있어야 해!

| 허브 앞이 위일 때 | 허브 뒤가 위일 때 |

그리고 나무(허브)가 앞이나 뒤로 넘어지면 다리를 움직여서 일어날 거야.

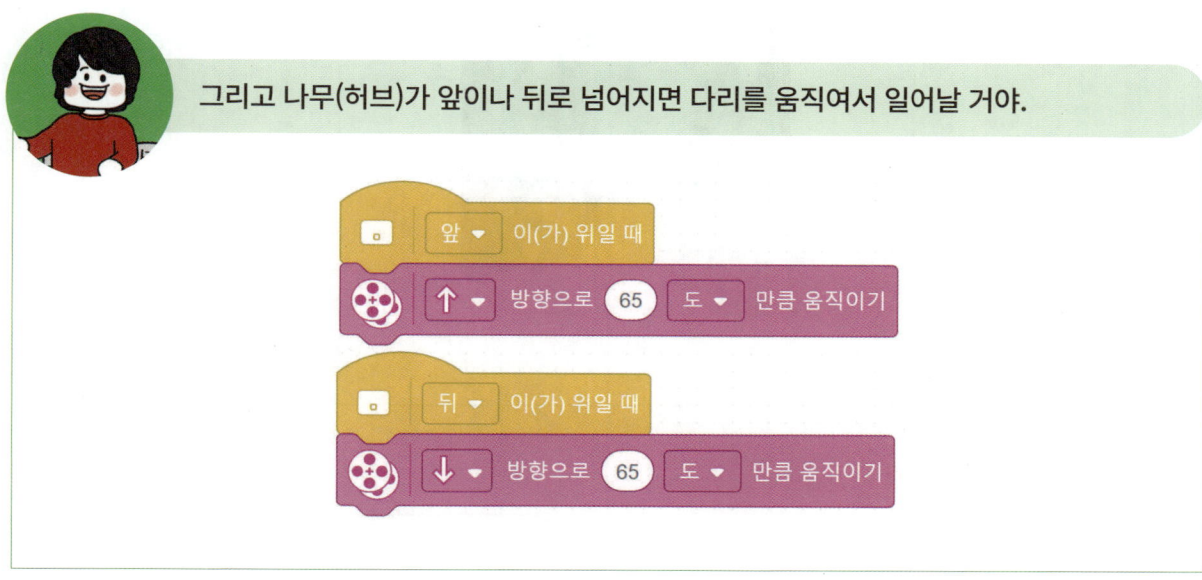

일어난 후엔 다시 다리를 원래 위치로 옮겨놓는 게 좋겠지?

06 한 번 더 확인해요

쓰러져도 다시 일어나는 나무가 잘 움직이는지 살펴봅시다.

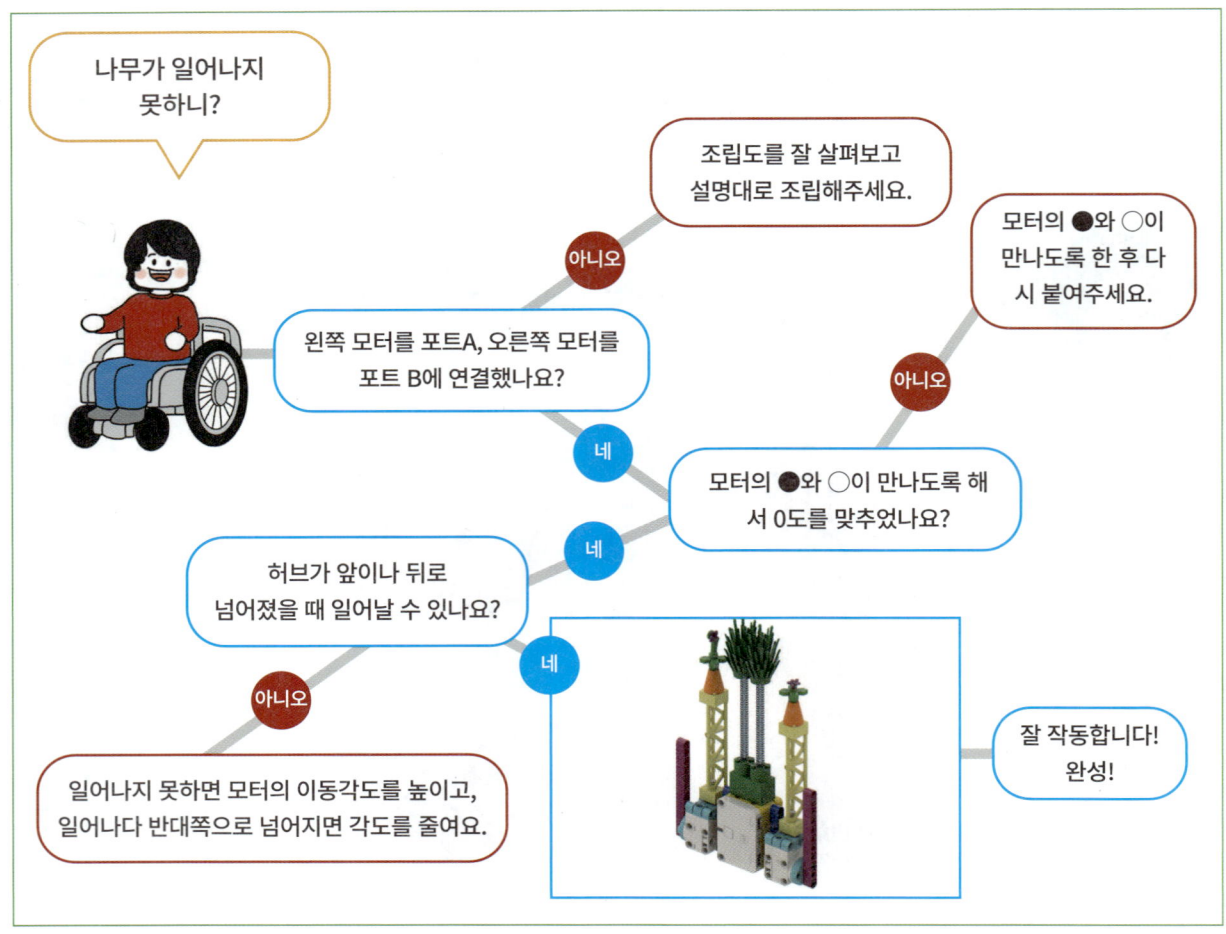

07 생각을 더해 보아요

- 동물원에서 탈출한 동물들이 잘 지낼 수 있도록 무엇을 더 만들어 줄 수 있을까요?

> 나는 (   )을 더 붙여봤어.
> 너는 무엇을 더해볼 거야?

08 이야기를 더해 보아요

> 다니엘은 동물들이 행복하게 살 수 있는 환경을 만들어주기 위해 도움을 주었어요. 여러분이 그림동화 작가가 되어 동물들이 자연 속에서 어떻게 지내게 될지 상상하여 이야기를 써보아요.

09 뽐내 보아요

내가 만든 그림동화를 다른 친구들에게 공유해 볼까요?
내가 만든 쓰러지지 않는 나무를 친구들에게 공유해 볼까요?

 내가 만든 **작품 인증샷**
해시태그 이벤트

아래 2개의 필수 해시태그와 함께
내가 만든 작품의 인증샷을 찍어 업로드 해 주세요.
추첨을 통해 소정의 선물을 보내드립니다.

 # PlayIT스파이크에센셜   **# 스파이크에센셜은퓨너스**

참여 방법 1
① **퓨너스 학습지원 커뮤니티**(http://cafe.naver.com/robotsteam)**가입**
② **#퓨너스 소식 >> 이벤트 게시판에 글쓰기**
  - 말머리 [해시태그이벤트] 선택하고 아래 태그에 **필수 해시태그 포함**시키기

참여 방법 2
① **퓨너스 인스타그램**(@funers_official)**을 팔로우**
② 게시물 올릴 때 **필수 해시태그 포함**시키기

참 잘했어요!

다음 책은 뭘까?

빛공해, 생태계 친구들이 위험해요!

빛공해로 인한 문제의 심각성을 알고 문제를 해결해 보아요

관련역량	창의적 사고 역량	AI핵심역량	컴퓨팅 사고력
관련교과	과학		문제해결력
학습목표	빛공해 문제의 심각성을 알고 이를 해결할 수 있다.		공익적 사고력

01 함께 읽어요

이 책을 읽으면 더 좋아요!

<빛공해, 생태계 친구들이 위험해요!>

글 강경아 / 그림 김우선
와이즈만BOOKS

02 문제를 찾아봐요

조명이 너무 밝거나 지나치게 많아 밤에도 낮처럼 밝아서 동식물뿐만 아니라 사람들도 힘들어하는 것을 '빛공해'라고 해.

인간이 만든 조명들은 건물을 예쁘게 하거나 어두운 밤을 밝혀주는데 왜 문제가 되는 걸까?

지나치게 밝기 때문에 부작용이 생기게 되는 거야. 빛공해로 인하여 밤에 활동하는 동식물들이 힘들어하고, 밝은 빛으로 사람은 잠을 잘 자지 못하게 돼.

빛공해는 사람과 동식물 모두에게 문제구나!

03 방법을 생각해요

> 다니엘은 빛공해 문제를 해결하고 싶어 해요. 어떻게 도와줄 수 있을까요?

- 문제를 해결할 수 있는 방법을 생각하여 그림으로 그리거나 글로 써 보세요.

04 이렇게 해결해요

- 다니엘은 어떻게 문제를 해결하려고 할까요?

> 빛의 세기를 조절하거나 가로등의 높낮이를 조절할 수 있어서, 늦은 밤에는 빛의 세기를 줄이고 낮게 달아 필요한 곳에만 비추게 하면 어떨까?

05 함께 만들어요

* 블록으로 만들어요

조립하기 - 빛공해, 생태계 친구들이 위험해요!

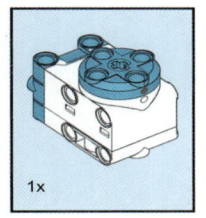

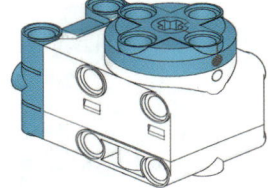

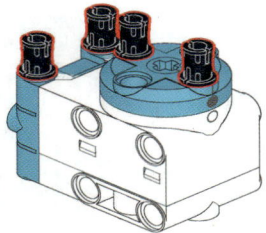

4.환경, 에너지 - 빛공해, 생태계 친구들이 위험해요! 305

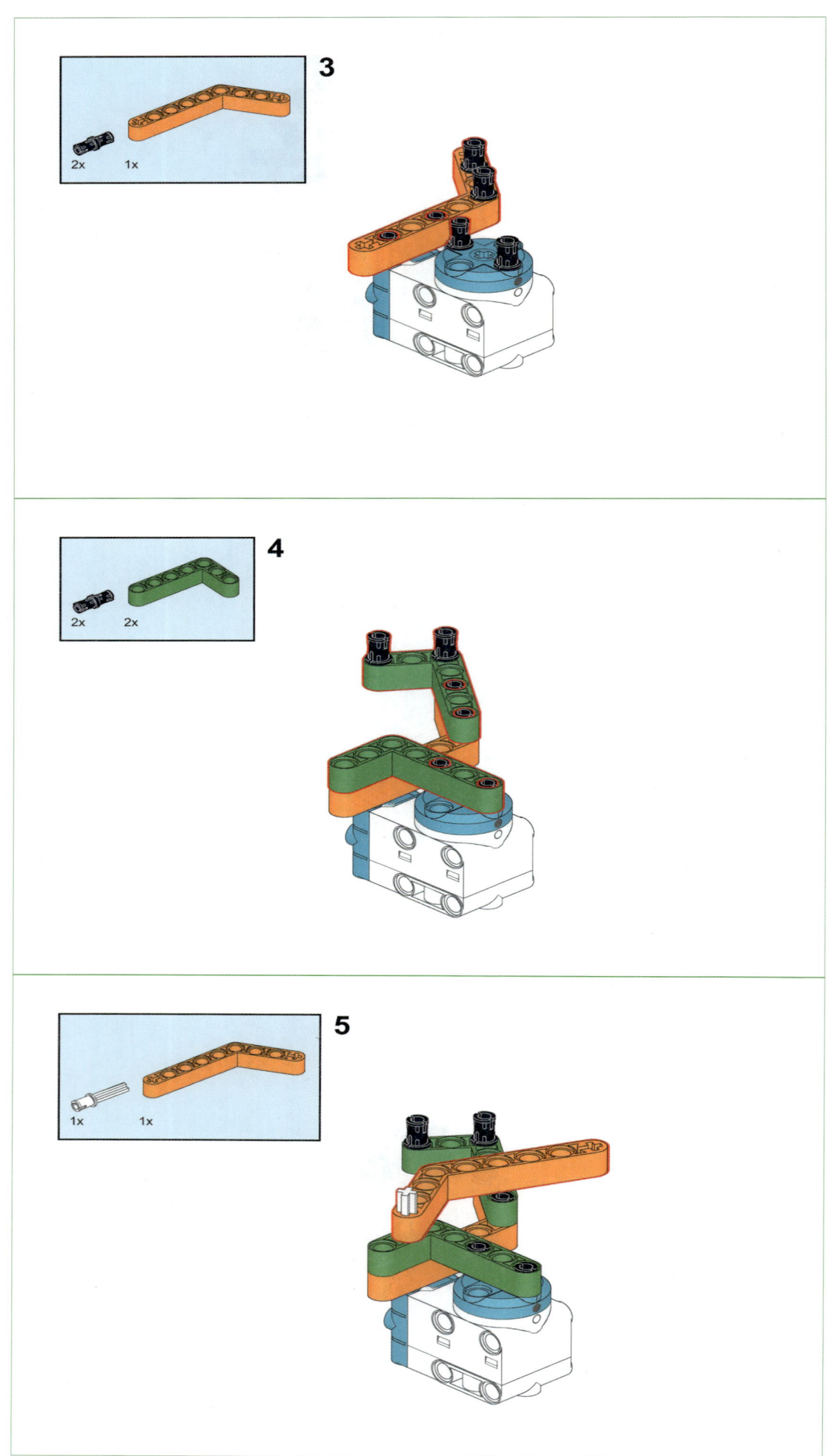

306 4.환경, 에너지 - 빛공해, 생태계 친구들이 위험해요!

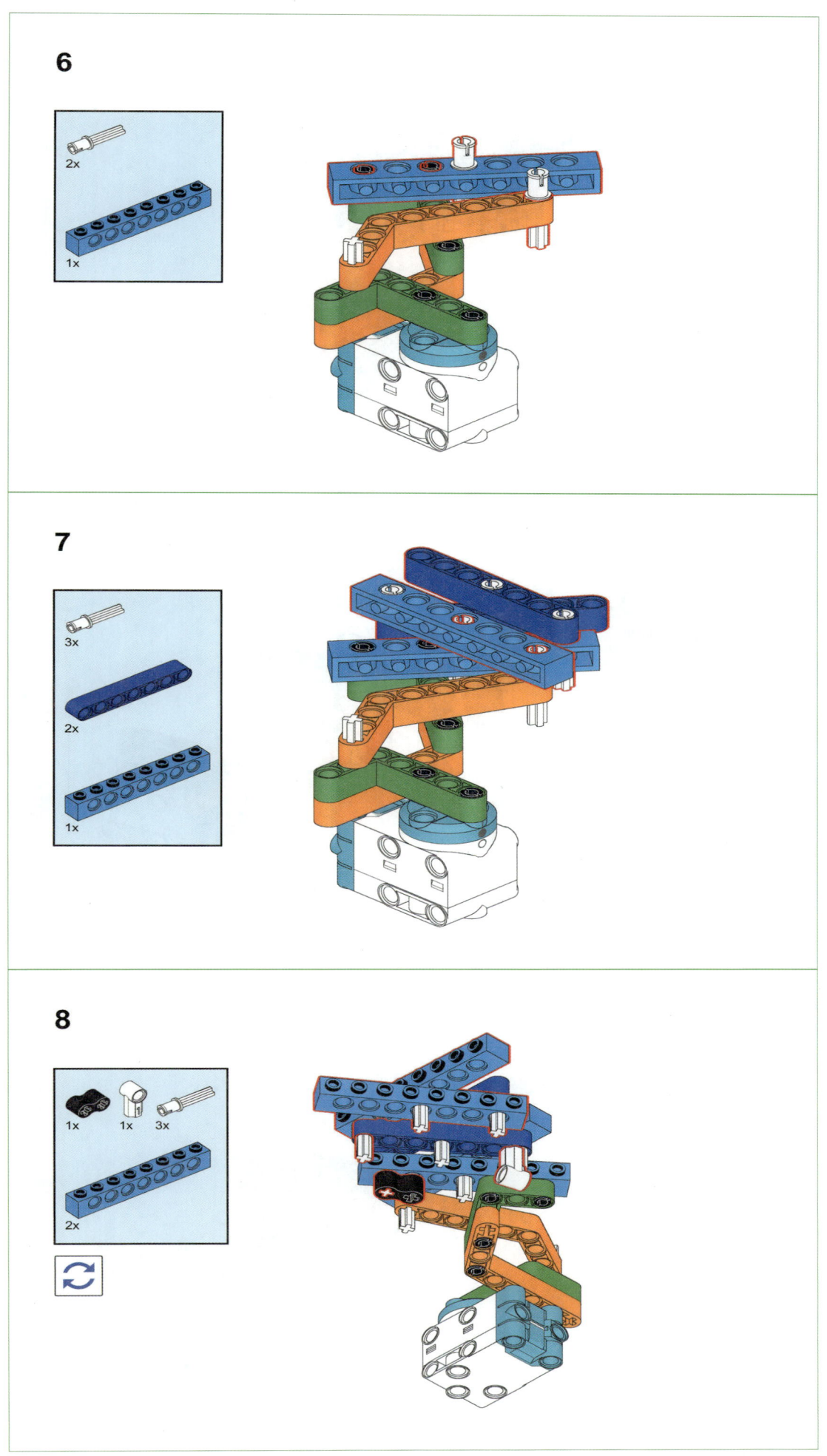

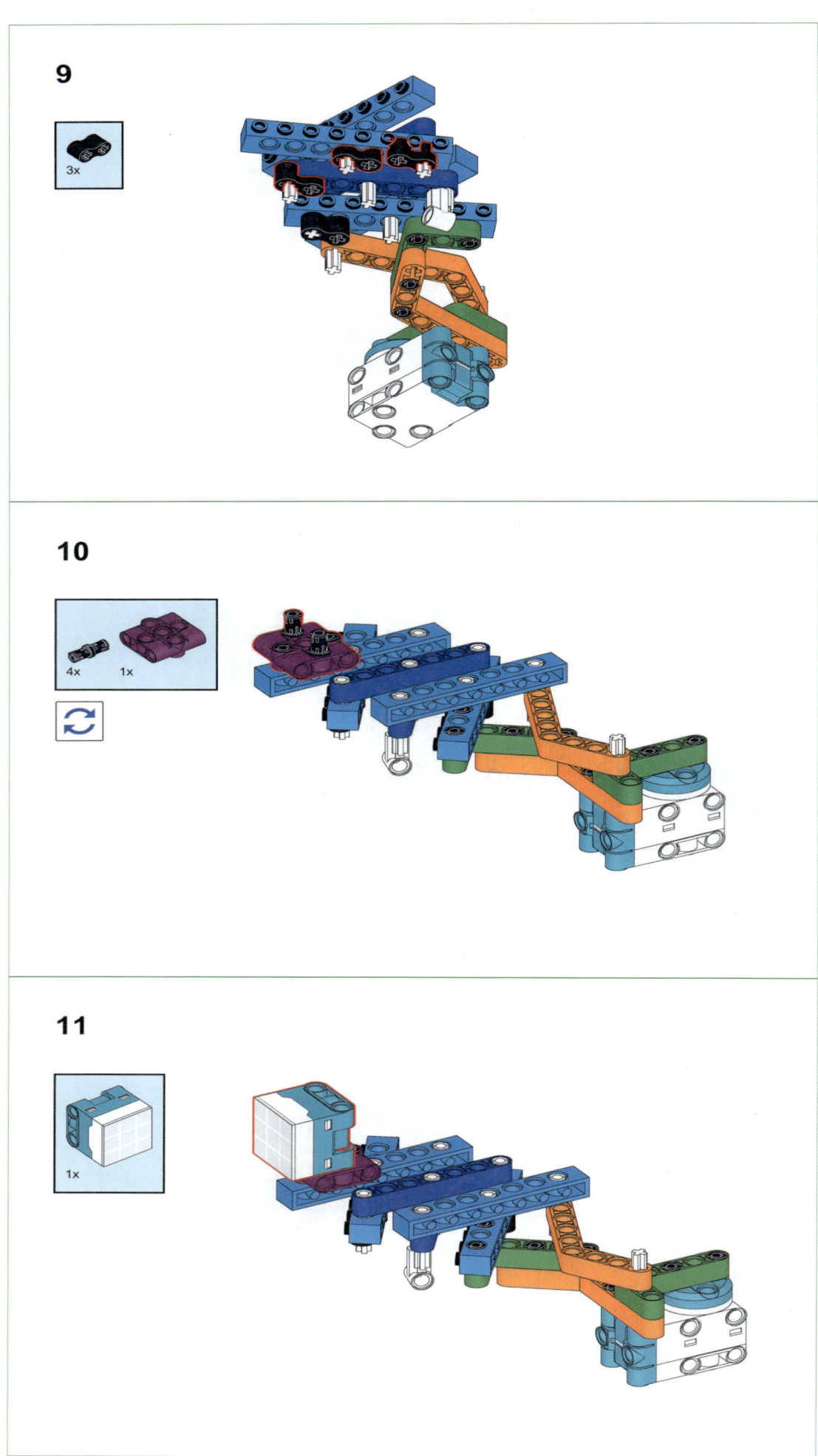

12

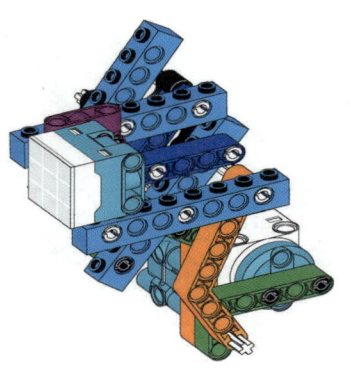

13

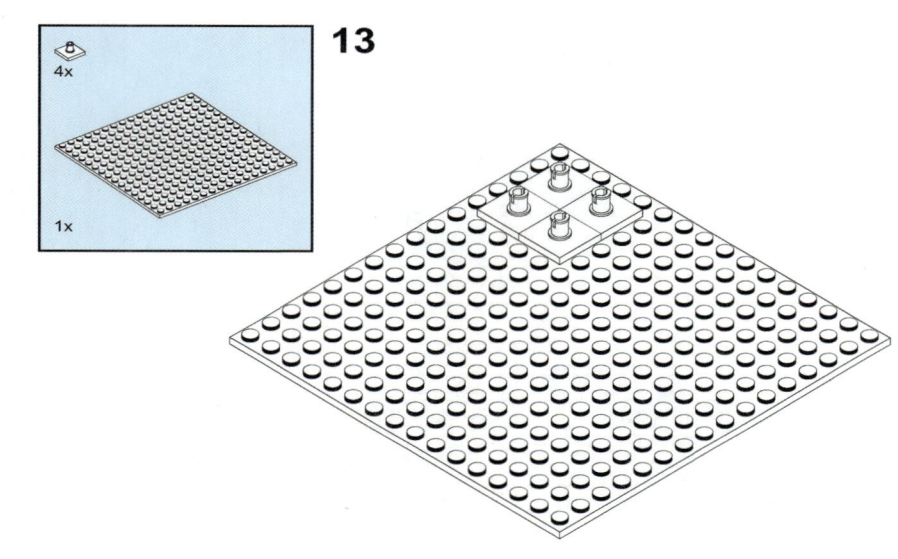

14

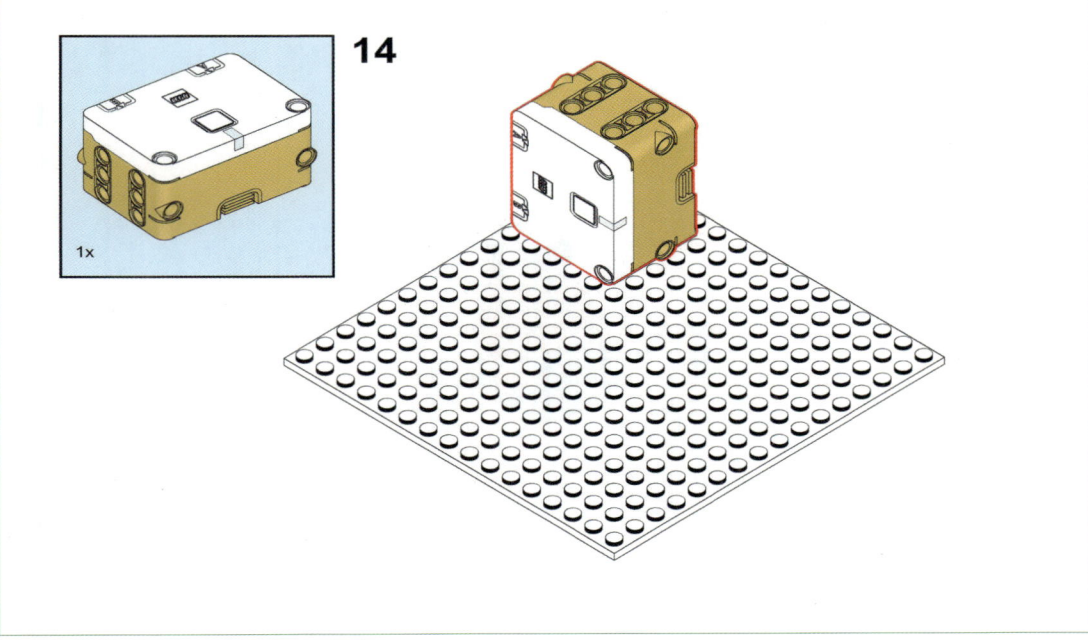

4.환경, 에너지 - 빛공해, 생태계 친구들이 위험해요!

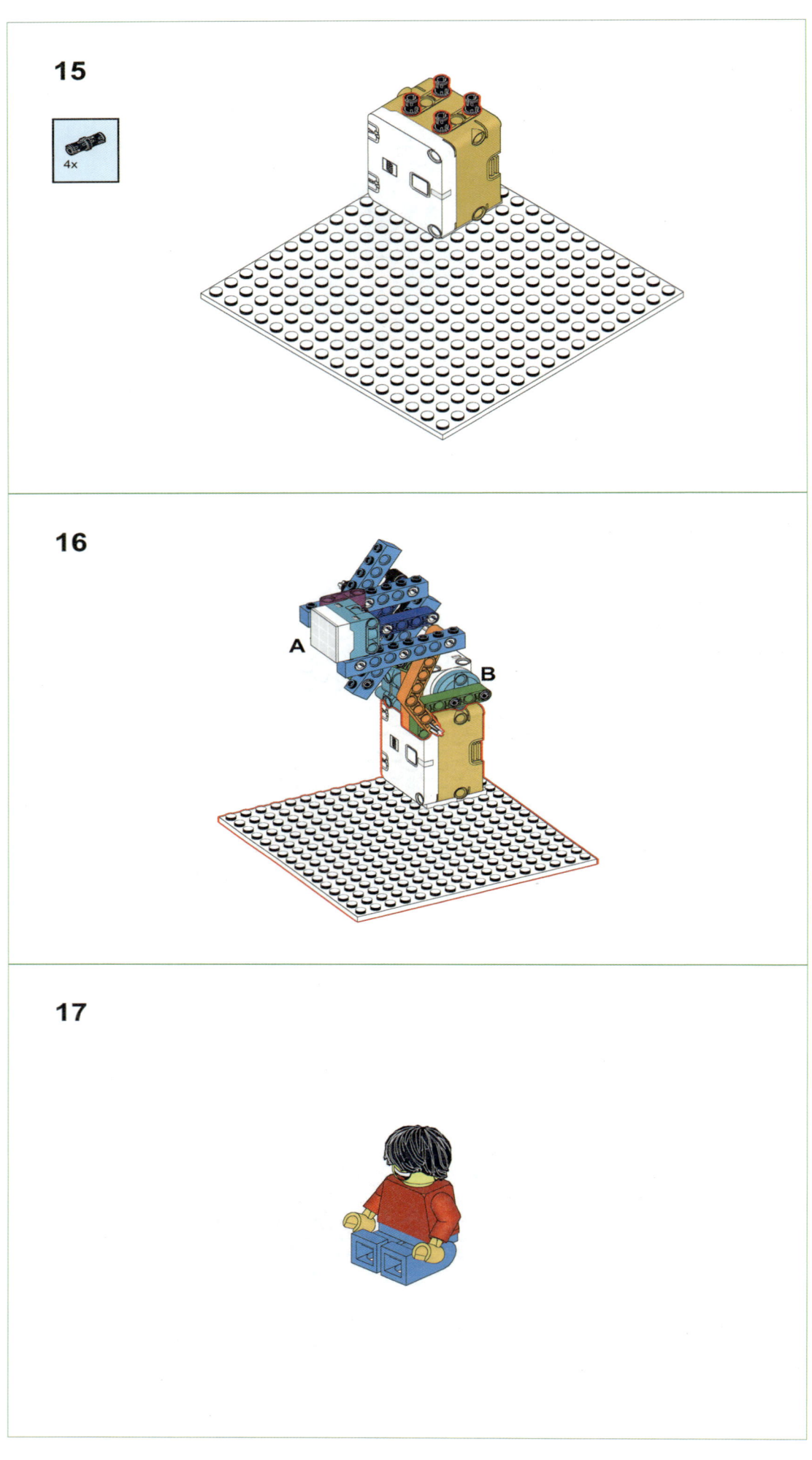

18

✱ 프로그램을 만들어요

- 방금 만든 작품으로 문제를 해결하려면 어떻게 움직여야 할까요?

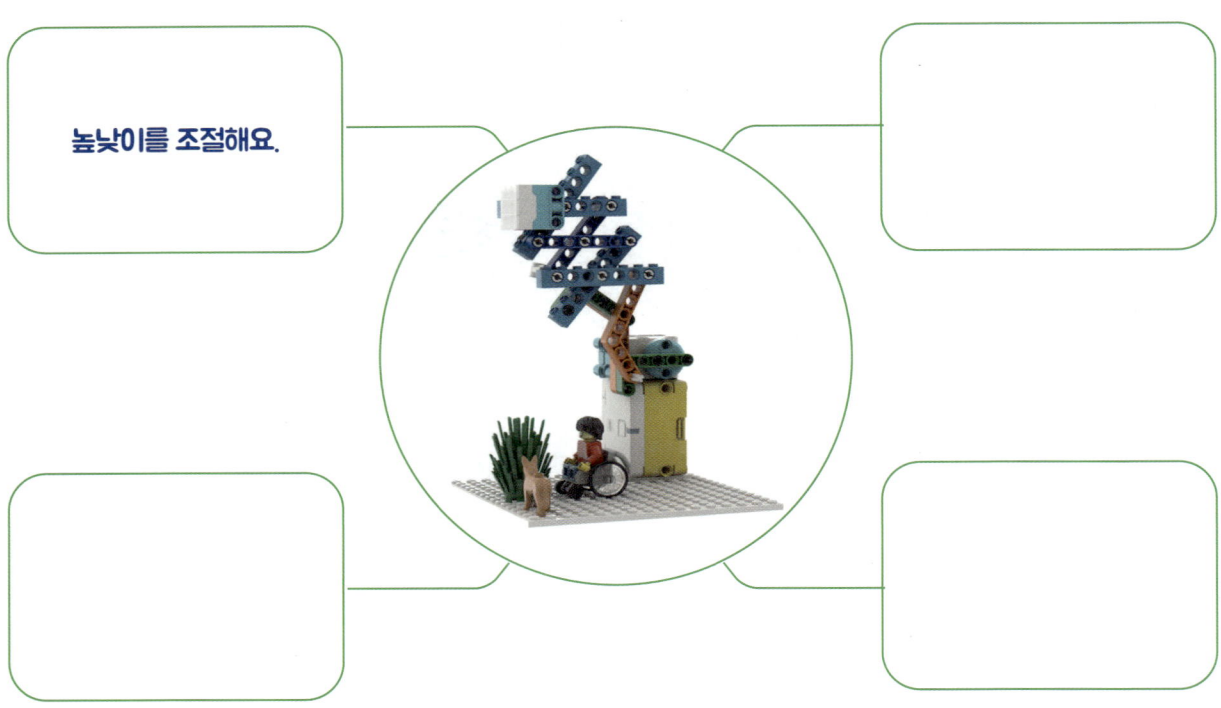

높낮이를 조절해요.

- 가로등을 제어할 프로그램을 만들어 보아요.

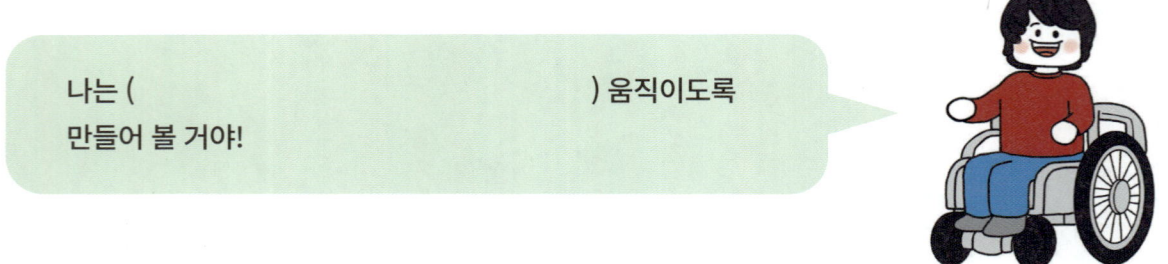

나는 (　　　　　　　　　) 움직이도록 만들어 볼 거야!

높낮이와 밝기를 조절해볼 거야
높게 가로등을 달고 조명의 세기를 높여볼까?

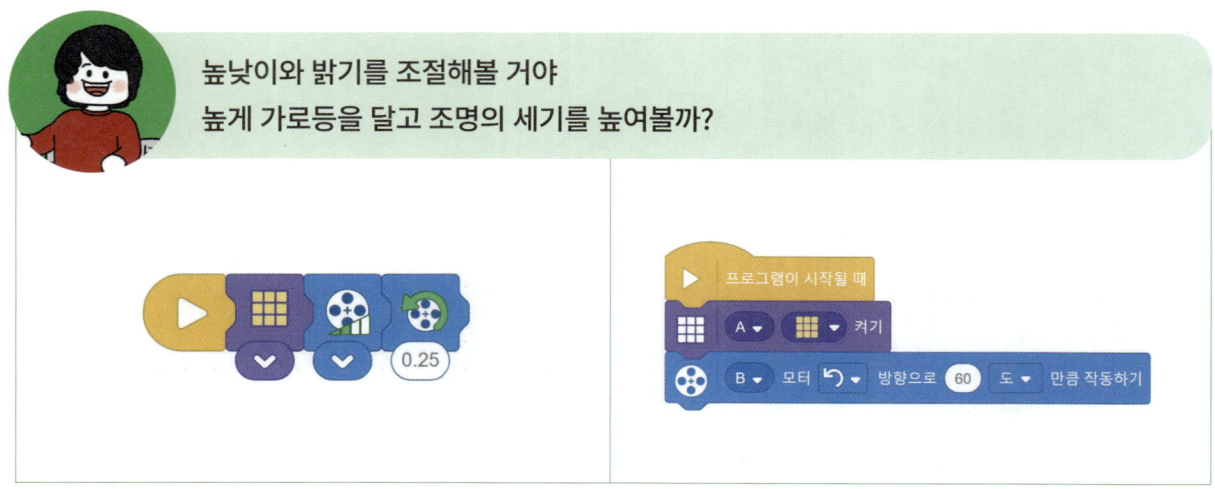

스트리밍 모드이므로 클릭하면 높이가 높아지고 밝게 빛나게 될 거야.

가로등의 높이를 낮추고 빛의 세기를 줄일까?

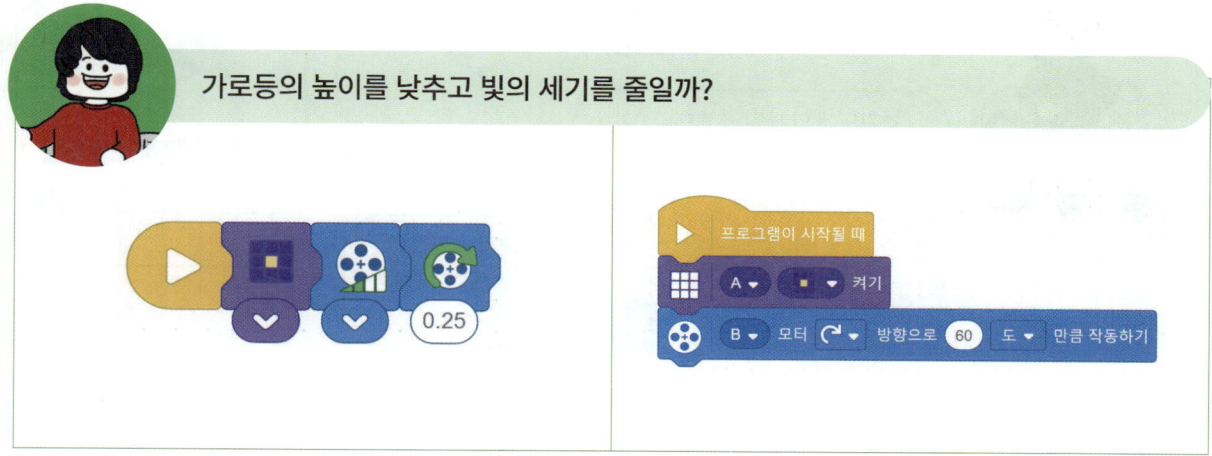

06 한 번 더 확인해요

가로등이 잘 움직이는지 살펴봅시다.

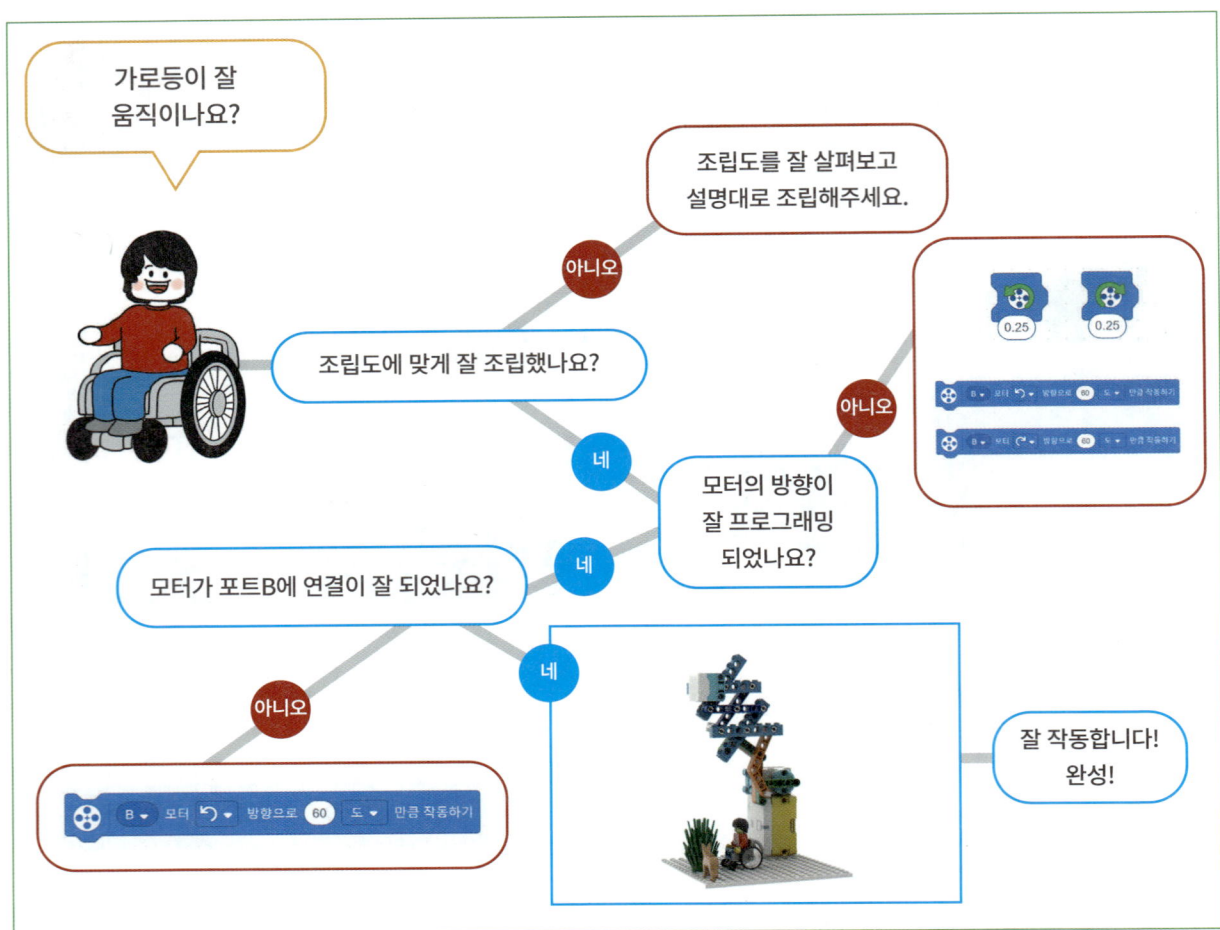

07 생각을 더해 보아요

- 자신만의 창의적인 가로등을 디자인하고 프로그래밍해 보세요.

나는 (　　　　　)을 더 붙여봤어.
너는 무엇을 더해볼 거야?

08 이야기를 더해 보아요

다니엘은 빛공해 문제를 해결할 수 있게 도움을 주었어요. 여러분이 그림동화 작가가 되어 다니엘이 빛공해 문제를 어떻게 해결했는지 상상하여 이야기를 만들어 볼까요?

09 뽐내 보아요

> 내가 만든 그림동화를 다른 친구들에게 공유해 볼까요?
> 내가 만든 가로등을 친구들에게 공유해 볼까요?

 # 내가 만든 **작품 인증샷** **해시태그 이벤트**

아래 2개의 필수 해시태그와 함께
내가 만든 작품의 인증샷을 찍어 업로드 해 주세요.
추첨을 통해 소정의 선물을 보내드립니다.

 # PlayIT스파이크에센셜   **# 스파이크에센셜은퓨너스**

참여 방법 1
① 퓨너스 학습지원 커뮤니티(http://cafe.naver.com/robotsteam)가입
② #퓨너스 소식 >> **이벤트 게시판에 글쓰기**
  - 말머리 [해시태그이벤트] 선택하고 아래 태그에 **필수 해시태그 포함**시키기

참여 방법 2
① 퓨너스 인스타그램(@funers_official)을 팔로우
② 게시물 올릴 때 **필수 해시태그 포함**시키기

참 잘했어요!

다음 책은 뭘까?

산이와 친구들이 모은 쓰레기를 어떻게 할까?

쓰레기를 분리수거하는 로봇을 만들어요

관련역량	창의적 사고 역량	**AI핵심역량**	컴퓨팅 사고력
관련교과	도덕, 사회		문제해결력
학습목표	쓰레기 문제를 이해하고 쓰레기를 분리수거할 수 있는 로봇을 만들 수 있다.		공익적 사고력

01 함께 읽어요

이 책을 읽으면 더 좋아요!

<어디 갔을까, 쓰레기>

글, 그림 이욱재
노란돼지

02 문제를 찾아봐요

계곡에 놀러 갔던 산이가 계곡물 속에 버려진 유리병에 크게 다쳤어.

그래서 산이는 친구들과 함께 땀을 뻘뻘 흘리며 쓰레기를 자루에 담아 산이네 집까지 옮겼지.

계곡에 있던 쓰레기를 산이네 집으로 옮기긴 했는데, 이 쓰레기 더미를 그냥 버릴 수도 없고 어떻게 하면 좋지?

우리가 이 쓰레기 더미를 해결해 줄 수 있는 방법을 찾아보자!

03 방법을 생각해요

> 산이와 친구들은 힘들게 쓰레기를 모아서 옮겼습니다. 하지만 이 쓰레기는 산이네 집 앞에 그대로 쌓여 있죠. 우리는 어떻게 산이를 도와줄 수 있을까요?

- 문제를 해결할 수 있는 방법을 생각하여 그림으로 그리거나 글로 써 보세요.

04 이렇게 해결해요

- 다니엘은 어떻게 문제를 해결하려고 할까요?

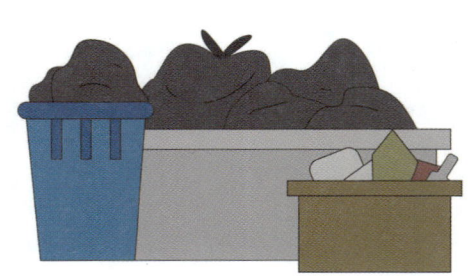

> 산이와 친구들이 힘들게 모은 쓰레기는 온갖 종류로 가득차 있어. 이중에서 플라스틱만이라도 따로 구분할 수 있게 도와주어야겠어!

05 함께 만들어요

> ✱ 블록으로 만들어요

조립하기 - 쓰레기를 분리수거하는 로봇을 만들어요

1

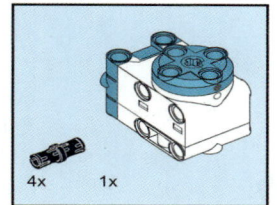

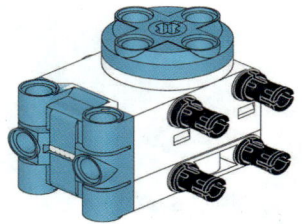

2

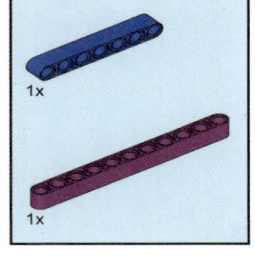

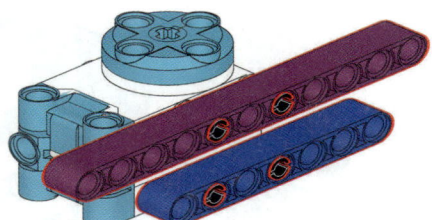

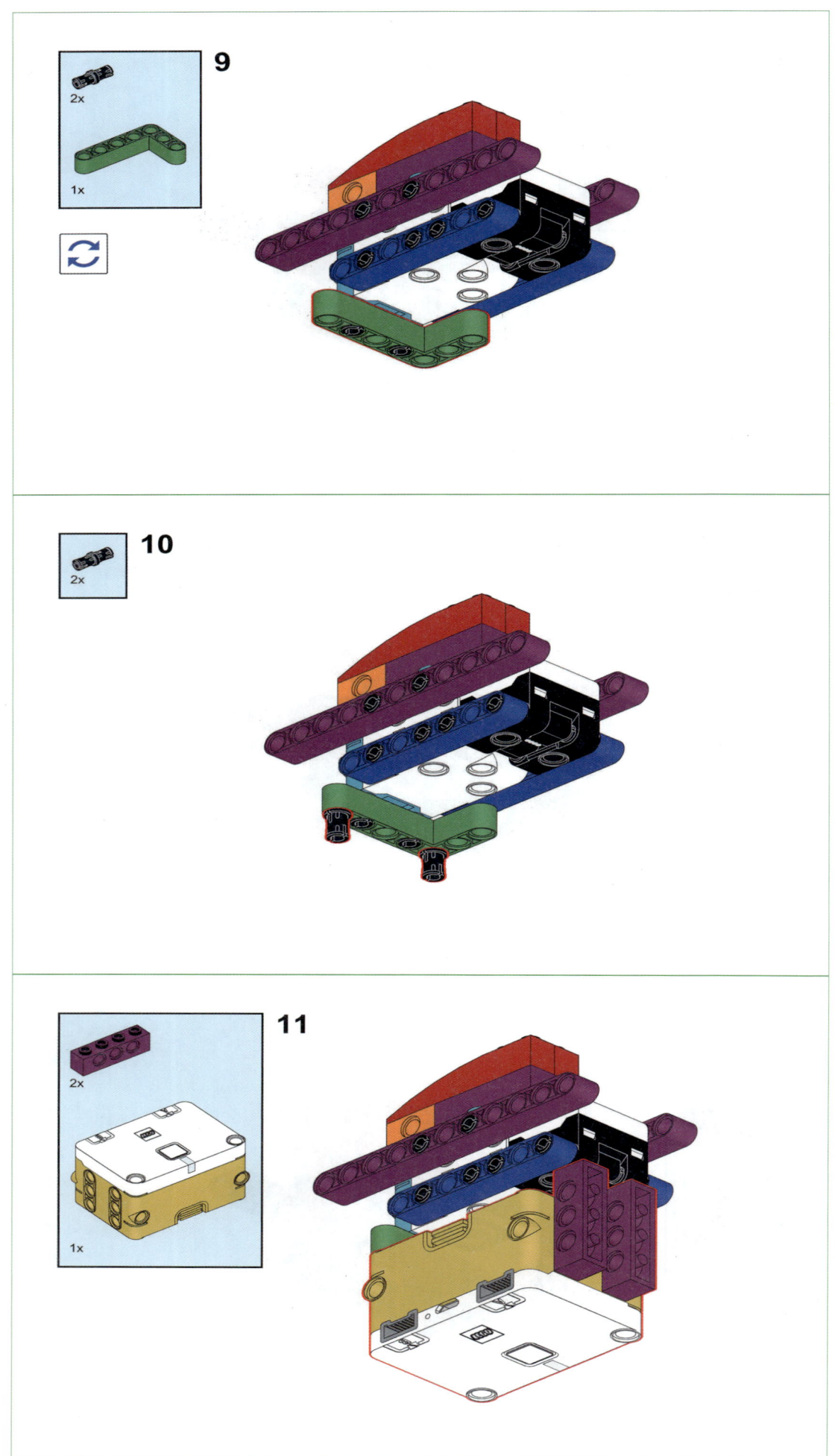

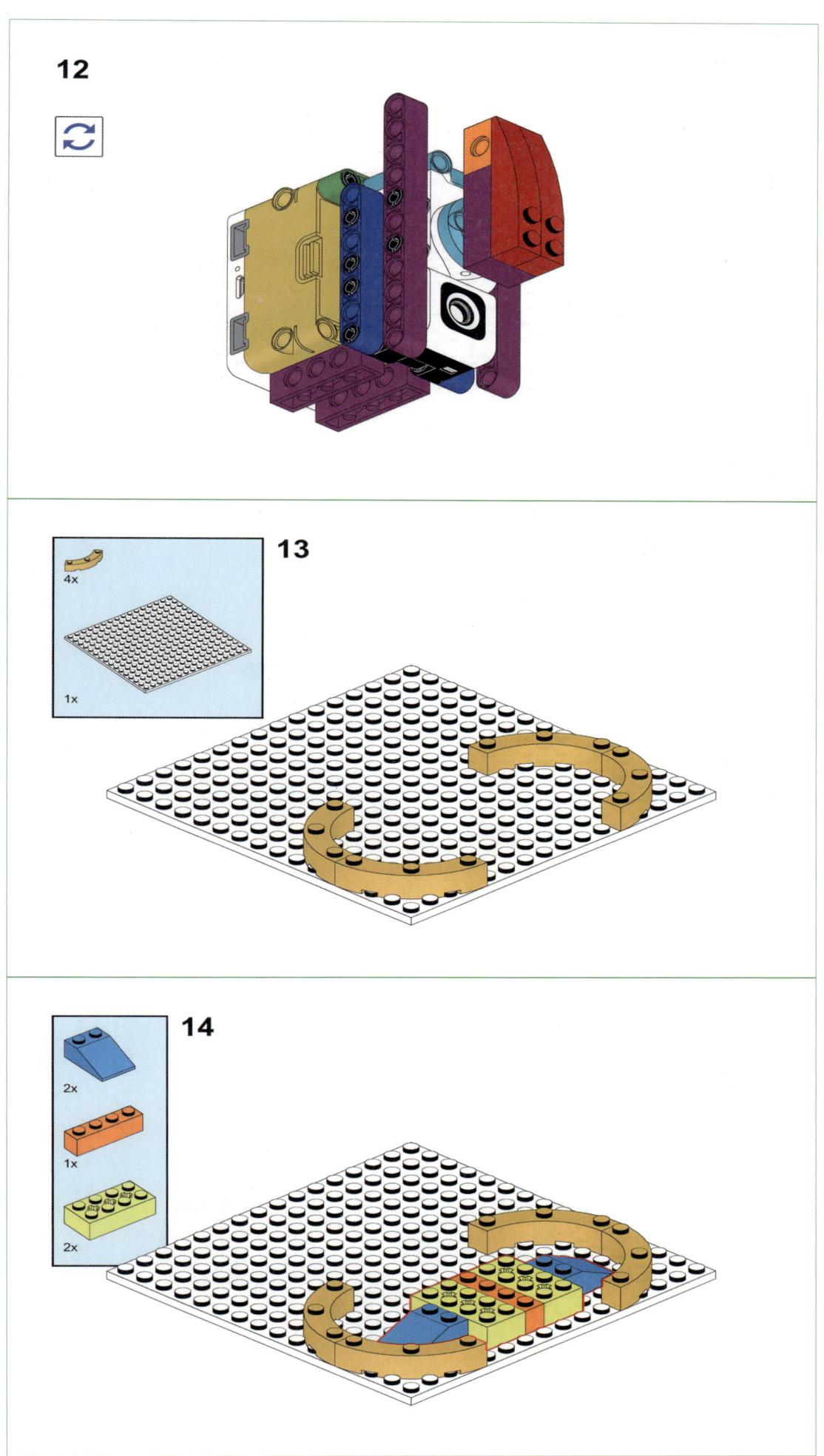

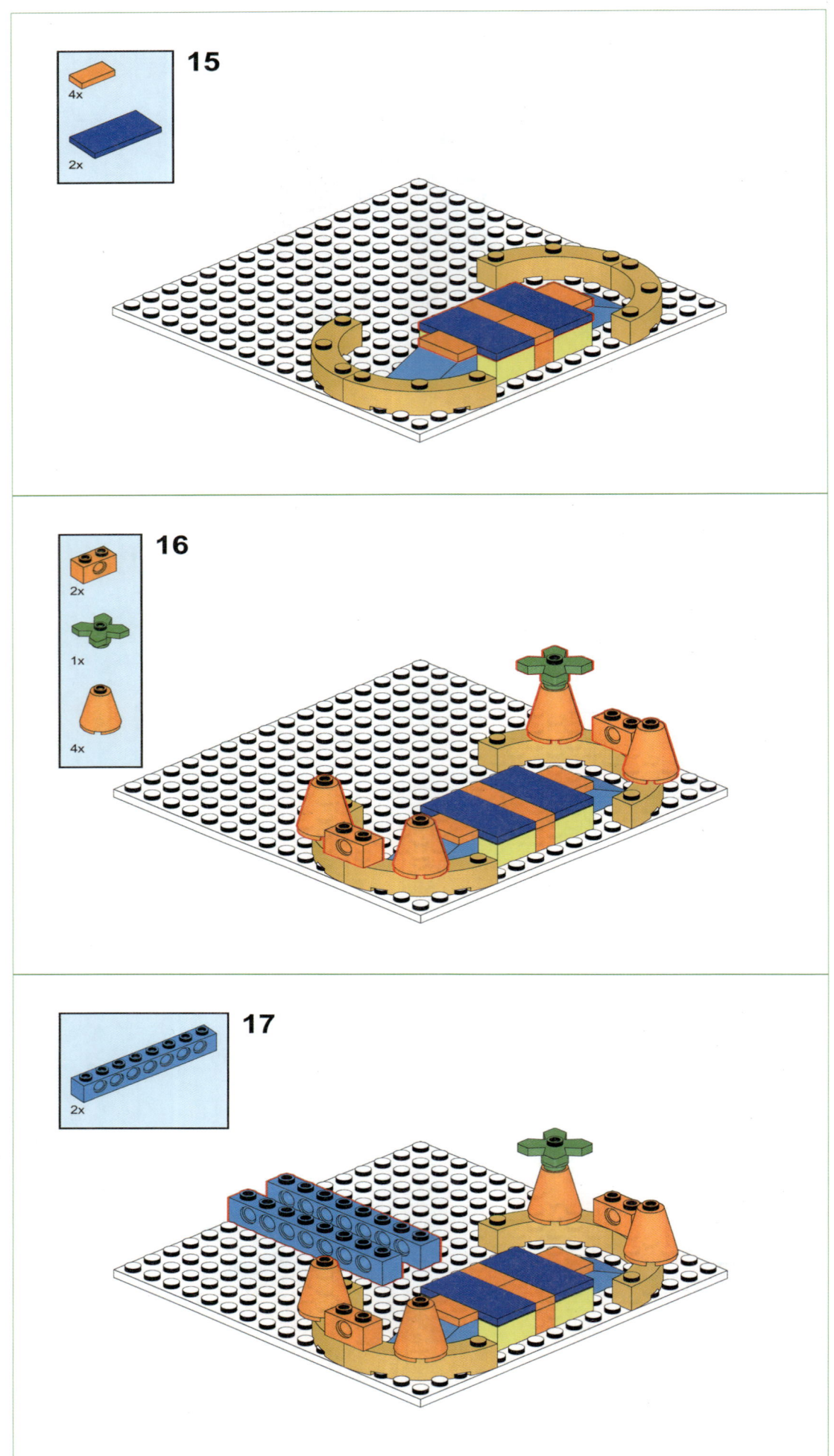

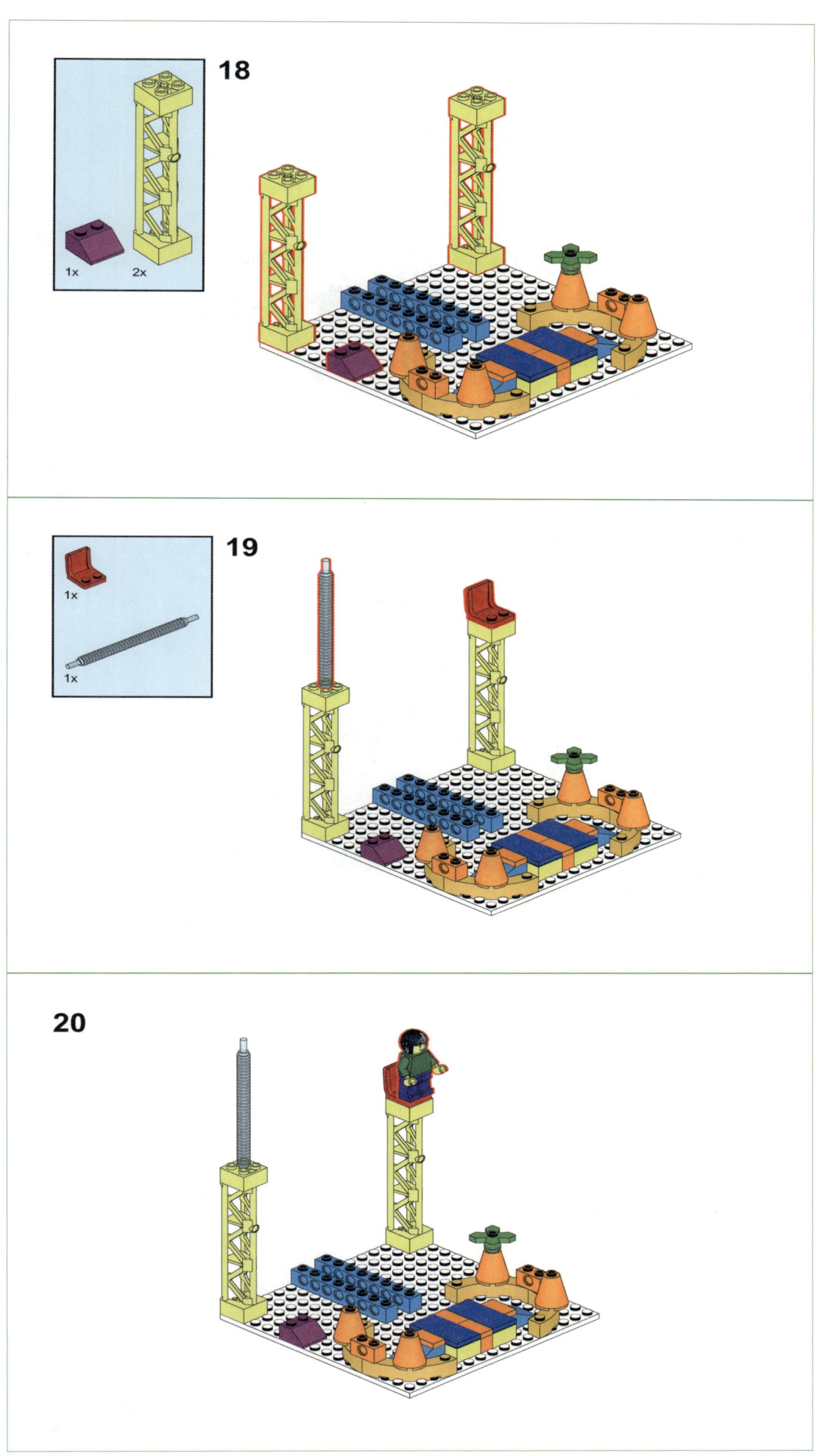

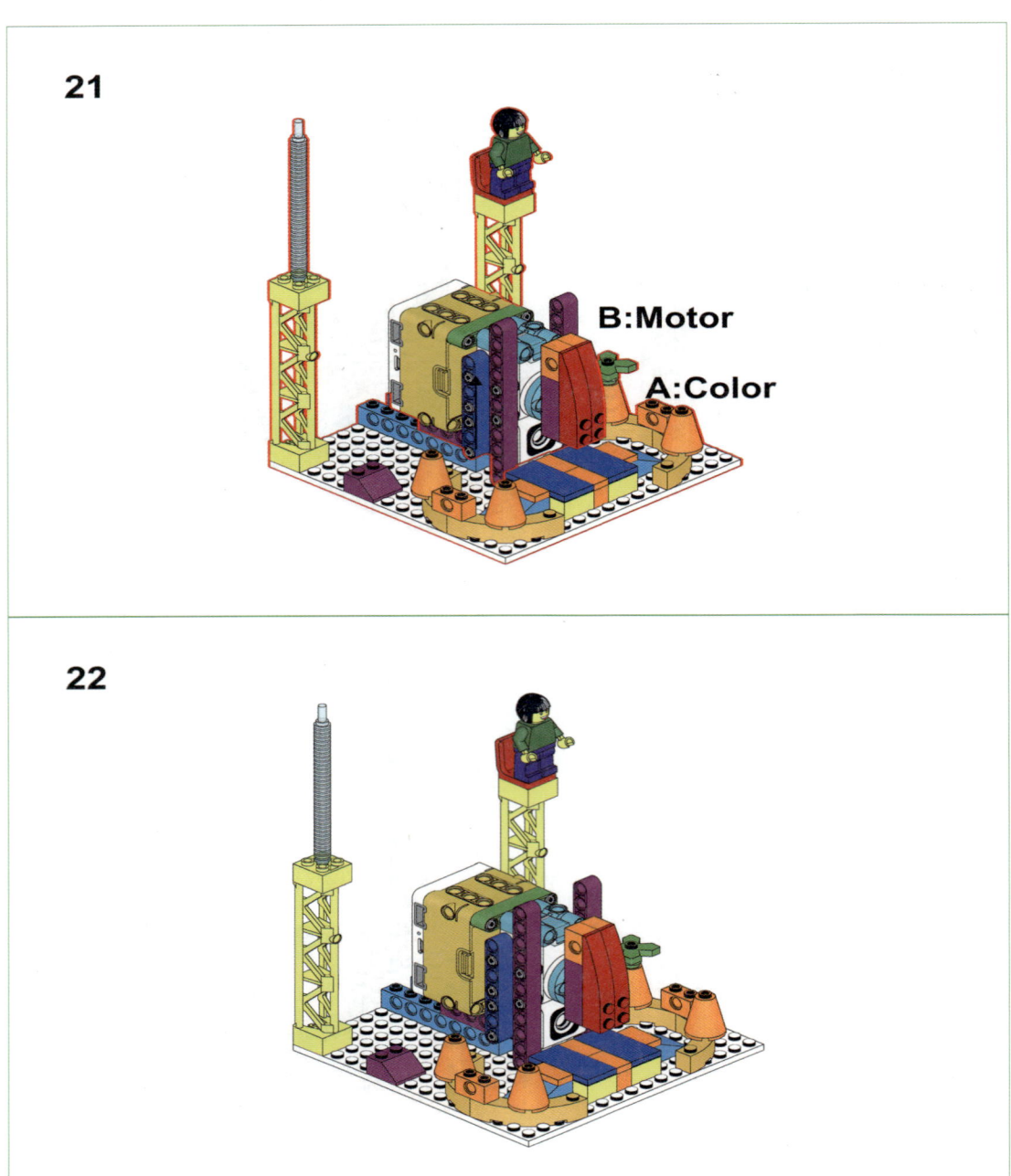

✱ 프로그램을 만들어요

- 방금 만든 작품으로 문제를 해결하려면 어떻게 움직여야 할까요?

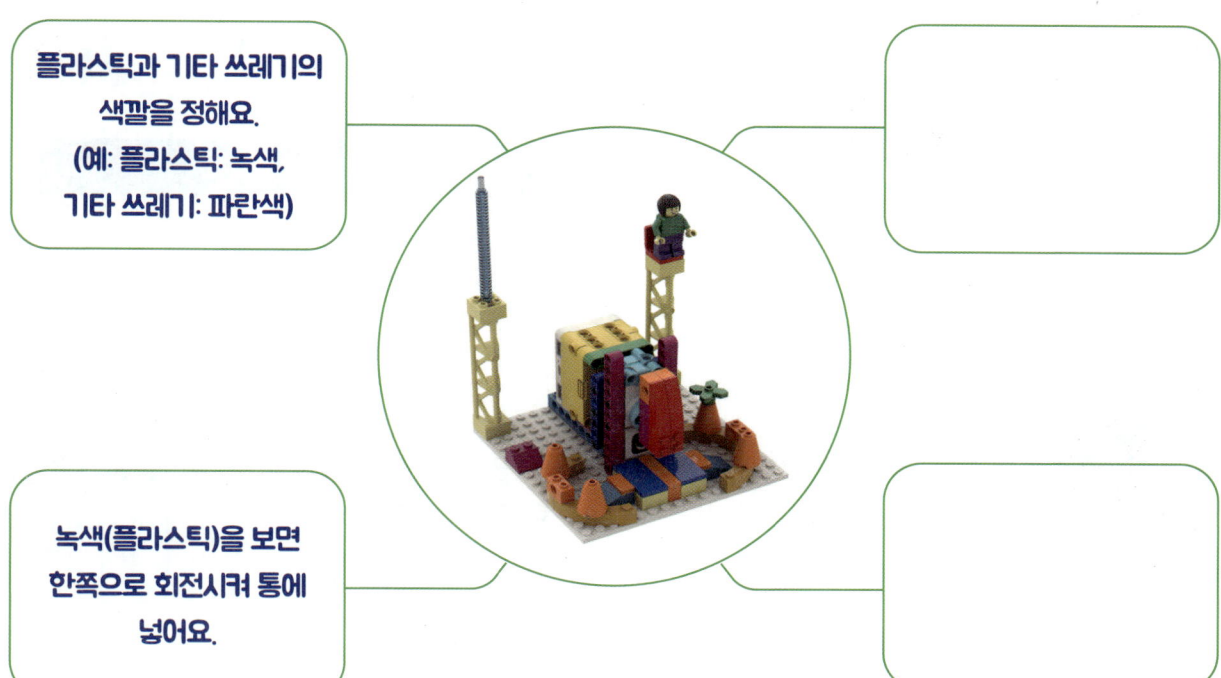

플라스틱과 기타 쓰레기의 색깔을 정해요.
(예: 플라스틱: 녹색, 기타 쓰레기: 파란색)

녹색(플라스틱)을 보면 한쪽으로 회전시켜 통에 넣어요.

- 쓰레기 분류 로봇을 제어할 프로그램을 만들어 보아요.

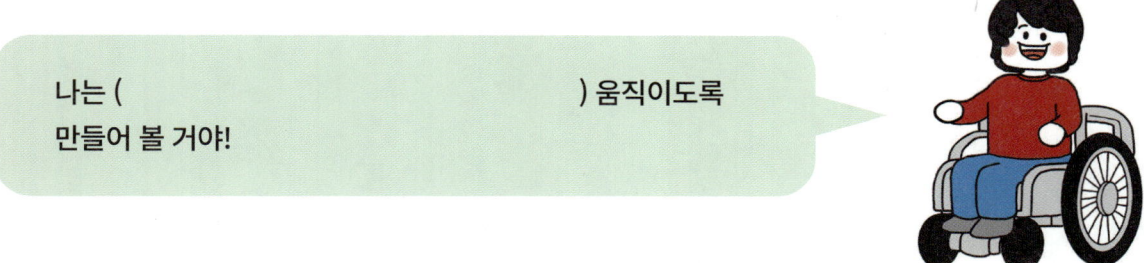

나는 (　　　　　　　　　　　) 움직이도록 만들어 볼 거야!

처음에 실행하면 쓰레기 분류 막대가 위를 바라보게 할 거야. 아이콘 블록으로 할 때는, 손으로 분류 막대를 위로 향하게 돌려주면 돼.

4.환경, 에너지 - 산이와 친구들이 모은 쓰레기를 어떻게 할까? 329

 녹색(플라스틱)을 감지하면 분류 막대가 돌면서 녹색 블록(플라스틱)을 한쪽으로 분류할 거야. 이때 컬러 센서를 포트 A에 연결했는지 확인해야 해.

 그리고 파란색(기타 쓰레기)을 감지하면 분류막대가 반대 방향으로 돌면서 블록(쓰레기)을 분류할 거야. 분류할 색깔은 원하는 대로 바꾸어도 돼.

06 한 번 더 확인해요

쓰레기 분류 로봇이 잘 움직이는지 살펴봅시다.

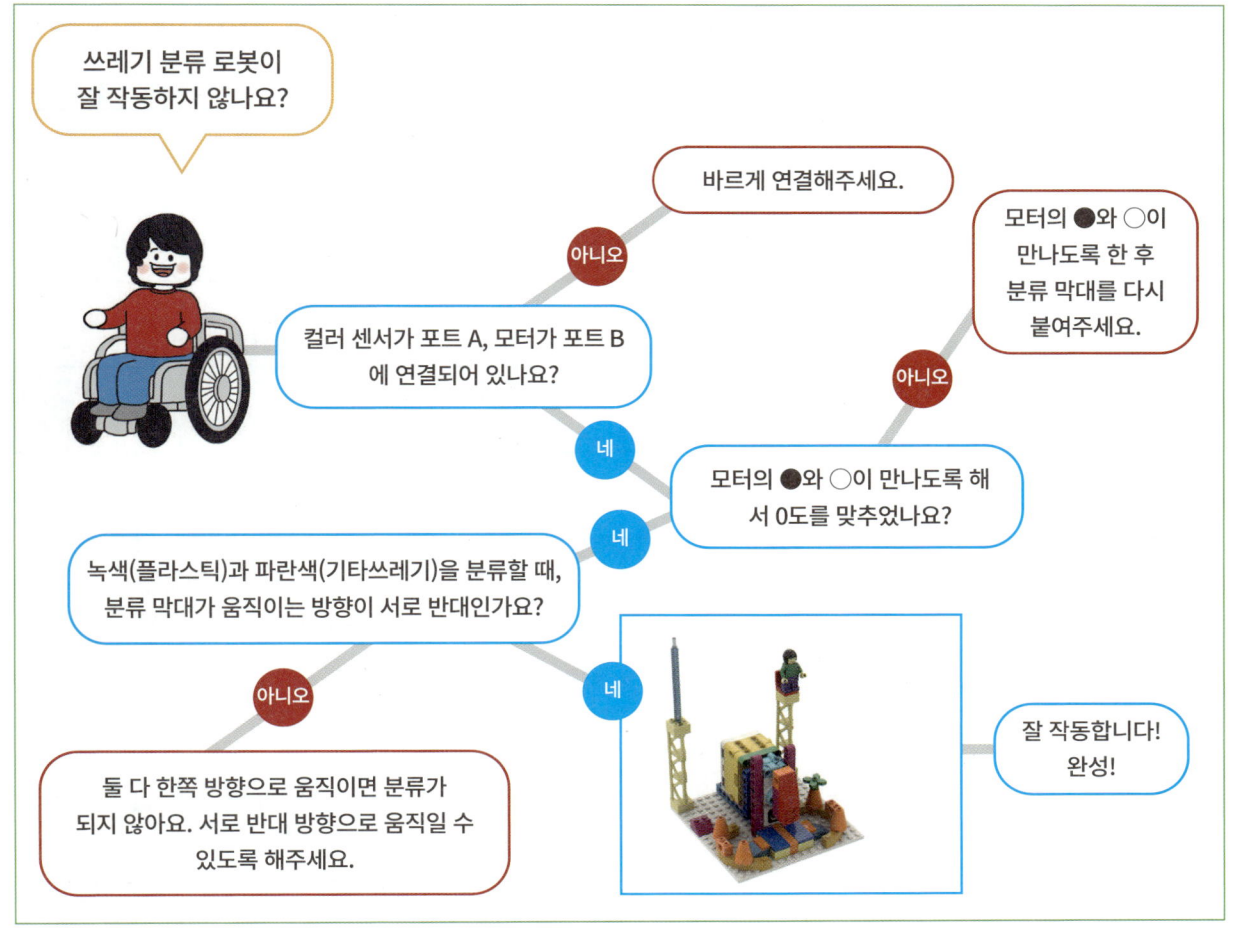

07 생각을 더해 보아요

- 자신만의 창의적인 쓰레기 분류 로봇을 디자인하고 프로그래밍해 보세요.

나는 (　　　　　)을 더 붙여봤어.
너는 무엇을 더해볼 거야?

08 이야기를 더해 보아요

다니엘은 산이와 친구들이 모아놓은 쓰레기를 분류하는 데 도움을 주었어요. 여러분이 그림동화 작가가 되어 다니엘이 쓰레기 문제를 어떻게 해결했는지 뒷이야기를 상상하여 써 볼까요?

09 뽐내 보아요

내가 만든 그림동화를 다른 친구들에게 공유해 볼까요?
내가 만든 쓰레기 분류 로봇을 친구들에게 공유해 볼까요?

내가 만든 **작품 인증샷** 해시태그 이벤트

아래 2개의 필수 해시태그와 함께
내가 만든 작품의 인증샷을 찍어 업로드 해 주세요.
추첨을 통해 소정의 선물을 보내드립니다.

 # PlayIT스파이크에센셜　　**# 스파이크에센셜은퓨너스**

참여 방법 1
① 퓨너스 학습지원 커뮤니티(http://cafe.naver.com/robotsteam)가입
② #퓨너스 소식 >> 이벤트 게시판에 글쓰기
- 말머리 [해시태그이벤트] 선택하고 아래 태그에 **필수 해시태그 포함**시키기

참여 방법 2
① 퓨너스 인스타그램(@funers_official)을 팔로우
② 게시물 올릴 때 **필수 해시태그 포함**시키기

참 잘했어요!

다음 책은 뭘까?

우주에도 쓰레기가 있다고요?

우주쓰레기 문제를 해결해 보아요

관련역량	창의적 사고 역량	AI핵심역량	컴퓨팅 사고력
관련교과	과학		문제해결력
학습목표	우주쓰레기 문제의 심각성을 알고 이를 해결할 수 있다.		공익적 사고력

01 함께 읽어요

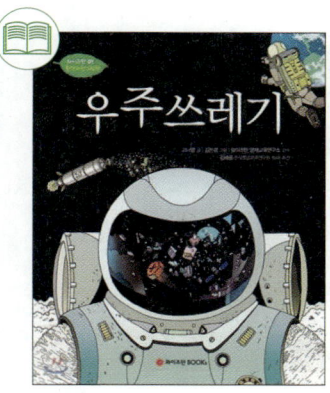

이 책을 읽으면 더 좋아요!

<우주쓰레기>

글 고나영 / 그림 김은경
와이즈만BOOKS

02 문제를 찾아봐요

인간이 만든 인공위성, 로켓 연료통들이 우주에서 떠돌아다닌다고 하는데 왜 문제가 되는 걸까?

 인공위성 조각, 로켓 발사 후 버려진 연료통 등 크고 작은 것들을 우주쓰레기라고 하는데 우주쓰레기가 국제 우주 정거장에 부딪히거나 지구로 떨어질 수 있거든

지구 쓰레기도 문제가 많은데 우주쓰레기도 문제구나!

 맞아! 깨끗한 우주를 위해서 인공위성을 없앨 수는 없으니 우리 우주쓰레기 문제를 같이 해결해 볼까?

03 방법을 생각해요

다니엘은 우주쓰레기 문제를 해결하고 싶어 해요. 어떻게 도와줄 수 있을까요?

- 문제를 해결할 수 있는 방법을 생각하여 그림으로 그리거나 글로 써 보세요.

04 이렇게 해결해요

- 다니엘은 어떻게 문제를 해결하려고 할까요?

우주쓰레기를 청소하는 로봇을 만들어서 우주로 보내야겠어! 로봇을 태우고 갈 비행기를 우주로 보내려면 발사대도 필요하겠지?

05 함께 만들어요

* 블록으로 만들어요

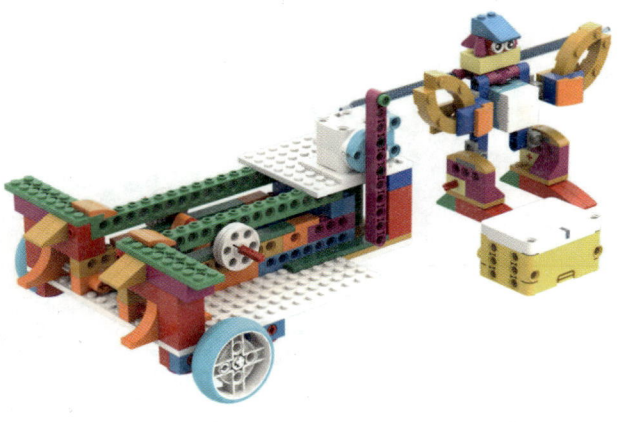

조립하기 - 우주에도 쓰레기가 있다고요?

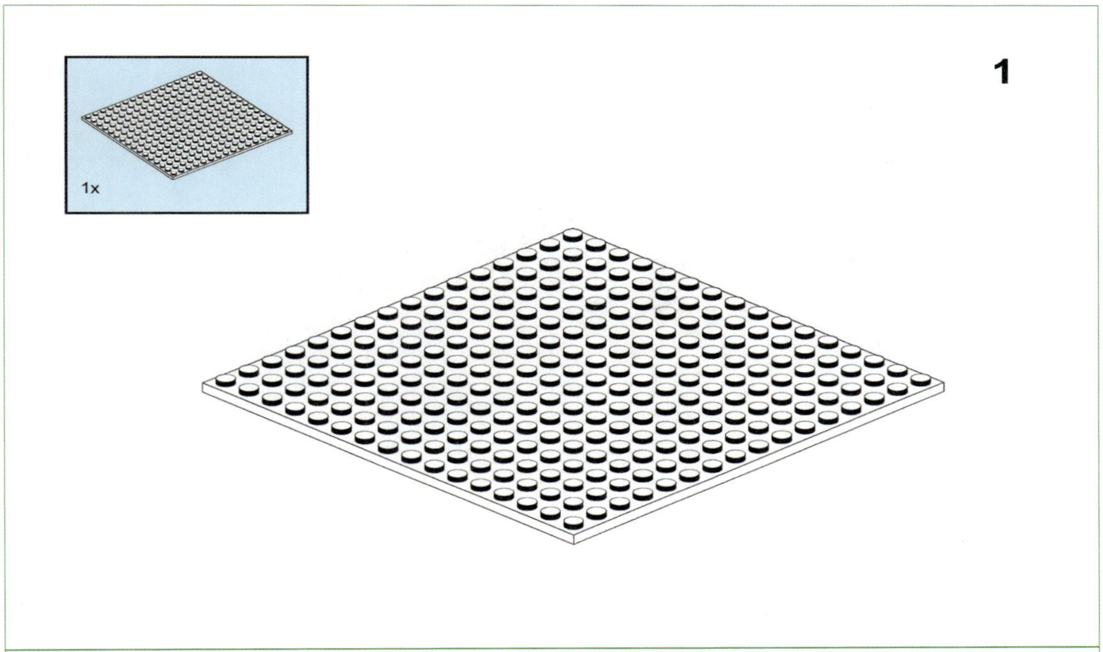

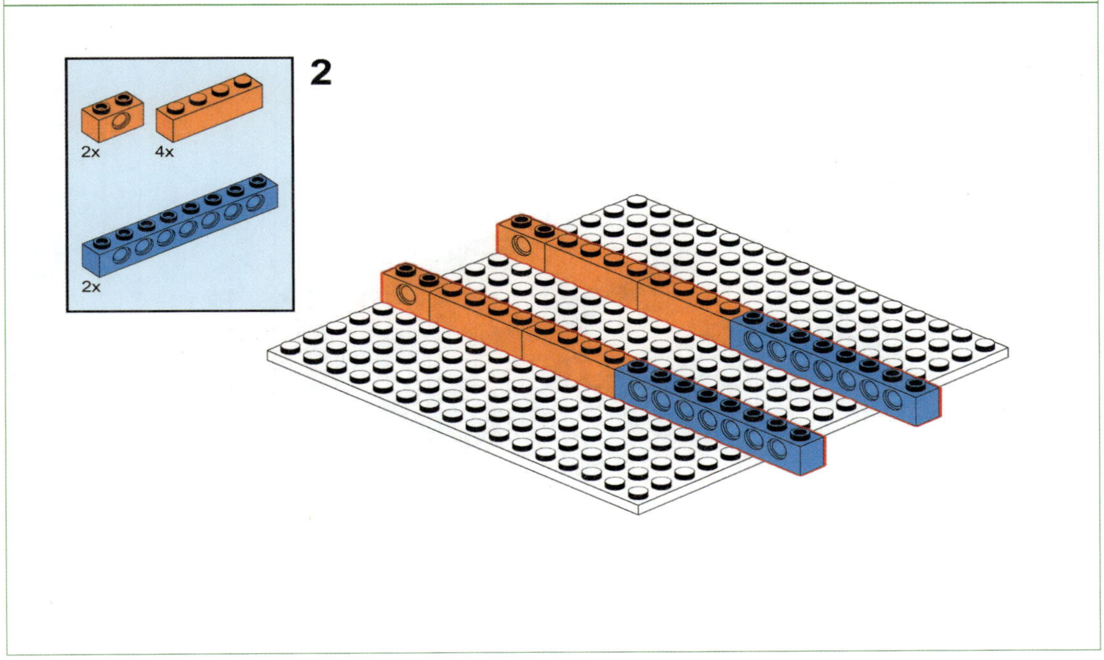

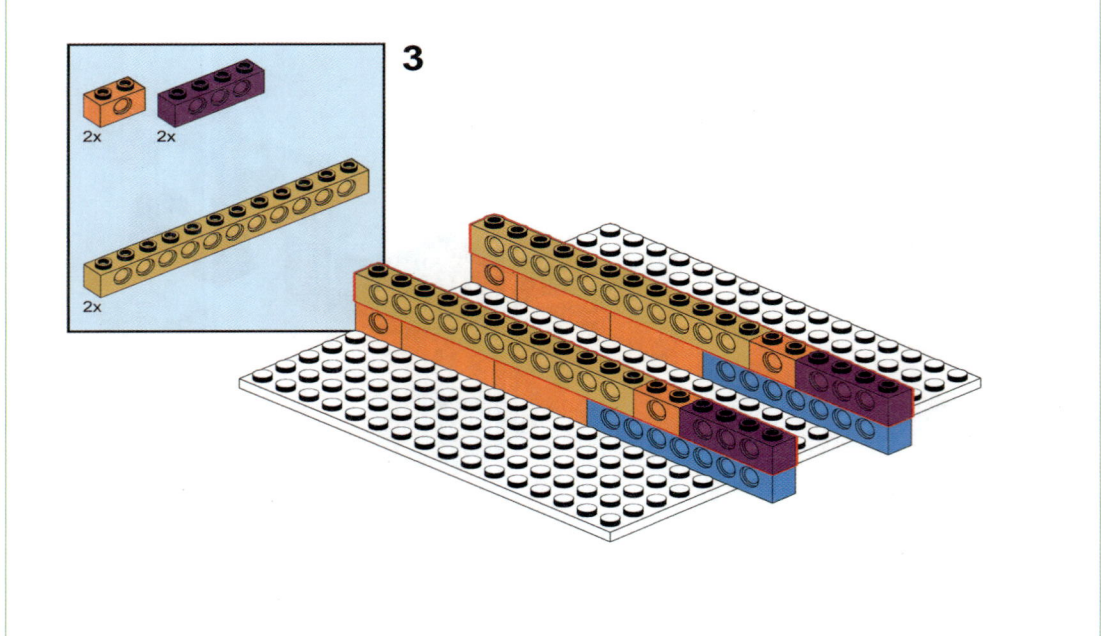
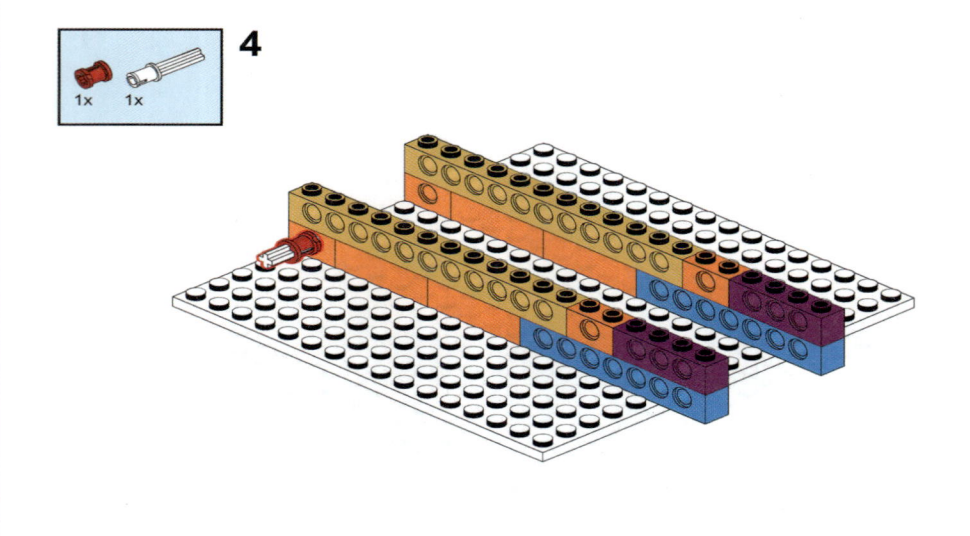
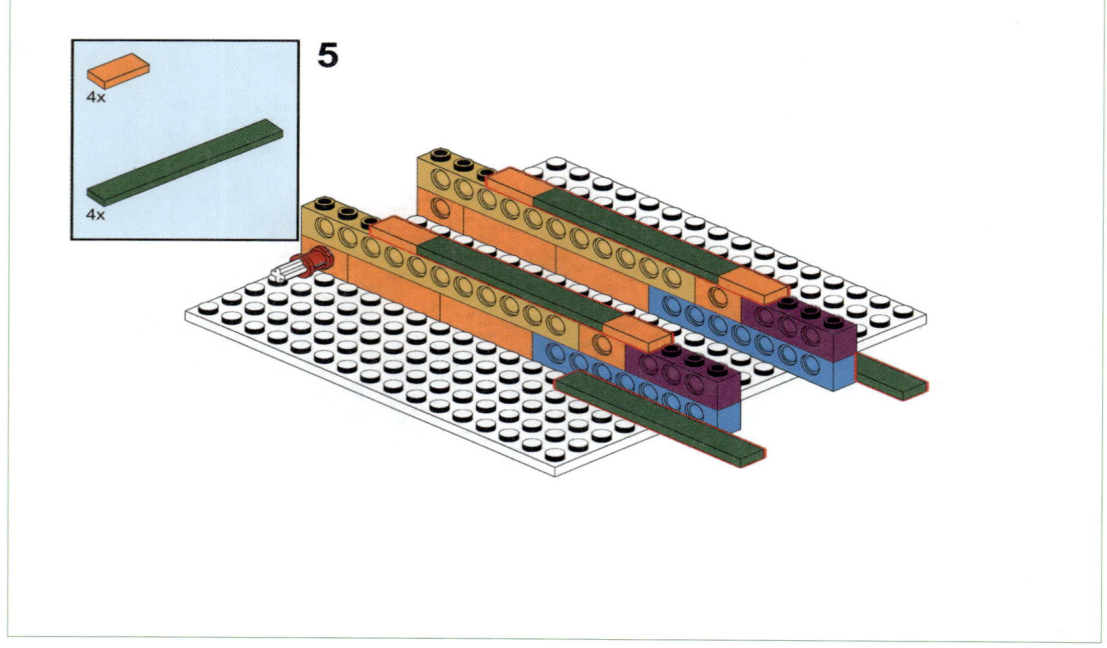

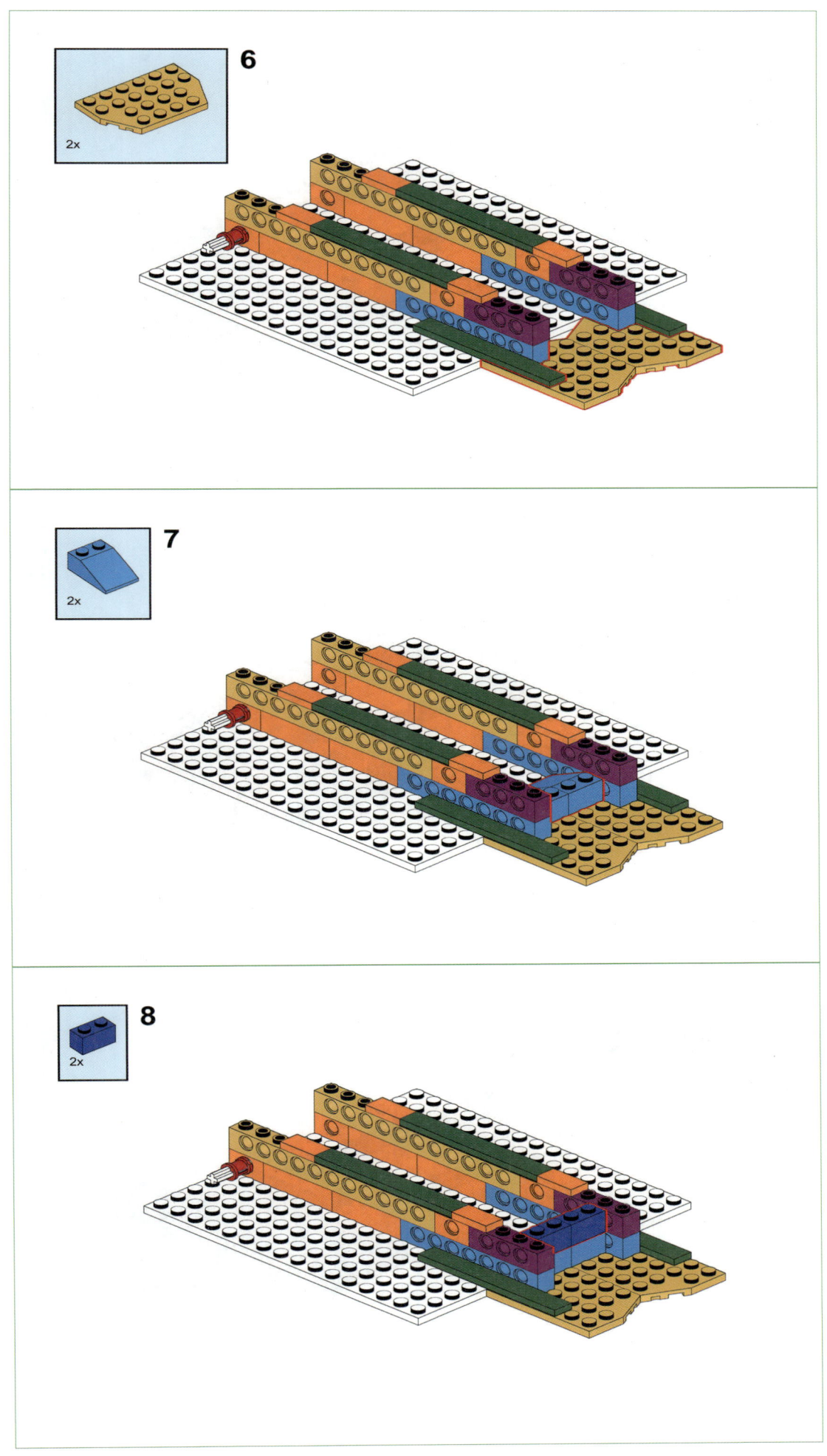

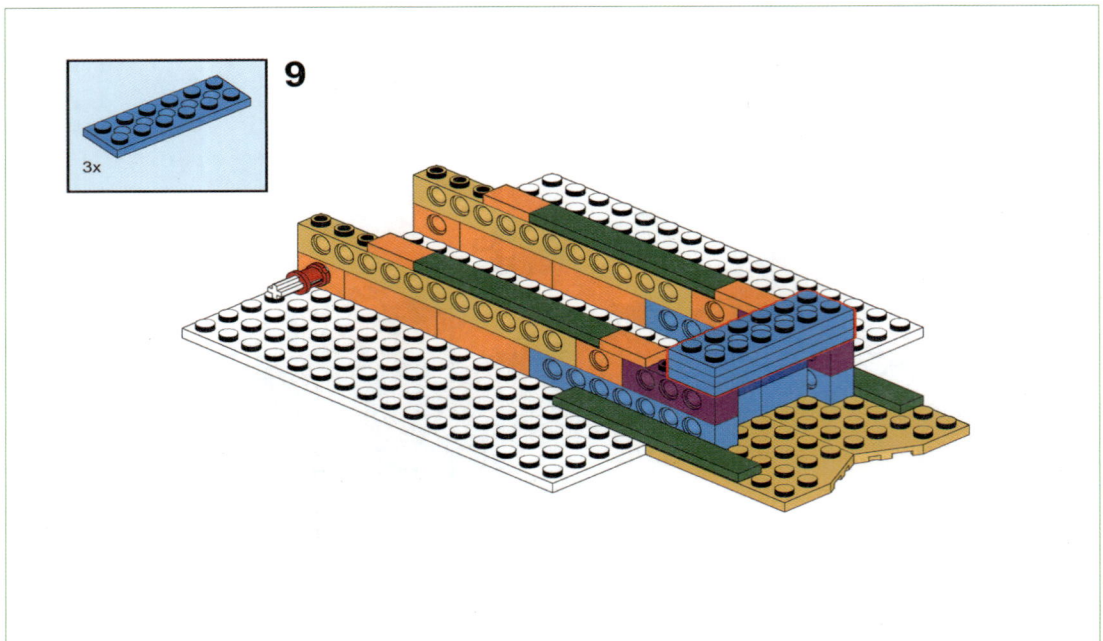
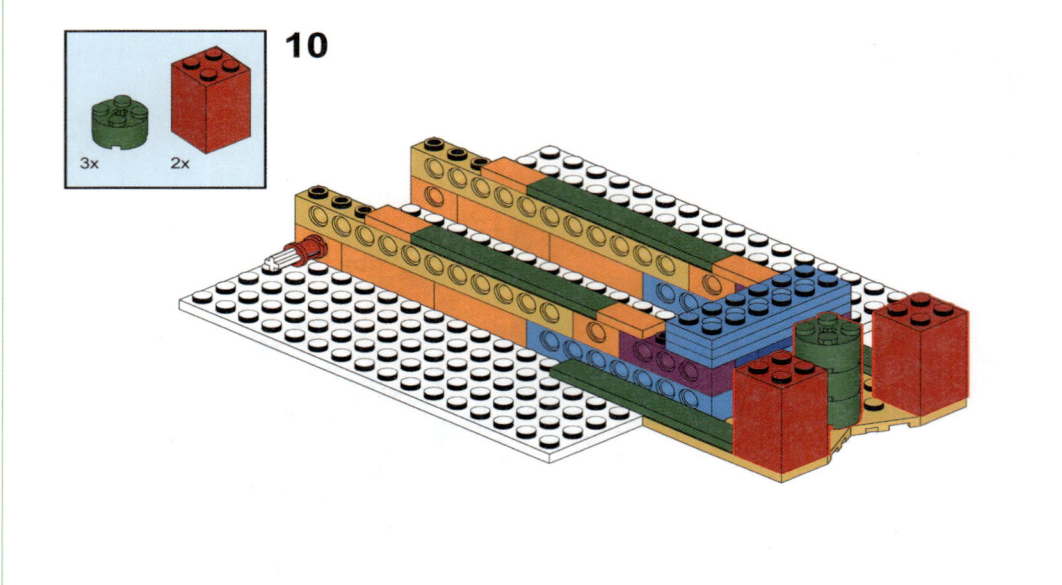
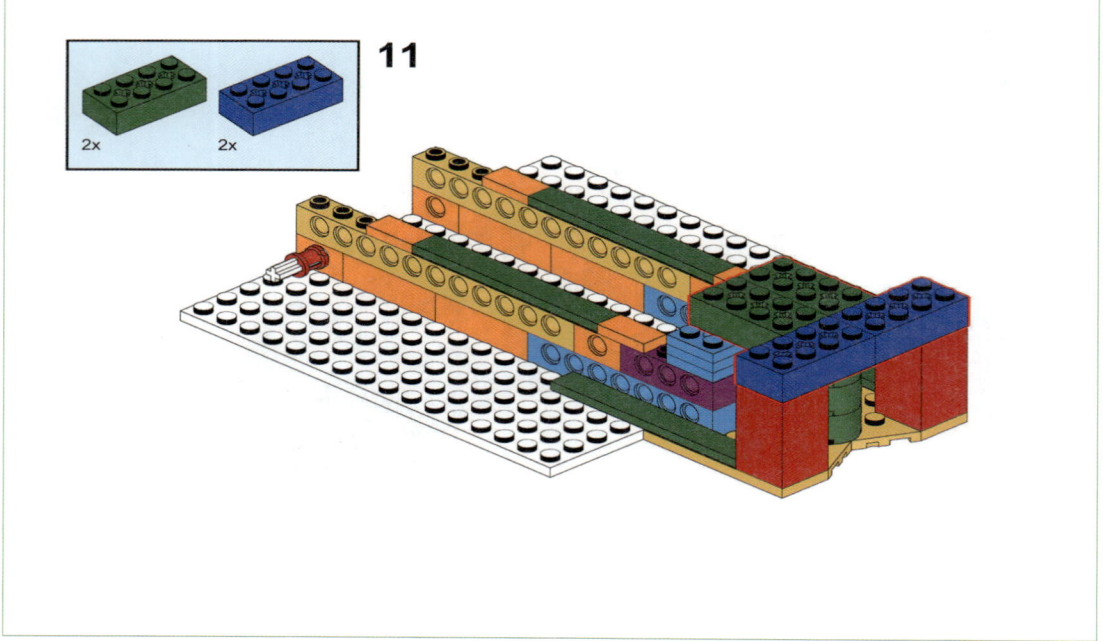

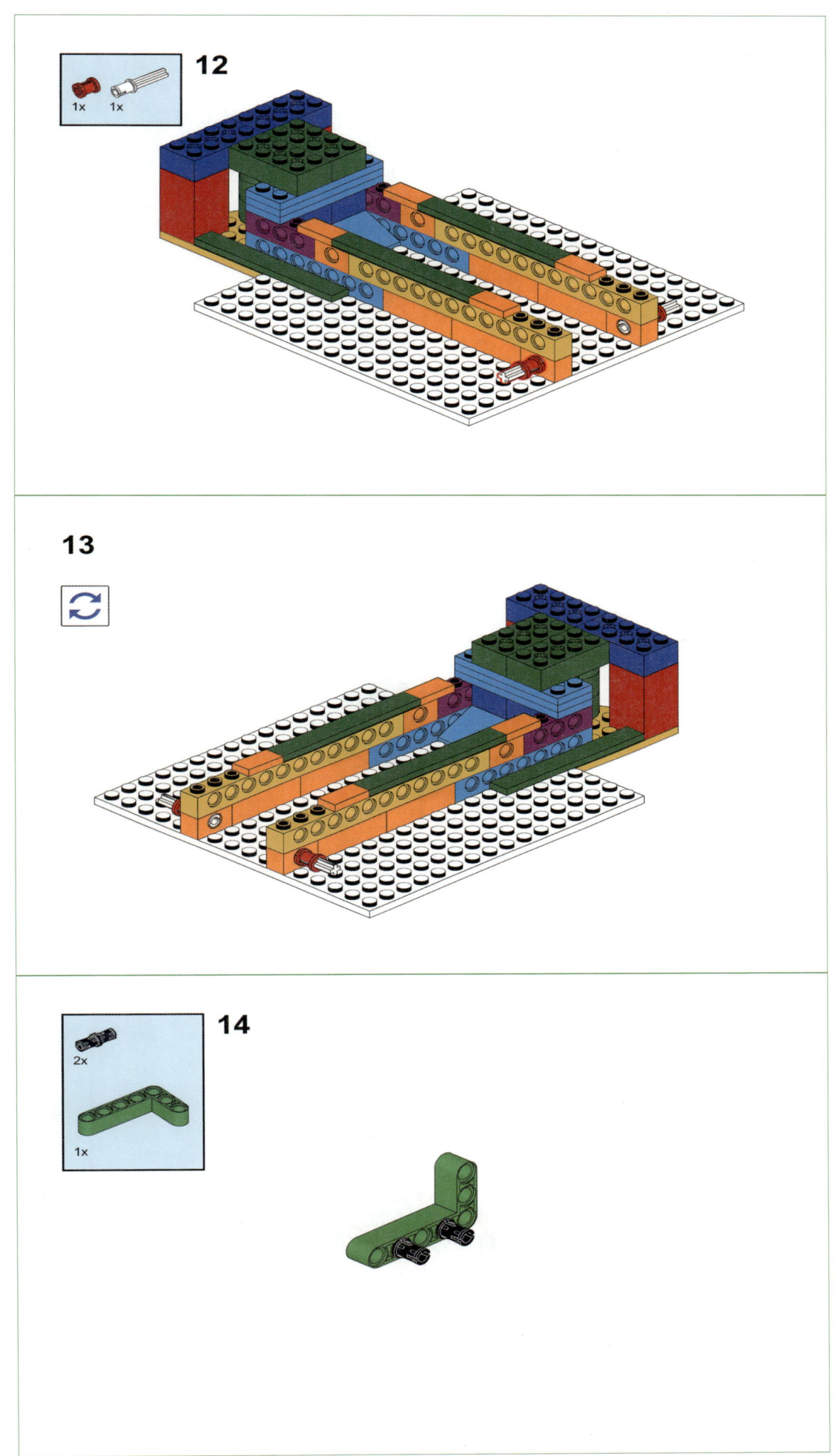

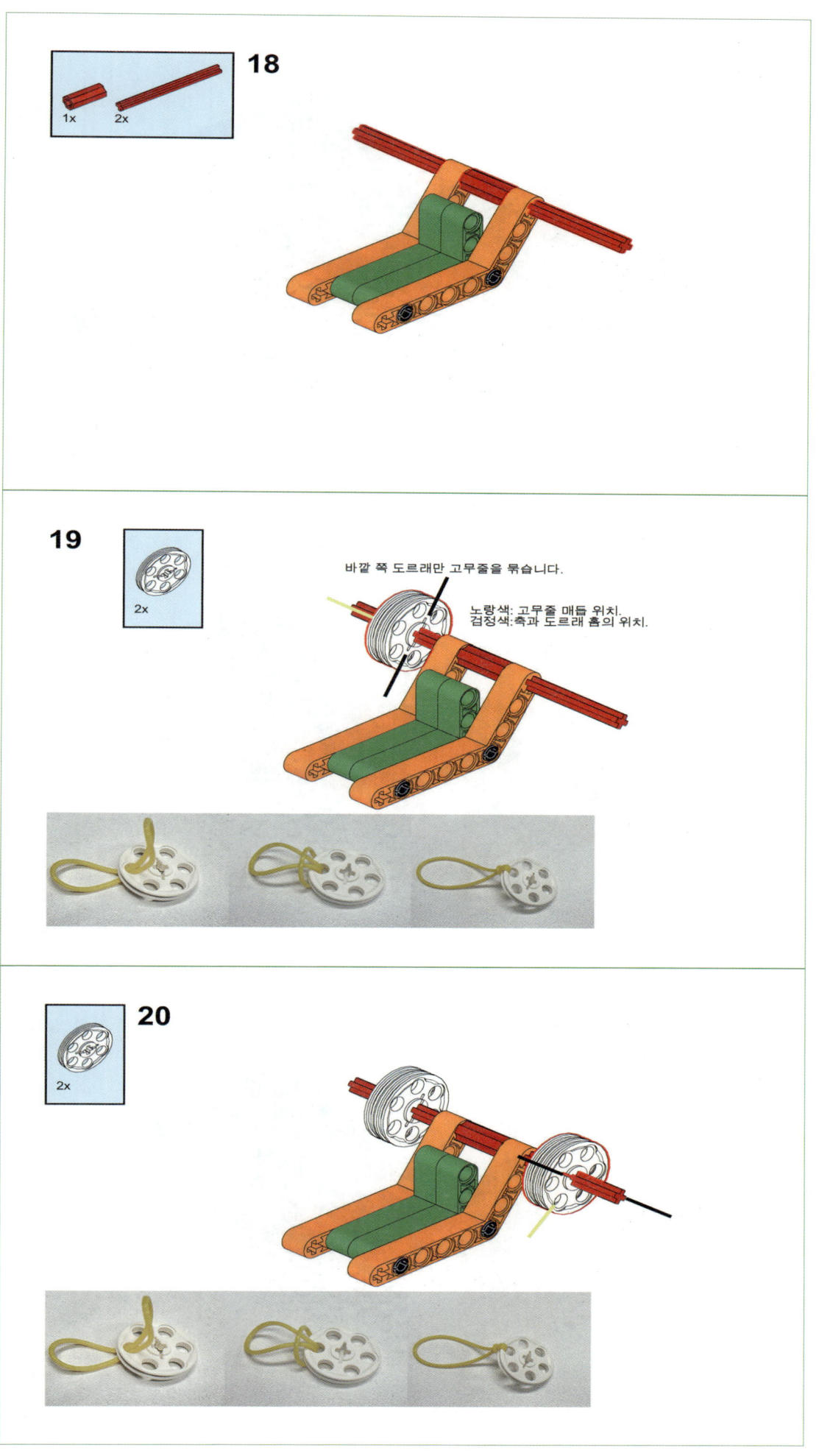

4.환경, 에너지 - 우주에도 쓰레기가 있다고요? **345**

21

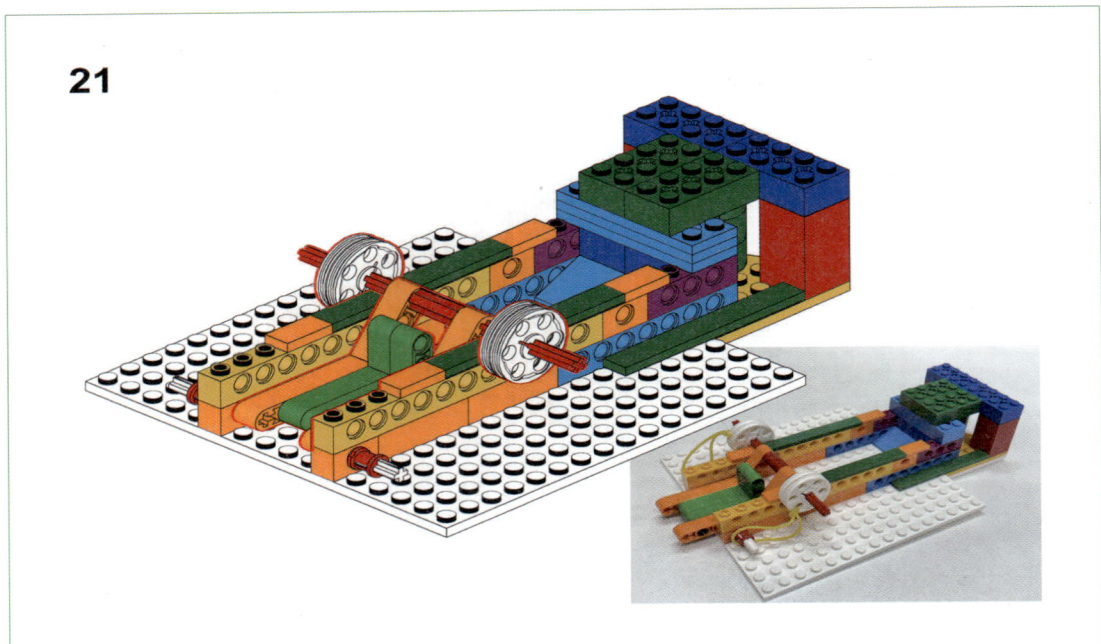

22

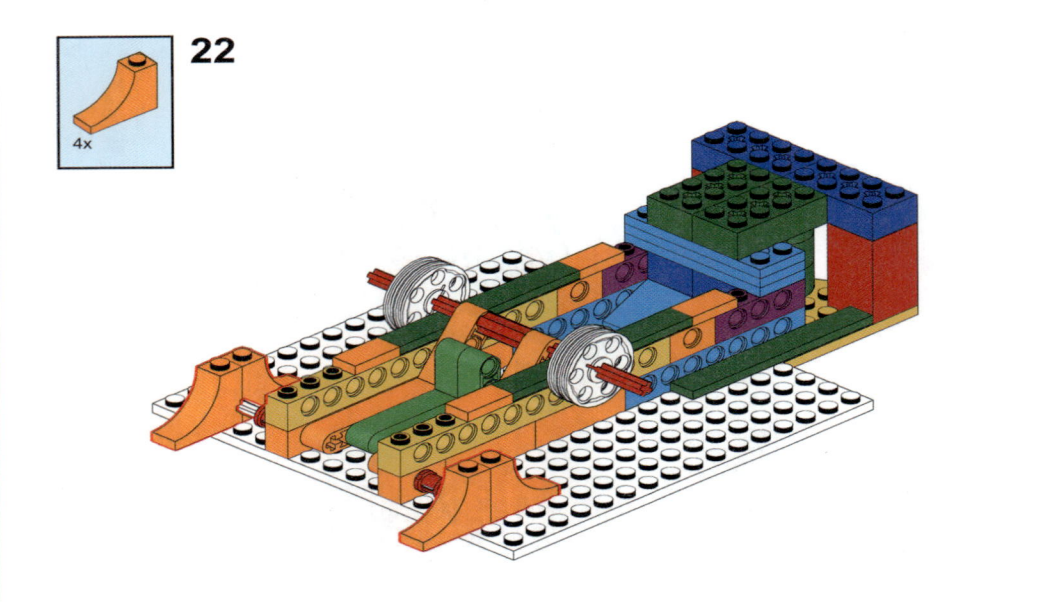

23

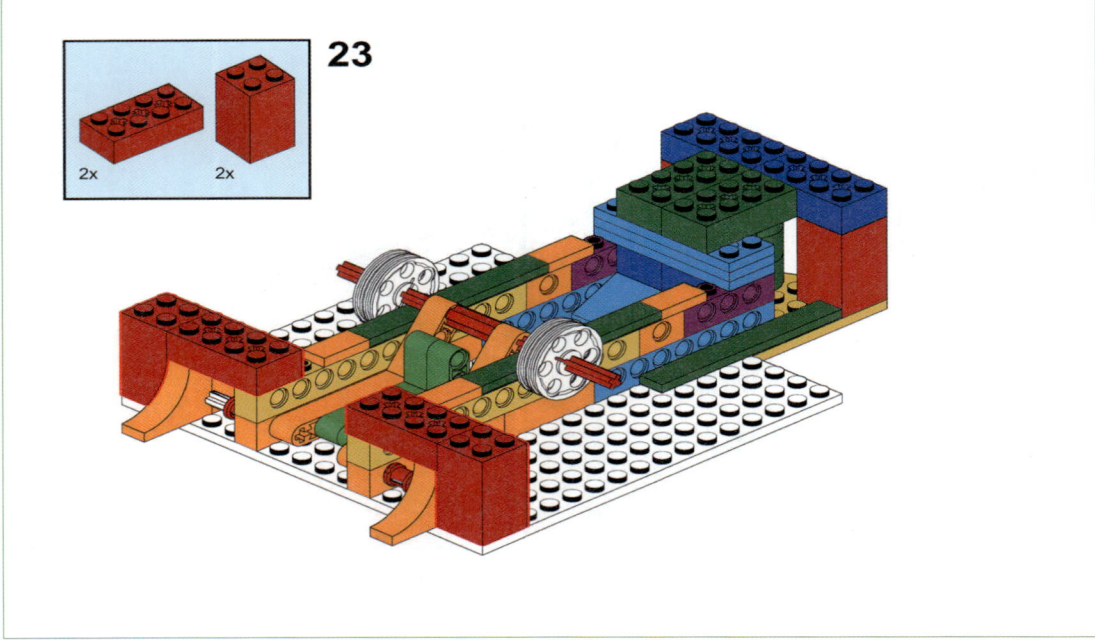

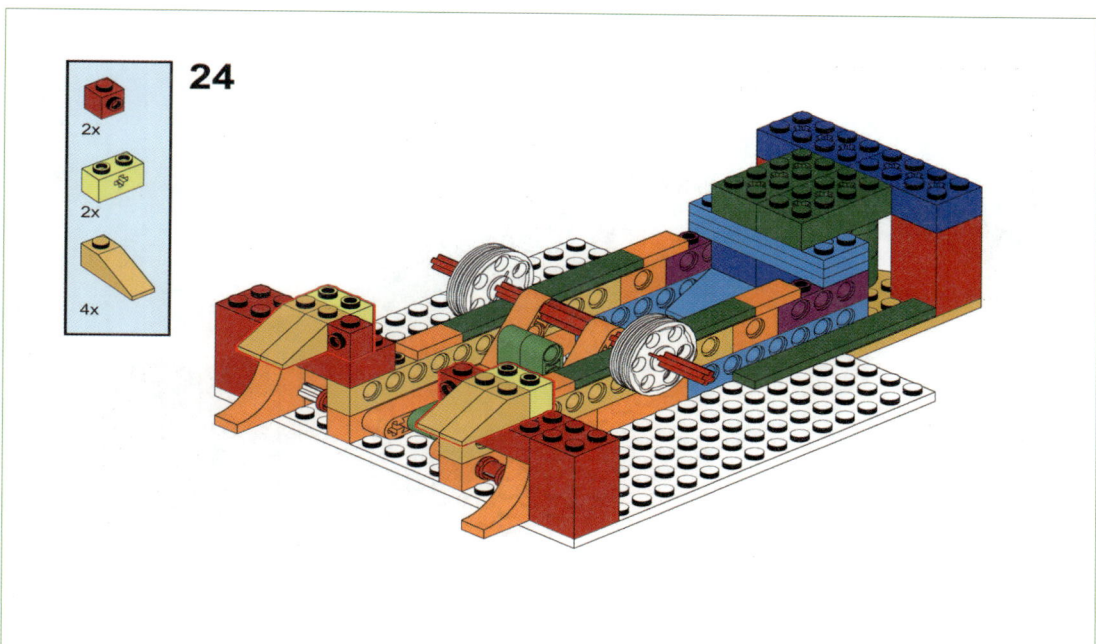

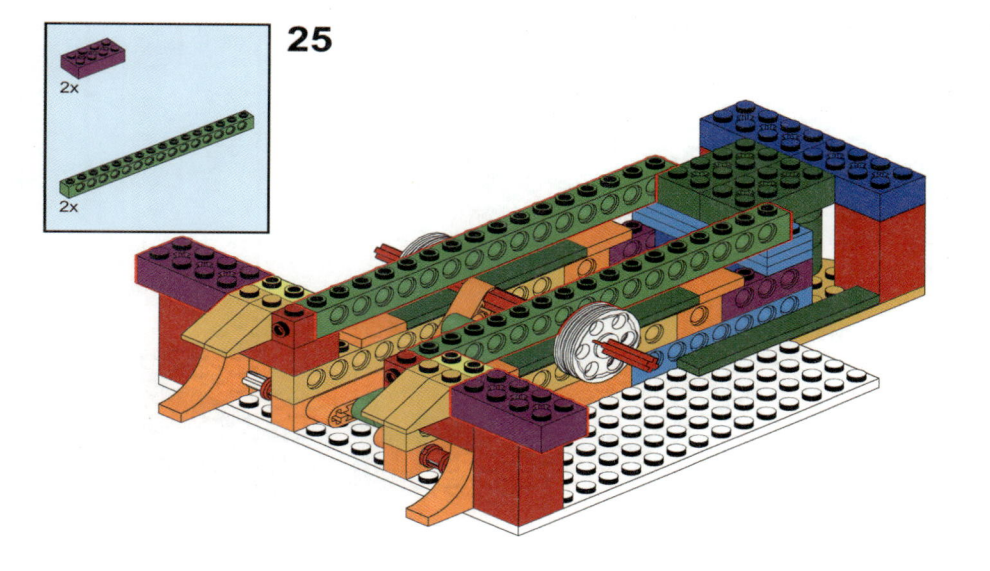

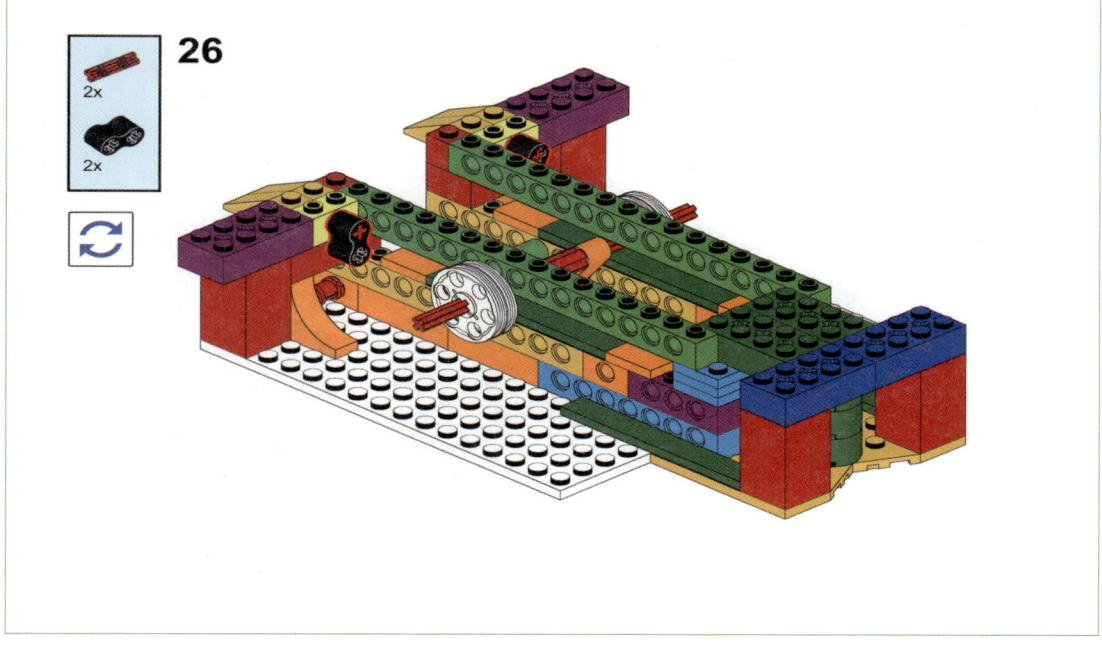

4.환경, 에너지 - 우주에도 쓰레기가 있다고요? 347

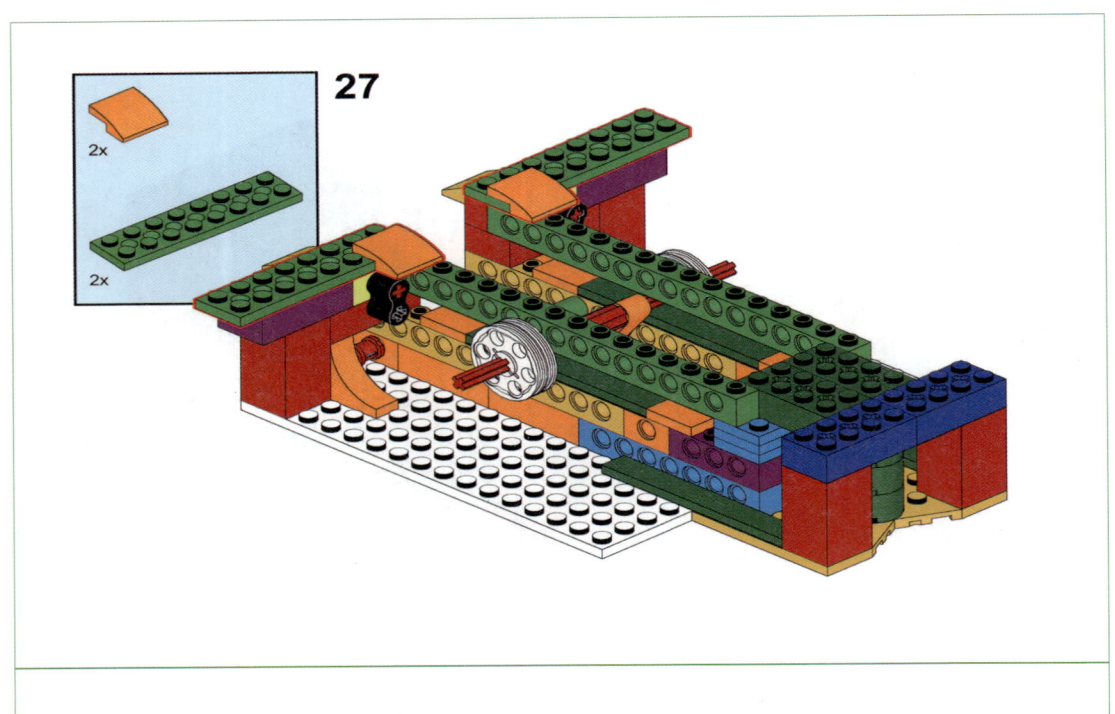
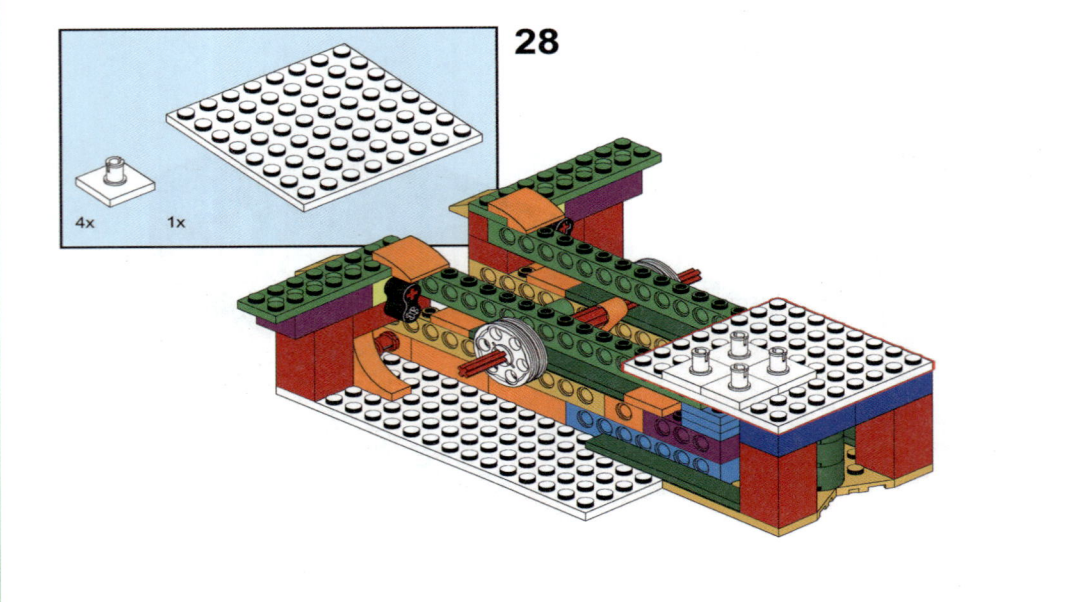
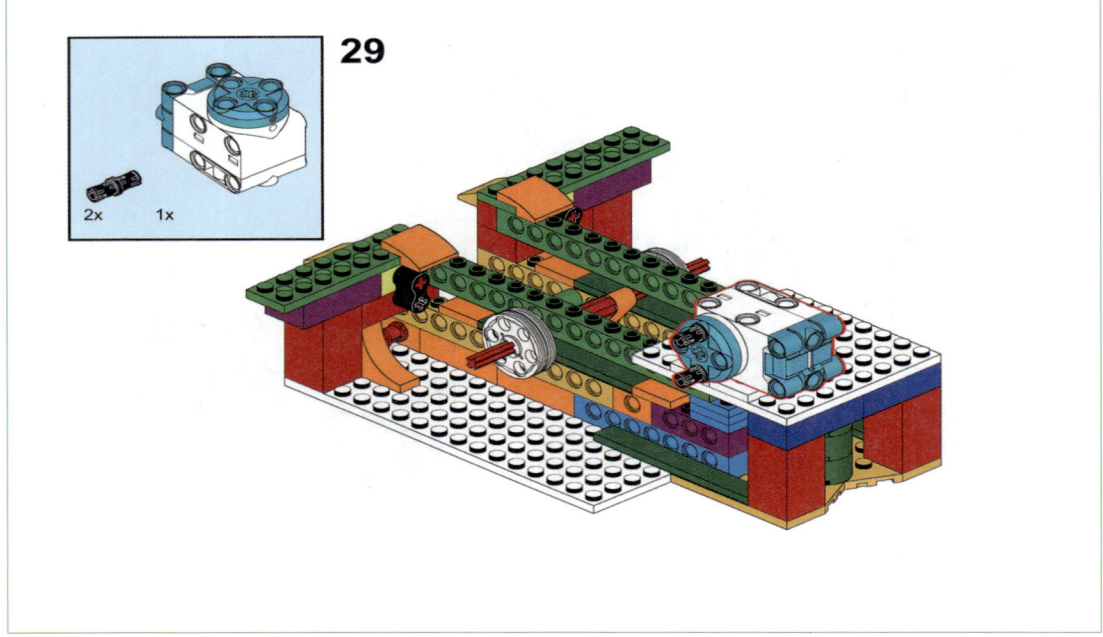

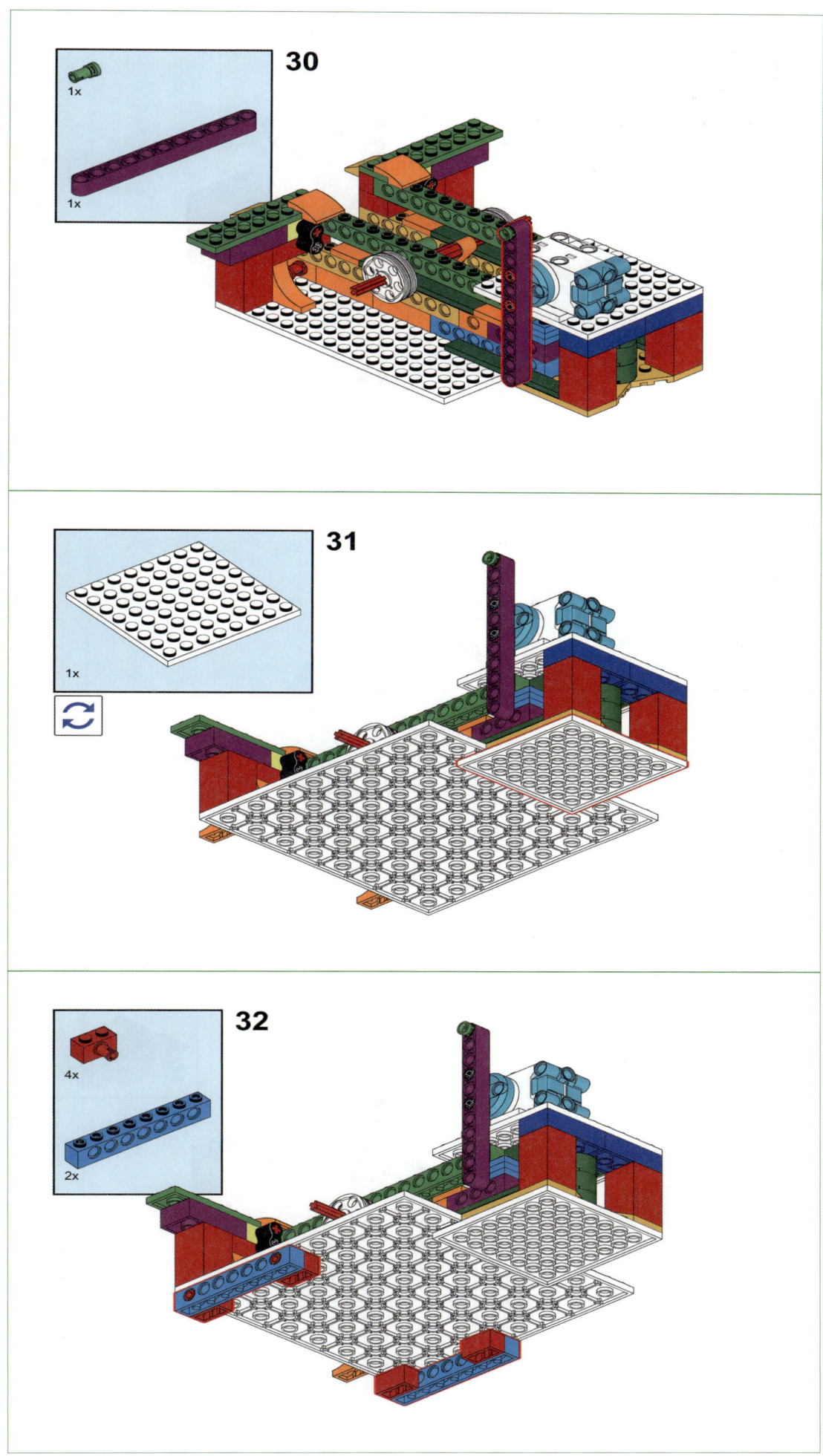

4.환경, 에너지 - 우주에도 쓰레기가 있다고요? **349**

33

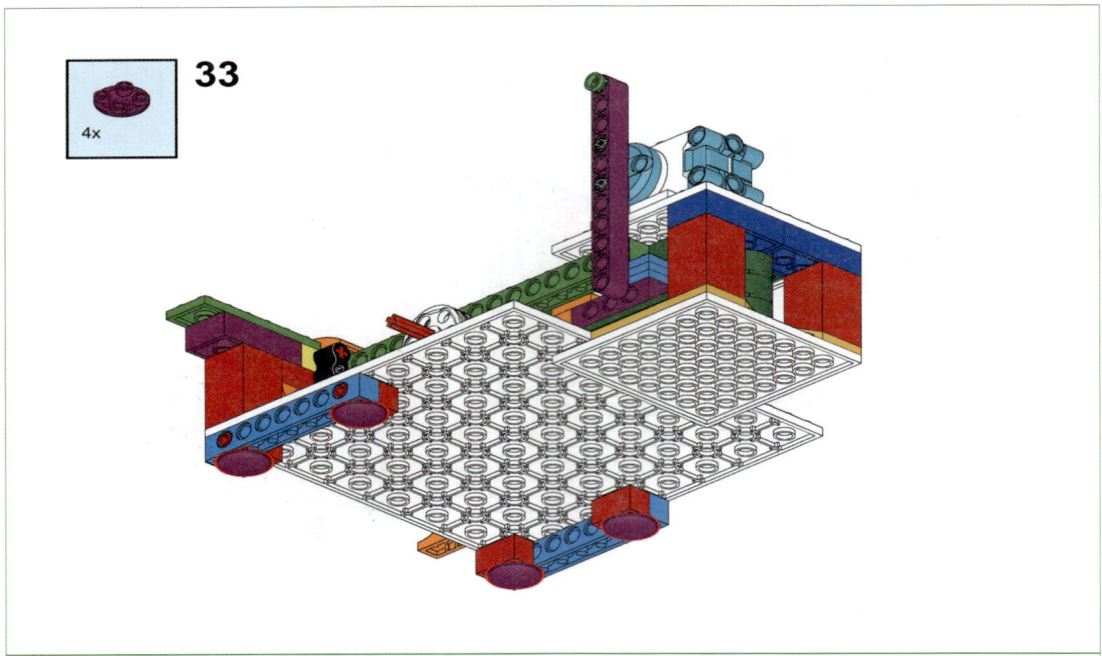

34

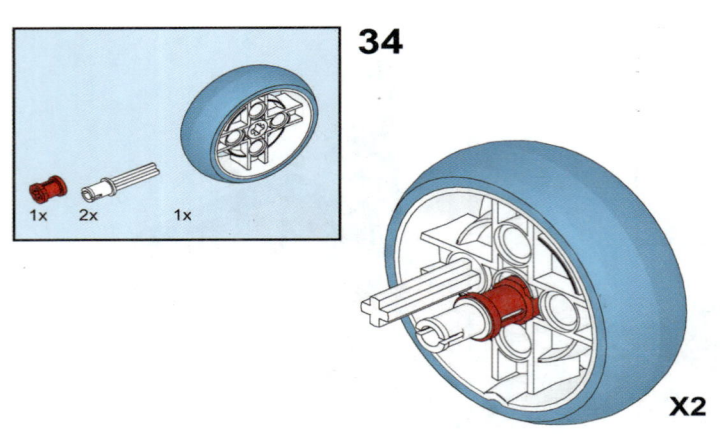

35

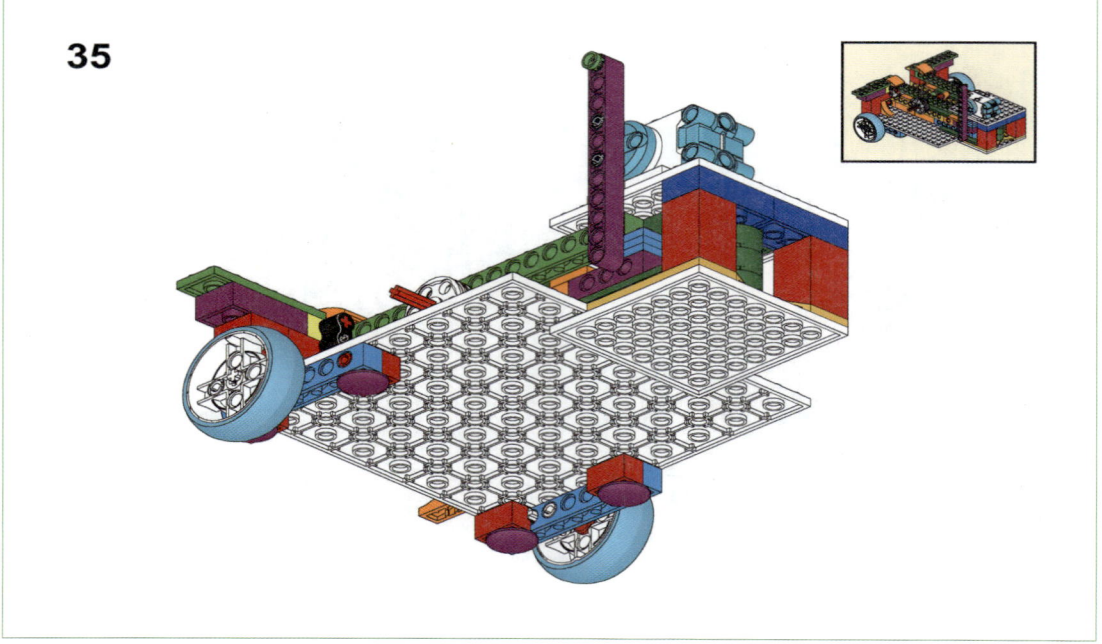

350 4.환경, 에너지 - 우주에도 쓰레기가 있다고요?

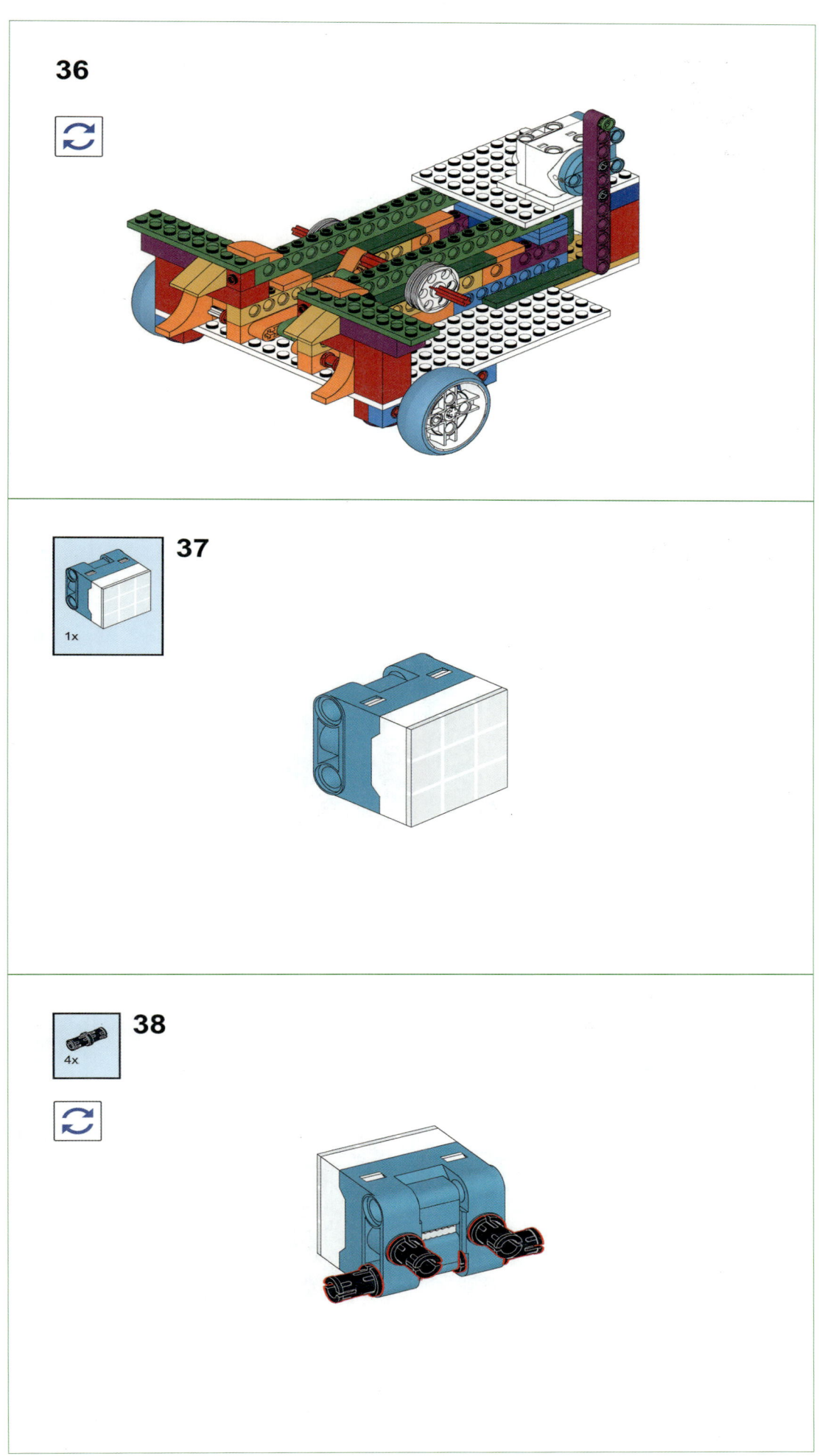

39

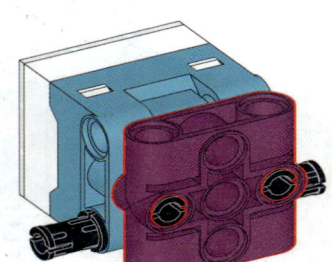

40

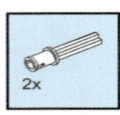
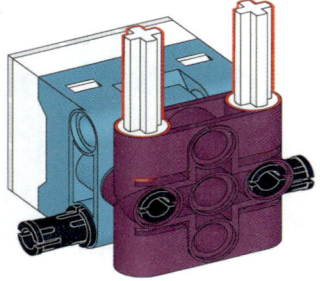

41

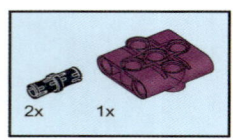
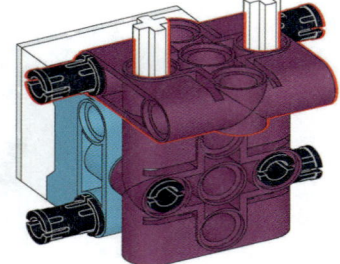

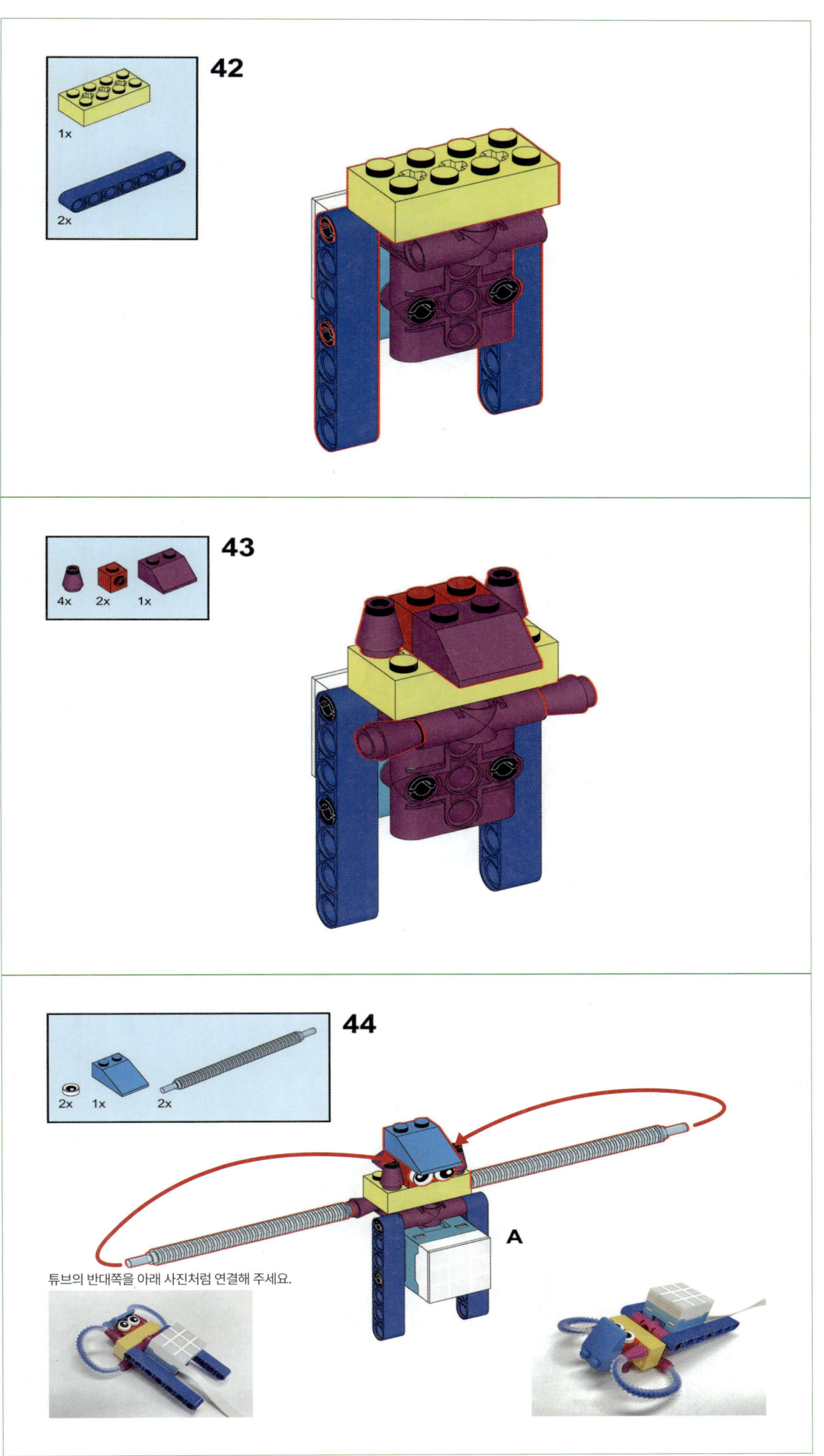

튜브의 반대쪽을 아래 사진처럼 연결해 주세요.

4.환경, 에너지 - 우주에도 쓰레기가 있다고요? **353**

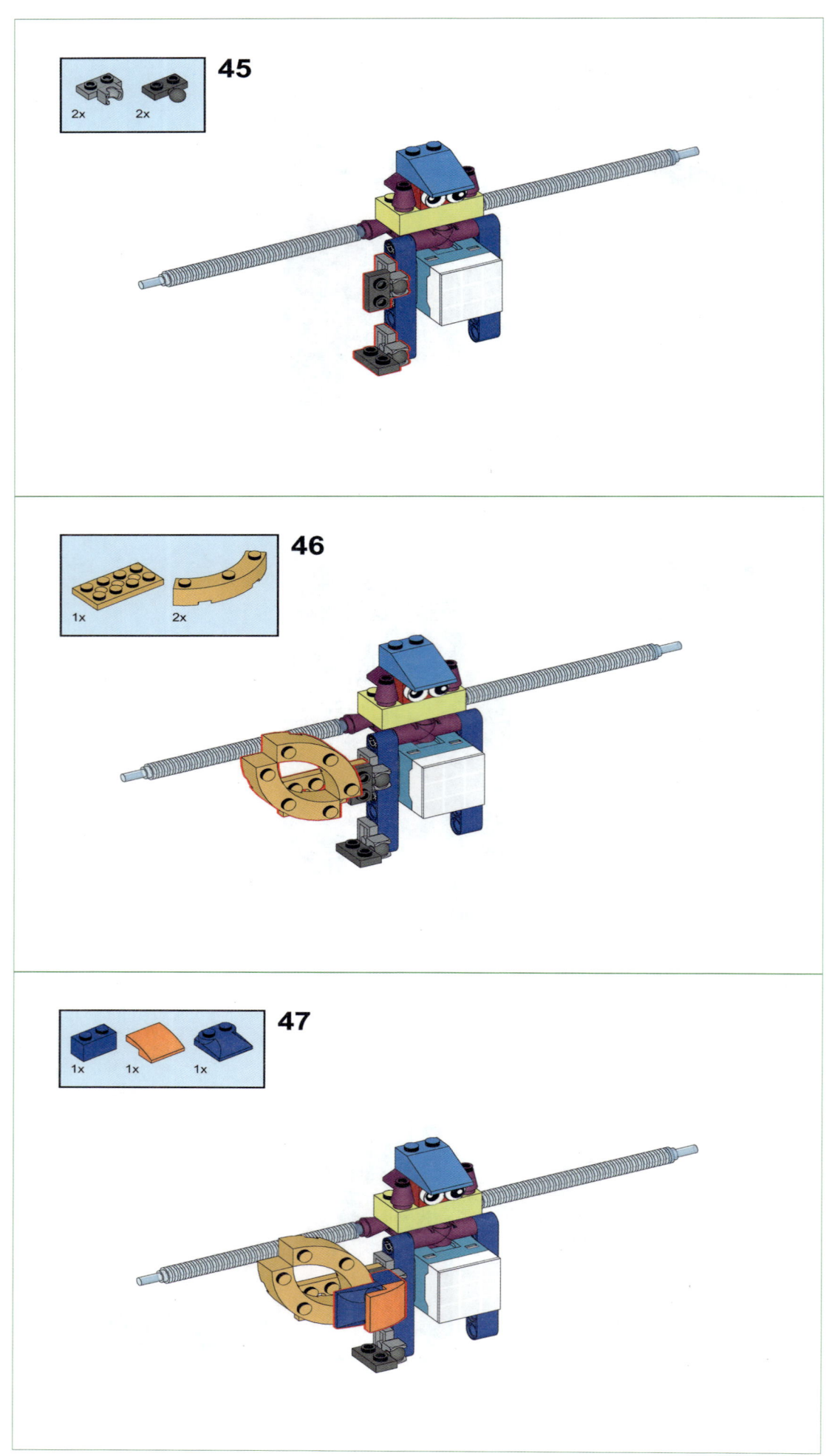

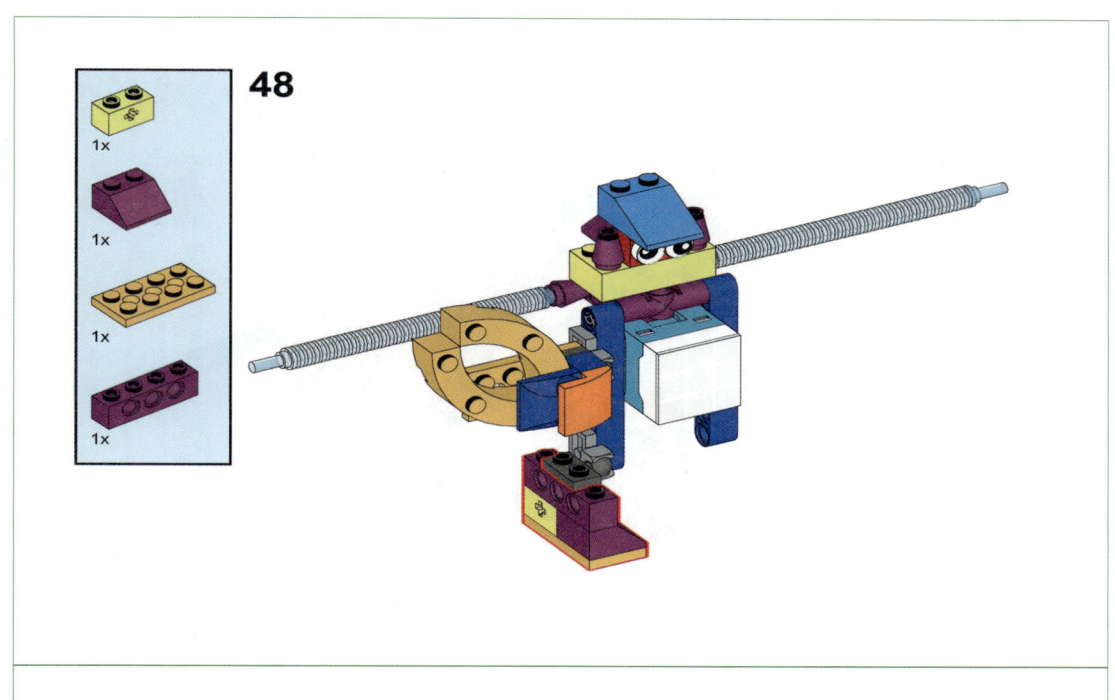
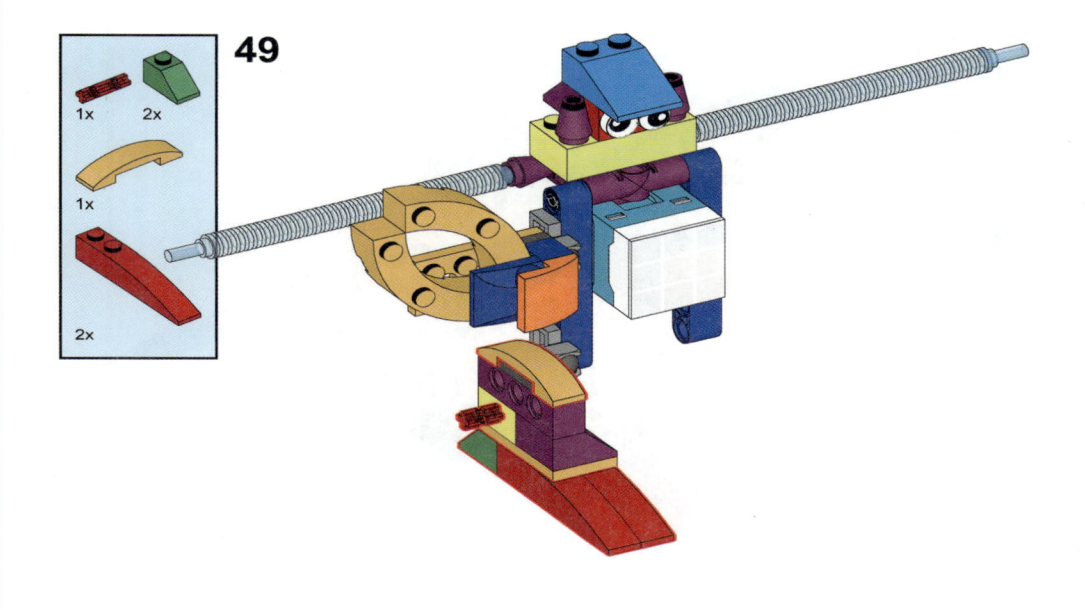
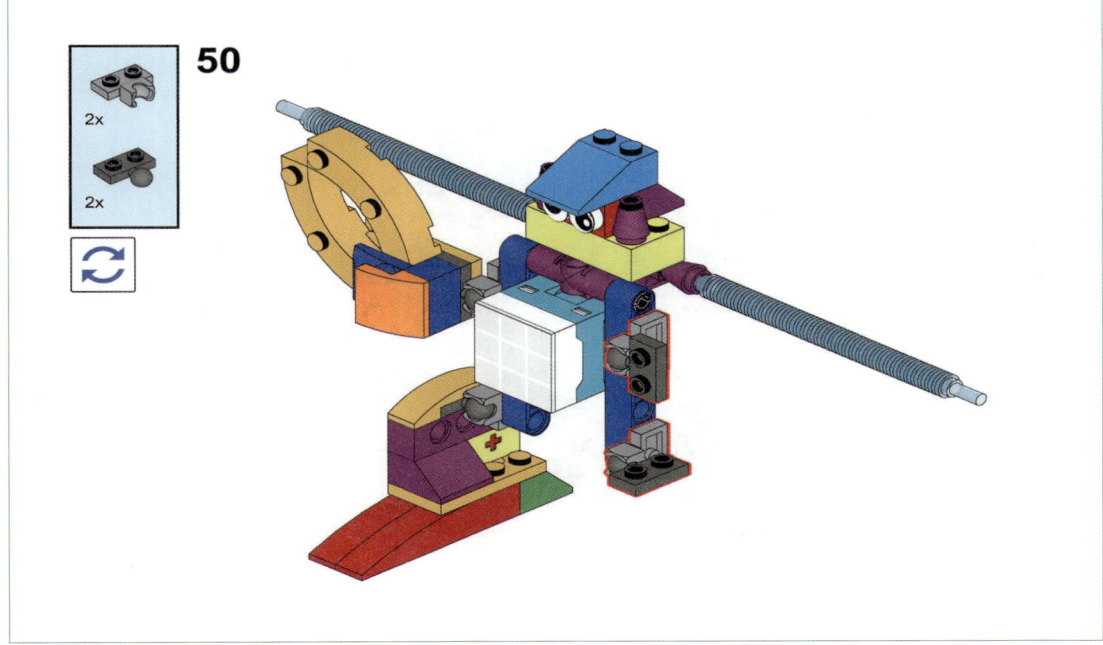

4.환경, 에너지 - 우주에도 쓰레기가 있다고요? 355

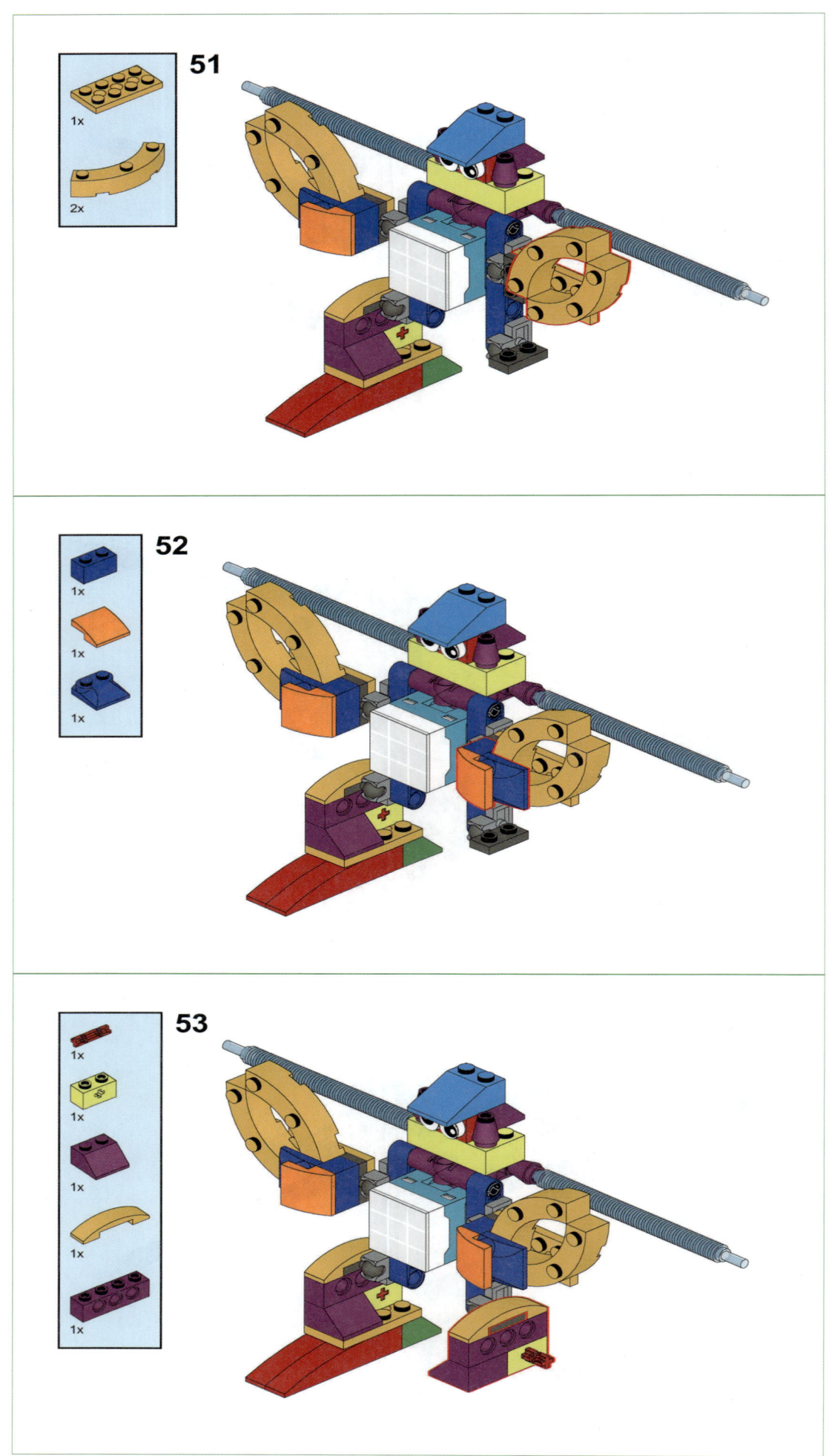

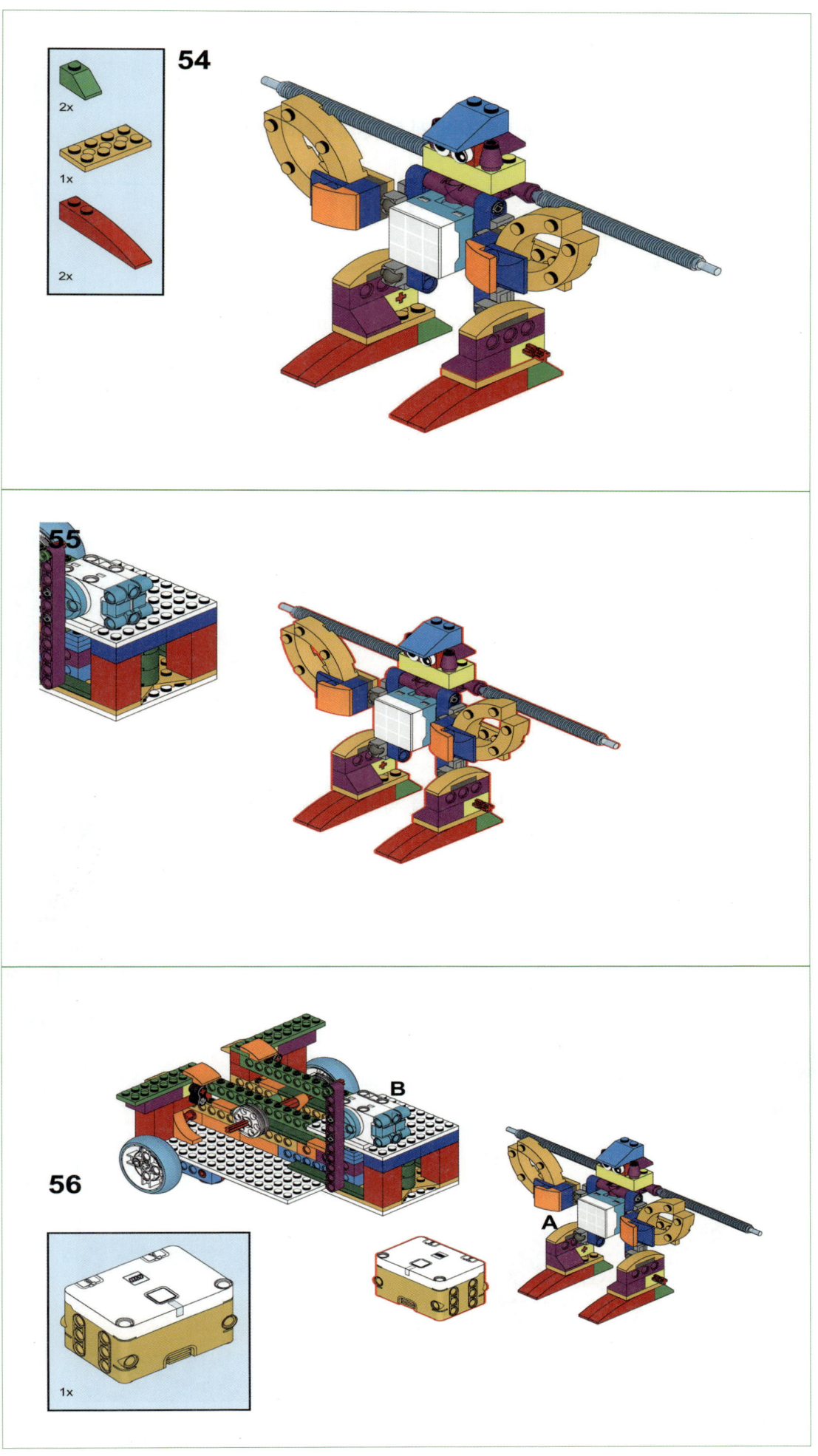

4.환경, 에너지 - 우주에도 쓰레기가 있다고요? 357

✱ 프로그램을 만들어요

- 방금 만든 작품으로 문제를 해결하려면 어떻게 움직여야 할까요?

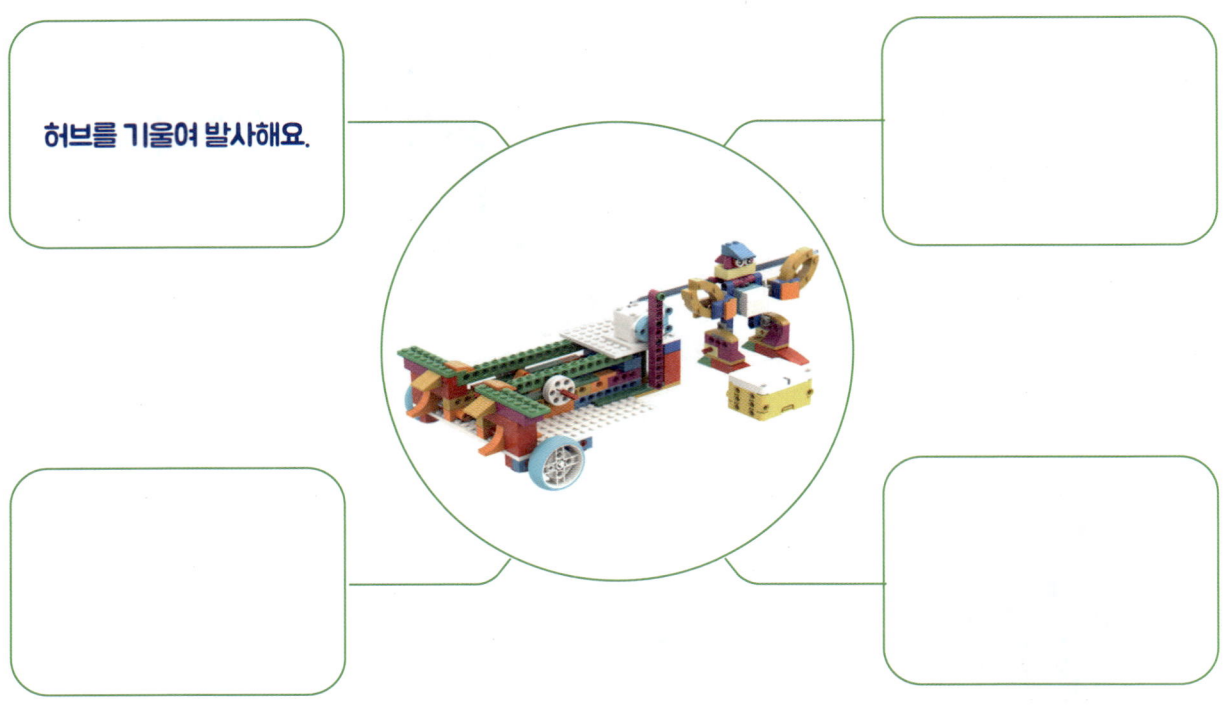

허브를 기울여 발사해요.

- 우주 비행기 발사대와 우주쓰레기 청소 로봇을 제어할 프로그램을 만들어 보아요.

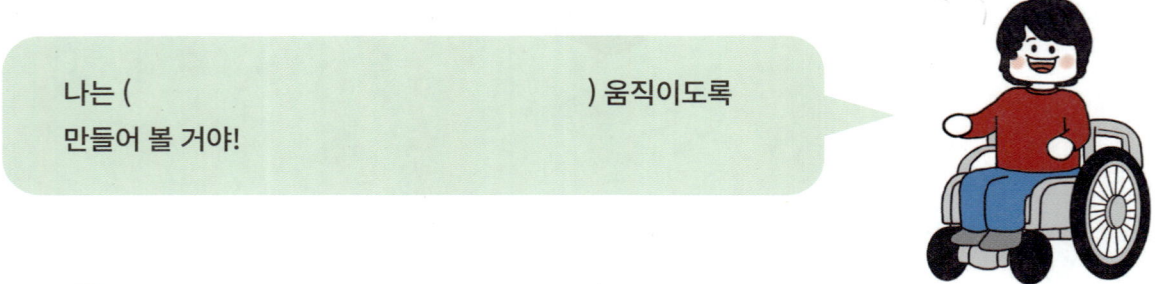

나는 (　　　　　　　　　　) 움직이도록 만들어 볼 거야!

우선 허브를 여러 방향으로 기울이면 로봇의 3x3 컬러 라이트 매트릭스의 색이 바뀌게 하고 싶어.

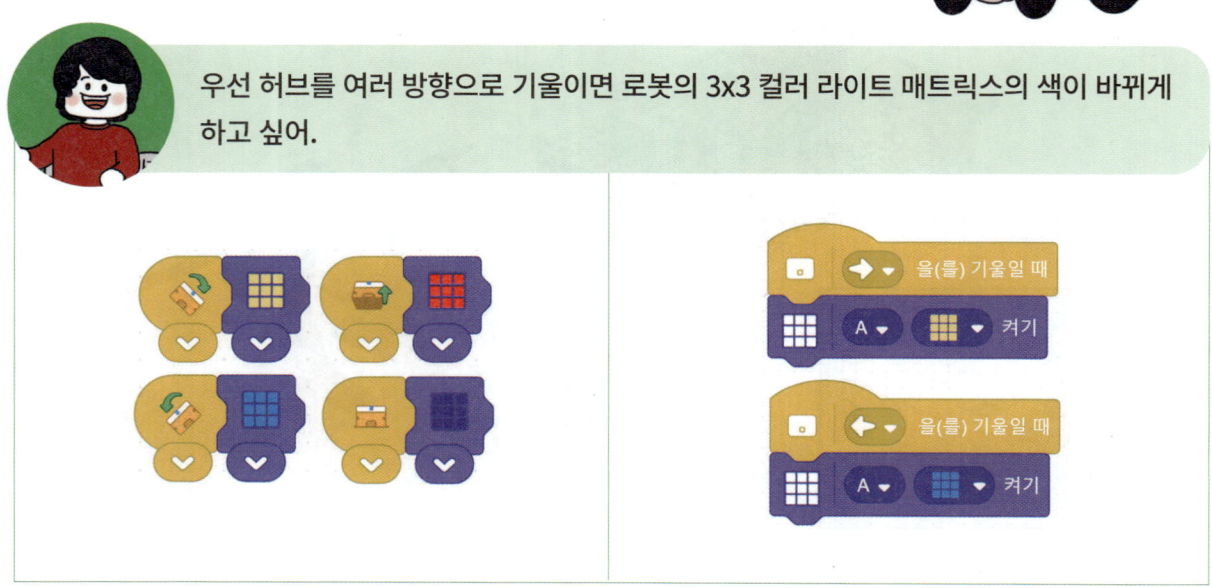

그리고 허브를 앞으로 기울이면 소리가 나오도록 할 거야.

그리고 발사대에서 비행기가 발사되도록 해야겠지.

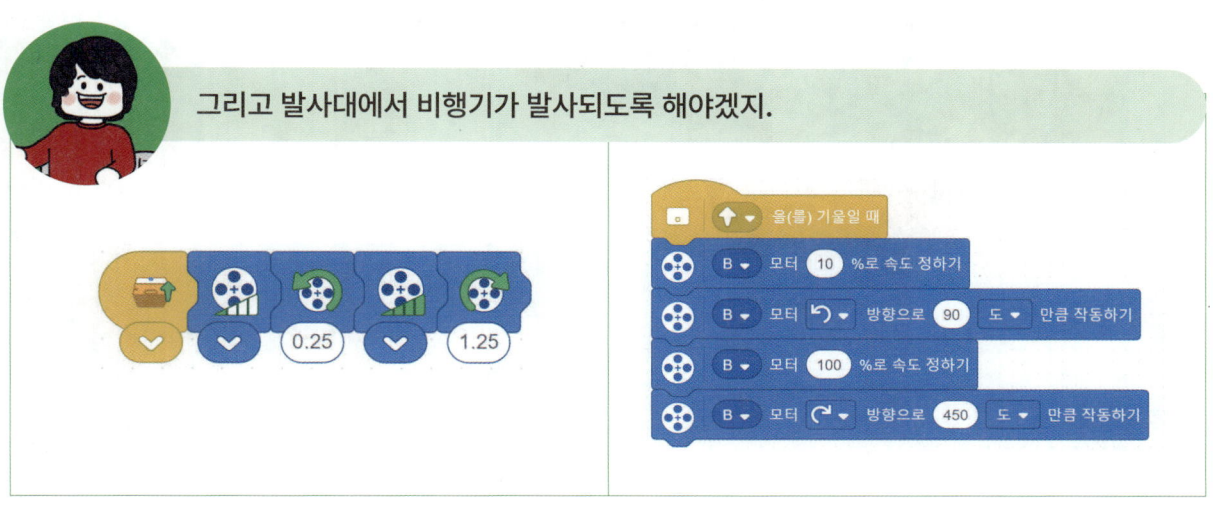

06 한 번 더 확인해요

우주 비행기 발사대와 청소 로봇이 잘 움직이는지 살펴봅시다.

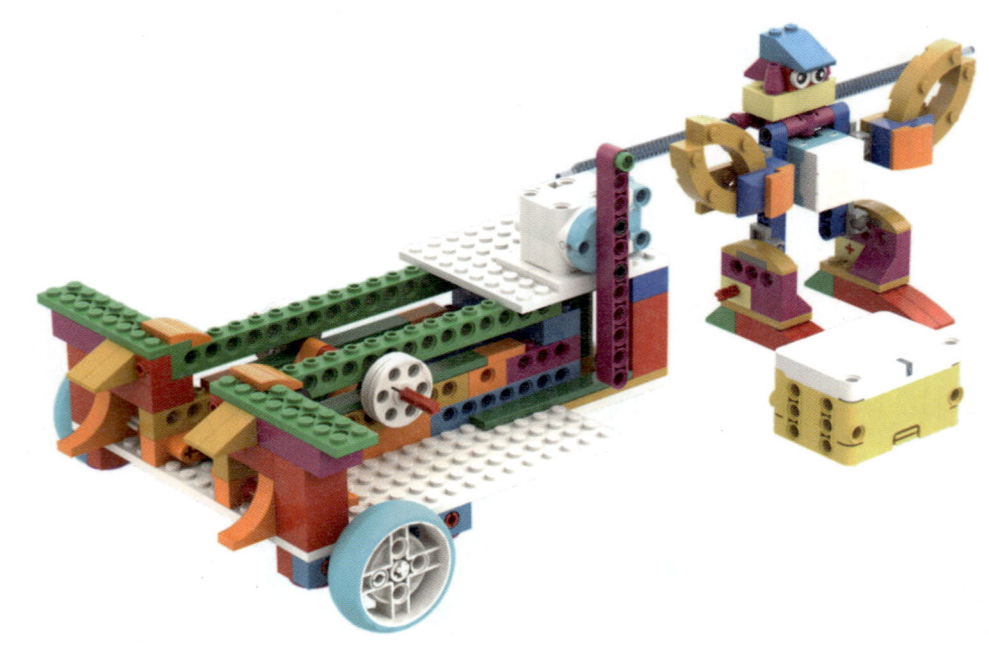

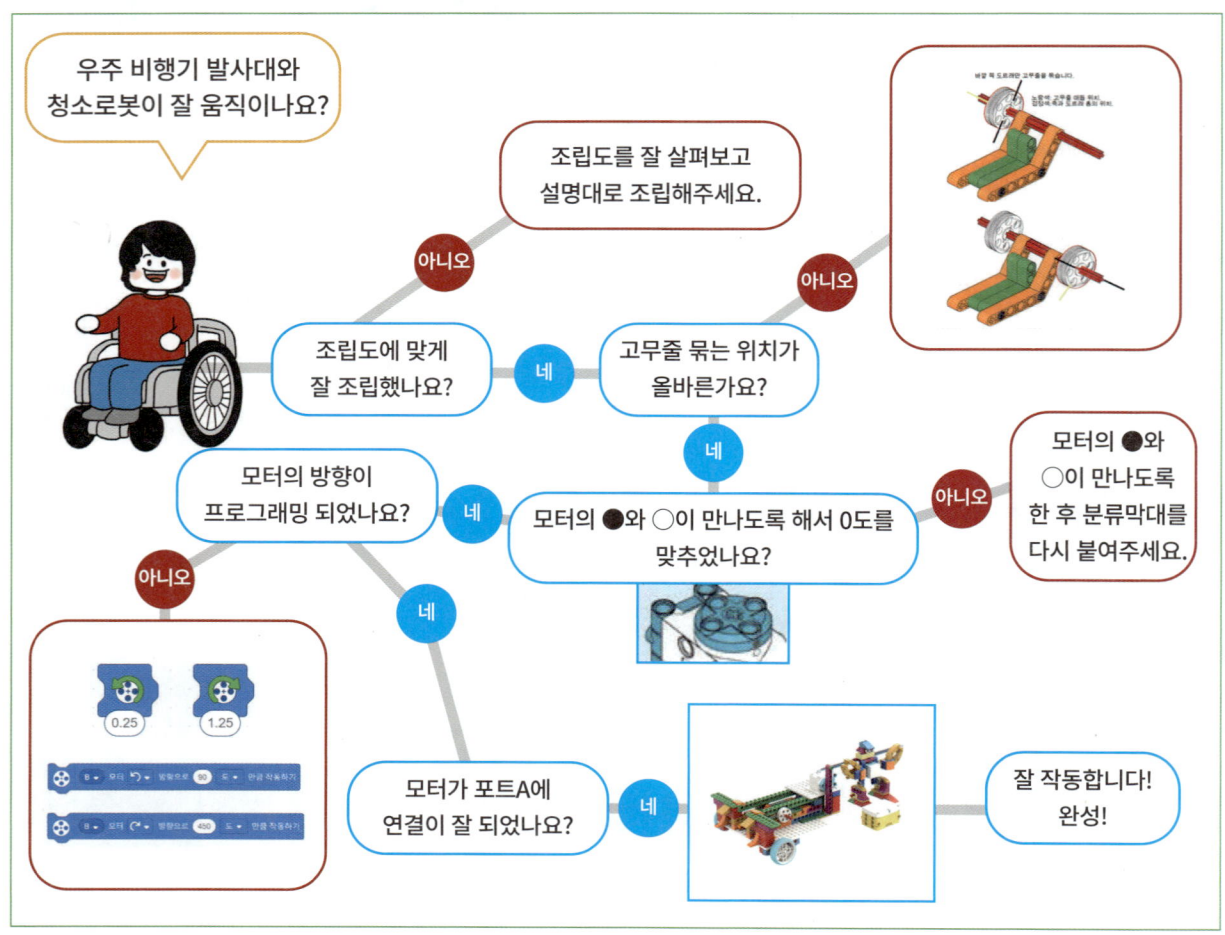

07 생각을 더해 보아요

- 자신만의 창의적인 우주 비행기 발사대와 우주쓰레기 청소 로봇을 디자인하고 프로그래밍해 보세요.

나는 (   )을 더 붙여봤어.
너는 무엇을 더해볼 거야?

08 이야기를 더해 보아요

다니엘은 우주쓰레기 문제를 해결할 수 있게 도움을 주었어요. 여러분이 그림동화 작가가 되어 다니엘이 우주쓰레기 문제를 어떻게 해결했는지 상상하여 이야기를 만들어 볼까요?

09 뽐내 보아요

> 내가 만든 그림동화를 다른 친구들에게 공유해 볼까요?
> 내가 만든 쓰레기 청소 로봇을 친구들에게 공유해 볼까요?

내가 만든 **작품 인증샷** 해시태그 이벤트

아래 2개의 필수 해시태그와 함께
내가 만든 작품의 인증샷을 찍어 업로드 해 주세요.
추첨을 통해 소정의 선물을 보내드립니다.

 # PlayIT스파이크에센셜　　**# 스파이크에센셜은퓨너스**

참여 방법 1
① 퓨너스 학습지원 커뮤니티(http://cafe.naver.com/robotsteam) 가입
② #퓨너스 소식 >> 이벤트 게시판에 글쓰기
 - 말머리 [해시태그이벤트] 선택하고 아래 태그에 **필수 해시태그 포함**시키기

참여 방법 2
① 퓨너스 인스타그램(@funers_official)을 팔로우
② 게시물 올릴 때 **필수 해시태그 포함**시키기

참 잘했어요!　　다음 책은 뭘까?

Play IT! 스파이크™ 에센셜 with 노벨 엔지니어링™

-독서톡톡 생각쑥쑥 STEAM&MAKER

저자
홍기천 전주교육대학교 컴퓨터교육과 교수
심재국 전북특별자치도교육청미래교육연구원 교육연구사
송민규 삼례초등학교 교사
심지현 전주교육대학교 전주부설초등학교 교사
온영범 청완초등학교 교사
유은겸 봉서초등학교 교사
이미영 장계초등학교 교사
이우진 청완초등학교 교사
이혜인 전주조촌초등학교 교사

발행일 : 초판 발행 : 2022년 2월 28일
　　　　　 2쇄 발행 : 2024년 9월 30일
발행자 : 남이준
편집자 : 이슬, 최소라
발행처 : ㈜퓨너스 / 서울특별시 금천구 가산디지털2로 123(가산동, 월드메르디앙2차) 701,702호
전화 : 02-6959-9909
홈페이지 : www.funers.com
학습지원 커뮤니티 : cafe.naver.com/robotsteam
유튜브채널 : youtube.com/c/퓨너스

가격 : 20,000원
ISBN : 979-11-90918-22-0-63550
* 발행처의 허락 없이 무단 전재나 복사를 금합니다.
* 파본이나 낙장본은 당사로 연락 주시면 교환해 드립니다.